检验检测机构
资质认定实用手册

主编 邓松岳 陈艳梅 吕 斌
　　　蒋俊春 王 婧

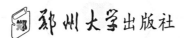
郑州大学出版社

图书在版编目(CIP)数据

检验检测机构资质认定实用手册／邓松岳等主编. — 郑州：郑州大学出版社，2023.9
ISBN 978-7-5645-4360-0

Ⅰ. ①检… Ⅱ. ①邓… Ⅲ. ①质量检验机构 - 资格认证 - 中国 - 手册 Ⅳ. ①F279.233.2-62

中国国家版本馆 CIP 数据核字(2023)第 128533 号

检验检测机构资质认定实用手册

JIANYAN JIANCE JIGOU ZIZHI RENDING SHIYONG SHOUCE

策划编辑	李龙传	封面设计	曾耀东
责任编辑	刘 莉 杨 鹏	版式设计	曾耀东
责任校对	薛 晗	责任监制	李瑞卿

出版发行	郑州大学出版社	地 址	郑州市大学路 40 号(450052)
出 版 人	孙保营	网 址	http://www.zzup.cn
经 销	全国新华书店	发行电话	0371-66966070
印 刷	郑州市今日文教印制有限公司		
开 本	710 mm×1 010 mm 1／16		
印 张	22.5	字 数	382 千字
版 次	2023 年 9 月第 1 版	印 次	2023 年 9 月第 1 次印刷

书 号	ISBN 978-7-5645-4360-0	定 价	169.00 元

本书如有印装质量问题,请与本社联系调换。

作者名单

主　编

邓松岳　商丘市产品质量检验检测研究中心

陈艳梅　商丘市产品质量检验检测研究中心

吕　斌　河南省食品与盐业检验技术研究院

蒋俊春　商丘市产品质量检验检测研究中心

王　婧　中国农业机械化科学研究院有限公司

副主编

何　波　商丘市药物警戒中心

王伟丽　商丘市产品质量检验检测研究中心

李松宾　商丘市产品质量检验检测研究中心

韩知利　商丘市产品质量检验检测研究中心

谢芝丽　河南省药品审评查验中心

李　岩　漯河市药品检测检验所

孙璐璐　夏邑县产品质量检验检测中心

编　委

袁芳芳　河南省中轨检测技术有限责任公司

王　飞　商丘市产品质量检验检测研究中心

李彩霞　河南省药品审评查验中心

孙晓朋　郑州市食品药品检验所

前　言

　　检验检测机构资质认定是我国检验、检测市场的一项基本准入制度，也是确保检验检测数据和结果真实、客观、准确的一项行政许可制度，是依法规范检验、检测活动，有效提升检验、检测机构技术和管理能力，有力推进检验、检测行业健康发展的重要制度保障。为了全面规范检验、检测机构资质认定工作，进一步加强和完善我国检验检测机构的监督管理，国家市场监督管理总局按照实施更加规范、要求更加明确、准入更加便捷和运行更加高效的原则，于2021年4月对《检验检测机构资质认定管理办法》进行了修订。国家认证认可监督管理委员会也发布了《检验检测机构资质认定能力评价　检验检测机构通用要求》等一系列相关标准、文件和技术要求，我国检验检测机构资质认定管理制度与要求不断得到完善和发展。

　　为全面适应检验检测机构资质认定和评审管理新要求，指导各类检验检测机构资质认定管理体系的建设和运行，提高管理水平，我们根据最新检验检测机构通用要求，结合实践编写了本书，详细介绍了检验检测机构资质认定的基础知识、通用要求、管理体系文件的编制、评审过程、内部审核和管理评审等内容，并结合实践对检验检测机构管理体系运行过程中出现的问题和案例进行了详细解析，内容丰富、实用性强。对检验检测机构提高和完善管理体系，顺利通过资质认定评审具有较高的参考价值，可作为检验检测机构资质认定内审员的培训教材，同时也可作为检验检测机构和实验室管理人员具体实施资质认定工作的参考书。

　　本书依据最新版《中华人民共和国计量法》《中华人民共和国食品安全法》《检验检测机构资质认定能力评价　检验检测机构通用要求》等国家法律法规及行业规范要求，参考、借鉴了一些同行的研究成果和文献资料，在此，对各位专家表示崇高的敬意和衷心的感谢。

　　本书各章节编写分工如下：第一章由孙璐璐编写；第二章第一节至第

1

六节由邓松岳编写,第七节由王伟丽编写,第八节至第十节由李松宾编写,第十一节至第十七节由陈艳梅编写;第三章由谢芝丽编写;第四章由吕斌编写;第五章由何波编写;第六章由韩知利编写;第七章第一节至第三节由李岩编写,第四节由吕斌编写;第八章由王婧、袁芳芳、王飞、李彩霞、孙晓朋编写;第九章由孙璐璐编写;第十章由王婧、袁芳芳、王飞、李彩霞、孙晓朋编写;第十一章由蒋俊春编写;第十二章由李岩编写。

由于编写人员认识水平有限、工作经验积累不足,书中可能存在错误和疏漏,敬请读者批评指正,以便再版时更正、补遗。

作者
2023 年 6 月

目　录

第一章

检验检测机构资质认证制度

检验检测机构资质认定制度(CMA)是依据《中华人民共和国计量法》《中华人民共和国计量法实施细则》《中华人民共和国认证认可条例》《检验检测机构资质认定管理办法》等有关法律、法规的规定建立的行政许可制度,对规范检验机构行为,整顿检验程序,提高检验工作质量发挥了重要作用。

自改革开放以来,随着市场经济的发展和繁荣,逐步兴起的检验检测服务业历经40多年的发展,从20世纪80年代初检验检测服务业营业收入不到1个亿,发展到2021年,我国共有获得中国计量资质认定的检验检测机构近5.2万家,实现年营业收入4 090.22亿元,分别较上年增长6.19%、14.06%。专业涉及食品、环保、住建、农业、医药卫生、公安、司法、交通、铁道、水利、海洋、机动车、电子、信息产业、生物安全、医疗、教育、机械、化工、纺织、冶金、石油、煤炭、建材等国民经济各个领域,为我国社会和经济的发展提供了公证、科学的技术支撑。

资质认定制度最早始于1985年,经过多年的发展,由最初的产品质量检验机构计量认证制度演变为检验检测机构资质认定制度,已成为我国一项确保检验检测数据和结果的真实、客观、准确的准入制度。在《中华人民共和国食品安全法》《中华人民共和国建筑法》《中华人民共和国环境保护法》等多部法律法规中被引用,检验检测机构资质认定的结果被政府部门、企业和社会各界广泛采信,为我国检验检测事业的发展发挥了巨大的作用。

第一节 计量认证制度

一、计量认证的依据

为了规范产(商)品质量监督检验机构和其他依照法律法规设立的专业检验机构的行为,提高检验工作质量,1985年9月我国颁布的《中华人民共和国计量法》规定：凡是向社会提供公正数据的产品质量检验机构，必须通过省级以上人民政府计量行政主管部门对其计量检定、测试的能力和可靠性的考核。这是我国检验检测市场的早期主要准入制度。1987年2月，国务院发布的《中华人民共和国计量法实施细则》中，将对产品质量检验机构的考核称为"计量认证"。

计量认证分两级实施。国家质检中心、行业检测中心等全国性检测机构由国家认监委实施计量认证，省级及省级以下的检测机构由省级质量技术监督局实施。

二、计量认证的发展

1985年至2001年，我国依据以下法律法规和技术文件逐步构建了产品质量检验机构计量认证的制度体系。

1. 中华人民共和国计量法　1985年9月全国人大批准的《中华人民共和国计量法》中，规定了为社会提供公正数据的产品质量检验机构，必须通过省级以上人民政府计量行政部门对其计量计量检定、测试的能力和可靠性的考核。

2. 中华人民共和国计量法实施细则　1987年2月，国务院发布的《中华人民共和国计量法实施细则》中，规定了产品质量检验机构的计量认证的相关细则。

3. 计量认证的配套文件　为规范产品质量检验机构的计量认证工作，1985年至1987年国家计量局先后印发了《质量检验机构的计量认证评审内容及考核办法（暂行）》《产品质量检验机构计量认证工作手册》《计量认证标志和标志的使用说明》《产品质量检验机构计量认证管理办法》等计量认证的配套文件，明确了计量认证的内容、计量认证管理、计量认证程序、计量认证监督等方面的内容。

4. 计量认证技术考核规范　1990年7月，国家技术监督局（由原国家计量局、国家标准局、国家经济委员会质量局合并而成）批准了《产品质量检验机构计量认证技术考核规范》（JJG 1021—1990）。《产品质量检验机构计量认证技术考核规范》结合中国国情并融汇了国际标准《检测实验室基本技术要求》（ISO/IEC导则25：1982）的要求。

第二节　审查认可（验收）制度

一、审查认可（验收）的依据

产品质量监督检验机构审查认可（验收）是依据1989年4月1日实施的《中华人民共和国标准化法》和1990年4月6日实施的《中华人民共和国标准化法实施条例》，针对各级质量技术监督部门设立或授权的产品质量监督检验机构实施的一项授权考核和监管制度。对质量技术监督局授权的非技术监督局系统的检验检测机构的授权称为审查认可，对质量技术监督系统内的检验检测机构的考核称为验收。

1986年4月，国家标准局印发了《国家级产品质量监督检验测试中心基本条件》（国标发［1986］077号文），规定了国家级产品质量检验检测中心验收认可的主要依据。1986年10月，国家经济委员会印发了《国家产品质量监督检验测试中心管理试行办法》（经质［1986］664号），确定了审查认可制度。1990年11月，国家技术监督局印发了《国家产品质量监督检验中心审查认可细则》《产品质量监督检验机构验收细则》《产品质量监督检验站审查认可细则》等配套文件。1993年9月1日实施的《中华人民共和国产品质量法》规定：产品质量检验机构必须具备相应的检测条件和能力，经省级以上人民政府产品质量监督部门或者其授权的部门考核合格后，方可承担产品质量检验任务。

二、评审准则的统一

由于《产品质量检验机构计量认证技术考核规范》（JJG 1021—1990）（俗称"50条"）和《审查认可（验收）细则》（俗称"39条"），均参照国际标准《检测实验室基本技术要求》（ISO/IEC导则25:1982），该两份文件的考核内容基本相同。为了避免对产品质量检验机构的重复考核和推进与国际接轨，同时兼顾我国国情及法律要求，2000年10月，国家质量技术监督局（由原国家技术监督局更名）发布了《产品质量检验机构计量认证/审查认可（验收）评审准则》（试行），并废止了《产品质量检验机构计量认证技术考核规范》（JJG 1021—1990）和《审查认可（验收）细则》。

《产品质量检验机构计量认证/审查认可（验收）评审准则》（试行）不仅涵盖了国际标准《校准和检测实验室能力的通用要求》（ISO/IEC 导则 25：1990）的要求，同时参照了国家标准《检测和校准实验室能力的通用要求》（GB/T 15481—2000，等同采用国际标准 ISO/IEC 17025：1999）的要求），也满足了《中华人民共和国计量法》和《中华人民共和国标准化法》的特殊要求。该评审准则的发布，统一了评审标准，规范了评审行为，提高了检验检测机构的管理水平。

第三节　检验检测机构资质认定制度

一、资质认定概念的出现

资质认定制度是《中华人民共和国计量法》及其实施细则确定的为社会提供公证数据的产品质量检验机构计量认证制度的发展。国务院于 2003 年 9 月 3 日公布的《中华人民共和国认证认可条例》第十六条规定："向社会出具具有证明作用的数据和结果的检查机构、实验室，应当具备有关法律、行政法规规定的基本条件和能力，并依法经认定后，方可从事相应活动，认定结果由国务院认证认可监督管理部门公布。"根据此条规定，国家确立了向社会出具具有证明作用的数据和结果的检查机构、实验室资质认定制度，该项行政许可事项由国家认监委组织实施。

二、资质认定管理办法和准则的发布

2006 年 2 月 21 日，根据《中华人民共和国认证认可条例》《中华人民共和国计量法》及其实施细则的有关规定，为适应国内和国际形势的发展和政府职能转变，国家质量监督检验检疫总局发布《实验室和检查机构资质认定管理办法》（国家质量监督检验检疫总局令第 86 号，简称"86 号令"），于 2006 年 4 月 1 日起实施。1987 年国家计量局颁布的《产品质量检验机构计量认证管理办法》同时废止。86 号令的实施，使《中华人民共和国认证认可条例》确定的实验室和检查机构资质认定制度逐步规范、完善和发展。

2006 年为贯彻落实《实验室和检查机构资质认定管理办法》，国家认监委印发了《实验室资质认定评审准则》，自 2007 年 1 月 1 日开始实施，同时

原国家质量技术监督局 2000 年发布的《产品质量检验机构计量认证/审查认可(验收)评审准则》(试行)废止。

《实验室资质认定评审准则》是原计量认证/审查认可(验收)评审准则的继承和发展,它吸纳了国际标准《检测和校准实验室能力的通用要求》(ISO/IEC 17025:2005)的精髓,兼顾我国政府对检验检测市场强制管理的要求,将产品质量检验机构计量认证和审查认可的评审要求统一为资质认定评审,推进了产品质量检验机构计量认证和审查认可的技术评审活动与国际接轨。

《实验室资质认定评审准则》明确了资质认定的定义,强调实验室应符合的基本条件和能力,规定了评审活动应遵守客观公正、科学准确、统一规范的原则,有利于检测资源共享,避免了不必要的重复评审。

三、资质认定制度的发展

为贯彻落实党的十八大和十八届三中、四中全会精神,进一步简政放权,深化检验检测机构资质许可改革,完善统一、科学、有效地检验检测机构资质认定制度,营造公平竞争、有序开放的检验检测市场环境,国家认监委自 2012 年启动了对《实验室和检查机构资质认定管理办法》的修订工作。

(一)《检验检测机构资质认定管理办法》的发布

2015 年 3 月国家质量技术监督检验检疫总局审议通过《检验检测机构资质认定管理办法》(简称"163 号令"),2015 年 8 月实施,推出的改革措施有:①放宽检验检测机构主体准入;②规范资质认定许可时限;③加强技术评审管理;④建立资质认定评审技术体系;⑤简化技术评审程序;⑥统一资质认定标志和证书;⑦取消许可收费等。

《检验检测机构资质认定管理办法》体现了"简政放权、放管结合、优化服务"的行政审批制度改革要求,满足了检验检测行业快速发展的客观需要。

(二)《检验检测机构资质认定评审准则》(试行)的发布

2015 年 7 月为贯彻落实《检验检测机构资质认定管理办法》,国家认监委印发了《检验检测机构资质认定评审准则》(试行)、《检验检测机构资质认定公正性和保密性要求》等 15 份配套工作程序和技术要求。

2018 年 1 月国务院发布了《国务院关于加强质量认证体系建设　促进

全面质量管理的意见》,意见要求:清理涉及检验检测能力的行政许可事项,避免重复评价,实施统一的资质认定管理,整合检验检测机构许可事项,精简整合技术评审事项,积极推动"五减"(减程序、减环节、减时间、减收费、减申请材料),实行申请、审批、发证全流程网上办理,提高便利度和满意度等。

（三）资质认定行业标准的发布

2017年10月16日,国家认监委发布了《检验检测机构资质认定能力评价　检验检测机构通用要求》(RB/T 214—2017)等7项认证认可行业标准,作为检验检测机构资质认定评审和管理的要求,于2019年1月1日全面实施。该行业标准吸收ISO/IEC 17025—2017国际标准的最新内容,融合了国内相关管理部门的特殊要求,对检验检测机构资质认定的评审和管理活动做了进一步规范。《检验检测机构资质认定能力评价　检验检测机构通用要求》是检验检测机构资质认定对检验检测机构的通用要求,针对不同领域的检验检测机构,应参考发布的相应领域的补充要求,作为不同领域的补充要求。

检验检测机构资质认定评审遵循"通用要求"+"特殊要求"的模式。"通用要求"即RB/T 214—2017,适用于所有领域的检验检测机构。"特殊要求"目前已经发布的补充要求有司法鉴定机构要求、食品复检机构要求、医疗器械检验机构要求、机动车检验机构要求、生态环境监测要求、电气检验检测要求、建设工程检验检测要求、防雷装置检测要求等,作为不同领域的补充要求。

（四）《检验检测机构资质认定管理办法》的修订

2021年4月2日,《国家市场监督管理总局关于废止和修改部分规章的决定》(国家市场监督管理总局令第38号)本着实施更加规范、要求更加明确、准入更加便捷和运行更加高效的原则,对《检验检测机构资质认定管理办法》进行了修订,修订后的《检验检测机构资质认定管理办法》自2021年6月1日起施行。

《检验检测机构资质认定管理办法》修改的内容主要涉及明确资质认定事项实行清单管理的要求、明确实施告知的程序和要求、固化优化准入服务便利机构的措施、固化疫情防控长效化措施、资质认定实施主体的变化5个方面。

1.明确资质认定事项实行清单管理的要求　为避免重复审批,解决资质认定事项范围不统一问题,明确规定资质认定事项实行清单管理,从制度层面明确依法界定并细化资质认定实施范围,逐步实现动态化管理。

2.明确实施告知承诺的程序和要求 依照《优化营商环境条例》和国务院改革文件的要求,总结检验检测机构资质认定告知承诺试点情况,规定检验检测机构申请资质认定时,可以自主选择一般程序或者告知承诺程序。为行政相对人提供了更多选择。

3.固化优化准入服务便利机构的措施 将"优化准入程序"作为本次修改的立法目的,并明确规定了检验检测机构资质认定工作中应当遵循"便利高效"的原则。同时,对优化准入服务便利机构的具体措施予以固化:一是明确提出了检验检测机构资质认定推行网上审批,有条件的市场监督管理部门可以颁发资质认定电子证书;二是进一步压缩了许可时限,审批时限压缩至 10 个工作日内,技术评审时限压缩至 30 个工作日内;三是对上一许可周期内无违反市场监管法律、法规、规章行为的检验检测机构,可以采取书面审查方式,予以延续资质认定证书有效期。

4.固化疫情防控长效化措施 为应对新型冠状病毒感染疫情,服务复工复产,检验检测机构资质认定对现场技术评审环节进行了优化,推出了远程评审和应急审批等有效措施,以保证应急所需的检验检测技术支撑。

5.资质认定实施主体的变化 国务院有关部门以及相关行业主管部门依法成立的检验检测机构,其资质认定由国家认监委改为国家市场监督管理总局(简称市场监管总局)负责组织实施;其他检验检测机构的资质认定,仍由其所在行政区域的省级市场监督管理部门负责组织实施。

(五)《检验检测机构监督管理办法》的发布

为强化检验检测机构事中事后监管,进一步规范检验检测市场,将《检验检测机构资质认定管理办法》中关于检验检测机构从业规范、监督管理、法律责任的相关内容调整至《检验检测机构监督管理办法》,由国家市场监督管理总局以 39 号令发布,自 2021 年 6 月 1 日起实施。《检验检测机构监督管理办法》的主要内容如下。

1.明确检验检测机构及其人员的主体责任 依据《中华人民共和国产品质量法》《中华人民共和国食品安全法》等上位法规定,检验检测机构及其人员应当对所出具的检验检测报告负责,并明确除依法承担行政法律责任外,还须依法承担民事、刑事法律责任。

2.规范检验检测从业行为　对检验检测机构在取得资质许可准入后的行为规范进行了系统梳理,明确了与检验检测活动的规范性、中立性等有重大关联的义务性规定,包括检验检测活动基本要求、人员要求、过程要求、送样检测规范、分包要求、报告形式要求、记录保存要求、保密要求、社会责任及行政管理要求等。

3.严厉打击不实和虚假检验检测行为　将严厉打击不实和虚假检验检测作为最重要的立法任务。充分吸收采纳了监管执法中的经验做法,列举了4种不实检验检测情形和5种虚假检验检测情形,不仅有利于检验检测机构明确行业底线,也有利于各级市场监管部门明确监管重点。

4.落实新型市场监管机制要求　为加快推动新型市场监管机制建设,提升系统性监管效能,将"双随机、一公开"监管要求与重点监管、分类监管、信用监管有机融合。重点突出信用监管手段的运用和衔接,规定市场监管部门应当依法将检验检测机构行政处罚信息等信用信息纳入国家企业信用信息公示系统等平台,推动检验检测监管信用信息归集、公示,也为下一步将检验检测违法、违规行为纳入经营异常名录,为严重违法失信名单进行失信惩戒提供了依据。

5.违法违规法律责任　对于检验检测机构违反义务性规定的情形,区分风险、危害程度,采取了不同的行政管理方式。一是依法严厉打击不实和虚假检验检测行为。二是督促改正较严重的违法、违规行为。三是提醒纠正一般性违规事项。对于违反一般性管理要求的事项,采用说服教育、提醒纠正等非强制性手段。

可以看到,通过改革开放的近40年的发展,我国的检验检测行业在不断发展中壮大,资质认定制度也在不断健全完善。在习近平新时代中国特色社会主义高质量发展的大潮中,随着改革开放的不断深入推进,检验检测行业将迎来新的发展机遇期,迈上更广阔的历史舞台。

第四节　检验检测行业的发展机遇

检验检测行业是指检验检测机构接受政府监管机构、生产商或产品用户的委托,通过专业技术手段及仪器设备在相应标准及技术规范等条件下对鉴定的样品质量、安全、性能、环保等方面指标进行检验检测并出具检验检测报告,从而评定是否符合政府、行业和用户在质量、安全、性能等方面的标准和要求。

检验检测行业作为社会发展催生的新兴服务业,随着社会发展进步,基于全社会对使用产品的质量,对生活健康水平、生产和生活的安全性、社会环境保护等方面要求的不断提高,检验检测行业随之兴起并快速发展起来。

调研数据显示,我国检验检测行业自 2013 年来年均复合增长率达 14.94%,2021 年市场规模突破 4 000 亿元,实现快速增长。2013 年我国共有各类检验检测仪器设备 328.10 万台/套,而在 2020 年已经增长至 808.01 万台/套,可以说检验检测行业的高速发展带动了相关检验检测仪器的规模扩张。

检验检测是国家质量基础设施(NQI)组成部分,在保障国家产品质量安全、食品安全、生态环境安全、产业升级、技术创新、国际贸易等方面均发挥着重要作用。借助检验检测手段,可以促进创新要素聚集和辐射,给产业发展带来技术外溢效应,提升创新驱动能力,从而主动适应和引领新常态提供必要的技术支持和科学的制度安排。

制造强国和网络强国战略的实施带来了新的机遇。《中国制造 2025》明确了“质量为先”的基本方针,确定了加强质量品牌建设的战略任务和重点;《国务院关于积极推进“互联网+”行动的指导意见》也明确提出了建设网络安全监测评估和标准认证体系、数据安全流动认证体系的任务。制造强国和网络强国战略的实施带来了新的机遇。新一代产业及技术发展带来了新的机遇。新兴产业及新兴市场的形成发展,新技术的持续升级,带来了新的检验检测服务需求,也为检验检测创新服务模式、增强服务能力创造了必要的技术条件。充分运用先进的技术与设备,加快互联网、云计算与大数据技术应用,全面提供“一站式”综合服务,将是检验检测向现代服务业转型的必由之路。

“一带一路”倡议明确将认证认可作为贸易合作的重点,这将为认证认可和检验检测促进贸易便利、增进双边互信、推动国际质量共治带来更大的作为空间;自贸区、京津冀协同发展、长江经济带建设将会显著提升检验检测制度创新水平,持续推动检验检测监管一体化和区域协调发展。

在全球产业竞争和科技强国大背景下,掌握了检验检测话语权,一定程度上也意味着掌握了质量和标准的定价权。因此,国家在“十二五”“十三五”“十四五”规划中均提到发展检验检测行业,并将检验检测服务业定位为高技术服务业、生产性服务业和科技服务业,同时出台了一系列鼓励类政策。

检验检测行业涉及产品质量控制、环境监测、食品安全和工程建设等众多事关国计民生的重要领域。截至 4 月份，全国已有超过 15 个省份发布了 2022 年度的重点建设项目清单，其中多次提到了新建检验检测中心。

随着我国经济进入高质量发展阶段，众多新兴产业和新兴市场不断涌现，新技术的持续升级催生了新的检验检测服务需求。国家"十四五"规划明确提出要构建我国产业体系新支柱，聚焦新一代信息技术、生物技术、新能源、新材料、高端装备、新能源汽车、绿色环保、航空航天、海洋装备等，加快关键核心技术创新应用，培育壮大产业发展新动能。未来 5～10 年，将是我国社会经济全面快速、高质量发展的关键时期，检验检测行业将获得更为广阔的发展空间。

【问答题】

1. 检验和检测的区别？

答：检验，是一种符合性判断；是通过对产品、过程、服务，通过计量、观察、检测或测量进行符合性的综合评价；确定与特定要求的符合性，或在专业判断的基础上，确定与通用要求的符合性。检测，是确定特性的一项活动，是按照规定程序对给定产品、过程或服务的一种或多种特性加以确定的技术操作。检测可能是最常使用的合格评定程序，它是确定产品符合特定要求的过程。典型检测涉及尺寸、化学成分、电学原理、机械结构等。检测和检验之间会有重叠的内容，这种情况通常由同一机构进行即可。检测一般是由受过高度训练的专业人员依据标准和标准化的程序进行，检验是利用设备检测后得出相关数据进行评价判断。检验更加强调"符合性"，可能情况下不仅要提供结果，还要与相关规定进行比较，以做出合格与否的综合判定。

2. 资质认定和计量认证是什么关系？

答：资质认定和计量认证是包含关系。根据相关法律、行政法规规定，资质认定既包括《中华人民共和国计量法》及其实施细则等一般法律法规规定的计量认证，也包括《中华人民共和国食品安全法》《医疗器械监督管理条例》等特殊法律法规规定的食品检验机构资质认定、医疗器械检验机构资质认定等。因此，计量认证是资质认定的形式之一，资质认定和计量认证是包含关系，资质认定是计量认证发展的结果。

3.《检验检测机构资质认定能力评价　检验检测机构通用要求》RB/T 214—2017 和相关领域的补充要求在资质认定评审中如何使用？

答：《检验检测机构资质认定能力评价　检验检测机构通用要求》（RB/T 214—2017）是检验检测机构资质认定对检验检测机构的通用要求，针对不同领域的检验检测机构，应参考发布的相应领域的补充要求，作为不同领域的补充要求。检验检测机构资质认定评审遵循"通用要求"+"补充要求"的模式。"通用要求"即 RB/T 214—2017 适用于所有领域的检验检测机构。"补充要求"目前已经发布的补充要求有司法鉴定机构要求、食品复检机构要求、医疗器械检验机构要求、机动车检验机构要求、生态环境监测要求、电气检验检测要求、建设工程检验检测要求、防雷装置检测要求等，作为不同领域的补充要求。

4. 检验检测机构申请资质认定应当符合哪些条件？

答：申请资质认定的检验检测机构应当符合《检验检测机构资质认定管理办法》（2021 年修改）第九条的规定。申请资质认定的检验检测机构应当符合：①依法成立并能够承担相应法律责任的法人或其他组织；②具有与其从事检验检测活动相适应的技术人员和管理人员；③具有固定的工作场所，工作环境满足检验检测要求；④具备从事检验检测活动所必需的设备；⑤具有独立、公正、科学、诚信的管理体系；⑥符合有关法律法规或者标准、技术规范规定的特殊要求。

5. 检验检测机构资质认定工作当遵循的原则是什么？

答：《检验检测机构资质认定管理办法》（2021 年修改）第七条规定，"检验检测机构资质认定工作应当遵循统一规范、客观公正、科学准确、公平公开、便利高效的原则"。

6. 检验检测机构及其人员从业基本规范是什么？

答：《检验检测机构监督管理办法》（国家市场监督管理总局令 39 号）第六条规定，"检验检测机构及其人员从事检验检测活动应当遵守法律、行政法规、部门规章的规定，遵循客观独立、公平、公正、诚实、守信原则，恪守职业道德，承担社会责任。检验检测机构及其人员应当独立于其出具的检验检测报告所涉及的利益相关方，不受任何可能干扰其技术判断的因素影响，保证其出具的检验检测报告真实、客观、准确、完整"。这就是检验检测机构及其人员从业的基本规范。

7. 资质认定证书内容包括什么?

答:资质认定证书内容包括发证机关、获证机构名称和地址、检验检测能力范围、有效期限、证书编号、资质认定标志。检验检测机构资质认定标志由 China Inspection Body and Laboratory Mandatory Approval 的英文缩写 CMA 形成的图案和资质认定证书编号组成。式样如下。

8. 资质认定证书有效期是多少?

答:根据《检验检测机构资质认定管理办法》(2021 年修改)第十三条的规定,资质认定证书有效期为 6 年。

9. 是不是所有的检验检测机构都必须通过资质认定?

答:《检验检测机构资质认定管理办法》(2021 年修改)第五条规定,"法律、行政法规规定应当取得资质认定的事项清单,由市场监管总局制定并公布,并根据法律、行政法规的调整实行动态管理"。根据此规定,法律、法规(如《中华人民共和国特种设备安全法》《中华人民共和国食品安全法》等)对检验检测资质认定有相应规定的,检验检测机构必须通过资质认定;法律、法规未规定需要取得资质认定的领域,不强制做资质认定。

10. 检验检测机构未依法取得资质认定,擅自向社会出具具有证明作用的数据、结果的,将会面临什么样的处罚?

答:检验检测机构未依法取得资质认定,擅自向社会出具具有证明作用的数据、结果的,依照法律、法规的规定执行;法律、法规未规定的,由县级以上市场监督管理部门责令限期改正,并处 3 万元罚款。

11. 市场监管总局和省级市场监督管理部门颁发的资质认定(CMA)证书的效力有差异吗?

答:检验检测机构资质认定制度是我国一项确保检验检测数据和结果的真实、客观、准确的准入制度。实施的主体是市场监管总局和省级市场监督管理部门。该制度是国家的一项行政许可制度,分两级实施,无论是市场监管总局实施的,还是省级市场监督管理部门实施的,其CMA效力在全国范围内是相同的。

12.检验检测机构资质认定风险高的领域有哪些?

答:检验检测机构资质认定风险高的领域如下。①涉及安全的领域,例如食品安全、信息安全、环境安全、建筑安全等。②涉及司法鉴定、质量仲裁等领域。③涉及民生、公益和消费者利益的领域,如装饰、装修材料检验、机动车安全技术检验等领域。

第二章

通用要求

依据《中华人民共和国计量法》等法律法规的规定,对外出具公正数据、结果的检验检测机构必须取得资质认定。国家认监委 2018 年 5 月 11 日颁布国认实〔2018〕28 号文,要求从 2018 年 6 月 1 日起启用《检验检测机构资质认定能力评价　检验检测机构通用要求》(RB/T 214—2017),替代 2016 年 5 月 31 日国家认监委印发的《国家认监委关于印发〈检验检测机构资质认定评审准则〉及释义》。6 月 1 日起为过滤期,2019 年 1 月 1 日全面实施,该行业标准吸收了 ISO/IEC 17025—2017 国际标准的最新内容,融合了国内相关管理部门的特殊要求,对检验检测机构资质认定的评审和管理活动做了进一步规范。

第一节　引　言

凡是在中华人民共和国境内向社会出具证明作用数据、结果的检验检测机构(无论是国企、民企、合资、外资机构)应取得资质认定。

检验检测机构资质认定是一项确保检验检测数据及结果的真实、客观、准确的行政许可制度,凡是在中华人民共和国境内向社会出具证明作用数据、结果的检验检测机构均应自觉贯彻实施,并应取得资质认定。

RB/T 214—2017 是检验检测机构资质认定对检验检测机构的通用要求,针对不同领域的检验检测机构,应参考依据本标准发布的相应领域的补充要求。目前已经发布的补充要求有司法鉴定机构要求、食品复检机构要求、医疗器械检验机构要求、机动车检验机构要求、生态环境监测要求、电气检验检测要求、建设工程检验检测要求、防雷装置检测要求等,作为不同领域的补充要求。

【案例分析】

1.场景描述/问题描述　2019 年 2 月初,评审组在对某食品检测实验室进行资质认定首次现场评审时,发现该机构的《质量手册》的编写依据为《检验检测机构资质认定评审准则》,发布实施日期为 2018 年 10 月 25 日,且不能提供有效的内部审核和管理评审记录。

2. 条款判断及原因分析　该机构不符合国家认监委发布的《关于检验检测机构资质认定工作采用相关认证认可行业标准的通知》(国认识〔2018〕28 号)中关于 RB/T 214—2017《检验检测机构资质认定能力评价　检验检测机构通用要求》于 2019 年 1 月 1 日成为评审依据的规定,以及《食品检验机构资质认定条件》中第九条"在首次资质认定前,管理体系应当已经连续运行至少 6 个月,并实施了完整的内部审核和管理评审"的要求。

3. 符合要求的行为和做法及建议　评审组根据国家认监委《检验检测机构资质认定评审工作程序》,经请示下达评审任务的资质认定部门同意后,终止了此次现场评审。

(1)首次申请资质认定的检测检验机构,应依据 RB/T 214—2017《检验检测机构资质认定能力评价　检验检测机构通用要求》编写管理体系文件。RB/T 214—2017 为通用要求,适用于所有检验检测领域。特定领域检验检测机构编写管理体系文件时,除依据"通用要求"外,还应依据"特殊要求"。如:食品检验机构应依据《食品检验机构资质认定条件》,机动车安全技术检验机构、机动车排放检验机构和汽车综合性能检验机构应依据 RB/T 218—2017《检验检测机构资质认定能力评价　机动车检验机构要求》,司法鉴定机构应依据 RB/T 219—2017《检验检测机构资质认定能力评价　司法鉴定机构要求》,生态环境监测机构还应依据《检验检测机构资质认定生态环境监测机构评审补充要求》等。

(2)在首次申请资质认定前,管理体系应正式、有效运行 3 个月以上(食品检验机构连续运行 6 个月以上),实施了完整的内审和管理评审,并能提供相关运行记录。

第二节　范围和规范性引用文件

一、范围

(1)本标准规定了对检验检测机构进行资质认定能力评价时,在机构、人员、场所环境、设备设施、管理体系方面的通用要求。

（2）本标准适用于向社会出具具有证明作用的数据、结果的检验检测机构的资质认定能力评价，也适用于检验检测机构的自我评价。

（3）本标准适用于向社会出具具有证明作用的数据、结果的检验检测机构进行资质认定能力评价时，对其机构、人员、场所环境、设备设施、管理体系5个方面评审的通用要求。也适用于检验检测机构的内部审核和管理评审等方式的自我评价。

二、规范性引用文件

下列文件对于本文件的应用是必不可少的。凡是注日期的引用文件，仅注日期的版本适用于本文件。凡是不注日期的引用文件，其最新版本（包括所有的修改单）适用于本文件。

GB/T 19000　质量管理体系　基础和术语

GB/T 27000　合格评定　词汇和通用原则

GB/T 27020　合格评定　各类检验机构的运作要求

GB/T 27025　检测和校准实验室能力的通用要求

JJF 1001　通用计量术语及定义

凡是引用文件带年号的，如 GB/T 27025—2008，那么即使有 GB/T 27025—2019，也只能使用 GB/T 27025—2008；如果引用的是 GB/T 27020，引用文件不带年号的，那么就要跟踪最新有效版本，包括其任何修订。

第三节　术语和定义

GB/T 19000、GB/T 27000、GB/T 27020、GB/T 27025、JJF 1001 界定的以及下列术语和定义适用于本文件。

一、检验检测机构

依法成立，依据相关标准或者技术规范，利用仪器设备、环境设施等技术条件和专业技能，对产品或者法律法规规定的特定对象进行检验检测的专业技术组织。一般来讲，向社会只出具具有证明作用的数据，不出具判定结果的机构，视为检测机构；向社会即出具具有证明作用的数据，又出具判定结果的机构，视为检验机构。

现行法律、行政法规如《中华人民共和国行政许可法》《中华人民共和国计量法》《中华人民共和国标准化法》《中华人民共和国产品质量法》《中华人民共和国食品安全法》《医疗器械监督管理条例》《全国人大常委会关于司法鉴定管理问题的决定》《危险化学品安全管理条例》《道路交通安全法实施条例》《中华人民共和国农产品质量安全法》《国务院关于加强食品等产品安全监督管理的特别规定》等,对检验检测机构均有提及。

(1)检验检测机构是对从事检验检测活动机构的总称。检验检测机构取得资质认定后,可根据自身业务特点,对外出具检验检测报告、证书。

检验检测机构属于专业技术组织。《中华人民共和国行政许可法》第二十八条规定:"对直接关系公共安全、人身健康、生命财产安全的设备、设施、产品、物品的检验检测、检疫,除法律、行政法规规定由行政机关实施的外,应当逐步由符合法定条件的专业技术组织实施。专业技术组织及其有关人员对所实施的检验检测、检疫结论承担法律责任。"《中华人民共和国行政许可法》把检验检测机构规定为"专业技术组织"。由专业技术组织对产品或者其他特定对象进行检验检测,是市场经济条件下的一种发展趋势。由于我国各种专业技术组织数量众多、水平参差不齐,如果不限定条件,放手让专业技术组织去实施检验检测,就会乱,达不到对产品或者其他特定对象监管的目的。

(2)检验检测机构的属性为专业技术组织,检验检测对象是产品或者是法律法规规定的特定对象。

(3)检验检测机构必须依法成立。检验检测机构应当依法取得相关登记主管部门(如市场监管部门、民政部门、编制管理部门)登记后成立或者经所在法人单位批准设立,能够合法从事检验检测活动。

(4)检验检测机构开展检验检测活动必须有技术依据。检验检测的依据为相关标准(包括国家标准、行业标准、地方标准等)或者技术规范(如尚未上升为标准的、与检验检测有关的技术文件)。相关技术规范须经专业技术组织确认。

(5)检验检测机构利用技术条件和专业技能取得数据、结果。检验检测机构主要凭借仪器设备、环境设施等技术条件取得,也可由专业技能的判定取得。

(6)检验检测的对象主要是产品,另外也有法律法规规定的其他特定对象,例如:司法鉴定机构、空气质量监测机构等。

（7）检验检测机构必须能够承担相应的法律责任。检验检测机构应当对其检验检测结果承担法律责任。专业技术组织作为中介组织，对产品或者其他特定对象进行检验检测，收取费用。根据权利与责任相一致原则，专业技术组织应当对其检验检测结果承担法律责任。如果专业技术组织不认真负责，让不合格的产品投入使用、进入市场，造成财产损失和人身伤害的，专业技术组织及其有关人员要承担相应的责任，包括刑事责任、行政责任和民事赔偿。

二、资质认定

资质认定是国家认证认可监督管理委员会和省级质量技术监督管理部门依据有关法律法规和标准、技术规范的规定，对检验检测机构的基本条件和技术能力是否符合法定要求实施的评价许可。

资质认定是国家对检验检测机构进入检验检测行业的一项行政许可制度，依据《中华人民共和国计量法》《中华人民共和国农产品质量安全法》《中华人民共和国食品安全法》《中华人民共和国认证认可条例》《医疗器械监督管理条例》等法律法规设立和实施。国家市场监督管理部门和省级市场监督管理部门在上述有关法律法规的要求下，按照标准或者技术规范的规定，对检验检测机构的基本条件和技术能力是否符合法定要求实施的评价许可。

三、资质认定评审

国家认证认可监督管理委员会和省级质量技术监督部门依据《中华人民共和国行政许可法》的有关规定，自行或者委托专业技术评价机构，组织评审人员，对检验检测机构的基本条件和技术能力是否符合《检验检测机构资质认定能力评价　检验检测机构通用要求》（RB/T 214—2017）和评审补充要求所进行的审查和考核。

四、公正性

公正性是指检验检测活动不存在利益冲突，是客观性的存在。客观性意味着不存在或已解决利益冲突，不会对实验室的活动产生不利影响，无利益冲突、没有成见、没有偏见、中立、公平、思想开明、不偏不倚、不受他人影响、平衡。

五、投诉

投诉是任何人员或组织向检验检测机构就其活动或结果表达不满意，并期望得到回复的行为。

投诉可以概括为两个字，就是"不满"。投诉分为有效投诉和无效投诉。有效投诉为检验检测机构的责任，应该采取纠正措施。无效投诉一般是客户的责任，检验检测机构应该识别风险，避免此类问题发生。

六、能力验证

能力验证依据预先制定的准则，采用检验检测机构间比对的方式，评价参加者的能力。

2023 年 3 月 27 日国家市场监督管理总局发布《检验检测机构能力验证管理办法》，自发布之日起施行。该办法对能力验证的定义是：市场监管部门采取实验室间比对等方式，按照相关标准技术规范预先制定的考核规则，对检验检测机构技术能力是否持续符合资质认定条件和要求实施的技术管理手段。

能力验证是外部质量控制，是内部质量控制的补充，不是替代。与现场评审同样重要，是评价机构能力的一种方法。检验检测机构应当积极实施人员比对、设备比对、留样再测等内部质量控制措施，并按照市场监管部门的要求参加相应能力验证活动，以保证技术能力能够持续符合资质认定条件和要求。

《检验检测机构监督管理办法》第十八条规定："省级以上市场监督管理部门可以根据工作需要，定期组织检验检测机构能力验证工作，并公布能力验证结果。检验检测机构应当按照要求参加前款规定的能力验证工作。"

能力验证结果分为合格和不合格。结果合格是指按照相关标准或技术规范规定的统计和评价技术手段确定的能力验证数据和结果满意。结果不合格是指按照相关标准或者技术规范规定的统计和评价技术手段确定的能力验证数据和结果不满意或者有问题。对于无故不参加能力验证的检验检测机构，市场监管部门应当予以纠正并公布机构名单，并在"双随机、一公开"监督抽查中加大对其抽查概率。

能力验证相关检验检测项目结果不合格的检验检测机构，应当在规定期限内完成整改，并向市场监管部门重新提交整改和验证材料。整改期间或整改后技术能力仍不能符合资质认定标准,但擅自向社会出具具有证明作用的检验检测数据、结果的,将按照《检验检测机构资质认定管理办法》《检验检测机构监督管理办法》相关规定进行处理。市场监管部门可以将能力验证结果作为对检验检测机构分类监督管理的依据,对于能力验证结果合格的检验检测机构,市场监管部门可以视情况简化其相关项目的资质认定技术评审内容。

实验室间比对和能力验证有什么区别?二者主要异同点见表2-1。

表2-1　实验室间比对和能力验证主要异同点

	运作的主体	运作的依据	评价内容
实验室间比对	任何实验室或某个领域的实验室群体都可以根据各自的需要组织实验室间比对活动	可按照预先规定的条件进行	实验室间比对往往只需要得到某个特定的结论
能力验证	需由认可机构或其授权/认可的机构组织运作	依据 ISO/IEC《利用实验室间比对的能力验证》进行,以确保能力验证计划的质量	能力验证活动必须对参加对象进行能力评价

(1)能力验证一般由权威机构(如国家认监委)依据预先制定的准则,采用检验检测机构间比对的方式,评价参加者的能力。目的是确定某个实验室进行某些特定检测或测量能力,以及监控实验室的持续能力。能力验证是认可机构为确保实验室维持较高的校准/检测水平而对其能力进行考核、监督和确认的一种验证活动,是确定实验室特定测量能力而进行的实验室间比对。能力验证是外部质量控制,是内部质量控制的补充而不是替代。它是与现场评审同样重要,评价机构能力的一种方法。虽然没有强制规定,但检验检测机构应积极参加国家认监委和省级市场监督管理部门组织的能力验证。

(2)实验室间比对按照预先规定的条件,由两个或多个实验室对相同的被测物品进行检测的组织、实施和评价;实验室之间通过对同一批号质控物,在规定时间内测定,比较各实验室的数据,进行统计学分析,判断检验检测结果的可靠性。

通过实验室间比对和能力验证,可以发现检验检测机构存在的问题。对于准确度不符合要求的检验检测机构,可从系统误差方面查找原因,如测量前的仪器校准、恒定的环境误差、器皿洁净度、仪器异常等;对于精密度不符合要求的检验检测机构,可从随机误差方面查找原因,如测量过程中环境温度的波动、仪器稳定性等。

实验室间比对和能力验证试验实质上是对检验检测机构检测能力与检测水平的真实考核。开展实验室间比对和能力验证试验,可使检测能力与检测水平有很大提高,确保了出具的检验报告的质量。

七、判定规则

判定规则是指当检验检测机构需要做出与规范或标准符合性的声明时,描述如何考虑测量不确定度的规则。这是国际标准《检测和校准实验室能力的通用要求》(ISO/IEC 17025:2017)的新要求。但是对检验检测机构资质认定不是强制性要求。若检验检测机构申请资质认定的检验检测项目中无测量不确定度的要求时,检验检测机构可不制定该程序。

八、验证

验证是指提供客观的证据,证明给定项目是否满足规定要求。

验证过去被翻译成证实。检验检测机构在进行检验检测时,应验证其是否能够正确地运用相应标准方法提供客观的证据,证明给定项目是否满足规定要求。如果标准方法发生了变化,应重新进行验证。国际标准《检测和校准实验室能力的通用要求》(ISO/IEC 17025:2017)中规定,检验检测机构在引入方法前,应验证能够正确地运用该方法,以确保实现所需的方法性能,且应保存验证记录。如果发布机构修订了方法,应根据修订的内容重新进行验证。

九、确认

确认是指对规定要求是否满足预期用途的验证。

确认是针对非标准方法的验证。检验检测机构应首先确认该方法能不能使用,对规定要求是否满足预期用途进行验证,然后验证能够正确地运用这些非标准方法。①当修改已确认过的非标方法时,应确定这些修改的影响。②当发现影响原有的确认时,应重新进行方法确认。③当按照预期用途去评估非标方法的性能特性时,应确保与客户需求相关,并符合规定要求。

第四节　机　构

一、法律地位

检验检测机构应是依法成立并能够承担相应法律责任的法人或其他组织,应有明确的法律地位,且对其出具的检验检测数据、结果负责,并承担相应法律责任(不具备独立法人资格的检验检测机构必须经所在法人单位授权)。检验检测机构的法律地位有两种情况:一种是独立法人机构,它依法成立,有明确的法律地位;另一种是非独立法人机构,是某个母体的一部分,这个母体组织必须是一个独立法人单位,这样才能为检验检测机构承担相应的责任,且母体组织必须授权检验检测机构进行检验检测活动。

1.独立法人检验检测机构　在国家有关的政府管理部门依法设立、依法登记注册,获得政府的批准,具有明确的法律身份。其登记、注册文件中的经营范围应包含检验检测,不得有影响其检验检测活动公正性的经营项目(如生产、销售等)。依法设立的法人包括企业法人、机关法人、事业单位法人和社会团体法人。独立法人需具备4个条件:①依法成立;②有自己的财产和经费;③有自己的名称、组织机构和场所;④能独立承担民事责任。其他组织包括取得市场监督管理机关颁发的《营业执照》的企业法人分支机构、特殊普通合伙检验检测企业、民政部门登记的民办非企业单位(法人)、经核准登记的司法鉴定机构等。

2.非独立法人检验检测机构　可由法人授权,申请检验检测机构资质认定,并明确其对外出具的检验检测报告或证书的法律责任由其所在的法人单位承担。其所在的法人单位应为依法成立并能承担法律责任的实体,该检验检测机构在其法人单位内应有相对独立的运行机制。申请的机构名称要包括授权法人名称。

生产企业内部的实验室仅通过实验室认可,但未通过检验检测机构资质认定,可以对外出具检验检测报告吗?

企业内部实验室仅通过实验室认可,但未通过检验检测机构资质认定,不可以对外出具检验检测报告。生产企业内部的检验检测机构不在检验检测机构资质认定范围之内,但生产企业出资设立的具有独立法人资格的检验检测机构可以申请检验检测机构资质认定,应当遵循检验检测机构客观独立、公正公开、诚实守信的相关从业规定。

二、组织结构

检验检测机构应明确其组织结构及管理、技术运作和支持服务之间的关系,检验检测机构应配备检验检测活动所需的人员、设施、设备、系统及支持服务。

1.检验检测机构应明确其内部组织和管理结构 可通过组织结构图来明确其内部组织构成,必要时,结合决策领导职能、执行职能、协调配合职能等和(或)岗位职责进一步明确人员的职责、权限和相互关系。非独立法人的检验检测机构,应明确其与所属法人以及所属法人的其他组成部门的相互关系。组织结构图是组织结构的直观反映,是最常见的表现部门、岗位和层级关系的一种图表,它形象地反映了组织内各部门、岗位上下左右相互之间的关系。组织结构图从上至下可表达垂直方向的管理层次和组织单元,从左至右可直观表达横向的组织单元之间的相互关联(图2-1)。

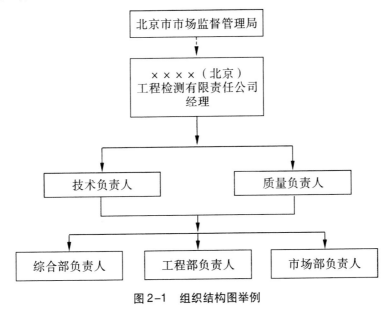

图2-1 组织结构图举例

2.检验检测机构应明确其管理、技术动作和技术服务间的关系 具体体现在质量管理、技术管理和行政管理之间的关系。

(1)管理通常指质量管理。质量管理是指检验检测机构进行检验检测时,与工作质量有关的相互协调的活动。质量管理通常包括制定质量方针和质量目标以及质量策划、质量控制、质量保证和质量改进等,通过策划、组织、协调、实施、督导持续改进管理体系,确保高效地实现预期目标。质量管理可保证技术管理,规范行政管理。

(2)技术运作通过技术管理来实现。技术管理是指检验检测机构从识别客户需求开始,将客户的需求转化为过程输入,利用人员、环境、设施、设备、计量溯源、外部供应品和服务等资源开展检验检测活动,通过合同评审、记录控制、方法选择、抽样、样品处置、结果质量控制等检验检测活动得出数据和结果,形成检验检测报告或证书的全过程技术运作的管理。

(3)支持性服务通过行政管理来实施。行政管理是指检验的法律地位的维持、机构的设置、规定检验检测活动范围、人员的责任、权力和相互关系、满足客户和相关方要求等。检验检测的支持服务活动包括人员、财产、资源、安全、后勤管理,仪器设备、试剂和消费性材料采购,仪器设备管理、检定和校准、样品处置、档案记录管理等。

(4)技术管理是检验检测机构工作的主线。质量管理是技术管理的保证,行政管理是技术管理资源的保障,质量管理、技术管理和行政管理应有机、有序地运转,以实现管理体系的有效运行。

3.检验检测机构正常开展工作应具备条件 检验检测机构应获得开展管理和实施检验检测活动所必需的全部人员、设施环境、仪器设备、计量溯源系统及外部提供的产品和服务。检验检测机构需配备的资源包括人力资源、物质资源、技术资源、信息资源和自然资源等。

【问答题】

技术管理、质量管理和行政管理之间是什么关系?

答:技术管理、质量管理和行政管理三位一体,组成检验检测机构的管理体系。技术管理是检验检测机构工作的主线,质量管理可保障技术管理、规范行政管理,行政管理为技术管理和质量管理提供资源、政策和制度保障,质量管理、技术管理和行政管理应有机、有序地运转,以实现管理体系的有效运行。

三、遵法守责

检验检测机构及其人员从事检验检测活动,在法律层面上:应遵守国家相关法律法规的规定,遵循客观独立、公平公正、诚实信用原则;在道德层面上:应遵循三个原则即客观独立、公平公正、诚实信用原则,两个要求即恪守职业道德、承担社会责任。

1.遵守国家相关法律法规的规定　检验检测机构及其人员应当遵守《中华人民共和国计量法》及其实施细则、《中华人民共和国认证认可条例》以及《中华人民共和国食品安全法》《中华人民共和国药品管理法》《中华人民共和国产品质量法》《中华人民共和国标准化法》《医疗器械监督管理条例》《中华人民共和国道路交通安全法实施条例》《中华人民共和国农产品质量安全法》等涉及检验检测机构的相关法律、行政法规,以及相关部门规章的规定开展检验检测活动。

2.遵循客观独立、公平公正、诚实信用原则　检验检测机构不得受利益相关方的影响,不得谋取不正当的利益,应当严格按照标准和相关技术规范的要求,独立、客观、真实地从事检验检测活动。在检验检测过程中不欺诈、不夸大、不偏离,真实守信,确保检验检测数据、结果的真实、准确、可靠和可追溯。检验检测机构应收集内部和外部诚信信息,开展诚信自我评价或第三方评价,以验证自身诚信的状况。对检验检测机构及其人员而言,"客观独立、公平公正、诚实信用"是其从业的基本准则和开展日常工作的准绳。

3.恪守职业道德　职业道德是一种受到社会普遍认可的职业规范,是检验检测机构在从事检验检测活动时应当遵循的职业义务、职业责任以及职业行为上的道德准则。随着市场经济的发展,恪守职业道德已经成为衡量一个组织(或企业)的重要标准,检验检测机构作为"传递信任"的服务性中介组织,应当在这方面成为表率。资质认定部门重点突出信用监管手段的运用和衔接,规定市场监管部门应当依法将检验检测机构行政处罚信息等信用信息纳入国家企业信用信息公示系统等平台,推动检验检测监管信用信息归集、公示,也为下一步将检验检测违法违规行为纳入经营异常名录和严重违法失信名单进行失信惩戒提供了依据。逐步完善检验检测市场主体的社会信用监督机制,促进检验检测服务业健康发展。

4.承担社会责任　履行社会责任是检验检测机构的义务。检验检测机构作为具有技术储备且处于中立、公信地位的专业技术组织,除了依法从事检验检测活动之外,有必要结合自身实际情况和特点,为社会的良性发展承担必要的社会责任。

四、公正性

检验检测机构应建立和保持维护其公正和诚信的程序。检验检测机构及其人员应不受来自内外部的、不正当的商业、财务和其他方面的压力和影响,确保检验检测数据和结果的真实、客观、准确和可追溯。检验检测机构应建立识别出公正性风险的长效机制。如识别公正性风险,检验检测机构应能证明消除或减少该风险。若检验检测机构所在的组织还从事检验检测以外的活动,应识别并采取措施避免潜在的利益冲突。检验检测机构不得使用同时在两个及两个以上检验检测机构从业的人员。

(1)检验检测机构应建立保证检验检测公正和诚信的程序,并采取措施进行控制。

(2)不得以出具检验检测活动的数据和结果牟取不当利益,公正公平是检验检测机构的基本定位。检验检测机构及其人员应确保与检验检测委托方、数据和结果使用方或者其他相关方不存在影响公平公正的关系,不受到不正当的压力和影响,能独立开展检验检测活动,确保检验检测数据和结果的真实性、客观性、准确性和可追溯性。

(3)检验检测机构应制定保证其工作人员不受内外界压力和影响的措施,通过措施的有效实施,将工作人员可能受到的来自内部或外部的压力或影响加以消除,使工作人员在一种不受任何影响的独立的状态下,完成相关技术工作。

(4)检验检测机构如果识别出公正性风险,应采取措施消除或最大限度降低风险,并保留消除或最大限度降低风险的证据。

(5)检验检测机构要坚持第三方公正地位,不得与其从事的检验检测活动存在利益关系;不得参与有损于检验检测独立性和诚信度的活动;不得开展与检验检测能力有利益冲突的活动,如产品的设计、研发、制造、销售、维修、保养等。若检验检测机构所属法人单位的其他部门从事与其承担的检验检测项目相关的研究、开发和设计时,检验检测机构应明确授权职责,确保检验检测机构的各项活动不受其所属单位其他部门的影响。

(6)检验检测机构应以文件规定或者合同约定等方式确保不录用同时在两个及两个以上检验检测机构从业的人员,把好人员聘用、使用关。检验检测人员以合同或声明等方式承诺不同时在两个及两个以上检验检测机构从业。

【问答题】

1. 诚信的定义是什么?

答:个人和(或)组织诚实守信的行为与规范,包括在从业活动中承诺与行为的一致性。

2. 检验检测机构如何识别公正性风险,才能避免公正性风险的发生?

答:检验检测机构应持续识别影响公正性的风险。这些风险包括检验检测机构的活动和各种关系,或者检验检测机构人员的关系而引发的风险,当然,这些关系并非一定会对检验检测机构的公正性产生风险。危及检验检测机构公正性的关系可能基于投资方向、所有权、控制权、管理、人员、共享资源、财务、合同、市场营销、给介绍新客户的人销售佣金或其他好处等。如果识别出公正性风险,检验检测机构应能够证明如何消除或最大限度降低这种风险。由于影响检验检测机构公正性风险的因素在不断变化,因此应持续识别影响因素,然后采取相应措施规避风险或降低风险。

3. 不得同时在两个及两个以上检验检测机构从业的人员包括哪些人员?

答:不得同时在两个及两个以上检验检测机构从业的人员包括管理层、检验检测人员等。与检验检测无关的人员可以兼职。

【案例分析】

1. 场景描述/问题描述　评审组对某检验检测公司进行资质认定首次评审时,发现该机构主要从事中药材等产品的技术研究工作,其营业执照写的经营范围除了技术检测外,还包括"中药材的销售"。

2. 条款判断及原因分析　该机构主要从事中药材等产品的技术研究工作,营业执照写明的经营范围除了技术检测外,还包括"中药材的销售",这不符合《通用要求》4.1.4 的规定。

3. 符合要求的行为和做法及建议　为保证检验检测工作的客观独立、公平公正,机构登记的经营范围不得有影响其检验检测活动公正性的经营项目(诸如生产、销售等),因此该机构应将《营业执照》经营范围中"中药材的销售"撤销,以保证机构的第三方公正性地位,保证检验检测数据和结果的独立性、诚信性和公正性。

五、保密性

检验检测机构应建立和保持保护客户秘密和所有权的程序,该程序应包括保护电子存储和传输结果信息的要求。检验检测机构及其人员应对其在检验检测活动中所知悉的国家秘密、商业秘密和技术秘密负有保密义务,并制定和实施相应的保密措施。

1. 客户信息保密　检验检测机构应当依照国家有关保密的法律法规、客户(或者其他利益相关方)合同约定以及其他有关保密的要求,在质量手册和程序文件中制定对应的保密条款。保密条款既包括对机构在保密方面的要求,也包括对工作人员在保密方面的要求,相关要求应当切实有效实施,实施情况应当予以记录和保存。检验检测机构制定的保密措施应当充分考虑泄密(无论故意或者无意)可能造成的后果,并制定相应的处理条款(包括赔偿),确保在发生不可预测的泄密事件时减少负面影响。

(1)秘密是指在一定时间内只限一定范围的人员知悉的事项。

(2)国家秘密是指关系国家的安全和利益,依照法定程序确定,在一定时间内只限一定范围的人员知悉的事项。

(3)商业秘密是指不为公众所知悉、能为权利人带来经济利益,具有实用性并经权利人采取保密措施的技术信息和经营信息。商业秘密通常表现为新技术、新方法、新工艺、新材料、新配方、新流程等。

(4)技术秘密是指能为权利人带来利益、权利人已采取严格的保密措施、不为公众所知悉的技术信息,包括设计、程序、配方、工艺、方法、诀窍及其他形式的技术信息。

(5)个人隐私是个人不愿暴露的私事。

(6)检验检测机构及其人员对上述事项均负有保密的义务。

2. 保密相关法律规定　保密是为了保证客户的利益不被侵害,不给客户带来的损失。检验检测机构应识别所涉及的国家秘密,确保涉及国家安全、国家利益、国家荣誉的信息及资产得到保护。应按照《中华人民共和国保守国家秘密法》及其《实施办法》的规定,将其要求纳入相关的体系文件中。保密条款既包括对机构在保密方面的要求,也包括对工作人员在保密方面的要求,相关要求应当切实有效地实施。

3. 商业秘密和技术秘密　样品实物及其技术指标、技术状态、技术评价、在同行业的技术排位以及检验检测得到的数据和结果等,均涉及保密。

客户的知识产权是客户智力劳动创造的成果,检验检测机构应采取措施予以保密。

4.电子信息保密 以电子技术媒体存储数据和结果,或使用电子形式等手段传输检验检测数据和结果的,应有程序保证传输的完整性和保密性。编制保护客户的机密信息和所有权的程序。

5.保密制度 结合自身的工作范围和服务对象,制定切实可行的保密制度。明确保密的事项及范围、规则和制度,指定部门和人员负责保密工作,设置必要的保密技术手段,进行保密教育和保密检查等措施。

6.涉密资料管理 检验检测机构应对进入检验检测现场、设置计算机的安全系统、传输信息、保存检验检测记录和形成检验检测报告或证书等环节制定并实施保密措施,落实保密责任。

7.第三方信息获取规定 除非法律法规有特殊要求,检验检测机构向第三方透露相关信息时,应征得客户同意,并保存征询意见的记录。

第五节　人　员

检验检测机构应有与其检验检测活动相适应的技术人员和管理人员,应建立和保持人员管理程序。

一、人员管理

检验检测机构应建立和保持人员管理程序,对人员资格确认、任用、授权和能力保持等进行规范管理。检验检测机构应与其人员建立劳动、聘用或录用关系,明确技术人员和管理人员的岗位职责、任职要求和工作关系,使其满足岗位要求并具有所需的权力和资源,履行建立、实施、保持和持续改进管理体系的职责。检验检测机构中所有可能影响检验检测活动的人员,无论是内部还是外部人员,均应行为公正,受到监督,胜任工作,并按照管理体系要求履行职责。

1.制定人员管理程序 对人员资格确认、任用、授权和能力保持等进行规范管理。检验检测机构应与工作人员确定劳动或录用关系,签订用人合同,并对技术人员和管理人员的岗位职责、任职要求和工作关系予以说明,明确专业、学历、职称、工作经历、技能等条件。

2.聘用制度 检验检测机构应与工作人员确定劳动或录用关系,签订用人合同,不得使用在两个及两个以上检验检测机构兼职人员。应对人员进行系统管理,包括从录用、资格确认、授权和能力保持等进行管理。应将人员管理的各项政策和程序文件化,形成《人员管理程序》等进行控制。人员岗位应稳定,临时聘用人员不得在关键的技术和管理岗位。不得借用外部人员。

3.岗位规定 检验检测机构制定的岗位职责应与其岗位要求及工作类型、工作范围、和工作量相匹配,并有相应的权利和资源。

4.岗位规定学习及问题预防措施 检验检测机构应通过岗位说明书等形式明确技术人员和管理人员的岗位职责、任职要求和工作关系,使得每个岗位清楚他们的职责和授权并胜任所在岗位工作。他们还应能够识别对检验检测程序和管理体系政策和程序的偏离,采取措施预防或减少这些偏离。

5.人员基本要求 检验检测机构应拥有为保证管理体系的有效运行、出具正确检验检测数据和结果所需的技术人员和管理人员。技术人员和管理人员的结构和数量、受教育程度、理论基础、技术背景和经历、实际操作能力、职业素养等应满足工作类型、工作范围和工作量的需要。

6.人员需具备能力 能力是应用知识和技能实现预期结果的本领。能力是由知识、技能和经验构成的,因此,对人员能力的确认,不仅要看学历、经历、培训等情况,还要看实际操作能力和工作经验。确保人员能力不仅是管理问题,还应是各级管理者最重要的工作任务,因为当所有岗位人员均能胜任自己工作的时候,管理体系的运行是最有效的。所以,为人员提供拓展能力的机会是各级管理者的职责。

7.人员合理安排 确保人员能力是一个过程,应对新进人员的初始工作能力和保持检验检测人员持续工作能力做出安排。

8.特殊能力要求 检验检测机构对人员能力的要求,除了应具有从事检验检测活动的类型、范围和工作量所需的能力,还应具备被检物品的相关知识,具备对被检物品的专业判断能力。通常,一个检验检测项目必须有两个以上具备资质的检验检测人员。

9.人员分类 检验检测机构中所有可能影响检验检测活动的人员,无论是内部还是外部人员,均应行为公正,受到监督,胜任工作,并按照管理体系要求履行职责。检验检测机构应从组织机构和管理上保证公正性。

内部人员包括检验检测人员、仪器操作人员、最高管理者、技术负责人、质量负责人、授权签字人、检验报告审核人、内审员、监督员、抽样人员等。外部人员包括设备设施安装、维护和设备现场检定/校准人员。

10.员工档案管理　人员名册、能力确认文件、任命文件、社保证明、劳动合同、工资表,人员技术档案,尤其是关键岗位如技术负责人、质量负责人、授权签字人、监督员、内审员、特种检验要求及检验员的资格和能力证明。

【问答题】

"外部人员"是指哪些人员?

答:外部人员包括设备设施安装、调试、维修人员;软件安装、维护人员;评审审核人员;设备现场检定/校准人员及外聘的法律顾问等。外部人员均应行为公正,受到监督,胜任工作,并按照管理体系要求履行职责。

【案例分析一】

1.场景描述/问题描述　评审组对某检验检测公司进行资质认定首次评审时,在现场发现该机构的张某申请了授权签字人。评审组在查阅人员证明材料时,没有发现张某和公司签订了劳动合同的证明材料。

2.条款判断及原因分析　该机构不符合《通用要求》4.2.1"检验检测机构应与其人员建立劳动、聘用或录用关系,明确技术人员和管理人员的岗位职责、任职要求和工作关系,使其满足岗位要求并具有所需的权力和资源,履行建立、实施、保持和持续改进管理体系的职责"的要求。该机构的张某申请了授权签字人,但没签劳动合同,《中华人民共和国合同法》第十七条明确要求签订劳动合同,因此,张某不符合授权签字人的任职条件。

3.符合要求的行为和做法及建议　该公司如还有其他授权签字人,则可以在整改期内与张某签订劳动合同,或者张某放弃申请授权签字人。如果该公司只有张某申请了授权签字人,则应终止此次评审。

【案例分析二】

1.场景描述/问题描述　评审组对某事业单位进行资质认定评审时,在现场发现该机构从事检验检测工作的李某为劳务派遣人员。评审组在查阅人员证明材料时,发现李某是和劳务派遣公司签订的劳动合同,没有和该事业单位签订劳动合同。

2.条款判断及原因分析　该机构不符合《通用要求》4.2.1"检验检测机构应与其人员建立劳动、聘用或录用关系,明确技术人员和管理人员的岗位职责、任职要求和工作关系,使其满足岗位要求并具有所需的权力和资源,履行建立、实施、保持和持续改进管理体系的职责"的要求。该机构的李某是和劳务派遣公司签订的劳动合同,没和该事业单位签劳动合同,因此,李某不符合检验检测人员的任职条件。

3. 符合要求的行为和做法及建议 调整李某的工作岗位,李某不能从事检验检测工作,只能从事临时性、辅助性的工作。

二、管理层

检验检测机构应确定全权负责的管理层,管理层应履行其对管理体系的领导作用和承诺:①对公正性做出承诺。②负责管理体系的建立和有效运行。③确保管理体系所需的资源。④确保制定质量方针和质量目标。⑤确保管理体系要求融入检验检测的全过程。⑥组织管理体系的管理评审。⑦确保管理体系实现其预期结果。⑧满足相关法律法规要求和客户要求。⑨提升客户满意度。⑩运用过程方法建立管理体系和分析风险、机遇。

1. 建立健全组织机构 确定管理层并由其全权负责管理和控制机构的所有活动(包括质量管理、技术管理和行政管理)。管理层的人员数量、资格和能力、职责和权力、资源配置等应与检验检测机构活动的工作类型、工作量和工作范围相适应,可以是一个人,也可以是一个管理团队。一般情况下,实验室最高管理者、技术负责人和质量负责人构成了实验室的管理层。管理层是检验检测建立资质认定管理体系的战略决策者,在建立、实施、保持和改进实验室管理体系中起着至关重要的作用。组成管理层的成员,其管理素质、知识应当与检验检测机构管理体系的建立和运作相适应,不仅应熟悉本岗位的业务管理,而且要有职、有权、有资源,同时熟悉机构活动。机构应明确权、责的相互的关系,密切配合,形成一个有机的整体来实施、保持和改进管理体系,有序地开展检验检测活动。

2. 管理层领导作用 检验检测机构管理层应对管理体系全权负责,承担领导责任和履行承诺。管理层负责管理体系的建立和有效运行,确保管理体系所需的资源和实现其预期结果。最高管理者代表机构做的公正性承诺,向社会公开遵守从业规范和诚信承诺,接受社会监督。这里应注意用管理层替代了最高管理者,管理层是指一组人或一个人,具体职责如下。①负责管理体系的整体运作:建立、维护、运行、改进。②主持、发布质量方针、质量目标。③满足法律法规/客户要求;提升客户满意度。④建立内部沟通机制(营造和谐的内部环境)。⑤识别风险和机遇,配备适宜的资源,并实施质量控制。⑥组织管理体系的管理评审。

3.制定质量方针　质量方针是指引实验室开展科学管理的大纲,是建立管理体系的依据。检验检测机构管理层应确保制定质量方针和质量目标,确保管理体系的要求融入检验检测的全过程;批准管理评审计划,组织管理体系的管理评审,满足相关法律法规要求和客户要求,提升客户满意度;确保管理体系实现其预期结果。

4.制定风险评估　风险是指在某一特定环境下,在某一特定时间段内,某种损失发生的可能性。检验检测机构管理层应识别检验检测活动的风险和机遇,配备适宜的资源,并实施相应的质量控制,策划和实施应当风险和机遇的措施。管理层应以基于风险的思维,运用过程方法建立管理体系,识别检验检测活动的风险和机遇,对检验检测机构所处的内外部环境进行分析,进行风险评估和风险处置。检验检测机构应该识别法律风险、质量责任风险、安全风险和环境风险等,以基于风险的思维对过程和管理体系进行管控,策划和实施应对风险和利用机遇的措施,配备适宜的资源,实施相应的质量控制,防止发生非预期结果的风险。

5.制定风险应急预案　应对风险和利用机遇可为提高管理体系有效性、实现改进结果以及为防止不利影响奠定基础。机遇的出现可能意味着某种有利于实现预期结果的局面,例如:有利于机构吸引客户、开发新领域,减少浪费或提高效率。检验检测机构应消除或减小风险,利用机遇、抓住机遇拓展资质认定领域,更好地为客户服务。

三、技术负责人和质量负责人

检验检测机构的技术负责人应具有中级及以上专业技术职称或同等能力,全面负责技术运作;质量负责人应确保管理体系得到实施和保持;应指定关键管理人员的代理人。

1.技术负责人的任职条件

(1)中级及以上技术职称或同等能力,以下情况可视为同等能力。①博士研究生毕业,从事相关专业检验检测活动1年及以上。②硕士研究生毕业,从事相关专业检验检测活动3年及以上。③大学本科毕业,从事相关专业检验检测活动5年及以上。④大学专科毕业,从事相关专业检验检测活动8年及以上。

(2)熟悉检验检测机构质量管理体系和检验业务,专业符合检测技术工作要求,具有一定的检测技术水平和较丰富检测经验。

(3)熟悉检验检测技术标准、技术规范及相关的法律、法规。

(4)有一定的管理、组织和协调能力。

2.技术负责人的职责

(1)负责技术管理,即对检验检测机构的全过程(数据和结果形成过程)全面负责,包括策划、实施、检查及处置的全过程控制。应从合同评审识别客户需求开始,到发出报告或证书,对检验检测过程和报告结果进行质量控制。技术负责人都应发挥其全面负责的作用,保证出具正确可靠的检验检测数据、结果。

(2)负责重大技术问题的决策。

(3)对检验检测过程和检验报告结果进行质量监控;负责质量监督、质量监控计划的审批、实施与评价。

(4)负责新检测项目的开发、运用以及方法的选择、验证、确认及检验方法使用的审批。

(5)负责新技术培训,不断提高人员的检验检测能力。

(6)具有全面负责检验检测技术工作及相应检验检测机构资源配备,如人才资源、物质资源、信息资源等。

(7)组织技术类文件的编制,批准作业指导书。

(8)负责技术记录格式的批准。

(9)技术负责人可以是一人,也可以是多人,以覆盖检验检测机构不同的技术活动领域。

3.质量负责人的职责

(1)负责质量管理工作,组织管理类文件编制,开展质量管理活动。

(2)配合管理层建立、实施和保持管理体系,且被赋予职责和权限,确保管理体系的实施和保持。质量负责人应确保文件化的管理体系要求得到实施和遵循,并不断持续有效地运行。

(3)向管理层报告管理体系的业绩和改进需求。

(4)确保在机构内提高满足客户要求的意识。

(5)负责管理体系内审方案审批、组织实施组织检验检测机构管理体系内部审核,批准内审报告。

(6)负责投诉和重大质量事故的调查、处理;负责检验检测工作回避申请的批准。

（7）负责质量记录格式的批准。

（8）负责审核管理评审实施计划，批准管理评审改进建议、措施并确保其有效实施。

（9）审核并组织识别不符合并采取纠正与纠正措施，并对其有效性进行评价；根据反馈信息组织实施纠正，制定应对风险和机遇的措施并持续改进。

（10）鉴定检验检测工作差错、事故及违法行为的性质。

（11）负责检验检测机构人员公正性、保密性要求措施的检查、监督等。

4.文件落实 质量负责人应确保将文件化的管理体系要求得到实施和遵循。通常可以采取组织内审作为主要方法，推动管理体系要求得到全面执行。质量负责人应对《检验检测机构资质认定能力评价 检验检测机构通用要求》（RB/T 214—2017）和管理体系要求准确理解和掌握，并采用更多的质量管理方法，使管理体系要求得到实施和保持。

5.指定代理人 检验检测机构应指定关键管理人员（包括最高管理者、技术负责人、质量负责人等）的代理人，以便其因各种原因不在岗位时，有人员能够代其行有关职责和权力，以确保检验检测机构的各项工作持续正常地进行。

【问答题】

如何划分质量负责人和技术负责人的职责？

答：质量负责人侧重于质量管理（如质量策划、质量改进、实施和改进管理体系、组织内审、采取纠正措施等）；技术负责人侧重于技术运作（如人员的技术培训、能力监督、方法验证、变更方法再次验证、非标方法的确认、设备校准、校准方案的制定、校准结果的确认等）和资源配置。

四、授权签字人

检验检测机构的授权签字人应具有中级及以上专业技术职称或同等能力，并经资质认定部门批准，非授权签字人不得签发检验检测报告或证书。授权签字人是由检验检测机构提名，经资质认定部门考核合格后，在其资质认定授权能力范围内签发检验检测报告或证书的人员。

1.授权签字人应具备以下条件

（1）熟悉检验检测机构资质认定相关法律法规的规定，熟悉《检验检测机构资质认定能力评价 检验检测机构通用要求》（RB/T 214—2017）及其相关的技术文件的要求。

（2）具备从事相关专业检验检测的工作经历，掌握所承担签字领域的检验检测技术，熟悉所承担签字领域的相应标准或者技术规范。

（3）熟悉和掌握有关仪器设备的检定/校准状态。

（4）熟悉和掌握对签字范围内所使用的检验检测方法及测量不确定度评定要求。

（5）熟悉和掌握对签字范围内所使用的检验检测设备测量的准确度和（或）测量的不确定度，并符合检验检测相应的标准、规程和规范要求。

（6）掌握本检验检测机构运作情况，特别是与检验检测过程密切相关的各程序接口和相互之间的关系。

（7）熟悉在管理体系中的职责和权限。

（8）熟悉检验检测报告或证书审核签发程序，具备对检验检测结果做出评价的判断能力。

（9）熟悉检验检测机构管理和技术相关法律法规的规定，熟悉检验检测机构管理和技术相关标准及其文件的要求。

（10）检验检测机构对其签发报告或证书的职责和范围应有正式授权。

（11）检验检测机构授权签字人应具有中级及以上专业技术职称或者同等能力。同等能力是指：博士研究生毕业，从事相关专业检验检测活动1年及以上；硕士研究生毕业，从事相关专业检验检测活动3年及以上；大学本科毕业，从事相关专业检验检测活动5年及以上；大学专科毕业，从事相关专业检验检测活动8年及以上。

2. 授权签字人的职责

（1）授权签字人应在被授权的范围内签发检验检测报告或证书，并保留相关记录。

（2）授权签字人应审核所签发报告或证书使用标准的有效性，保证按照检验检测标准开展相关的检验检测活动。

（3）授权签字人应对检验检测数据和结果的真实性、客观性、准确性、可追溯性负责。

（4）授权签字人对签发的检验检测报告具有最终的技术审查职责，对不符合要求的结果和报告或证书具有否决权。

3. 授权签字人的责任

（1）授权签字人对签发的报告或证书承担相应法律责任，要对检验检测主管部门、本检验检测机构和客户负责。

（2）对符合法律法规和评审标准的要求负责。

（3）授权签字人一般不设代理人,但可以在相同专业领域设置2个以上授权签字人。不允许超越授权范围签发报告或证书。

《检验检测机构监督管理办法》(国家市场监督管理总局39号令)第二十五条规定:未经授权签字人签发或者授权签字人超出其技术能力范围签发的,由县级以上市场监督管理部门责令限期改正;逾期未改正或者改正后仍不符合要求的,处3万元以下罚款。

4.授权签字人的变更　检验检测报告授权签字人发生变更的,应当向资质认定部门申请办理变更手续。

【问答题】

1.授权签字人的定义是什么?

答:授权签字人是由检验检测机构提名,经资质认定部门考核合格后,在其资质认定授权的能力范围内签发检验检测报告或证书的人员。

2.现场评审时,考核授权签字人内容包括哪些?

答:现场评审时,考核授权签字人内容如下。①熟悉检验检测机构资质认定相关法律法规的规定,熟悉《检验检测资质认定能力评价　检验检测机构通用要求》(RB/T 214—2017)及其相关的技术文件的要求;②具备从事相关专业检验检测的工作经历,掌握所承担签字领域的检验检测技术,熟悉所承担签字领域的相应标准或者技术规范;③熟悉检验检测报告或证书审核签发程序,具备对检验检测结果做出评价的判断能力;④检验检测机构对其签发报告或证书的职责和范围应有正式授权;⑤检验检测机构授权签字人应具有中级及以上专业技术职称或者同等能力。

3.授权签字人如何审核检验报告?

答:授权签字人是检验检测机构的关键岗位,对签发的检验检测报告具有最终的技术审查职责,对检验检测数据和结果的真实性、客观性、准确性、可追溯性负责。因此,授权签字人应做到以下几个方面:①强化法律意识,增强责任心。授权签字人对所签发的报告或证书承担相应的法律责任,不仅要对检验检测主管部门负责,还要对本检验检测机构和客户负责。②提升技术能力,准确审核报告。授权签字人应具备从事相关专业检验检测的工作经历,掌握所承担签字领域的检验检测技术;熟悉所承担签字领域的相应标准或者技术规范;熟悉检验检测机构资质认定相关法律法规的规定;熟悉检验检测报告或证书审核签发程序;具备对检验检测结果做出评价的判断能力;对不符合要求的结果和报告或证书具有否决权。③讲究审核技巧,突出审核重点。完整性:审核检验原始记录是否缺页,图谱和标准曲线数据是否齐全;检验项目是否齐全。规范性:重点审核报告的内容和形式是否符合要求,书写是否规范。一致性:审核原始记录数据与检验报告是否一致;复检与初检检验方法是否一致;出具的数据的有效位数和采用的标准方法是否一致。有效性:审核所检项目资质的有效性,是否有限制项;审核检验标准的有效性,是否过期作废。准确性:审核执行的检验标准的准确性,检测数据的准确性及出具报告的准确性。合理性:审核是否有超出常规的数值及异常数据。

签发检验检测报告是技术性和责任心很强的工作,是准确、清晰、明确、客观出具检验检测报告的最后一道关口。授权签字人要以极强的责任心、过硬的技术、良好的技巧,科学地审核好每一份报告,确保检验结果的真实、准确、可靠。

【案例分析】

1. 场景描述/问题描述　评审员在某实验室监督过程中抽查到的一份面包的检测报告,检测标准为《食品安全国家标准　糕点、面包》(GB 7099—2015),检测项目包括微生物指标、理化指标,报告加盖了 CMA 标识。评审员核对机构的资质认定证书附表时发现该报告的批准人杨某的授权签字域为"食品理化项目",但并没有"微生物指标"的授权。

当评审员指出问题时,机构人员解释说:"我们知道杨某只是食品理化的授权签字人,但我们这份报告的审核人刘某是食品微生物领域的授权签字人,她已在这份报告上签字、把关;而且我们的体系文件有规定,当全项报告的授权签字人不能满足全部领域要求时,由其他领域的授权签字人作为审核人即可发出报告。"

2. 条款判定及原因分析　该机构不符合《检验检测机构资质认定能力评价　检验检测机构通用要求》(RB/T 214—2017)中 4.2.4 的规定。RB/T 214—2017 中 4.2.4 规定:"检验检测机构的授权签字人应具有中级及以上专业技术职称或同等能力,并经资质认定部门批准,非授权签字人不得签发检验检测报告或证书。"

该机构对授权签字人的职责不清楚,体系文件中缺少对授权签字人职责及范围的授权,且对授权签字的规定与资质认定的要求不符,以至于造成了超超范围签发报告的严重问题。《检验检测机构资质认定管理办法》第四十三条第(五)款规定:"非授权签字人签发检验检测报告的,由县级以上质量技术监督部门责令整改,处3万元以下罚款。"

3.符合要求的行为和做法及建议

(1)授权签字人是由检验检测机构提名,经资质认定部门考核合格后,在其资质认定授权的能力范围内签发检验检测报告或证书的人员。因此,授权签字人只能在资质认定授权的范围内签发检验检测报告或证书。

(2)授权签字人除了需要具备从事相关专业检验检测的工作经历,掌握所承担签字领域的检验检测技术,熟悉所承担签字领域的相应标准或者技术规范及熟悉检验检测报告或证书审核签发程序,具备对检验检测结果做出评价的判断能力之外,还需要熟悉检验检测机构资质认定相关法律法规的规定,熟悉《检验检测机构资质认定能力评价　检验检测机构通用要求》(RB/T 214—2017)及其相关的技术文件的要求,尤其应牢记非授权签字人不得对外签发检验检测报告或证书。签发超出授权领域的报告或证书,即属于非授权签字人签发的报告证书。

(3)授权签字人和报告审核人的职责和权力不同,所承担的法律责任也完全不同。《检验检测机构资质认定管理办法》第二十五条规定:"检验检测机构对其出具的检验检测数据、结果负责,并承担相应法律责任。"加盖了CMA标识的检验检测报告是由授权签字人签发的,也由授权签字人代表所属检验检测机构承担法律责任,报告编制者、审核者在外发报告中的作用是不能与授权签字人相提并论的。

(4)检验检测机构应在管理体系文件中明确授权签字人的职责及授权范围,并予以正式书面授权。当有多个授权签字人时,机构也可以按照各授权签字人对相关检验检测领域的熟悉程度进行分工。在出具多领域的检测报告时,可以由覆盖全领域的一名授权签字人签发,也可以由多名授权签字人同时签发,或者把不同领域的检测结果分别出在不同的报告页上,由不同领域的授权签字人分别签发。

五、能力确认和监督

检验检测机构应对抽样、操作设备、检验检测、签发检验检测报告或证书以及提出意见和解释的人员,依据相应的教育、培训、技能和经验进行能力确认。应由熟悉检验检测目的、程序、方法和结果评价的人员对检验检测人员包括实习员工进行监督。

1.岗位培训　为确保检验检测人员的技术能力,检验检测机构应根据教育、培训、学历、操作技能等对上述5种人员,按其岗位任职要求,进行能力确认和上岗授权。培训和考核内容一般包括理论和操作技能两方面。理论培训应包含资质认定工作的有关要求、机构建立的管理体系文件、检验检测方法标准、实验室安全管理、检验检测基础理论以及其他有关知识。操作技能培训应包含仪器设备使用、采(抽)样、样品制备品测定、质量控制以及数据统计和处理等。考核方式一般采用理论试卷考核和实际样品测定考核两种,考核结果符合要求后可以授权其上岗。

(1)一个项目的检验检测人员不得少于2人。

(2)5种人经培训、考核合格后,确认其技术能力,给予能力确认证书或授权证书。对人员能力的确认,不仅要看学历、经历、培训等情况,还要看实际操作能力和工作经验。特殊检验检测岗位的检测、试验人员应满足相关国家法律、行政法规的要求,且取得特定检验检测活动的能力确认和授权。

(3)现在很多部门已经取消了持证上岗,所以评审标准对机构只要求能力确认。如果某些机构认为上岗证是一种习惯了的、行之有效的方式,能力确认后可坚持之。若此,则应在体系文件做出规定与管理要求。

2.上岗资格的确认　上岗资格的确认应明确、清晰,包括授权操作的设备名称、检验检测的项目和依据的方法,授权签字的领域(经过资质认定部门考核合格)、提供意见和解释的具体项目等。

3.授权变更　授权不是一劳永逸的,随着检验检测领域的增加,使用新设备、新方法,检验检测人员的能力应随之适应,因此应根据检验检测工作的需要,随时确认相关人员的能力,在能力胜任的前提下进行授权,才能保证检验检测机构的技术能力。授权和持证上岗是一个持续的过程,随着设备和检验检测项目及方法的变化情况,以及人员能力的变化情况而持续进行。

4.质量监督　质量监督是质量管理体系持续改进的重要手段,质量监督员是由检验检测机构最高管理者任命、在日常工作中开展持续不断的监督和管理的人员。

5.设立监督员　监督员一般是由经验丰富的资深检验检测人员担任。监督员必须经过管理体系有关知识培训,了解其从事的业务技术,熟悉检验检测目的、程序、方法,并能够判断检测结果是否正确。

6. 监督员工作内容　监督员应覆盖检验检测机构质量管理体系运行的每一个环节,包括采样、样品受理交接、检验、检验报告核发、后勤供应保障、质量控制与质量管理等环节,根据岗位设置监督员,每一个工作环节均应有相应的监督员,形成有效的质量监督网(表2-2)。

7. 监督制度的实施　应按监督计划对检验检测人员进行监督,监督计划应明确监督对象、监督内容和监督形式。质量监督的对象是对检测工作质量有影响的全部环节及人员。监督的内容包括检验检测方法的实施、仪器设备的操作、原始记录的完整性、数据处理及判断的准确性等(表2-3)。

8. 监督方式　对人员技术能力的监督,通常可采用观察现场试验、核查记录和报告、评审参加质量控制的结果和面谈等形式,并考虑专业特点采取有效的监督方式,监督检验检测全过程的技术能力,检验检测机构可根据监督结果对人员能力进行评价并确定其培训需求。

9. 监督记录的留存　监督员应做好日常连续性质量监督工作,当发现检验检测人员使用了不正确的标准,操作不当,环境条件、仪器设备等不符合要求或检验检测数据可疑时,有权要求暂停检验检测工作,并要求有关人员予以纠正或采取纠正措施,同时及时向科(所)负责人汇报,填写监督记录表,对纠正措施进行跟踪验证;必要时对以前的检验检测结果进行追溯。监督记录应存档,监督报告应输入管理评审。

表2-2　内审员和监督员的比较

	内审员	监督员
资质	(1)经过培训并考试合格 (2)熟悉检验检测机构的管理体系 (3)接受过审核方法和审核技巧等方面的培训,具有一定的组织能力	(1)了解检测/校准目的 (2)熟悉检测/校准方法和程序 (3)具有对检测/校准结果评价能力
对象	管理体系覆盖的全部内容,重点是质量管理要求	对检验检测人员监督,特别是对在培和临时人员
方式	内审是间断式的(不管是集中式还是滚动式)	监督员要求连续地监督,且要做到足够、充分
独立性	只要资源许可,内审员应独立于被审部门	一般是本部门监督本部门

表 2-3　内审和监督的不同点

	内审	监督
目的	内审从改善内部管理出发,通过对发现的问题采取相应纠正措施、应对风险和机遇的措施,推动质量改进	监督是通过对人员的监督来确保检验检测结果与评价的正确性
执行者	内审由经过专门培训、具备资格(一般认为是培训合格后获证并经过检验检测机构授权)的内审员执行。内审只要资源允许,审核人员应独立于被审核的活动	监督一般由本部门的人员执行,实行内部监督。监督由监督员(有资格)执行,监督员不一定要经过专门的培训
程序	内审作为一项体系审核工作,已有相应国际标准,并已转化为国家标准,形成了一套规范的做法(RB/T 045—2020)	监督工作大多是每个检验检测机构自行做出规定
对象	内审的对象覆盖管理体系相关的各个部门或各要素(过程)、活动、场所的运行情况	监督的对象是检验检测人员执行的检验检测工作的全过程的能力
方式	内审是按方案进行、不连续的	监督是连续进行的

【问答题】

1. 如何确认人员能力?

答:为确保检验检测人员的技术能力,检验检测机构应根据学历、工作经历、操作技能和培训等对人员能力进行确认和授权。特殊岗位的工作人员应满足相关国家法律、行政法规的要求,且取得特定检验检测活动的能力确认和授权。首先考虑初始资格,这包括学历(教育背景)、资格、相关培训(相关基础知识、技术、管理)、经历、技能等,理论培训应包含资质认定工作的有关要求、机构建立的管理体系文件、检验检测方法标准、实验室安全管理、基础理论及其他有关知识。操作技能培训应包含仪器设备使用、采(抽)样、样品制备品测定、质量控制以及数据统计和处理等。其次要对其实际操作实施监督,对参加能力验证的结果进行分析以确定其能力。考核方式一般采用理论试卷考核和实际样品测定考核两种,考核结果符合要求后可以授权其上岗。此外,还要通过持续不断的监控了解其能力是否持续满足要求。

2.哪些人员必须经过授权才能上岗?

答:检验检测机构应对以下人员经过培训后,进行相应的考核,进行资格确认后,经过授权才能上岗。

(1)检验检测人员、抽样人员在上岗前经过培训并考核后,授权上岗。

(2)操作设备人员。重要精密仪器设备操作使用人员参加仪器设备操作培训,合格考核,授权操作设备。

(3)质量管理人员包括技术负责人、质量负责人、内审员、质量监督员等,根据能力及任职要求,经培训及考核后,授权上岗。

(4)授权签字人经检验检测机构授权,并由资质认定管理部门考核批准,可签发检验检测报告。

(5)提出意见和解释的人员应具备相应的经验,掌握与所进行检验检测活动相关的知识,熟悉检测对象的设计、制造和使用,经过必要的培训,并经检验检测机构授权。

3.如何进行监督?

答:通常每年由技术负责人组织监督员识别本专业领域需要监督的人员,如实习员工、转岗人员、操作新设备或采用新方法的人员等。应编制人员监督计划,说明监督对象、监督的内容和监督形式等。通常可采用观察现场试验、核查记录和报告、评审参加质量控制的结果和面谈等形式进行监督,并考虑专业特点采取有效的监督方式。监督应有记录,监督人员应对被监督人员进行评价,监督记录应存档,可将其用于识别人员培训需求和能力评价,进行必要的培训和再监督。质量监督是保证实习员工的初始工作能力和人员的持续工作能力的有效方法。机构应定期评审监督的有效性,监督报告应输入管理评审。

(1)监督的目的。为确保满足规定的要求,对实际状况进行连续的监视和验证并对记录进行分析,确保人员的初始能力和持续承担该项工作的能力。它是保障检验检测结果正确性、可靠性的重要手段之一。

(2)监督员的队伍。①监督员任职条件:由熟悉检验检测方法、程序、目的和结果评价的资深检测人员担任监督员,并得到检验检测机构的能力确认和授权。②数量的确定:应覆盖所有专业领域,能够满足工作需要即可。

不同专业技术领域应设置不同的监督人员。③设立监督员：以授权文件明确。一般是兼职的，也可以是专职的。

（3）监督的对象。所有检验检测人员，重点监督新上岗的、转岗的、实验室对比或能力验证结果可疑或不满意的、发生客户投诉的、操作新标准或新方法的、检验检测对环境条件有严酷要求的项目的检验检测人员。

（4）监督内容。包括现场设施设备环境条件、人员在检验检测现场的表现和检测操作过程的关键环节和主要步骤、记录和报告形成等。新上岗人员和重大检测项目人员应进行重点监督。

（5）监督方式。随时随地的监督方式，监督频度可按时间安排，也可按工作量安排。可采用下列方法的组合：现场观察、报告复核、面谈、模拟实操及其他评价被监督人员表现的方法。也可结合内部质量控制、机构间比对或能力验证的结果来完成。

（6）年度监督计划。计划应明确监督的分工、内容、频次和时机，被监督对象，记录和评价要求等。

（7）当发现检验检测工作发生偏离，影响检测数据和结果时，监督人员应当令其中止检验检测工作。

（8）监督工作应真实记录监督的内容和验证结果并保留记录。

（9）监督有效的标志。充分监督；不同专业有监督员；监督人员比例适宜，覆盖所有专业；监督过程和方法有指导文件；对监督活动进行有效评价；监督记录完整；管理评审输入了有关信息。

4. 监督的重点是什么？

答：监督员监督的对象是检验检测人员，监督的重点是以下人员。①在培、实习、新上岗或转岗的人员；②实验室间比对或能力验证结果可疑或不满意的人员；③发生客户（有效）投诉的人员；④新方法/新标准、新设备的操作人员；⑤方法偏离的操作人员；⑥对环境条件有严格要求项目的操作人员等。

5. 监督、监控的时机主要有哪些是？

答：监督、监控的时机主要有（但不限于）以下几种。①首次分包时；②检验检测过程的关键控制点、控制环节；③刚实施新标准、新方法及偏离方法（包括标准变更后）时；④操作难度大的样品、参数；⑤新设备或修复后的设备，以及无法进行期间核查的设备；⑥出现临界值时；⑦新项目开展时；⑧开展实验室间比对、能力验证时；⑨客户投诉的环节；⑩内审发现不符合并实施纠正措施时。

6.监督的方式有哪些?

答:监督方式可以采取随时随地的方式,监督频度可按时间安排,也可按工作量安排。也可以通过现场观察试验、核查记录和报告、评审参加质量控制的结果、与被监督控制人员面谈等方式进行。

【案例分析】

1.场景描述/问题描述 在对某机构进行评审时,评审员发现操作高效液相色谱仪的检验员李师傅,人员技术档案中没有人员能力确认记录。经询问该机构负责人,该机构没有对李师傅进行能力确认。

2.条款判断及原因分析 该机构没有对李师傅进行能力确认,不符合《检验检测机构资质认定能力评价 检验检测机构通用要求》(RB/T 214—2017)4.2.5 中"检验检测机构应对抽样、操作设备、检验检测、签发检验检测报告或证书以及提出意见和解释的人员,依据相应的教育、培训、技能和经验进行能力确认"的规定。

3.符合要求的行为和做法及建议 检验检测机构应依据相应的教育、培训、技能和经验对操作设备的检验检测人员进行能力确认并授权。

六、人员培训

检验检测机构应建立和保持人员培训制度,确定人员的教育和培训目标,明确培训需求和实施人员培训。培训计划应与机构当前和预期的任务相适应。人员培训程序应对培训进行策划、实施、检查和改进,应充分描述培训过程要求,明确培训流程和管理职责,并具有可操作性。

检验检测机构应根据质量方针和发展需要,确定人员的教育、培训目标,确保人员能力适应当前和预期工作需要。可制定人力资源发展规划或培训计划,使得各岗位人员胜任自己的工作。培训计划既要考虑检验检测机构当前和预期的任务需要,也要考虑检验检测活动相关人员的资格、能力、经验和监督评价的结果。

1.培训内容

(1)国家相关法律、法规和职业道德教育。

(2)检验检测机构质量管理相关文件。

(3)检验方法和基本操作技能。

（4）实验室安全教育等。

2.培训活动的有效性评价　条文中虽然没有提到有效性评价，但是还是要评价的，只是评价有效性不一定就在当下。可以通过对人员能力的多种形式考核来验证培训效果：①理论考试；②座谈、讨论、提问；③实际操作考试；④报告或记录核查；⑤其他方式，如通过机构间比对、能力验证、内部质量控制、内部或外部审核、不符合工作的识别、利益相关方的投诉、人员监督和管理评审等方式对培训活动的有效性进行评价，并持续改进培训以实现培训目标，持续保持和提高检验检测机构管理人员和技术人员的能力。培训计划和实施效果评价由培训的组织管理部门完成。

【问答题】

1.如何制订人员培训计划？

答：（1）培训计划应根据培训需求（管理层的决策，中层管理人员的管理和技术需要，执行人员的培训要求等）制订，包括时机、频次、培训内容、培训方式、培训机构的选择、培训效果评价及培训的资源配置等。

（2）培训内容包括：相关法律法规；《检验检测机构资质认定管理办法》（163号令）；资质认定通用要求或及补充要求；有关技术标准或规范；检验检测方法原理；操作技能；标准操作规程；质量管理和质量控制要求；安全与防护知识；计量溯源和数据处理知识等。

（3）培训形式包括自学、内部讲解或外部培训、讨论交流、咨询老师、参观学习等。

（4）培训应有记录，内部培训应有授课内容，外部培训应有培训证实材料等。

2.怎样对培训活动的有效性进行评价？

答：评价培训活动的有效性主要是考虑制订的培训计划是否与检验检测机构当前和预期的任务相适应；人员的培训是否达到了预定的教育、培训和技能目标，是否获得了相应的能力。

（1）外出培训人员培训结束后，由培训人或培训代表进行培训总结，部门负责人进行培训效果评价。

（2）机构内部培训时，培训部门做好培训相关记录并通过提问、理论考试、操作观察等方式对培训效果进行评价。

（3）培训管理部门每年对年度培训活动进行总结、对培训活动的有效性进行评价。可以通过能力验证、实验室间比对、人员比对、内部质量控制、内部或外部审核、不符合工作的识别、利益相关方的投诉、人员监督等多种方式对培训活动的有效性进行评价，并持续改进培训以实现培训目标，持续保持和提高机构管理人员和技术人员的能力。

七、人员记录

检验检测机构应保留人员的相关资格、能力确认、授权、教育、培训和监督的记录，记录包含能力要求的确定、人员选择、人员培训、人员监督、人员授权和人员能力监控。

1. 人员记录　检验检测机构应保留所有技术人员的相关资格、能力确认、授权、教育、培训和监督的记录，记录包含能力要求的确定、人员培训、人员监督等。

2. 人员选择　检验检测机构首先应该确定人员需求，根据需求选择人员，然后对人员进行培训、对在培员工进行监督，根据培训效果和监督结果等对选择的人员进行综合评价，在能力确认的基础上进行授权，授权后对人员的能力进行监控，并建立并保留所有技术人员的档案，包括基本情况（身份证、劳动合同、社会保险）、资格、教育（毕业证）、技能（社会上的某些证书）、工作经历、能力培训、能力确认、任命或授权、监督、论文与著作、成果与贡献、社会责任等的记录，并包含授权和能力确认的日期。重点是技术人员技术能力和培训考核情况、开展技术检验检测业务活动情况。

3. 能力监控　检验检测机构应对授权上岗后人员的持续能力进行监控。应通过风险分析，并根据技术复杂性、方法稳定性、人员经验、专业教育、客户现场、工作量、各种变动等建立监控方案，采用现场见证、调阅记录、审核、批准报告、模拟试验、面谈、结合质控（人员比对、盲样测试、内部质控结果、外部实验室比对或能力验证）等方式实施监控，以确保人员上岗后能力的保持。人员能力监控结果是对已上岗人员授权领域（或范围）维持或调整的依据，也是人员培训需求的输入，监控记录应存档。

4. 记录保存　保留所有人员的全面、完整记录。保留监督记录的目的是识别其培训需求，有针对性地进行培训；保留记录的目的是使检验检测工作可以追溯。所以所有参与检验检测的技术人员均应保留其记录，不能遗漏。

5. 授权要求　授权不是一劳永逸的，随着检验检测领域快速的发展，使用新设备、新方法,检验检测人员的能力应与之相适应,因此应根据检验检测工作的需要,随时确认相关人员的能力,在能力胜任的前提下进行授权,才能保证检验检测机构的技术能力。

【问答题】

1. 人员监督和人员能力监控有什么区别?

答:人员监督是在人员上岗前进行的,主要监督上岗前是否满足上岗的要求。检验检测机构应关注对人员能力的监督模式,确定可以独立承担实验室活动人员,需要在指导和监督下工作的人员,以及负责监督的人员有相应的检测或校准能力。

人员能力监控是在人员上岗后,随着新政策、新方法、新设备等的使用,对人员是否持续具备能力进行监控。检验检测机构可以通过现场见证、调阅记录、审核、批准报告、现场监督实际操作过程、面谈、结合质控(人员比对、盲样测试、内部质控结果、外部实验室比对或能力验证)等,对人员能力实施监控,做好监控记录并进行评价。

2. 人员的技术档案应包括哪些内容?

答:在岗的全部技术人员均应建立个人技术档案。个人技术档案一般包括基本情况(身份证、劳动合同、社会保险、工作经历)、职称证(职称资格证、职称聘任证)、教育(毕业证、培训证)、上岗证(技能证书、内审员证、能力确认、任命或授权书)、业绩(论文与著作、成果与贡献)、社会责任等的记录。档案至少保存至人员调离单位为止。

第六节　场所环境

检验检测机构应具有满足检验检测所需要的工作场所,并依据标准、技术规范和程序,识别检验检测所需要的环境条件,并对环境条件进行控制。

一、工作场所

检验检测机构应有固定的、临时的、可移动的或多个地点的场所,上述场所应满足相关法律法规、标准或技术规范的要求。检验检测机构应将其从事检验检测活动所必需的场所、环境要求制定成文件。

1. 场所　检验检测机构可以在其独立调配使用和控制的固定的、临时的、可移动的或多个地点的场所开展检验检测活动,不管在什么场所实施均应被管理体系所覆盖。所有场所应满足相关法律法规、标准或技术规范的要求。

(1)固定的场所,是指用于检验检测设备安放和使用,不随检验检测任务而变更,相对永久、固定,且不可移动的检验检测活动的场所。

(2)临时的场所,是指检验检测机构根据现场检验检测需要,临时建立的工作场所。该场所时间上是临时的,过后将被撤除或更换(例如对公共场所和作业场所环境噪声检验检测的现场;在高速公路施工阶段和桥梁通车前所建立的检验检测临时场所)。

(3)可移动的场所,是指利用汽车、动车和轮船等装载检验检测设备、设施,可在移动中实施检验检测的场所,如环境监测车、医学实验室的体检车、食品检测车等。

(4)多个地点的场所(多场所),是指检验检测机构存在两个及以上地址不同的工作场所。

2.工作场所性质 包括自有产权、上级配置、出资方调配或租赁等,应有相关的证明文件,并纳入管理体系。

3.场所、环境条件 应满足相关法律法规、标准或技术规范的要求。检验检测机构应将其从事检验检测活动所必需的场所、环境要求制定成文件。

4.工作地点 检验检测报告中应标明工作的地点(场所),应与资质认定的地点(场所)相一致。

【问答题】

如何区分临时的、可移动的或多个地点的场所?

答:①临时的场所是指检验检测机构根据现场检验检测需要,临时建立的工作场所,过后将被撤除或更换,如对公共场所和作业场所环境噪声检验检测的现场;在高速公路施工阶段和桥梁通车前所建立的检验检测临时场所。②可移动的场所是指利用汽车、动车和轮船等装载检验检测设备设施,可在移动中实施检验检测的场所。③多个地点的场所(多场所)是指检验检测机构存在两个及以上地址不同的工作场所。

二、工作环境

检验检测机构应确保其工作环境满足检验检测的要求。检验检测机构在固定场所以外进行检验检测或抽样时,应提出相应的控制要求,以确保环境条件满足检验检测标准或技术规范的要求。

（1）检验检测机构应从开展的检验检测活动范围、相应的技术标准或规范所规定的要求、仪器设备规定的工作条件要求及工作人员所需环境条件等方面入手，充分识别检验检测所需的工作环境条件，根据识别结果配备必要的满足检验检测所需的环境条件。

（2）检验检测机构的设施、工作区域、能源、照明、采暖、通风等环境条件应与正在进行的工作类型相适应，确保结果的有效性和测量准确性。

（3）当工作环境条件对结果的质量有影响或对人员健康造成不良影响时，检验检测机构应编写必要的文件，并有相应的控制措施，确保工作环境条件不会使结果无效或不会对检验检测质量产生不良影响。

（4）在检验检测机构固定设施以外的场所进行抽样、检验检测时，应予以特别关注，应提出相应的控制要求并记录，以保证环境条件符合检验检测标准或者技术规范的要求。不同检验检测领域，对环境条件的需求或要求可能不尽相同。同领域不同技术标准或规范可能也会有不同要求。检验检测机构应根据实际开展检验检测活动的范围和需要，提供适当的环境条件，并对检验检测结果有效性有不利影响的因素加以控制。例如在化学检测领域，痕量金属元素分析需要关注环境中存在的灰尘，应尽可能采取措施避免灰尘进入；农药残留分析应注意环境中存在的有机物，避免外来污染；在样品制备和分析的全过程中，实验室墙壁涂料、排烟罩以及其他固定设施所用的材料不应通过产生空气携带微粒的途径对样品标准物质和其他试剂造成污染。

【问答题】

1. 环境条件包括什么？

答：环境条件包括光照度、动力系统、温湿度、气压等。

2. 实验室设施和环境条件的要求主要来源于哪几个方面？

答：实验室设施和环境条件的要求主要来源于 4 个方面，即所从事的检测和抽样所遵循的标准要求；所用仪器设备要求的环境条件或设施；样品对环境条件的要求；对检测人员的健康安全需要。

【案例分析】

1. 场景描述/问题描述　某检测机构有环境空气恶臭、环境噪声等检测能力，这些项目需要在野外现场采样和测试。在进行资质认定首次评审时，评审员发现该机构资质认定申请书中只标注了固定场所;在查阅该机构质量手册时,发现其质量手册中环境条件章节没有对在固定场所以外进行检测时的环境条件提出控制要求。当评审员问到如何控制检测临时场所环境条件时,该机构技术负责人解释:"我们机构除固定场所外,没有建立临时场所,所以不必控制临时场所环境条件。"

2. 条款判断及原因分析　该检测机构的部分检测能力确认需在野外现场采样和测试,属于在固定场所外的临时场所进行检测。但其质量手册中未明确在固定场所以外进行检测时的环境条件控制要求,因此不符合《检验检测机构资质认定能力评价　检验检测机构通用要求》(RB/T 214—2017)中 4.3.2 的要求:"检验检测机构应确保其工作环境满足检验检测的要求。检验检测机构在固定场所以外进行检验检测或抽样时,应提出相应的控制要求,以确保环境条件满足检验检测标准或者技术规范的要求。"

3. 符合要求的行为和做法及建议　检验检测机构应明确非固定场所检测的概念。非固定场所检测是指检测人员携带设备或利用临时设施在固定场所以外(即临时场所)开展的检测活动或检测人员利用机动车、船、火车、飞机等移动设施(即可移动场所)开展检测活动。例如:对公共场所和作业场所环境噪声的检验检测现场、在高速公路施工阶段和桥梁通车前所建立的检验检测临时场所、实时检测水质状况的水质监测船等。

当检验检测机构需要在固定设施以外的场所进行采样和检验检测时,应在质量手册和程序文件提出相应的控制要求。必要时,应编制作业指导书,使检验检测人员在固定设施以外的检验检测现场能够准确把握和控制环境条件,确保环境条件满足检测要求。在检验检测机构资质认定申请书中除标注固定场所以外,还应标注固定场所以外的场所,如临时场所和可移动场所。

三、环境条件控制

检验检测标准或技术规范对环境条件有要求时或环境条件影响检验检测结果时,应监测、控制和记录环境条件。当环境条件不利于检验检测的开展时,应停止检验检测活动。

(1)应建立环境条件控制程序,按要求监测、控制和记录环境条件。监控环境条件是为了保证提供的条件的符合性,记录则是提供符合的证明和溯源。

（2）环境条件是保证检验检测活动正常开展的重要影响因素。相关的规范、方法和程序对环境条件有要求或环境条件对结果有影响时应考虑对环境条件进行监控的能力和手段,配置必要的满足要求的监测装置,明确环境条件监测要求,开展实时监测和控制,并做好记录且确保复现。

（3）并不是对所有检验检测的环境条件都要进行监测、控制和记录,只有当检验检测标准或技术规范对环境条件有要求时或环境条件影响结果时加以控制和记录。

（4）检验检测机构在从事抽样、检验检测前应进行环境识别,根据识别结果采取相应的措施;必要时,应制定应急预案。对诸如生物消毒、灰尘、电磁干扰、辐射、湿度、供电、温度、声级和振级等予以重视,采取相应控制措施,确保环境条件适应于相关的检验检测活动,不会使检验检测结果无效或对检验检测有效性产生不利影响。

（5）对各个环境条件进行评估,以确定哪些环节条件因素会产生影响,并加以控制。例如不同类型的仪器对温、湿度和空气洁净度要求不同,十万分之一天平室要求相对湿度为 55%～75%。对环境条件比较敏感的检测项目,检验检测机构必须满足相关要求并进行监测、控制和记录。例如在气质联用仪、液相色谱质谱联用仪、电感耦合等离子体质谱仪等检测时,环境条件必须符合标准要求,保留工作期间的监控记录。环境条件有影响检验检测的风险和隐患时,需停止检验检测,并经有效处置后,方可恢复检验检测活动,必要时应对已获得的检验检测数据宣布无效。

【问答题】

1. 什么时候应监测、控制和记录环境条件?

答:并不是对所有检验检测的环境条件都要进行监测、控制和记录,只有当检验检测标准或技术规范对环境条件有要求,或者环境条件影响检验检测结果时应加以控制和记录。

2. 环境条件控制的内容是什么?

答:实验室的环境条件不应影响检测结果的有效性或所要求的准确性,环境条件要求和控制的依据是检测方法及所配置的仪器设备的使用要求。

（1）根据检测方法及所配置的仪器设备的使用要求,针对温、湿度、尘埃、噪声、照明、振动、室内气压、换气率、电压稳定率、谐波失真度、电磁干扰、接地电阻等各项环境因素,建立实验室环境条件要求。

（2）根据检测方法的规定，确定样品室的环境条件要求。例如，样品需要在阴凉处保存等。

（3）当需要在实验室外部现场进行检测时，特别要注意需满足的环境条件。

四、内务管理

检验检测机构应建立和保持检验检测场所良好的内务管理程序，该程序应考虑安全和环境的因素。检验检测机构应将不相容活动区域进行有效隔离，应采取措施以防止干扰或交叉污染。检验检测机构应对使用和进入影响检验检测质量的区域加以控制，并根据特定情况确定控制的范围。

1. 检验检测机构应有内务管理程序　依据法律法规并以检验检测标准或技术规范的要求，识别检验检测活动所涉及的危及安全和污染环境等因素并采取适当的措施予以控制。

2. 检验检测试验区应合理布局，标识明确清晰　当相邻区域的活动不相容或相互影响时，检验检测机构应对相关区域进行有效隔离（包括空间隔离、电磁场隔离和生物安全隔离等），并采取有效措施消除影响，防止相互干扰、交叉污染和产生安全隐患。例如：精密电子仪器设备不能够和对其有影响的其他设备放在同一房间内，除非有措施保障不能造成相互影响或交叉污染；分子生物实验室应有分区设置，各区的设备和物品不可混用；有高电压的区域，不仅要有明确的标识，一旦发生危险情况，还要有应急处理措施；在微生物检测实验室布局设计宜遵循"单方向工作流程原则"，防止潜在的交叉污染；洁净区和污染区必须有效隔离并对区域进行明确标识。

3. 实验区域应与办公区域、休息区域分开　当开展微生物实验，应设计和建立独立的实验室区域。霉菌和酵母菌应在独立区域进行培养。应用专门的区域来储存气体钢瓶，在实验区域使用气体钢瓶，应有相应的安全防护措施。

4. 检验检测机构确定控制范围　检验检测机构应对使用和进入对检验检测质量有影响的区域予以控制，根据自身的特点和具体情况确定控制的范围。在确保不对检验检测质量产生不利影响的同时，还应保护客户和检验检测机构的机密及所有权，保证数据和结果的正确可靠，保护进入和使用相关区域人员的安全。

5. 建立和保存实验室安全作业管理程序　危险化学品、有毒物品、有害生物、电离辐射、高温、高电压、撞击，以及水、气、火、电等危及安全的因素得到有效控制，保证工作人员的健康不受影响，并有相应的应急处理措施。

6. 建立和保存实验室环境保护程序　实验室具备相应的设施设备,确保检验检测产生的废气、废液、固体废弃物等的处置符合环境和人体健康的要求,并有相应的应急处理措施。

【案例分析】

1. 场景描述/问题描述　在对某食品药品检测机构进行资质认定评审时,评审员发现该检测机构的用于精密称定的电子天平和红外分光光度计放在一个房间。

2. 条款判断及原因分析　该检测机构未将用于精密称定的电子天平和红外分光光度计这两个相互干扰设备进行有效隔离,不符合《检验检测机构资质认定能力评价　检验检测机构通用要求》(RB/T 214—2017)4.3.4 中"检验检测机构应将不相容活动的相邻区域进行有效隔离,应采取措施以防止干扰或者交叉污染"的要求。

3. 符合要求的行为和做法及建议　检验检测机构在设置实验室时,应将相互有影响的设备分开安置在不同实验室,需要时,还应采取措施避免相互干扰或对不相容活动的相邻区域进行有效隔离,否则会影响检测结果的准确性。

第七节　设备设施

检验检测机构应依据检验检测标准或技术规范配备满足要求的设备和设施。

一、设备设施的配备

检验检测机构应配备满足检验检测(包括抽样、物品制备、数据处理与分析)要求的设备和设施。用于检验检测的设施、应有利于检验检测工作的正常开展。包括检验检测活动所必需并影响结果的仪器、软件、测量标准、标准物质、参考数据、试剂、消耗品、辅助设备或相应组合装置。检验检测机构使用非本机构的设施和设备时,应确保满足本标准要求。

检验检测机构租用仪器设备开展检验检测时,应确保:①租用仪器设备的管理纳入本检验检测机构的管理体系;②本检验检测机构可全权支配使用,即租用的仪器设备由本检验检测机构的人员操作、维护、检定或校准,并对使用环境和贮存条件进行控制;③在租赁合同中明确规定租用设备的使用权;④同一台设备不允许在同一时期被不同检验检测机构共同租赁和资质认定。

1.设备　是指从事检验检测和试验活动并影响结果的各种器具。包括仪器、软件、测量标准、标准物质、参考数据、试剂、消耗品、辅助设备、组合装置。检验检测机构应配备满足检验检测要求的设备和实施。其功能、量值范围和准确度均应满足申请检验检测能力的要求。设施配备与所进行的工作类型相适应,既要保证检测结果的质量,又要保证工作人员的健康和安全防护。

2.设施　为保证检测条件而配备的场所及设施。主要是指场地、能源、照明(采光)、调温、采暖、通风、水、气、电配给等。设施直接影响报告质量,是保证检验检测工作正常开展的基础条件。设施包括固定设施、临时设施和移动设施,固定设施主要指供水供电设施、通风排气设施、信息和通信设施等,移动设施主要指车、船等仪器设备的承载设施,也包括样品的搬运、吊装等设施。检验检测设施应满足相关法律法规要求,保证其合法性和安全性(人员安全以及公共安全)。设施的技术性能应满足相关标准或者技术规范的要求,不会影响检验检测结果的准确性,有利于检验检测工作的正常开展。

【问答题】

1.如何区分"设备"和"设施"?

答:设备和设施的区别在于一套装置与一个系统的不同。

设备是指基本具有特定实物形态和特定功能,可供人们长期使用的一套装置。

设施是为某种需要而建立的一个系统,如检测环境设施、净化设施、防震设施、安全设施等。

2.检验检测机构是否可以租用仪器设备开展检验检测活动?

答:检验检测机构可以租用仪器设备开展检验检测活动,但应确保满足本标准要求。检验检测机构租用仪器设备开展检验检测时,应确保:①租用仪器设备的管理应纳入本检验检测机构的管理体系;②本检验检测机构可全权支配使用,即租用的仪器设备由本机构的人员操作、维护、检定或校准,并对使用环境和贮存条件进行控制;③在租赁合同中明确规定租用设备的使用权;④同一台设备不允许在同一时期被不同检验检测机构共同租赁和资质认定。

【案例分析】

1. 场景描述/问题描述　评审组在现场评审时,发现某机构申请扩项项目使用的气相色谱质谱仪是租赁的。当评审员查阅资料时,该机构只提供了设备的租赁协议、出租方的校准证书。评审员问:"你们没有对设备进行溯源吗?"机构负责人解释:"出租方对设备进行了校准,我们就没有再单独进行校准。"

2. 条款判断及原因分析　该机构不符合《检验检测机构资质认定能力评价　检验检测机构通用要求》(RB/T 214—2017,简称《通用要求》)4.4.1 "设备设施"的有关规定。4.4.1 规定:"检验检测机构租用仪器设备开展检验检测时,应确保①租用仪器设备的管理应纳入本机构的管理体系;②本机构可全权支配使用,即租用的仪器设备由本机构的人员操作、维护、检定或校准,并对使用环境和贮存条件进行控制。"该机构申报的所用检测设备是租赁的,只能提供租赁协议和出租方的校准证书,但未纳入本机构的管理体系。

3. 符合要求的行为和做法及建议　按照《通用要求》的规定,检验检测机构应将该租赁设备纳入本机构的管理体系,建立设备档案。同时,根据《通用要求》的规定和设备使用情况,应由租用设备的检验检测机构对设备进行定期检定、校准、维护,并授权本机构的检测人员操作使用。

二、设备设施的维护

检验检测机构应建立和维护设备和设施管理程序,以确保设备和设施的配置、使用和维护满足工作要求。

1. 制定文件　检验检测机构应建立相关的程序文件,描述设备和设施的安全处置、运输、存储、使用、维护等规定。设备维护是一种好的风控措施,设备的维护应有计划和实施记录。为防止设备污染和性能退化应有防止设备污染和性能退化的管理措施。检验检测机构应确保设备在运输、存储和使用时,具有安全保障。检验检测机构设施应满足检验检测工作需要。

2. 设定专人　检验检测机构应指定专人负责设备的管理,包括校准、维护和期间核查等。检验检测机构应建立机制以提示对到期设备进行校准、维护和期间核查。

【问答题】

如何维护保养仪器设备?

答:保养与维护是仪器设备管理工作的重要组成部分,做好仪器日常维护保养,关系到仪器的完好、工作的顺利开展和设备能够较高效使用。因此,操作人员应懂得仪器保养与维护的一般知识,掌握保养与维护的基本技能。保管人、使用人对仪器设备均负有维护保养责任,应制订仪器设备维护保养计划,定期或不定期对仪器设备进行维护保养,并做好仪器设备的维护保养记录。对清洁度、温、湿度要求较严格的仪器,除日常保养外,应经常检查这些设备使用环境的状况,必要时适当采取防尘、调温、去湿、防腐蚀、防虫、防震等相应措施。

三、设备管理

检验检测机构应对检验检测结果、抽样结果的准确性或有效性有影响或计量溯源性有要求的设备,包括用于测量环境条件等辅助测量设备有计划地实施检定或校准。设备在投入使用前,应采用核查、检定或校准等方式,以确认其是否满足检验检测的要求。所有需要检定、校准或有有效期的设备应使用标签、编码或以其他方式标识,以便使用人员易于识别检定、校准的状态或有效期。

检验检测设备包括硬件和软件设备应得到保护,以避免出现致使结果失效的调整。检验检测机构的参考标准应满足溯源要求。无法溯源到国家或国际测量标准时,检验检测机构应保留结果相关性或准确性的证据。

当需要利用期间核查以保持设备的可信度时,应建立和保持相关的程序,针对校准结果包含的修正信息或标准物质包含的参考值,检验检测机构应确保在其检测数据及相关记录中加以利用并备份和更新。

1. 对结果有显著影响的设备　包括辅助测量设备(例如用于测量环境条件的设备),检验检测机构应制订检定或校准计划,确保检验检测结果的计量溯源性。在制订和实施检定、校准计划时,应关注检验检测所需要的参数、关键量值及关键量程的检定和校准,应列入检定和校准设备一览表予以明示。

2. 影响检测结果有效性的设备　包括:①用于直接测量的设备,例如使用天平称量质量;②用于修正称量值的设备,例如温度测量;③用于从多个量计算获得称量结果的设备。

3. 确保准确度　检验检测机构应确保用于检验检测和抽样的设备及其软件达到要求的准确度,并符合相应的检验检测技术要求。设备(包括用于抽样的设备)在投入使用前应进行核查、检定或校准,以确认其是否满足检验检测标准或者技术规范。检验检测机构按以下顺序选择仪器设备溯源途径:①对列入国家强制检定管理范围的,应按照计量检定规程实行强制检定;②应寻求满足要求的、政府有关部门授权的外部校准机构提供的校准服务;③选择通过 CNAS 认可的校准机构进行校准;④对非强制检定的仪器设备,检验检测机构有能力进行内部校准,并满足内部校准要求的,可进行内部校准。

4. 设备标识 所有需要检定、校准或有有效期的设备均应在其程序文件中规定计量确认标识的标示方法,以便使用人员易于识别检定、校准的状态或有效期,标识管理包括唯一性编号标识和性能状态标识。唯一性编号标识其内容至少包括唯一性编号、设备名称(型号)、管理人、检定(校准)日期等信息,对设备实行唯一性编号管理,有利于设备的管理和检测工作的溯源。性能状态标识标明设备的性能,通常情况下仪器设备的状态标识为"合格""准用""停用"三种,其中,检定、校准结果合格,并满足检验检测方法要求的,标志为"合格",粘贴绿色标识;若检定、校准结果后设备的某一功能或某一测量范围不满足要求,标志为"准用",粘贴黄色标识;检定及标准不合格、性能不确定、超过使用周期、损坏或未使用,标记为"停用",粘贴红色标识。

5. 设备保护 检验检测设备(包括硬件和软件)应得到妥善保护,以避免出现致使检验检测结果失效的调整。

6. 无法溯源到国家或国际测量标准 测量结果应溯源至有证标准物质,公认的或约定的测量方法、标准,或者通过比对等途径,证明其测量结果与同类机构的一致性。当测量结果溯源至公认的或约定的测量方法、标准时,检验检测机构应提供该方法、标准的来源等相关证据。

7. 检验检测机构需要内部校准 应确保:①校准设备的标准满足计量溯源要求;②限于非强制检定的仪器设备;③实施内部校准的人员经培训和授权;④环境和设施满足校准方法要求;⑤优先采用标准方法,非标方法使用前应经确认;⑥进行测量不确定度评定;⑦可不出具内部校准证书,但应对校准结果予以汇总;⑧质量控制和监督应覆盖内部校准工作。

8. 数据修正 当仪器设备经校准给出一组修正信息时,机构应确保有关数据得到及时修正,计算机软件也应得到更新,检验检测机构应确保在其检验检测数据及相关记录中加以利用并备份和更新,以保证检测结果的准确性;尤其当不修正会造成不正确、经济损失、争议时,一定要进行严格的修正;校准结果产生的修正信息包括修正因子、修正值、修正曲线,并在校准结果确认时予以应用。

9. 设备状态评判　并非每台设备都需要检定或校准,应评估设备对结果有效性和计量溯源性的影响,合理确定是否需要检定或校准。

10. 核查内容　检验检测机构在设备定期核查、检定或校准后应进行确认,确认其满足检验检测要求后方可使用。对核查、检定或校准的结果进行确认的内容应包括:校准机构的合法性、校准证书的有效性;符合设备技术规程的程度;符合检测标准的程度。其中主要关注:①检定结果是否合格,是否满足检验检测方法的要求;②校准获得的设备的准确度信息是否满足检验检测项目、参数的要求,是否有修正信息;③使用时,应确认设备状态标识(见表 2-4)。

表 2-4　检定/校准证书确认

仪器设备名称		编号	
检定/校准单位		授权/认可号	无□　有□
测量能力范围内	是□　否□	标准器编号/ 有效期	
实验室检测/校准 要求	量程	误差范围	测量不确定度 需要□ 不需要□
检定/校准结果	量程		
检定/校准日期		有效期	
确认意见			
批准人		日期	
备注:			

11. 检查程序　需要时,检验检测机构对特定设备应编制期间核查程序。检验检测机构应根据设备的稳定性和使用情况来判断设备是否需要进行期间核查,判断依据包括但不限于:①设备检定或校准周期;②历次检定或校准结果;③质量控制结果;④设备使用频率;⑤设备维护情况;⑥设备操作人员及环境的变化;⑦设备使用范围的变化。

12. 设备期间核查

（1）设备期间核查是在两次检定或校准期间进行的，核查设备的检定或校准状态的稳定性，期间核查的方式包括仪器比对、方法比对、标准物质验证（包括加标回收）、单点自校、用稳定性好的样件重复核查等。若通过核查标准来实现时，核查标准的量限、准确度等级应接近被测对象，稳定性更高。

（2）进行期间核查后，应对数据进行分析和评价，如经分析发现仪器设备已经出现较大偏离，可能导致检测结果不可靠时，应按相关规定处理（包括重新校准），直到经验证的结果满意时方可投入使用。

（3）期间核查的重点是设备不太稳定、使用频率高、使用条件恶劣、容易产生漂移、因出现过载可能造成损坏的、能力验证结果有问题、对检测数据有疑问、单纯校准不能保证在有效期内正确可靠的仪器设备。

（4）期间核查的一般流程为：①制定设备期间核查程序；②判断设备是否需要进行期间核查并制订计划；③制定具体设备的期间核查作业指导书；④依据期间核查计划和作业指导书实施核查，保留记录；⑤出具核查报告；⑥利用核查报告；⑦对全过程进行效果评价。

【问答题】

1. 计量溯源方式有哪些？

答：计量溯源方式有两种，一是检定，二是校准。

2. 检定和校准有何异同点？

答：检定是指由法定计量部门或法定授权组织按照检定规程，提供证明来确定测量器具的示值误差满足规定要求的活动。校准是指校对仪器设备等，使其准确。在规定条件下，为确定测量仪器的量值，与对应的标准量值之间关系的一组操作。检定和校准都是实现溯源性的重要形式，是确保量值准确一致的重要措施。两者的比较见表2-5。

表2-5　检定和校准的比较

	检定	校准
目的	检定对计量特性进行强制性的全面评定，属量值统一，判定是否符合规定要求	校准是自行确定测量装置量值是否准确，评定示值误差，不判定是否符合要求
依据	检定依据检定规程	校准依据校准规范或校准方法，可采用国家统一规定，也可由组织自己制定

续表2-5

	检定	校准
性质	检定具有强制性,属法定计量管理范畴的执法行为	校准不具有强制性,属组织自愿的溯源行为
周期	检定按我国法律规定的强制检定周期实施	校准由组织根据使用需要自行确定,可以定期、不定期或使用前进行
方式	检定只能在规定的检定部门或经法定授权具备资格的组织进行	校准可以自校、外校或自校与外校结合
内容	检定对计量特性进行全面评定,包括评定量值误差	校准评定示值误差
结论	检定依据检定规程规定的量值误差范围,给出合格与不合格的判定,发给检定证书	校准不判定是否合格,只评定示值误差,发出校准证书或校准报告

3. 哪些设备需要检定或校准?

答:对检验检测结果、抽样结果的准确性或有效性有影响或计量溯源性有要求的设备,包括用于测量环境条件等辅助测量设备,应有计划地实施检定或校准。

属于强制检定的计量器具必须同时满足两个条件:一是该器具列入了国家强制检定的工作计量器目录;二是该计量器具必须是用于贸易结算、安全防护、医疗卫生、环境检测的特定用途。用于贸易结算、安全防护、医疗卫生、环境检测目的以外的计量器具,如科研、生产、经营管理用的计量器具,一般可按照非强制检定的计量器具进行管理和控制。

校准和检定是保障量值准确有效的两种不同的途径和手段。在满足法律法规的前提下,企事业可以针对不同的情况自行选择检定或校准的方法。校准是企事业自愿的溯源行为,不具有强制性,企事业可以自行进行校准,也可以委托外部机构进行校准。校准的结果是校准证书或校准报告,该报告不判断计量器具的合格与否,一般是不具有法律效力的技术文件。而检定则属于国家强制性的执法性行为,检定结果必须对送检的计量器具、仪器设备做出合格与否的判断,当结果是合格的,则发给检定证书,不合格则发给不合格通知书,检定结果具有法律效力。

4. 检验检测机构怎样制订检定/校准计划?

答:对检验检测结果、抽样结果的准确性或有效性有影响或计量溯源性有要求的设备,检验检测机构应编制检定/校准计划,并有计划地实施检定/校准;检定/校准计划中应包含设备名称、唯一性编号、根据检测标准方法的要求提出关键量值要求、检定/校准周期、计量方式要求、有效期或拟进行检定/校准的时间以及计量服务商的信息等。

5. 检验检测机构如何选择检定/校准机构?

答:选择检定/校准机构要从以下四方面着手,并在采购前完成对校准/检定机构的评价。

(1)资格。①法定的计量检定机构(地方县以上计量所或政府部门授权的计量站等)出具的证书上应有授权证书号。②CNAS 认可的校准实验室,其所出具的校准证书上应有认可标识和证书号。

(2)测量能力。①应在授权范围内出具检定证书;在采购前索取,放入供应商档案。②应在认可范围内出具校准报告或证书,校准证书应有包括测量不确定度和(或符合确定)的计量规范声明的测量。在 CNAS 有要求时,应能提供该法定计量检定机构或校准实验室校准能力的证明。应在采购前索取,并放入供应商档案。

(3)溯源性。测量结果能溯源到国家或国际基准。无论是检定证书还是校准证书,都应提供标准器的溯源证明,包括标准器的证书号和有效期。

(4)满足方法标准或规范要求的技术指标。检定或校准机构提供的检定或校准证书(报告)应提供溯源性的有关信息和不确定度及其包含因子的说明。

6. 检验检测机构如何对检定或校准后的设备进行计量确认?

答:设备检定或校准后应进行计量确认,在确认满足要求后方可使用。确认内容如下。

(1)检定校准机构是否具有合法资格。对证书上的检定校准机构的资质进行确认时,对校准证书要审核是否是 CNAS 认可的校准实验室,对检定证书要审核是否是法定的计量检定机构,其出具的证书应有授权证书号。

(2)检定校准机构的能力范围是否覆盖所需检定校准的设备。通过索取检定校准机构资质证书附表,确认检定校准机构的能力范围是否覆盖所需检定校准设备。

(3)检定校准结果是否能溯源到国家或国际基准。查看检定、校准证书上是否提供标准器或标准物质的证书号和有效期及准确度、最大偏差、不确定度。

(4)检定校准结果是否满足检测机构检测方法和技术规范要求。有些设备(如温度计、流量计等)的检定校准结果与检测方法对仪器性能指标要求能很好对应,可采用直接比较法对其符合性进行评价。但有些分析实验室大型仪器的检定校准结果(如气相色谱仪检定结果为载气流速稳定性、柱箱温度稳定性、程序升温重复性,某一化合物的检出限、定性重复性、定量重复性等)不能与检测方法标准对仪器性能指标要求对应,检测机构可对照仪器说明书中相关指标进行确认。在无法得到仪器相关性能指标要求时,机构还可测定已在该仪器上建立方法的某一标准物质的准确度和精密度,并核实检出限,以此确认仪器性能并给出确认结论。

7. 为什么检定合格的设备还要进行计量确认?

答:检定合格的设备不一定适用于检验检测项目的要求,检定不合格的设备有时可降级使用或对其示值修正后使用,这取决于对检验检测项目的要求,诸如测量范围、扩展不确定度、最大允许误差、准确度等级等。

8. 什么是期间核查?

答:设备期间核查是在两次检定或校准期间进行的,核查设备的检定或校准状态的稳定性。期间核查的方式包括仪器比对、方法比对、标准物质验证(包括加标回收)、单点自校、用稳定性好的样件重复核查等进行。若通过核查标准来实现时,核查标准的量限、准确度等级应接近被测对象,但稳定性更高。

9. 仪器设备期间核查的重点是什么?

答:仪器设备期间核查的重点是不太稳定、使用频率高、使用条件恶劣、容易产生漂移、因出现过载可能造成损坏的、能力验证结果有问题、对检测数据有疑问、单纯校准不能保证在有效期内正确可靠的仪器设备。

10. 检验检测机构期间核查的作业指导书应包含哪些内容?期间核查结果如何应用?

答:期间核查程序或作业指导书应经技术负责人批准,期间核查作业指导书应包括以下内容。①仪器设备名称、型号;②选用的核查法(标准物质、比对法等);③根据核查方法确定核查标准;④选择检测点及确定检测限;⑤明确核查判定准则;⑥规定核查设施环境条件、相关记录及数据处理方法。期间检查程序或作业指导应经技术负责人批准。

检验检测机构应明确专人对核查的结果进行分析,以判定其结果是否出现异常,若出现异常趋势则需进一步监控。异常现象的判定依据等内容应有作业指导书。当期间核查的结果表明该设备出现偏差时,应根据情况对设备进行维护调试,或将设备送校准机构进行校准,还应分析偏差对以前测试产生的影响,启动《不符合工作程序》和(或)《纠正措施程序》。

11. 期间核查的一般流程是什么?

答:期间核查的一般流程如下。①制定设备期间核查程序;②判断设备是否需要进行期间核查并制订计划;③制定具体设备的期间核查作业指导书;④依据期间核查计划和作业指导书实施核查,保留记录;⑤出具核查报告;⑥利用核查报告;⑦对全过程进行效果评价。

12. 校准和期间核查有什么差异?

答:校准和期间核查的差异主要体现在主体、依据、周期、频率和核查内容等方面。

(1)主体不同。设备校准是由有资质的校准机构来完成,而设备期间核查是由检验检测机构的人员来完成。

(2)依据不同。设备校准依据的是国家颁布的校准规程,设备期间核查依据的是检验检测机构自己制定的设备期间核查作业指导书。

(3)周期、频率不同。校准的周期按国家颁布的设备校准规程执行,期间核查的周期频率可由检验检测机构根据设备的使用频率、数据争议程度、设备的新旧和文档水平自行确定。

(4)核查内容不同。校准是对需要校准的设备进行系统性的检查,涉及稳定性、精密度、灵敏度等功能或技术指标,在可能的情况下,还要给出判断和不确定度的评价,由校准机构出具校准证书。设备期间核查可以核查设备的部分功能或技术指标,并不一定需要给出不确定度的评定,也不需要出具校准证书。对仪器设备进行期间核查后,应对核查数据进行分析和评价,以求达到期间核查的目的;经分析发现仪器设备的技术参数已经发生较大偏离,可能导致检测结果不可靠时,应按有关规定处理,直到仪器设备恢复正常方可投入使用。

【案例分析一】

1. 场景描述/问题描述　评审员对某检验检测机构检查时,发现现场在用的霉菌培养箱粘贴了校准标识,但该机构不能提供校准结果确认记录。

2.条款判断及原因分析　霉菌培养箱上粘贴了校准标识,但未对校准结果进行确认,这不符合《检验检测机构资质评定能力评价　检验检测机构通用要求》(RB/T 214—2017)4.4.3 中"设备在投入使用前,应采用核查、检定或校准等方式,以确定其是否满足检验检测的要求"的规定。

3.符合要求的行为和做法及建议　霉菌培养箱在校准后应由检测人员对校准结果是否满足检验检测的要求进行确认,并粘贴标识后方可使用。

【案例分析二】

1.场景描述/问题描述　评审员在评审现场发现:某检验检测机构的标准滴定溶液配制和标定均在化学分析实验室进行,高锰酸钾($KMnO_4$)、氢氧化钠($NaOH$)、盐酸(HCl)和硫代硫酸钠($Na_2S_2O_3$)等标准滴定溶液都直接存放在阳光直射的实验台上,且与各种试剂放在一起;该实验室还同时进行样品消化、定氮蒸馏及其他化学分析。评审员询问实验室人员标定时如何控制环境条件,其回答:"我们做标定时不做其他试验,对不同温度我们可以进行体积补正,所以不必控制温度。"现场无温度计,也提供不出环境条件控制记录。评审员调取标准滴定溶液配制和标定记录时发现,所有环境条件记录栏的温度值均为"20 ℃",且缺少对滴定管校准校正值的利用信息,其中盐酸标准溶液标定记录中所显示的滴定管不能提供校准记录。

2.条款判断及原因分析　该机构不符合《检验检测机构资质认定能力评价　检验检测机构通用要求》(RB/T 214—2017)中 4.3.3、4.3.4 及 4.4.3 的规定。RB/T 214—2017 中 4.3.3 规定:"检验检测标准或者技术规范对环境条件有要求时或环境条件影响检测结果时,应监测、控制和记录环境条件。"

由于温度会对体积产生影响,因此标准溶液的标定应在可控的温度下进行。但该实验室不能提供温度控制的设备和记录,这与 RB/T 214—2017 中 4.3.3 的要求不符。按照《化学试剂标准滴定溶液的制备》(GB/T 601—2016)的要求,标准滴定溶液的贮存应在 10~30 ℃下密封保存,高锰酸钾标准滴定溶液要求棕色瓶中避光保存。同时标准滴定溶液应按照标准品进行管理,但该实验室均未做到。RB/T 214—2017 中 4.3.4 规定:"检验检测机构应将不相容活动的相邻区域进行有效隔离,应采取措施以防止干扰或者交叉污染。"该机构对量值溯源中起关键作用的标准滴定溶液的配制、标定及存储的环境混乱,不能保证不受样品消化所产生的酸雾及其他试验的干扰,从而确保标定结果的准确性。虽然检验人员称标定时不开展其他试验,但不能提供环境条件不对标定准确性产生影响的证据。

RB/T 214—2017 中 4.4.3 规定:"检验检测机构应对检验检测结果、抽样结果的准确性或有效性有影响或计量溯源性有要求的设备,包括用于测量环境条件等辅助测量设备有计划地实施检定或校准。针对校准结果包含的修正信息或标准物质包含的参考值,检验检测机构应确保在其检测数据及相关记录中加以利用并备份和更新。"该机构未按要求对盐酸标准溶液标定用滴定管在使用前进行检定/校准,对其他经校准的滴定管,也未在标准溶液标定过程中利用其校正值,与 RB/T 214—2017 中 4.4.3 的要求不符。

3. 符合要求的行为和做法及建议

(1)如果检验检测机构需自行配制、标定标准滴定溶液,应设立满足标准滴定溶液标定求的空间,并对其环境条件加以控制,以确保标准滴定溶液在配制、标定及贮存过程中不受影响和交叉污染;对标准滴定溶液(无论是自行标定的还是外购的)均应按照标准品(标准物质)进行管理,注意避光和保持一定的贮存温度,避免交叉污染,且注意不同标准滴定液的有效期,按照要求进行复标。

(2)标准滴定溶液配制、标定所使用的天平、滴定管、单标吸管、容量瓶等均应按规定进行定期检定或校准。

(3)标准滴定溶液标定、直接制备和使用场所应注意按照 GB/T 601—2016 的要求加以控制,温度不为 20 ℃时按要求进行体积补正,单标容量瓶还应有容量校准因子。

(4)检验检测机构应符合 GB/T 601—2016 的其他规定,如称量工作基准试剂的质量≤0.5 g 时,精确至 0.01 mg 称量。

四、设备控制

检验检测机构应保存对检验检测具有影响的设备及其软件的记录。用于检验检测并对结果有影响的设备及其软件,如可能,应加唯一性标识。检验检测设备应由经过授权的人员操作并对其进行正常维护。若设备脱离了检验检测机构的直接控制,应确保该设备返回后,在使用前对其功能、状态进行核查,并得到满意结果。

1. 记录 检验检测机构应建立对检验检测具有影响的设备及其软件的记录,并实施动态管理,及时补充相关的信息。检验检测机构可根据实际工作需要建立设备台账和档案,记录(仪器档案)应至少包括以下信息:①设备及其软件的识别;②制造商名称、型式标识、系列号或其他唯一性标识;③核查设备是否符合规范;④当前位置(适用时);⑤制造商的说明书;⑥检定、校准报告或证书的日期、结果及复印件,设备调整、验收准则和下次校准的预定日期;⑦设备维护计划及已进行的维护记录(适用时);⑧设备的损坏、故障、改装或修理记录。检验检测机构可根据实际工作需要建立设备台帐和档案。

2.考核　检验检测机构应通过对人员进行资格确认和能力考核后,授权其操作重要的、关键的仪器设备以及技术复杂的大型仪器设备,未经授权的人员不得操作设备。相关人员应了解设备原理,掌握正确的操作方法,并能按照计划维护设备。

3.说明书　设备使用和维护的最新版说明书(包括设备制造商提供的有关手册)应便于检验检测人员取用。用于检验检测并对结果有影响的设备及其软件,如可能,均应加以唯一性标识。粘贴设备的标识不能影响设备的准确性,如核查天平的标准砝码,应使用其他标识方法予以标识,如在设备包装上或设立固定存放地点等。

4.结果确认　应对经检定或校准的仪器设备的检定或校准结果进行确认。只要可行,应使用标签、编码或其他标识确认其检定或校准状态。溯源状态标识中应包含必要的信息:设备名称、编号、检定或校准日期、下次检定日期及有效期、检定或校准单位、检定人或校准人。

5.标识　仪器设备的状态标识可分为“合格”“准用”“停用”三种,通常以“绿”“黄”“红”三种颜色表示。①合格证(绿色):经计量检定或校准(包括自校)合格,确认其符合检测或校准技术规定使用要求者;设备不必检定或校准,经检查其功能正常者(如计算机、打印机及其他用于试验工作的仪器设备);设备无法检定或校准,经比对可正常用者。②准用证(黄色):明确部分可用明确可用部分设备存在部分缺陷,但在限定范围内可以使用的(即受限使用的)包括:多功能检测设备,某些功能已丧失,但检测工作所用功能正常,且经校准合格者;测试设备某一量程精度不合格,但检验(检测)工作所用量程合格者;降级后继续使用者。③停用证(红色):设备目前状态不能使用,但经检定校准或修复后可以使用的(不是不需要的废品杂物)。停用包括:检测设备损坏者;检测设备经计量检定(校准)不合格者;检测设备性能无法确定者;检测设备超过检定周期未检定(校准)者。

6. 管控 设备脱离了检验检测机构控制的情况有：①借出；②搬移；③外校送出。这类设备返回后，在使用前，检验检测机构须对其功能和检定、校准状态进行核查，得到满意结果后方可使用。返回后使用前须进行核查：①功能和运行的稳定性；②标准状态。

【问答题】

1. 仪器设备档案包括哪些内容？

答：检验检测机构应建立对检验检测具有影响的设备及其软件的档案，并实施动态管理，及时补充相关的信息。仪器设备档案应真实、完整地反映仪器设备的购置、验收、运行、管理、维修、改造等全过程。仪器档案至少包括以下内容：①设备及其软件的识别；②制造商名称、型式标识、系列号或其他唯一性标识；③申购、安装、验收记录；④核查设备是否符合规范；⑤当前位置(适用时)；⑥制造商的说明书；⑦检定、校准报告或证书的日期、结果及复印件，设备调整、验收准则和下次校准的预定日期；⑧设备维护计划及已完成的维护记录(适用时)；⑨设备的损坏、故障、改装或修理记录。

2. 仪器设备建档有哪些要求？

答：由设备管理部门负责仪器设备建档管理，经整理、立卷后按"一机一档"要求进行建档；文字材料须使用规定书写工具填写、字迹工整，图样清晰；设备文字材料归档保存时原则上应为原件；重要和经常使用的文件材料应酌加副本。卷内的文件材料应按文字材料在前、图表在后的顺序排列；设备文件材料采用卷盒的保管形式。

归档的案卷应填写卷内文件目录，卷内目录可打印或使用规定书写工具正楷填写，字迹要工整、清晰，页面要整洁，不得涂改。案卷备考表中应写明本案卷图纸和文件材料的总页数，并对文件材料的完整、准确程度、损坏、缺少情况加以说明。设备文件材料保管期限的确定原则，设备文件材料的价值作为设备的组成部分而存在，其保管期限与设备共存。

五、故障处理

设备出现故障或者异常时，应核查这些缺陷或偏离并采取相应的措施，如停止使用、隔离或加贴停用标签、标记，直至修复并通过检定、校准或核查表明能正常工作为止。同时，应检查这些缺陷或偏离对以前检验检测结果的影响。

1. 信用　曾经过载或处置不当、给出可疑结果或已显示有缺陷、超出规定限度的设备,均应停止使用。这些设备应予隔离以防误用,或加贴标签、标记以清晰表明该设备已停用,直至修复。修复后的设备为确保其性能和技术指标符合要求,必须经检定、校准或核查表明其能正常工作后方可投入使用。对于以上原因停止使用后修复的设备,按照首次使用设备处理,应优先采取检定、校准的外部证据,在不能利用外部证据的情况下采用内部核查的方式证明符合要求后,才能投入使用。

2. 追溯　检验检测机构还应对因缺陷或偏离而对过去进行的检验检测活动造成的影响进行追溯,发现不符合时应执行不符合工作的处理程序,暂停检验检测工作,不发送相关报告或证书,或者追回之前的报告或证书。

3. 记录　设备使用记录必须记录应用此设备进行检验检测的样品、项目、时间等详细的信息,以便及时追溯之前的检验检测结果。

【案例分析】

1. 场景描述/问题描述　评审过程中发现某机构检测参数中有多项试验均使用同一台高效液相色谱仪,且该设备在最近一次使用前有故障维修记录。评审员询问"这台设备维修后是否进行了校准或核查?"对此,该机构不能提供进行了校准或核查的证书或记录。

2. 条款判断及原因分析　该机构高效液相色谱仪为使用频率非常高的测量仪器,且在最近一次使用前发生了故障并进行了维修,但维修后未进行校准或核查。《检验检测机构资质认定能力评价　检验检测机构通用要求》(RB/T 214—2017)中 4.4.5 规定:"设备出现故障或者异常时,检验检测机构应采取相应措施,如停止使用、隔离或加贴停用标签、标记,直至修复并通过检定、校准或核查标明能正常工作为止。应核查这些缺陷或偏离对以前检验检测结果的影响。"该台高效液相色谱仪使用频次高且有故障维修记录,因此,应在维修之后进行校准或核查。

3. 符合要求的行为和做法及建议

(1) 曾经因过载或处置不当而给出可疑结果,或有已显示有缺陷、超出规定限度的设备,均应停止使用。这些设备应予隔离以防误用,或加贴标签、标记以清晰标明该设备已停用,直至修复。修复后的设备为确保其性能和技术指标符合要求,必须经检定、校准或核查表明其能正常工作后方可投入使用。

（2）检验检测机构还应对这些因缺陷或超出规定极限而对过去进行的检验检测活动造成的影响进行追溯，发现不符合时应执行不符合工作的处理程序，按规定暂停工作，不发送相关报告或证书，或者追回之前的报告或证书。

（3）对于设备不太稳定、使用频率高、使用条件恶劣、容易产生漂移、因出现过载可能造成损坏的、能力验证结果有问题、对检测数据有疑问、单纯校准不能保证在有效期内准确可靠的仪器设备，在两次检定或校准期间应当进行期间核查。期间核查的方式包括仪器比对、方法比对、标准物质验证（包括加标回收）、单点自校、用稳定性好的样件重复核查等。进行期间核查后，应对数据进行分析和评价，如经分析发现仪器设备已经出现较大偏离、可能导致检测结果不可靠时，应按相关规定处理（包括重新校准），直到经验证的结果符合检定时方可再次投入使用。

六、标准物质

检验检测机构应建立和保持标准物质管理程序。标准物质应尽可能溯源到国际单位制（SI）单位或有证标准物质。检验检测机构应根据程序对标准物质进行期间核查。

1. 定义　标准物质（RM）是一种或多种足够均匀、稳定和已经确定了特性值的物质或材料，用以校准仪器，评价测量方法或给物质赋值的材料或物质。标准物质可以是纯的或混合的气体、液体或固体。

2. 作用　①作为校准物质，用于仪器的校准。在使用前或使用中用标准物质进行校准或制备"校准曲线"；②作为已知物质，用以评价测量方法和测量设备，当测量工作用不同的方法和不同的设备进行时，已知物质可以有助于对新方法和新设备所测出的结果进行可靠程度的判断；③作为控制物质，与待测物质同时进行分析。当标准物质得到的分析结果与证书给出的量值在规定限度内一致时，证明待测物质的分析结果是可信的。

标准物质分为有证标准物和无证标准物质两类，其中有证标准物质（CRM）指附有证书并经过溯源的标准物质称为有证标准物质。而且每个标准值都附有给定置信水平的不确定度。有证标准物质在证书中附有：标准物质名称及编号；研制和生产单位名称、地址；包装形式；制备方法；特性量值及其测量方法；标准值的不确定度；均匀性及稳定性说明；储存方法；使用中注意事项及必要的参考文献等。在标准物质证书和标签上均有 CMC 标记。

3. 管理程序　检验检测机构应建立和保持标准物质管理程序，标准物质应尽可能溯源到国际单位制(SI)单位或有证标准物质。

4. 期间核查 检验检测机构应按照规定的频次、方式、结果评价、记录等要求对标准物质进行期间核查,以维持其可信度。核查周期取决于标准物质的稳定性、储存条件、容器种类和使用程度。同时按照程序要求,安全处置、运输、存储和使用标准物质,以防止污染或损坏,确保其完整性。

5. 检查方式 有证标准物和无证标准物质采用的期间核查的方式是不同的。在对有证标准物期间核查时只需对照证书要求,主要对包装、物理性状、储存条件、有效期等进行期间核查即可满足要求,对于一次性不能用完的,还要关注其密封状态,以确保在符合要求情况下使用。

对于无证标准物质,最好的方式是使用已知的、稳定可靠的有证标准物质进行期间核查,无法获取有证标准物质时,可以选用以下核查方式或其组合:①机构间比对;②送有资质的校准机构校准;③测试近期参加过能力验证结果满意的样品;④使用质控品等。

6. 保护措施 做好标准物质安全处置、运输、储存和使用,以防止污染或损坏,确保其完整性。

【问答题】

1. 什么是标准物质?

答:标准物质(RM)是一种或多种足够均匀、稳定和已经确定了特性值的物质或材料,用以校准仪器,评价测量方法或给物质赋值的材料或物质。

2. 什么是有证标准物质?

答:有证标准物质是指附有由权威机构发布的文件,提供使用有效程序获得的具有不确定度和溯源性的一个或多个特性量值的标准物质。"文件"是以"证书"的形式给出。有证标准物质制备和颁发证书的程序是有规定的。在定义中,"不确定度"包含了测量不确定度和标称特性值的不确定度两个含义,这样做是为了一致和连贯。"溯源性"既包含量值的计量溯源性,也包括标称特性值的追溯性。"有证标准物质"的特定量值要求附有测量不确定的计量溯源性。

3. 标准物质证书一般有什么内容?

答:标准物质证书是介绍标准物质的技术文件。证书给出标准物质的标准值和准确度,简要描述标准物质的均匀性、稳定性、特征量值及测定方法、有效期、正确使用标准物质的方法和储存条件要求等。

4. 标准物质该如何管理?

答:标准物质是实施量值溯源的重要实物标准,应对其实施有效的控制和管理,以确保检测结果的准确性和可追溯性。

(1)购买的标准物质进入实验室,应进行验收。验收内容包括标准名称、编号、技术特性(均匀性、稳定性、标准值及不确定度)、储存方法、合格证书及有效期等。

(2)建立在用标准物质台账,内容包括标准物质名称、编号、级别、制造单位、购入日期、验收情况、失效日期、存放地点等,并给所有标准物质贴上标签。

(3)标准物质应由专人保管,编号登记,放置规定位置,便于取用,不受污染。标准物应根据其性质妥善贮存,易受潮的应存放于干燥器中,需避光保存的要用黑纸包裹或贮于棕色容器中,需密封的用石蜡覆盖后存放于干燥阴凉处,需低温保存的应存放在冷藏室中,需冷冻保存的应存放在冷冻室中,不宜冷藏的应常温保存。对不稳定、易分解的标准物质,必须格外关注其存放条件的变化,防止其性能发生变化。标准物质的领用应有记录。

5. 标准物质如何做期间核查?

答:有证标准物和无证标准物质采用的期间核查的方式是不同的。在对有证标准物期间核查时只需对照证书要求,主要对包装、使用的范围是否适合、操作步骤是否符合规定、物理性状、储存条件、有效期等进行期间核查即可满足要求,对于一次性不能用完的,还要关注其密封状态,以确保在符合要求下使用。对于无证标准物质,最好的方式是使用已知的、稳定可靠的有证标准物质进行期间核查,无法获取有证标准物质时,可以选用以下核查方式或其组合:①机构间比对;②送有资质的校准机构校准;③测试近期参加过能力验证结果满意的样品;④使用质控品等。

6. 仪器期间核查常用的方法和评判标准有哪些?

答:仪器期间核查不是仪器检定周期内的再次检定,虽然在条件允许时也可按检定规程进行校准。仪器期间核查时间间隔一般是在仪器的检定或校准周期内进行 1~2 次为宜,对于使用频率高的仪器应增加核查的次数。实验室仪器设备的期间核查一般采用以下几种方法。

(1)标准物质核查法。用标准物质校准拟核查仪器设备的参数,考查仪器设备测量的某参数是否在受控范围内,其评价标准为: $E_n = \left| \dfrac{x_1 - x_2}{\sqrt{2}\, U_{\mathrm{Lab}}} \right| \leqslant 1$。

式中: x 为测量值; X 为标准值; $\triangle$ 为与被核查仪器设备准确度指标相对应的

允差限值，或最大允许误差值。

（2）两台设备比较法：①两台设备技术指标相同时，先用被核查设备校准/测量样品的每个参数，得到测量值 x_1；然后再用另一台设备同时校准/测量样品的相同参数，得到测量值 x_2。其结果的评价标准为：$E_n = \left| \dfrac{x_1 - x_2}{\sqrt{U_{\mathrm{Lab}} + U_2^2}} \right| \leqslant 1$。式中：$x_1$ 为被核查设备的测量值；x_2 为与被核查设备技术指标相同的另一台设备的测量值；U_{Lab} 为实验室核查结果的测量不确定。②两台设备技术指标不同时，先用被核查设备校准/测量样品的每个参数，得到测量值 x_1；然后再用技术指标高的设备同样校准/测量样品的相同参数，得到测量值 x_2。其结果的评价标准为：$E_n = \left| \dfrac{x_1 - x_2}{\sqrt{2}\, U_{\mathrm{Lab}}} \right|$。式中：$x_1$ 为被核查设备的测量值；x_2 为比被核查设备技术指标高的另一台设备的测量值；U_{Lab} 为实验室核查结果的测量不确定度；U_0 为技术指标高的另一台设备的测量不确定度。③监督样或留存样核查法，在被核查设备经计量检定机构检定/校准后，立即测量核查标准某个参数得测量值 x_1，作为该设备期间核查的参考值。在该设备期间核查的时间间隔内，再次测量该核查标准的相同参数，得到测量值 x_1。其评价标准为：$E_n = \left| \dfrac{x - X}{\Delta} \right|$。式中：$x_1$ 为核查标准的参考测量值；xi 为第 i 次测量核查标准的测量值；U_{Lab} 为实验室核查结果的测量不确定度。

仪器的期间核查也可采用质控图法。

（1）如期间核查结果 $E_n \leqslant 0.7$，则表明被核查的仪器设备仍保持其检定状态，该仪器设备/过程处于受控；如 $E_n > 1$，表明被核查的仪器设备可能存在问题，测量设备/过程可能失控，必须查找原因并迅速采取纠正措施或重新送检定；如 $0.7 < E_n < 1$，表明被核查的仪器设备的检定状态接近临界，必须查找原因并采取适当的预防措施，如增加核查次数。

（2）如果在期间核查中查出问题，由于仪器设备不稳定或超出允差范围对过去的检验工作造成影响时，应及时停用该仪器，查找由该仪器上次检定合格的日期或上次核查合格日期到查出问题的时间间隔内所有使用该仪器检测的检测报告。对该仪器的缺陷导致过去的检测报告数据错误，并且检测报告已发出时，应立即采取措施。如立即通知委托方商量复检，追回原报告，重新检测后，发出新的报告。将可能造成的损失减少到最低程度。当发现检测报告未发出时，检测科室暂停检测，至仪器设备修复后再复检，并向委托方说明原因,取得谅解。对核查中发现的不合格的或偶尔出现超差的仪器设备都应按程序文件的规定,查清问题,进行调整、修理、降级使用或报废处理。

第八节　管理体系

检验检测机构的管理和技术运作应通过建立健全、持续改进、有效运行的管理体系来实现。检验检测机构应建立并有效实施质量方针、质量目标并履行承诺,保证有独立、公正、科学、诚信的管理体系。检验检测机构体系运作的基本资源是:组织机构、人员、场所与环境条件、设施设备、方法与程序、外部提供的服务、体系文件。

一、总则

检验检测机构应建立、实施和保持与其活动范围相适应的管理体系,应将其政策、制度、计划、程序和指导书制定成文件,管理体系文件应传达至有关人员,并被其获取、理解、执行。检验检测机构管理体系应至少包括管理体系文件、管理体系文件的控制、记录控制、应对风险和机遇的措施、改进、纠正措施、内部审核和管理评审。

1. 动作　管理体系的运作包括体系的建立、体系的实施、体系的保持和体系持续改进。

2. 特色　检验检测机构应建立符合自身实际状况,适应自身检验检测活动并保证其独立、公正、科学、诚信的管理体系,考虑到各检验检测机构在专业设置、职工人数、人员素质、单位文化、管理习惯方面的差异,各个检验检测机构的管理体系应各不相同。

3. 内容　检验检测机构应将其管理体系、组织结构、程序、过程、资源等过程要素文件化,文件化的管理体系覆盖评审标准的所有要求。文件可分为4类:管理手册、程序文件、作业指导书、表格与记录(图2-2)。

4. 落实　检验检测机构管理体系形成文件后,应得到有效的培训并贯彻实施。

5. 完善　管理体系是在不断改进中得到完善的,而这种改进是永无止境的。

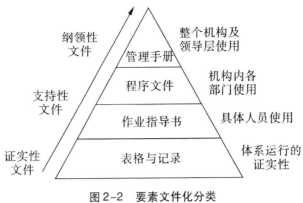

图2-2　要素文件化分类

　　程序文件是对手册的展开,不能类同;如果手册已对过程活动充分描述,可不必编制程序文件。要点:①管理层应关注国家对机构的法规要求和对机构能力的需求,搭建平台、制定规则;配置资源;适当授权、担当责任。②管理体系文件的执行关键点在于质量方针的适宜性;质量目标的可操作性;文件的系统和协调性;符合本机构的特点和运行属性;员工了解;职责清晰并得以落实。

　　通常将这个文件化管理体系的结构用金字塔构架来形象比喻,金字塔可以分成3个层次或4个层次。第一层次,管理手册。质量手册是组织的质量管理体系的规范;是对质量体系作概括表述、阐述及指导质量体系实践的主要文件。为了适应某个组织的规模和复杂程度,质量手册在其详略程度和编排格式方面可以不同。第二层次,程序文件。程序文件描述实施管理体系要素所涉及质量活动,为什么做(目的)、做什么、由谁来做、何时做、何地做等。第三层次,作业指导书。作业指导书是有关任务如何实施和记录的详细描述,是用以指导某个具体过程、描述事物形成的技术性细节的可操作性文件。作业指导书是回答如何做的文件,由具体操作执行人员使用,如设备操作规程、样品的制备方法、检验检测方法细则等。作业指导书可以是详细的书面描述、流程图、图表、模型、图样中的技术注释、规范、设备操作手册、图片、录像、文件清单或这些方式的组合。表格是用于记录质量管理体系所要求的数据的文件。当表格中填写了数据,表格就成了记录。将第三层次一分为二,作业指导书作为第三层,表格与记录为第四层次,就成为4个层次的构架。程序文件是手册的支持性文件,手册中已经明确的程序没必要编制程序文件,《检验检测机构资质认定能力评价　检验检测机构通用要求》(RB/T 214—2017)中要求的程序可以在质量手册、程序文件、作业指导书中描述,而非单指程序文件,有时一个程序需要多个程序文件或作业指导书完成。

《质量管理体系文件指南》(GB/T 19023—2003)给出的典型管理体系文件层次结构为3个层次。文件化的详略程度与执行质量手册、程序文件或作业指导书的人员的培训教育程度有关,没有一个固定的模式,人员素质较高,文件可以适当简单些;人员素质较低或人员流动性较大,则文件需要编写得详细些,总之与实际相适应,只要能达到确保检验检测质量目的即可。在编制管理体系文件前需要进行机构内部的态势分析,明确机构内部的优势和劣势、外部环境的机遇和风险,搭建一个符合自身实际的组织机构,确定岗位职责。

【问答题】

1. 管理体系文件可分为哪4类?

答:管理体系文件可分为质量手册、程序文件、作业指导书、记录表格4类。

2. 管理体系文件是编写得详细好还是简单好?

答:文件化的详略程度与执行质量手册、程序文件或作业指导书的人员的培训教育程度有关,没有一个固定的模式。人员素质较高,文件可以适当简单些;人员素质较低或人员流动性较大,则文件需要编写得详细些,总之与实际相适应,只要能达到确保检验检测质量目的即可。在编制管理体系文件前需要进行机构内部的态势分析,明确机构内部的优势和劣势、外部环境的机遇和风险,搭建一个符合自身实际的组织机构,确定岗位职责。

3. 质量手册在什么情况下需要换版?

答:(1)质量手册依据的标准或准则进行了换版。

(2)检验检测机构的最高管理者更换(除非新的领导同意继续使用当前的质量手册并有书面声明)。

(3)检验检测机构的组织发生重大变化。

(4)质量手册进行了多次修改。

二、方针目标

检验检测机构应阐明质量方针,制定质量目标,并在管理评审时予以评审。方针是由组织的管理层正式发布的检验检测机构的宗旨和方向;目标是要实现的结果。质量方针由管理层制定、贯彻和保持,是检验检测机构的质量宗旨和方向。

1. 质量方针　应有检验检测机构的特色,如科学、公正、优质、高效等。质量方针一般应在质量手册中予以阐明,也可单独发布。质量方针声明应经管理层授权发布,至少包括下列内容:①管理层对其提供的服务标准方面的声明;②管理层对建立、运行、维护和持续改进管理体系的承诺;③质量目标;④管理层对良好职业行为和为客户提供检验检测服务质量的承诺;⑤要求所有与检验检测活动有关的人员熟悉质量文件,并执行相关政策和程序。

2. 质量目标　质量方面所追求的目的,通常依据组织的质量方针制定。质量目标要具有时限性、挑战性、关联性、可测量和可实现性;是经过检验检测机构努力才能完成的;应明确、具体、与自身实际相关联,具有可操作性,并规定实现目标的时限。质量目标包括年度质量目标和中长期质量目标。质量目标应在管理评审时予以评审。

(1)年度质量目标。出具报告及时率≥95%;报告质量合格率为100%;报告一般差错率≤2%;安全事故率为0;实验室感染率为0;外部审核通过率为100%;盲样考核项目合格率≥98%;人员培训计划完成率为100%;客户满意度≥95%;客户投诉处理满意率为100%等。

(2)中长期质量目标。依据《检验检测机构资质认定管理办法》《检验检测机构资质认定能力评价　检验检测机构通用要求》等,持续改进管理体系;为社会和公众提供优质服务,不断提高检验检测能力;力争管理水平和检验检测能力达到全省领先水平,部分项目达到国内先进水平。

【案例分析】

1. 场景描述/问题描述　评审员对某检验检测机构评审时,发现该检验检测机构连续3年(2020年、2021年、2022年)的检验报告合格率分别为97%、96%、98%,未能实现检验报告差错率≤1%的质量目标,未对质量目标实现情况进行分析,也未输入管理评审进行评审。

2. 条款判断及原因分析　连续3年(2020年、2021年、2022年)的检验报告差错率分别为97%、96%、98%,未能实现检验报告差错率≤1%的质量目标,未对质量目标实现情况进行分析,也未输入管理评审进行评审。这不符合《检验检测机构资质认定能力评价　检验检测机构通用要求》(RB/T 214—2017)4.3.2中"检验检测机构应阐明质量方针,制定质量目标,并在管理评审时予以评审"的观点。

3.符合要求的行为和做法及建议　检验检测机构应阐明质量方针,制定质量目标,对质量目标实现情况进行分析,并在管理评审时予以评审。

三、文件控制

检验检测机构应建立和保持控制其管理体系的内部和外部文件的程序,明确文件的标识、批准、发布、变更和废止,防止使用无效、作废的文件。

1.管理　检验检测机构应建立和保持文件管理控制程序来控制管理体系的所有文件,包括法规、标准、规范、检验检测方法、图纸、软件、标准操作规范等。

2.程序　检验检测机构依据文件管理控制程序,对文件的编制、审核、批准、发布、标识、变更和废止等环节实施控制。

3.类型　文件可以是政策声明、程序文件、规范、记录、报告、标准、制造商的说明书、表格、通知、软件、图纸、计划等。

4.载体　文件是信息及其载体。信息即有意义的数据。文件可承载在各种载体上,可以是数字存储设施如光盘、硬盘等,也可以是模拟设备如磁带、录像带或磁带机,还可以采用缩微胶片、纸张、相纸等,也可以是电子的,也可以是以上媒介的组合。

5.要求　检验检测机构应定期审查文件,防止使用无效或作废文件。失效或废止文件一般要从使用现场撤离,加以标识后销毁或存档。如果确因工作需要或其他原因需要保留在现场的,必须加以明显标识,以防误用。应保证检验检测机构有效运行的所有重要作业场所都能得到相应的授权版本文件,所有与工作有关的指导书、标准、手册和参考资料应保持现行有效并易于员工取阅。

6.来源　文件按其来源可分为内部文件和外部文件。①外部文件一般包括法律、法规、规章;标准、设备操作方法、软件或系统操作手册、教科书、参考手册、设计图纸、图表及客户提供的方法或资料等。②内部文件包括质量手册、程序文件、作业指导书或规章制度、记录表格、会议备忘录、通知、计划、方案等。

7.规定 文件的批准与发布应满足以下条件。①文件在发布之前,应经授权人员审批。程序文件中应对文件批准发布的职责权限有明确的规定,文件发布后,应当相关人员进行培训,文件才可实施。②文件应有唯一性标识,包括发布日期、修订状态标识、页码、总页数或表示文件结束的标记和发布机构等。文件标识可以有多种形式,检验检测机构应选择简易有效的、适合自己的方法。③为防止使用无效、作废的文件且便于查阅,机构可采用编制受控文件清单,表明管理体系文件构成及其修订状态,还应建立文件分发清单,记录文件去向,便于监督、核查。④检验检测机构应对电子文件的管理予以规定。通过设置密码和权限、定期备份、防病毒、核查等方式,保证电子文件满足完整性、保密性、安全性的要求。

8.审查 文件应定期审查以保持文件的适用性和有效性。

9.修订 文件更改应有程序并方便识别,并标明修订状态。一般情况下,文件变更应由原审核、批准人员进行审核和批准,否则应将有关背景资料(如变更原因、内容、原来规定情况等)提供给新的审核、批准人员进行审核和批准。文件变化时应及时更新并应将新修订的文件通知相关人员。

【问答题】

什么是文件? 文件包括哪些内容?

答:文件是信息及其载体。例如记录、规范、程序文件、图样、报告、标准。文件按其来源可分为内部文件和外部文件。①内部文件包括质量手册、程序文件、作业指导书或规章制度、记录表格、会议备忘录、通知、计划、方案等。②外部文件一般包括法律、法规、规章;标准、设备操作方法、软件或系统操作手册、教科书、参考手册、设计图纸、图表及客户提供的方法或资料等。

【案例分析】

1.场景描述/问题描述 评审员在对某检验检测机构进行评审时,现场发现该机构检测人员使用的检测方法标准是从网上下载打印的,且没有受控标识。机构负责人解释:"我们有正式出版的方法标准,也进行了受控管理,都在档案室放着。检测人员为了使用方便,就自己从网上下载直接使用了。"

2.条款判断及原因分析 这不符合《检验检测机构资质认定能力评

价 检验检测机构通用要求》(RB/T 214—2017)的"4.5.3 文件控制"的规定。RB/T 214—2017 中 4.5.3"检验检测机构应建立和保持控制其管理体系的内部和外部文件的程序,明确文件的标识、批准、发布、变更和废止,防止使用无效、作废的文件"的规定。该机构对检验检测需要的方法标准没有全部实施受控管理,因此不符合 RB/T 214—2017 中 4.5.3 的要求。

3. 符合要求的行为和做法及建议 检验检测机构应制定文件管理控制程序,明确文件的控制范围,对文件的编制、审核、批准、发布、标识、变更、废止、销毁、归档、保存等各环节实施控制。检验检测方法标准等文件应从发布机构的官方网站下载或从正规出版机构购买,用受控标志和唯一性编号进行标识,登记在受控文件目录中,保留发放、回收、存档、销毁等情况的记录。

第九节 合同评审、分包和采购

一、合同评审

检验检测机构应建立和保持评审客户要求、标书、合同的程序。对要求、标书、合同的偏离、变更应征得客户同意并通知相关人员。当客户要求出具的检验检测报告或证书中包含对标准或规范的符合性声明(如合格或不合格)时,检验检测机构应有相应的判定规则。若标准或规范不包含判定规则内容,检验检测机构选择的判定规则应与客户沟通并得到同意。

1. 管控 检验检测机构应依据制定的评审客户要求、标书和合同的相关程序,对合同评审和合同的偏离加以有效控制,记录必要的评审过程或结果,该程序在客户申请检验检测时启动。

(1)合同是有约束力的协议。合同是供方(检验检测机构)和客户之间以任何方式(书面的或口头的)形成的、双方接受的、规定彼此职责和民事权利义务并需要共同遵守的协议条文,一经签署就具法律效力。检验检测机构的委托书就是简易的合同。

(2)要求是指明示的或隐含的或应履行的需求和期望。这里的要求指客户的要求。其中包括有关行政机关、执法单位下达指令性的任务通知或文件。

（3）标书分为招标书和投标书。招标书是指客户发出的要求供方（检验检测机构）提供检验检测服务项目的文件（包括投标者需了解和遵守的规定或文件）。投标书是指供方（检验检测机构）应邀做出的提供满足合同要求的检验检测服务的报告。

（4）合同评审是指在合同签订前，为确保合同中对产品的质量要求规定得合理、明确并形成文件，且供方能实现，由供方所开展的评审活动。也就是与客户约定检测什么、如何检测、什么时候交报告的沟通过程。

2.沟通　检验检测机构应与客户充分沟通，了解客户需求，满足客户的要求。双方通过对检验检测项目、依据、结论、供样方式等的确定，防止由于规定不明确、不一致而影响最终质量。

3.评审　对自身的技术能力和资质状况能否满足客户要求进行评审。评审检验检测机构在软、硬件方面是否满足要求。如场地、设备、环境是否具备、人员是否授权上岗、对方法理解如何、有无作业指导书、是否评定过不确定性度、是否参加过能力验证或实验室比对等。若有关要求发生修改或变更时，需进行重新评审。

合同评审内容：委托方要求、检验的能力、资源、时间期限、依据、项目、收费、公正性、符合性判定规则、分包、非标方法等。

注意点：①合同的形式可以是多种多样的，合同评审的形式也应该是多种形式的。②对不同类型的合同，按照不同的规定实施评审（重复项目、常规项目、一般性的或非常明确的项目，可以简单评审，经窗口人员加以记录、确认、签字，评审即完成，评审应有文字记录；对于新项目、重大项目、司法鉴定、量大时间紧、偏离标准、客户特殊要求的项目，一般由技术主管负责组织、业务办公室、检测室负责人参加，必要时可扩大到质量主管和检测人员实施评审。窗口人员有权约知上述人员组织评审或参与评审。评审须留下文字记录）。③对于所承接的分包项目，如已确认具有能力的合格分包方，则可以直接由样品受理部门进行评审；如没有合格的分包方，需要另行选择具有能力的合格分包方，则按照《分包管理程序》选择并评审分包方，确认其具有能力后，方可完成合同评审。

4.协商　对客户要求、标书或合同有不同意见，应在签约之前协调解决。对于出现的偏离，检验检测机构应与客户沟通并取得客户同意，将变更事项通知相关的检验检测人员。

5.授权　检验检测机构应赋予合同评审的人员如下权利，才能有效完成合同评审。

（1）有权知道检验检测机构内部各个资源的变化情况,应规定在检验检测资源有变化时,告之合同评审人员。

（2）有权调动检验检测机构有关技术的人力资源,共同完成合同评审。

（3）受理任务或拒绝任务的权利。

6.内容要求 委托检验合同内容应当包括委托方信息、对样品的要求、样品的状态、检测项目、检验依据、异议处理、样品处理方式和保存期、双方的权利和义务等约定,并注明委托方对样品及其相关信息的真实性负责。

7.判定规划 判定规则是一个新的概念。当客户要求出具的检验检测报告或证书中包含对标准或规范的符合性声明(如合格或不合格)时,检验检测机构应有相应的判定规则。若标准或规范不包含判定规则内容,检验检测机构选择的判定规则应与客户沟通并得到同意。也就是要求检验检测机构要有文件化的判定规则,一旦客户有对标准或规范的符合性声明(如合格或不合格)时,机构就可以为客户做出判别,但事先要与客户沟通并得到客户同意。沟通时遇到技术问题的,及时联系各领域技术负责人寻求帮助。判定原则遵循以下三点要求:①样品检验检测项目少于该类样品国家标准、行业规范、企业标准等规定的项目的,检验检测报告不做符合性判断。②国家标准、行业规范已给出判断标准的,可在检验检测报告中按国家标准或行业标准给出符合性判断。③所有给出符合性判断的检验检测报告,判断依据必须在检验检测报告中明确表明。

【问答题】

1.什么是合同?

答:合同是有约束力的协议,是供方(检验检测机构)和客户之间以任何方式(书面的或口头的)形成的,双方接受的,规定彼此职责、权利、义务、共同遵守的协议条文,一经签署就具法律效力。检验检测机构的委托书就是简易的合同。

2.什么是合同评审?

答:合同评审是指在合同签订前,为确保质量要求规定的合理、明确并形成文件,且供方能实现,由供方所开展的评审活动。合同评审是供方的职责,但可以与顾客联合进行。合同评审可以根据需要在合同的不同阶段重复进行。

3. 检验检测机构如何进行合同评审?

答:①检验检测机构应建立和保持评审客户要求、标书、合同的程序。②对客户要求、标书或合同有不同意见,应在签约之前协调解决。每项合同应得到检验检测机构和客户双方的接受。③对于出现的偏离,检验检测机构应与客户沟通并取得客户同意,将变更事项通知相关的检验检测人员,评审内容包括被分包出去的任何工作。记录必要的评审过程或结果。④双方通过对检验检测项目、依据、结论、供样方式等的确定,防止由于规定不明确、不一致而影响检验检测的最终质量。⑤对自身的技术能力和资质状况能否满足客户要求进行评审。评审检验检测机构在软、硬件方面是否满足要求。如场地、设备、环境是否具备、人员是否授权上岗、对方法理解如何、有无作业指导书、是否评定过不确定性度、是否参加过能力验证或实验室比对等。若有关要求发生修改或变更时,需进行重新评审。⑥合同评审内容包括委托方要求、检验的能力、资源、时间期限、依据、项目、收费、公正性、符合性判定规则、分包、非标方法等。

4. 委托检验合同内容一般包括哪些信息?

答:委托检验合同内容一般包括委托方信息、对样品的要求、样品的状态、检测项目、检验依据、异议处理、样品处理方式和保存期、双方的权利和义务等约定,并注明委托方对样品及其相关信息的真实性负责。

5. 对于分包项目,如何进行合同评审?

答:对于所承接的分包项目,如已确认具有能力的合格分包方,则可以直接由样品受理部门进行评审;如没有合格的分包方,需要另行选择具有能力的合格分包方,则按照《分包管理程序》选择并评审分包方,确认其具有能力后,方可完成合同评审。

【案例分析】

1. 场景描述/问题描述　评审组在对某食品检测机构进行资质认定复评审时,抽查了该机构保存的一份检测活动档案,在该档案材料中发现:该机构与客户签订的食品检测合同中,未说明每一份检测参数具体采用的检测方法。

2. 条款判断及原因分析　该检测机构与客户签订的检测合同中未说明每一份检测参数具体采用的检测方法,未与客户达成明确的检测要求,这一做法不符合《检验检测机构资质认定能力评价　检验检测机构通用要求》(RB/T 214—2017)4.5.4中"检验检测机构应建立和保持评审客户要求、标书、合同的程序"的规定。

3. 符合要求的行为和做法及建议　检测方法是检测活动中重要的客户需求,检测机构与客户签订的检测合同中应明确每一份检测参数具体采用的检测方法。特别是当存在多种检测方法可选择时,应根据检测目的、检测对象性质和技术性能指标等选择适合的方法,并对自身的技术能力和资质状况是否能够满足客户的要求进行评审。

二、分包

检验检测机构需分包检验检测项目时,应分包给已取得检验检测机构资质认定并有能力完成分包项目的检验检测机构,具体分包的检验检测项目和承担分包项目的检验检测机构应事先取得委托人的同意。出具检验检测报告或证书时,应将分包项目予以区分。检验检测机构实施分包前,应建立和保持分包的管理程序,并在检验检测业务洽谈、合同评审和合同签署过程中予以实施。

检验检测机构不得将法律法规、技术标准等文件禁止分包的项目实施分包。

1. 定义　分包是指检验检测机构在某些情况下,将客户委托的检验任务的一部分转委托给其他检验检测机构检验的业务活动。

2. 分类　检验检测机构因工作量、关键人员、设备设施、环境条件和技术能力等原因,无论是进行自身具备检测能力的"有能力的分包",还是自身不具备检测能力的"无能力的分包"均是允许的。"有能力的分包"是指检验检测机构拟分包的项目是其已获得检验检测机构资质认定的技术能力,由于工作量急增、关键人员短缺、设备设施故障、环境状况变化等暂时不满足检验检测条件而进行的分包。"无能力的分包"是指检验检测机构没有开展检验检测活动的资质和能力,而分包给获得检验检测机构资质认定并具有相应技术能力的另一检验检测机构。

3. 程序　检验检测机构实施分包前,应制定分包的管理程序,其内容包括但不限于:控制文件、事先通知客户并经客户书面同意、对分包方定期评价、建立合格分包方名录并正确选用等。该程序应在检验检测业务洽谈、合同评审和合同签署过程中予以实施。

4. 项目　需分包检验检测项目时,必须首先确认本机构需要分包的项目,再确定希望分包的机构,并对被分包机构的能力和资质予以确认,检验检测机构应要求承担分包的检验检测机构提供合法的检验检测报告或证书,并予以使用和保存。检验检测机构应建立合格分包方名录及定期评价机制,并制定正确选用分包方的原则等文件化规定,以便在分包实施过程中执行。

5.评审　需分包检验检测项目在进行合同评审时,还应与客户进行充分的沟通,具体分包的检验检测项目应当事先取得委托人书面同意。以电话方式进行合同评审的,也应对与客户就分包所进行的沟通内容予以记录,并保留相关通话记录。

6.责任和义务　检验检测机构确定分包后,应签订分包合同,明确双方的责任和义务,明确分包工作所涉及的技术要求、记录的获取和剩余样品处置等。

7.结果　对采取了分包检测的结果,机构出具检测报告或证书时可包含分包结果,但必须清晰标明分包情况,包括分包项目、承担分包的检验检测机构的名称和资质认定许可编号。如果是"无能力分包",还须注明自身无相应资质认定许可技术能力。此外,还应注明分包责任是否由发包方负责等。除非是客户或法律法规指定的分包,检验检测机构应对分包结果负责。若将全部检验检测任务都分包给其他机构承担,属转包行为,不属分包行为。

8.注意事项　检验检测机构还需注意:不得将法律法规、标准、行业规定等禁止分包的项目实施分包。如国家监督抽查工作不允许分包;食品复检工作不允许分包;司法鉴定中的抽样/取样、鉴定结果的分析和判断以及鉴定意见形成等重要工作不允许分包;机动车检测工作不允许分包等。

【问答题】

1.什么是分包?

答:分包是指检验检测机构在某些情况下,将客户委托的检验任务的一部分转委托给其他检验检测机构检验的业务活动。若将全部检验检测任务都分包给其他机构承担,属转包行为,不属分包行为。

2.检验检测机构什么情况下可以分包?

答:检验检测机构因工作量、关键人员、设备设施、环境条件和技术能力等原因,无论是进行自身具备检测能力的"有能力的分包",还是自身不具备检测能力的"无能力的分包"均允许分包。但不得将法律法规、标准、行业规定等禁止分包的项目实施分包。如:国家监督抽查工作不允许分包;食品复检工作不允许分包;司法鉴定中的抽样/取样、鉴定结果的分析和判断以及鉴定意见形成等重要工作不允许分包;机动车检测工作不允许分包等。

3. 检验检测机构实施分包应注意的要点是什么?

答:检验检测机构实施分包时应控制以下几点。①检验检测机构应建立与分包相关的程序文件或管理制度,识别因"分包"给检验检测机构带来质量风险。②承担"分包"检验检测任务的检验检测机构必须是依法取得检验检测机构资质认定并有能力完成分包项目的检验检测机构。③具体分包的检验检测项目应当事先取得委托人书面同意。应在检验检测报告或证书中清晰标明分包情况。④检验检测机构应对分包方进行评价(或采信资质认定部门的认定结果),确认其能力(具备承担法律责任的能力、管理能力、技术能力),欲分包的项目必须在分包方的能力范围内,并有评审记录和合格分包方的名单,要注意分包评价活动是动态的,因为分包方的能力有可能发生变化,在进行分包时,应和分包方签订分包合同明确责任。⑤检验检测机构可将分包部分的检验检测数据、结果,由承担分包的另一检验检测机构单独出具检验检测报告或证书,也可将另一检验检测机构的分包结果纳入自身检验检测报告或证书,注明该检验检测机构的名称和资质认定许可编号。⑥若是分包引起的法律纠纷,由发包方应诉。如是检验检测机构发包,检验检测机构应首先承担相关法律责任,再根据分包协议界定,追溯分包方的责任、权利和义务。如由客户或法定管理机构指定分包,检验检测机构应保留相关证据。⑦检验检测机构应保存所有合格分包方名录以及就分包工作而言的相关证据和记录。如:分包合同、申请分包的审批单、分包方的能力调查材料(法人及资质证明、能力范围、人员和设备等资源的相关信息的复印件)和评审记录。⑧检验检测机构不得将法律法规、技术标准等文件禁止分包的项目实施分包。如:国家监督抽查工作不允许分包;司法鉴定中的抽样/取样、鉴定结果的分析和判断以及鉴定意见形成等重要工作不允许分包;机动车检测工作不允许分包。

4. 检验检测机构实施分包的工作流程是什么?

答:检验检测机构对外分包检验项目时,要按照检验检测机构质量管理体系文件的要求进行,整个工作内容包括征求客户意见、申请、分包方能力调查、审批、检验结果利用、报告等环节。

(1)样品受理部门在接受样品时,需要检验的项目属于本检验检测机构认为需要分包的范围时,应征求委托方的意见,委托方同意后方可分包。

(2)检验部门根据分包需求向质量管理部门提出申请,申请内容包括拟分包的检测项目、分包原因、建议分包单位名称及检测能力情况。

(3)质量管理部门根据检验部门提出的建议,向拟分包方索取相关资料,包括分包方的机构法人登记证、检验资质证书和相关项目资质文件的复印件。质量负责人会同质量管理部门和相关检验部门负责人对分包方提供的资料进行审核。

(4)选择分包方时应选择已取得检验检测机构资质认定并有能力完成分包项目的检验检测机构。质量管理部门将分包方的审核资料以及分包意见报技术负责人批准。

(5)组织相关部门与分包方签订分包协议。

(6)样品受理部门在样品检验申请表中注明某个检验项目已分包及分包单位,并负责将样品送(寄)分包方。样品受理部门负责接收分包方出具的检验报告,并通知检验部门进行审核。

(7)检验报告中如果有分包方的检验结果时,要加注"分包"标识,并且注明该检验检测机构的名称和资质认定许可编号。

5.分包项目如何出具检验检测报告或证书?

答:检验检测机构可将分包部分的检验检测数据和结果,由承担分包的另一检验检测机构单独出具检验检测报告或证书,也可将另一检验检测机构的分包结果纳入自身报告或证书,但必须清晰标明分包情况,包括分包项目、承担分包的检验检测机构的名称和资质认定许可编号。如果是"无能力分包",还须注明自身无相应资质认定许可技术能力。

【案例分析】

1.场景描述/问题描述 某药品检验机构接受了客户委托的对注射用甲磺酸加贝酯的检测,但是其不具备注射用甲磺酸加贝酯中"热源"项目的检测能力。该机构将该项目分包给另一具备资质和能力的药品检验机构,并在出具的检测报告中说明"本机构不具备热源的资质,并注明承担分包的另一药品检验机构的名称和资质认定许可编号"。评审组在查验资料时询问分包是否获得了客户同意,机构负责人说:"分包给哪个机构由我们确定,我们有对分包方的评价记录和资格证明文件"。

2.条款判断及原因分析 该机构的做法不符合《检验检测机构资质认

定能力评价　检验检测机构通用要求》(RB/T 214—2017,简称《通用要求》)中4.5.5"分包"的规定:"具体分包的检验检测项目和承担分包项目的检验检测机构应事先取得委托人的同意。"

该机构将不能检测的"热源"项目分包给其他检验检测机构,但未取得客户的同意,这不符合《通用要求》的规定。

3.符合要求的行为和做法及建议

(1)检验检测机构将检测项目分包给其他检测机构时,要按照《通用要求》和程序文件的规定,征得客户同意并留存相关证据后方可实施分包。

(2)检验检测机构应按照《通用要求》的规定制定分包控制程序。

(3)检验检测机构对分包方进行评价,确保分包方取得了资质认定并有能力完成分包的检测项目,并建立合格分包方的目录。

三、采购

检验检测机构应建立和保持选择和购买对检验检测质量有影响的服务和供应品的程序。明确服务、供应品、试剂、消耗材料等的购买、验收、存储的要求,并保存对供应商的评价记录。

1.影响因素　对检验检测质量有影响的服务和供应品,检验检测机构应制定和保持选择和购买的控制程序,对服务、供应品、试剂、消耗材料的购买、接收、存储进行控制,以保证检验检测结果的质量。通常情况下,检验检测机构至少需要采购以下3种类型的产品和服务。

(1)易耗品。易耗品可包括培养基、标准物质、化学试剂、检验检测用水、试剂盒和玻璃容器等。

(2)设备。选择设备时应考虑满足检测、校准或抽样方法的相关要求;对于设备性能不能持续满足要求或不能提供良好售后服务和设备维护的供应商,检验检测机构应考虑更换。

(3)服务。服务一般包括检定或校准,人员培训、运输、维护、维修、保养、环境设施的设计与施工、废物处理等。

2.管控　检验检测机构应结合自身情况,对需要控制的产品和服务进行识别,明确对检验检测质量有影响的服务和供应品的控制范围,并采取有效的控制措施。

3.记录　检验检测机构应明确服务和供应品的采购、验收、储存要求,包括采购申请、采购批准、外观验收、数量验收、技术验收、使用批准、储存方法、储存条件等,并制定切实可行的验收方法及判定标准,形成作业指导书。在投入检测活动前,检验检测机构应对每一批供应品按照标准要求和作业指导书开展验收,结果符合有关检验检测标准规范要求时方可投入使用。检验检测机构应保存采购、验收、储存过程的相关记录。

4.货源管理　所有的试剂和耗材(包括检验检测中用到的溶剂和材料),应达到相应的质量要求。应从经过评估的合格供应商购买试剂和耗材,试剂和耗材应附合格证书。当试剂送至实验室时,应对试剂容器进行包装检查,保证其密封完整。

5.实验用水管理　应把实验用水作为一种特殊的试剂,应满足规定要求的用水等级。贮存实验用水的容器应贴有标签,标明接水日期,检验检测机构应制定实验用水存放有效期的文件。定期验证实验用水的质量,保证不同实验室、不同用途的水符合相应的规范要求。

6.质量管理　检验检测机构应对影响检验检测质量的重要消耗品、供应品、服务的供货单位和服务提供者,依据供应商的资质、提供产品和服务的质量要求、规模、价格、服务满意度、使用者和同行反馈等方面确定综合评价准则,并动态监控、调整和运用这些准则对外部供应商进行评价,如仪器设备供应商、化学试剂供应商、仪器设备检定或校准机构等,并保存这些评价的记录和获批准的合格供试品名单。

7.采购　检验检测机构应从经过批准的供应商中进行采购。

【问答题】

1.检验检测机构一般需要采购哪些产品和服务?

答:通常情况下,检验检测机构至少需要采购以下3种类型的产品和服务。①易耗品:易耗品包括培养基、标准物质、化学试剂、检验检测用水、试剂盒和玻璃容器等。②设备:选择设备时应考虑满足检测、校准或抽样方法的相关要求;对于设备性能不能持续满足要求或不能提供良好售后服务和设备维护的供应商,检验检测机构应考虑更换。③服务:服务一般包括检定/校准,人员培训,运输、维护、维修、保养,环境设施的设计、施工,废物处理等。

2.怎样对仪器设备进行验收?

答:①检查所采购设备的名称、技术指标、数量、包装、说明书等情况,是否与采购申请的技术要求相符合。②安装、调试并正常运行(适用时)。③检定、校准或核查,并对检定或校准结果进行确认。④依据检验检测标准

(方法)的要求进行试验,确认是否满足要求。检验检测机构应保留的验收过程的记录。

【案例分析一】

1. 场景描述/问题描述　评审员在某检验检测机构进行扩项评审时,发现该机构新购置的一台高效液相色谱仪的档案中,"验收"栏中仅有"验收合格"的文字描述和设备生产商的《设备安装记录单》,没有其他验收的技术记录。另外,检测食品中沙门菌、志贺菌所用的培养基也没有验收记录。评审组询问检测室负责人,其答复:"仪器设备是生产商负责安装调试的,已经在采购合同中约定好,安装后能够正常运行,对采购的培养基我们也检查了规格型号和包装,培养基生产商也提供了合格的质控报告,都没有问题。"

2. 条款判断及原因分析　该机构不能提供新购高效液相色谱仪及检测食品中沙门菌、志贺菌所用的培养基的技术验收记录,这不符合《检验检测机构资质认定能力评价　检验检测机构通用要求》(RB/T 214—2017)中4.5.6条款的要求。该机构对4.5.6条款中关于对采购供应品进行验收的要求和目的不明确。验收的目的是保证采购的供应品满足检验检测标准(方法)的要求,检验检测机构应在管理体系文件中明确规定负责验收的部门或岗位,验收的职责、要求、程序、内容和方法等。该机构提供的《设备安装记录单》只能说明仪器设备安装调试后能够正常运行;培养基生产商提供的质控报告,不能说明是否满足检验检测标准(方法)的要求,因此必须经技术验收满足检验检测要求。

3. 符合要求的行为和做法及建议

(1)《通用要求》中4.5.6规定:"检验检测机构应建立和保持选择和购买对检验检测质量有影响的服务和供应品的程序。明确服务、供应品、试剂、消耗材料等的购买、验收、存储的要求……"为保证检验检测的要求,检验检测机构应对采购的仪器设备和供应品依据检验检测标准(方法)进行技术验收。对仪器设备的验收包括:①检查所采购设备的名称、技术指标、数量、包装、说明书等情况,是否与采购申请的技术要求相符合;②安装、调试并正常运行(适用时);③检定/校准或核查,并对检定/校准结果进行确认;④依据检验检测标准(方法)的要求进行试验,确认是否满足要求。检验检测机构应保留以上验收过程的所有记录。

(2)对培养基的验收应依据《食品安全国家标准　食品微生物学检验培

养基和试剂的质量要求》(GB 4789.28—2013)中附录 E《实验室使用商品化培养基和试剂的质量控制标准》,选择相应的标准菌种进行技术验收。检验检测机构应保留并归档以上验收过程中的所有记录,包括培养基名称、质控指标、培养条件、质控菌种、特征反应等。

【案例分析二】

1. 场景描述/问题描述   评审员在对某检测机构进行现场评审时,发现该机构全部仪器设备均选择在当地法定计量检定机构进行检定/校准。当询问该计量检定机构是否具有能力对编号 SQH—0021 的大型专业检测设备进行检定或校准时,检测室的管理人员解释:"是否有能力检定/校准我们不清楚,但我们选择的是法定计量检定机构,所以他们出具的报告和证书肯定符合要求。"经查该检测机构《服务和供应品管理程序》中只对供应商而未对服务商的选择评价做出规定。

2. 条款判断及原因分析   该机构不能提供对本检测机构仪器设备进行检定或校准的供应商评价记录,《服务和供应品管理程序》中未对提供"检定或校准"的供应商(服务商)选择评价做出规定,这不符合《检验检测机构资质认定能力评价   检验检测机构通用要求》(RB/T 214—2017)中 4.5.6 的规定:"检验检测机构应建立和保持选择和购买对检验检测质量有影响的服务和供应品的程序,明确服务、供应品、试剂、消耗材料等的购买、验收、存储的要求,并保存对供应商的评价记录。"

3. 符合要求的行为和做法及建议

(1)按照 4.5.6 的规定,在《服务和供应品管理程序》中补充对提供检定/校准的供应商(服务商)的选择评价要求。

(2)按照《服务和供应品管理程序》的规定,向计量检定或校准机构索取计量检定授权证书及附表(或校准证书及附表),对其是否有资质、有能力为该检验检测机构提供仪器设备的检定或校准服务进行评价,保留评价记录,建立合格供应(服务)商名单。

第十节   服务客户和投诉

一、服务客户

检验检测机构应建立和保持服务客户的程序,包括:保持与客户沟通,对客户进行服务满意度调查、跟踪客户的需求,以及允许客户或其代表合理进入为其检验检测的相关区域观察。

1.定义　客户是指接受产品的组织或个人,包括政府部门、司法机关、认证机构、检查机构、制造商、生产厂、委托人(代理人)、消费者、最终使用者、零售商、采购方。

2.沟通　检验检测机构应与客户沟通,全面了解客户的需求,为客户解答有关检验检测的技术和方法。

3.服务　服务客户不是仅指为客户提供检验检测服务,服务客户强调的是与客户的交流、配合、沟通合作;强调的是检验检测机构应有为客户服务的意识,持续改进对客户的服务是本要求的核心。它体现了以客户为关注焦点的原则,通过沟通与合作,检验检测机构能深入、全面、正确地理解客户的要求,主动为客户服务。这种合作包括:允许客户或其代表合理进入检验检测机构的相关区域直接观察为其进行的检验检测过程;将检验检测过程中的任何延误或主要偏离通知客户;在技术方面指导客户,提出建议以及意见和解释等。与客户或其代表合作的重要前提是确保其他客户的机密不受损害,还要保证人员的人身安全,并且不会对检验检测结果产生不利影响。

4.满意度调查　采用定期对客户进行服务满意度调查、定期召开座谈会或不定期回访、跟踪客户的需求等方式主动征求客户意见并深入分析,提交管理评审用于改进管理体系。客户的反馈意见是检验检测机构识别改进需求的重要信息。向客户征求反馈意见,使用并分析这些意见(无论是正面的还是负面的),有利于改进检验检测机构的整体业绩,可以改进检验检测机构的管理体系,改进检验检测机构的检验检测活动,改进对客户的服务。客户意见反馈的形式包括:客户满意度调查;请进来、走出去,征求客户的意见;也可以与客户一起评价检验检测结果报告。主动为客户服务,允许客户或其代表合理进入检验检测机构的相关区域直接观察与其相关的检验检测,调查客户的满意度,从"过程控制"来说,是一种有效的外部监督,对提高检验检测机构的管理水平和技术能力有很大的促进作用。

二、投诉

检验检测机构应建立和保持处理投诉的程序。明确对投诉的接收、确认、调查和处理职责,跟踪和记录投诉,确保采取适宜的措施,并注重人员的回避。

1.定义　投诉是指任何组织或个人向检验检测机构就其活动表达的不满意,并期望得到回复。这里"投诉"包括任何组织或个人对检验检测机构提供服务的不满意,投诉的内容为检验检测机构的活动或检验检测机构数据和结果。客户或其他方面的投诉可来自各个方面,包括口头投诉、电话投诉、电子邮件投诉、客户满意度调查等。

2.程序　检验检测机构应建立和保持处理投诉的程序,指定责任部门或责任人接待和处理客户的投诉,明确其职责和权利。对客户的每一次投诉,均应按照规定予以处理,相关责任部门及责任人应按规定的职责及工作程序,对投诉进行接收、确认、调查以及采取处理措施,并对所有的处理活动予以记录。投诉可来自客户,也可来自其他方面(如知情者或利益相关方)。客户的投诉不管是书面的还是口头的,不管是直接的还是间接的,实验室都应该接收,而后根据其是否与本实验室负责的实验室活动有关而决定是否受理。

3.分类　投诉可能有两种情况,一种是检验检测机构的责任,也就是说投诉成立或是有效投诉,应立即执行纠正措施程序,调查发生投诉的根本原因,采取纠正或纠正措施,书面通知客户并进行赔偿等。另一种是客户原因,即投诉不成立或无效投诉,也应按规定程序及时受理,与客户充分沟通,了解其投诉的本意和需求,向客户耐心细致解释清楚,并书面答复客户,而且还应进行风险识别,防止潜在不符合的发生。

4.协调　与客户投诉相关的人员、被客户投诉的人员,应采取适当的回避措施,一般不能参加客户投诉的处理工作。对投诉人的回复决定,应由与投诉所涉及的检验检测活动无关的人员做出,包括对该决定的审查和批准。

5.记录管理　检验检测机构应对投诉的处理过程及结果及时形成记录,并按规定全部归档。只要可能,检验检测机构应将投诉处理过程的结果正式通知投诉人。

【问答题】

什么是投诉?

答:投诉是指任何组织或个人向检验检测机构就其活动表达的不满意,并期望得到回复。

第十一节　不符合、纠正和风控措施及改进

一、不符合工作控制

检验检测机构应建立和保持出现不符合工作的处理程序,当检验检测机构活动或结果不符合其自身程序或与客户达成一致的要求时,检验检测机构应实施该程序。该程序应确保:①明确对不符合工作进行管理的责任和权力;②针对风险等级采取措施;③对不符合工作的严重性进行评价,包括对以前结果的影响分析;④对不符合工作的可接受性做出决定;⑤必要时,通知客户并取消工作;⑥规定批准恢复工作的职责;⑦记录所描述的不符合工作和措施。

1.分类　检验检测机构发生不符合一般分为两种情况,一是检验检测过程中发现不满足标准或技术规范的要求或检验检测结果不符合或不满足与客户约定的要求;二是不满足管理体系的要求。

2.分型　检验检测机构应针对不同类型的不符合,分别规定其处理程序及其职责权限。不符合处理程序的内容应包括确定对不符合进行管理的职责和权利,规定当识别出不符合时采取的措施(如暂停工作、扣发报告等)。

3.评价　检验检测机构对不符合工作的严重程度和性质进行评价,一般分为严重、一般和轻微不符合,并评价不符合工作的性质,判定是实施性不符合、效果性不符合还是文件性不符合。

4.信息来源　不符合的信息可能来源于监督员的监督、客户意见、内部审核、管理评审、外部评审、设备的期间核查、结果质量监控、采购的验收、报告的审查、数据的校核等。检验检测机构应关注这些环节,及时发现、处理不符合。当评价表明不符合可能再度发生,或对检验检测机构的运作与其政策和程序的符合性产生怀疑时,应立即执行纠正措施程序。

5.调查　检验检测机构人员发现不符合后,及时与责任人或责任部门负责人充分沟通并确认,责任部门分析问题的根本原因,提出相应的纠正措施的建议并记录。

6.解决方案　当不符合可能影响检验检测数据和结果时,应通知客户,并取消不符合时所产生的相关结果。纠正不符合后,检验检测机构应按规

定的职责批准是否恢复工作。

7.记录　检验检测机构应保存不符合工作处理实施记录。

【问答题】

1.不符合工作的信息来源于哪些环节？

答:不符合的信息可能来源于监督员的监督、客户意见、内部审核、管理评审、外部评审、设备的期间核查、结果质量监控、采购的验收、报告的审查、数据的校核等环节。

2.当发生不符合时应如何处理？

答:(1)当发生不符合时,应实施不符合工作的处理程序,对不符合的严重性和可接受性进行评价。

(2)规定当识别出不符合时所采取的纠正措施,并明确批准恢复被修止工作的责任和权利。

(3)当不符合可能影响检验检测数据和结果时,应及时通知客户,并取消因不符合所产生的相关结果。

(4)当不符合已经影响检验检测工作秩序时,应立即停止检验检测工作,并采取措施予以纠正;当不符合现象已经消除且不再影响检验检测工作质量时,经批准后方可恢复检验检测工作。

(5)当评价结果表明不符合可能再度发生,或对检验检测机构的运作与其政策和程序的符合性产生怀疑时,应立即执行纠正措施程序,并开展原因分析,切实消除不符合发生的根本原因,防止其再度发生。

二、纠正措施、应对风险和机遇的措施和改进

检验检测机构应建立和保持在识别出不符合时,采取纠正措施的程序。检验检测机构应通过实施质量方针、质量目标,应用审核结果、数据分析、纠正措施、管理评审、人员建议、风险评估、能力验证和客户反馈等信息来持续改进管理体系的适宜性、充分性和有效性。

检验检测机构应考虑与检验检测活动有关的风险和机遇,以利于:确保管理体系能够实现其预期结果;把握实现目标的机遇;预防或减少检验检测活动中的不利影响和潜在的失败;实现管理体系改进。检验检测机构应策划:应对这些风险和机遇的措施;如何在管理体系中整合并实施这些措施;如何评价这些措施的有效性。

1.纠正、纠正措施、应对风险和机遇的措施的概念(表2-6)。

表2-6　纠正、纠正措施和风控措施的主要区别

纠正	纠正措施	风控措施
纠正是为消除已发生的不合格所采取的措施。通常以对不合格进行处置的方式实现(如返工、返修等)	为消除已发现的不合格或其他不期望发生情况的原因所采取的措施	为防止潜在不合格发生或降低不合格危害所采取的预先防控措施
是对不合格的一种处置,不分析原因,纠正可连同纠正措施一起实施	为消除现在的不合格分析原因,防止类似问题再次发生所采取的措施	为消除潜在的不合格风险,识别、分析潜在风险,消除或降低风险发生所采取的一套风控措施
被动的措施	被动的措施	主动的措施

(1)纠正是为消除已发现的不合格所采取的措施。纠正可连同纠正措施一起实施。

(2)纠正措施是为消除已发现的不符合或其他不期望发生的情况所采取的措施。

(3)应对风险和机遇的措施是主动识别风险,抓住机遇,为消除潜在不符合所采取的措施。

2.识别机制　检验检测机构应当在识别出不符合、在管理体系发生不符合或在技术运作中出现对政策和程序偏离等情况时,实施纠正措施。

3.相关文件管理　对内、外部发现的不符合应分析原因,找到根本原因并针对根本原因采取措施,纠正措施应编制成文件并加以实施,对纠正措施实施的结果应进行跟踪验证,确保纠正措施的有效性。

4.检验检测机构应考虑与检验检测活动有关的风险和机遇　"基于风险的思维",有助于检验检测机构预防或减少检验检测活动中的不利影响和可能的失败、确保管理体系实现预期结果、把握实现目标的机遇、实现改进结果。检验检测机构应对所处的内外部环境进行分析,进行风险评估和风险处置,识别法律风险、质量责任风险、安全风险和环境风险等,以基于风险的思维对过程和管理体系进行管控,从而有效利用机遇,拓展认定领域,防止发生非预期结果的风险,更好地为客户服务。

5.持续改进 持续改进是指致力于增强满足要求的不断进步,是管理体系有效运行的灵魂和宗旨。持续改进可能是日常渐进式,如在日常监督活动中不断发现体系运行中的问题及时进行改正;也可能是重大突破性改进,如:对管理体系的文件、组织、资源做出重大的调整等。检验检测机构管理体系的改进,不是一劳永逸的,是需要通过周期性改进,随着时间的推移而进化的动态系统。因此检验检测机构应通过实施质量方针、质量目标,应用审核结果、数据分析、纠正措施、管理评审、人员建议、风险评估、能力验证和客户反馈等信息来持续改进管理体系的适宜性、充分性和有效性,同时保留持续改进的证据。

6.纠正措施和风控措施与改进的关系 纠正措施和风控措施是改进的方法、手段和途径,改进是纠正措施和风控措施的目标和方向。

7.评审 检验检测机构应将纠正措施、应对风险和机遇的措施和改进作为管理评审输入。

【问答题】

1.什么是纠正措施?

答:为消除不合格的原因并防止再发生所采取的措施。采取纠正措施是为了防止再度发生,而采取风控措施是为了防止发生。

2.纠正和纠正措施有何区别?

答:纠正是为消除已发现的不合格所采取的措施。纠正措施是为消除不合格的原因并防止再发生所采取的措施,就是所谓的"亡羊补牢"。纠正只能消除当前不合格,不能防止再次发生;纠正措施的目的在于防止问题的再发生。纠正可连同纠正措施一起实施。

3.检验检测机构如何实施纠正措施?

答:检验检测机构应当在识别出不符合、在管理体系发生不符合或在技术运作中出现对政策和程序偏离等情况时,实施纠正措施。

(1)识别问题。管理体系或技术活动中的问题可以通过各种活动来识别,例如监督员的监督、客户意见、内部审核、管理评审、外部评审、设备的期间核查、检验检测结果质量监控、采购的验收、报告的审查、数据的校核或员工的观察等。

(2)原因分析。纠正措施应从确定问题的根本原因开始,原因分析是纠正措施程序中最关键的部分。需仔细分析产生问题的所有潜在原因。潜在原因包括客户要求、样品、方法和程序、环境、员工的技能培训、试剂、消耗材料、标准物质、设备设施等。

（3）纠正措施的选择和实施。需要采取纠正措施时，检验检测机构应对潜在的各种纠正措施进行识别，选择和实施最可能消除问题和防止问题再次发生的措施。纠正措施应与问题的严重程度和风险大小相适用。

（4）纠正措施的验证。检验检测机构应对纠正措施的有效性进行验证，以确保采取的纠正措施是有效的。

4.检验检测机构如何实施应对风险和机遇的措施？

答：可以根据以往的管理评审、内部审核、监督检查、外部评审和能力验证等活动收集的大数据进行分析，也可以针对各个实际操作过程进行风险分析识别、风险分析和评估，寻找应对风险和机遇的措施。

5.检验检测机构需要识别的风险点主要包含哪些内容？

答：检验检测机构应对所处的内、外部环境进行分析，进行风险评估和风险处置，识别法律风险、质量责任风险、安全风险和环境风险等，并由此进行原因分析，加以防范和警示。需要识别的风险点主要包含以下内容。

（1）超能力范围检测。检验检测机构出于各种原因，有超出资质认定管理部门批准的能力范围，出具带资质认定标识的检测报告的风险。

（2）非授权人签字签发检测报告。检验检测机构存在非授权签字人签发检测报告，或授权签字人超越授权范围签发检测报告的风险。

（3）标准变更后未及时办理变更手续。近年来，无论产品标准还是方法标准变更得非常频繁。因此，检验检测机构应随时关注标准变更情况，发现标准变化，及时办理标准变更，以免采用作废标准开展检测而造成检测结果的误判和可能带来的风险。

（4）开展与检验检测工作有利益冲突的活动。某些检验检测机构的经营范围可能包含与检测工作有关联的生产、经营、维修、研发等，如机动车检测场同时经营机动车维修业务，那么维修后的检测可能会潜在地影响其检测结果的公平性和公正性。

（5）设备及环境设施不能满足标准要求。设备及环境设施必须满足检测标准要求，如不满足要求将直接影响数据的准确性，对检测结果和判定有重大影响。设备及环境设施不能满足要求的原因主要有：①未按规定进行量值溯源。部分检验检测机构未按规定将仪器送计量部门进行检定或校准，造成仪器失准。②仪器设备不能满足检验检测要求，性能异常。③环境设施不符合标准要求。

（6）人员风险。①检验检测人员资质不足;②检验检测人员不具备检验检测能力。

（7）试剂风险。①使用未经符合性验证的试剂或耗材;②使用过期、失效的试剂或耗材。

（8）样品风险。①检验检测样品信息与检验检测委托单不符;②样品保存条件不符合等风险。

（9）检测过程质量缺乏有效控制。由于检测过程不规范而产生的检验结论不正确或数据不准确也时有发生,主要表现在:①检测和计算粗心大意。检测工作是一个需要专注的过程,稍有疏忽,就容易造成检测或检测后的数据计算过程中出现差错。一旦出现这种情况,将直接导致检测结果出现差错。②不能发现可疑数据。当检测人员或检测报告的批准人员发现不符合一般规律的可疑数据时,应对数据进行复核,并查清仪器设备是否有问题或检测人员是否操作失误。没有长期训练,检测人员、检测报告审核人员、批准人员是不可能敏感地察觉检测数据可疑的,就存在数据出错的风险。③临界值的处理有偏差。在检测过程中,由于测量不确定度的存在,在判断检测项目的临界值时可能会有偏差。因此,对于有临界值的检测结果,应组织不同检测人员或者对仪器设备进行多次的比对试验,以确保检测结果科学、公正。④对标准理解有偏差。检测是一项很严谨的工作,个别检测人员对于标准的理解和使用不正确也直接影响了检测结果的准确性。⑤对新上岗检测人员缺乏有效监督。个别实验室新进人员仅仅通过短期的培训就上岗开展检测工作。对新上岗人员培训和监督不够,存在新上岗人员缺乏对异常数据敏感性,出现错误的可能性远远超过经验丰富的员工的风险。

（10）原始记录风险。个别检验检测机构检测原始记录不规范及缺少可追溯性,表现以下几个方面:①原始记录内容不全,缺乏相应的信息,无法追溯检验检测过程,原始记录不能起到证据的作用;②原始记录更改不规范;③原始记录数据错误或描述错误。

（11）报告风险。①检测报告编制人员在编制检测报告的过程中,存在因为疏忽出现输入性错误的风险,如标准规定、实测数据、结论判定等文字或数字输入错误而造成误判等问题。②检测报告未审核签字。

【案例分析】

1.场景描述/问题描述　评审员在某检验检测机构进行复查评审时,发现该机构的部分分包项目没有事先取得客户书面同意,且上次现场考核时就提出过该问题,该机构内审中也提到了该问题,但这次复查该问题依然存在。该检验检测机构的管理人员解释:"上次现场考核和今年内审中我们进行了整改,但均不彻底。这次我们一定认真进行整改。"

2.条款判断及原因分析 某机构在上次现场考核中存在的部分分包项目没有事先取得客户书面同意的问题,在今年的内审和此次复查评审中依然存在。该机构的这一做法不符合《检验检测机构资质认定能力评价 检验检测机构通用要求》(RB/T 214—2017)中4.5.10的规定:"检验检测机构应建立和保持在识别出不符合时,采取纠正措施的程序。检验检测机构应通过实施质量方针等信息来持续改进管理体系的适宜性、充分性和有效性。"该检验检测机构的同一不符合能够反复发生,应该是由于产生问题的真正原因没有查明而导致纠正措施屡次无效,问题得不到彻底改正。此外,同一不符合屡改屡犯、整改不彻底的问题,涉及的不只是采取纠正或纠正措施的问题,可能还需要考虑体系文件是否需要改进。该机构应该厘清该不符合是纠正不合适的问题还是管理体系需要改进的问题。

3.符合要求的行为和做法及建议

(1)检验检测机构应该认真进行分析,查明该不符合事实存在的真正原因是体系文件对此无规定的问题、体系文件执行的问题还是体系文件化规定与实际工作要求不匹配的问题,并根据找出的原因采取不同的纠正措施。

(2)若是体系文件对此无规定,则修改体系文件,增加相关内容。

(3)若是体系文件执行的问题,则应加大监督管理力度。

(4)若是体系文件化规定的问题,需要检查文件化规定是否与实际工作偏离,若是则需要修改文件化规定。

第十二节　记录控制

检验检测机构应建立和保持记录管理程序,确保每一项检验检测活动技术记录的信息充分,确保记录的标识、贮存、保护、检索、保留和处置符合要求。

1.记录的定义 记录是阐明所取的结果或提供所完成活动的证据的文件。

2.记录的分类　记录为质量记录和技术记录两类。

(1)质量记录指检验检测机构管理体系活动中的过程和结果的记录,包括合同评审、分包控制、采购、内部审核、管理评审、纠正措施、风险和机遇应对措施记录和投诉等记录。

(2)技术记录指进行检验检测活动的信息记录,包括原始观察、导出数据、环境条件控制、人员、方法确认、设备管理、样品和质量控制等记录,也包括发出的每份报告或证书的副本。

3.记录的要求

(1)每项检验检测活动技术记录应包含充分的信息,该检验检测在尽可能接近原始条件情况下能够重复。技术记录应包括每项检验检测活动和审查数据结果的日期和责任人(包括抽样人员、每项检验检测人员和结果校核人员的签字或等效标识)。

(2)原始的观察结果、数据应在产生时予以记录,不允许补记、追记、重抄。

(3)书面记录形成过程中如有错误,应采用杠改方式,并将改正后的数据填写在杠改处,实施记录改动的人员应在更改处签名或等效标识。确保技术记录的修改可以追溯到前一个版本或原始观察结果。

(4)所有记录的存放条件应有安全保护措施,对电子存储的记录也应采取与书面记录同等措施,并加以保护及备份,防止未经授权的侵入及修改,以避免原始数据的丢失或改动。

(5)记录可存于不同媒体上,包括书面、电子和电磁。

(6)应保存原始的以及修改后的数据和文件,包括更改的日期、标识更改的内容和负责更改的人员。注意这里说的更改日期是针对特定情况下,如计算错误的更改、文字错误的更改需要注明更改日期。原始数据只能当时改,不允许日后更改。

4.记录的作用

(1)记录是检验检测报告满足质量要求和质量活动可追溯的依据。

(2)记录是管理体系是否有效运行的客观证据。

(3)记录为采取纠正和应对风险和机遇的措施及管理体系的持续改进提供重要证据。

5.记录的特性

(1)溯源性。根据所记载的信息可以追溯到检验检测现场的状态。

（2）即时性（原始性）。记录必须当时形成，在工作当时予以记录，不可以事后补记，而且应该是直接测量得到的数据，不是经过计算得到的数据。

（3）充分性（包括人、机、料、法、环、测）。①人员签字或等效标识；②标识设备的名称、编号等信息；③样品的信息；④方法涉及的相关信息，如标准、客户提供的方法名称、编号、年号等；⑤必要的环境信息，如温、湿度、大气压等；⑥核查的信息等。

（4）重现性。通过这份记录，当再次开展检验检测时，能够在接近原有的条件下复现检验检测内容及检验检测结果。

（5）规范性。记录应按照规定要求填写，不能随意修改、涂改，应该杠改，在记录上能体现修改的痕迹，知道原始的记录状态。

6.记录的重要性

（1）证明本机构各项工作开展的证据。

（2）检查、溯源工作过程的主要依据。

（3）本单位内审、管理评审主要对象。

（4）本单位档案管理的主要内容。

（5）外部评审过程中的主要方面。

（6）本单位改进各项工作的证明。

【问答题】

1.检验原始记录应包含哪些内容？

答：检验原始记录应包含如下内容。①样品登记号。②页码，总页数（包括附件）。③检验申请日期。④检验者开始和完成检验的日期。⑤检验者、校对者签名。⑥样品描述。⑦检验标准及样品检验所用方法必要的操作步骤，包括限度。⑧使用设备的型号、编号。⑨用到的所有标准物质的名称、来源、编号、批号等。⑩系统适用性实验结果，如适用。⑪所用试剂、溶剂、色谱柱、薄层板等相关信息。⑫计算公式及所得结果。⑬结果的解释和最终结论（不论样品是否符合标准规定）。⑭其他注释，如内部信息、检验标准和所用判断方法的详细解释、任何偏离。⑮需要时，实验的环境条件，如温、湿度。

2.检验原始记录的基本要求有哪些？

答：①原始性要求。原始记录应体现检测过程的原始性。观察结果和数据应在产生的当时就予以记录，不得事后追记。②可操作要求。制定原始记录文件时,应充分考虑记录的可操作性。通过使用规范的语音文字、检验依据的规范描述语句、合适的数据表格、给每个检测数据留出足够的填写空间等,保证原始记录的可操作性。③真实性要求。原始记录的数据必须是真实的,数据的表述应真实无误地反映测量仪器的输出,包括数值、有效位数、单位,必要时还需要记录测量仪器的误差。④有效性要求。检验检测机构应确保使用的原始记录格式为有效的受控版本。⑤溯源性要求。原始记录中应完整记录检测中各种方法条件,包含足够充分的信息,包括但不限于测试环境信息、测试条件、使用仪器、仪器设置、每项试验测试日期和人员、审核数据的日期和负责人等,确保该检测在尽可能接近原条件的情况下能够重复。⑥完整性要求。原始记录内容是检测报告的重要来源。为了方便检测报告的生成,原始记录内容应完整地体现检测依据、检测目的、检测方法、检测数据和必要的过程数据。

3. 书面记录形成过程中如有错误,为什么要采用杠改方式?

答:采用杠改方式的目的是确保技术记录的修改可以追溯到前一个版本或原始观察结果。

【案例分析】

1. 场景描述　评审组在对某食品检测机构进行资质认定复评审时,抽查了该机构保存的一份检测活动档案,在该档案材料中发现:紫外可见分光度计仪器打印条由于褪色,文字已看不清。

2. 条款判断及原因分析　紫外可见分光度计仪器打印条由于褪色,文字看不清,这不符合《检验检测机构资质认定能力评价　检验检测机构通用要求》(RB/T 214—2017)中 4.5.11"检验检测机构应建立和保持记录管理程序,确保每一项检验检测活动技术记录的信息充分,确保记录的标识、贮存、保护、检索、保留和处置符合要求"的规定。

3. 符合要求的行为及建议　检测活动中由仪器设备直接输出的数据和图谱,应以纸质或电子介质的形式完整保存。对电子介质存储的记录应采取适当措施备份保存,保证可追溯和可读数;当输出数据打印在热敏纸或光敏纸等保存时间较短的介质上时,应同时保存记录的复印件或扫描件。

第十三节　内部审核和管理评审

检验检测机构应建立和保持管理体系内部审核的程序,以便验证其运作是否符合管理体系和本标准的要求,管理体系是否得到有效的实施和保持。

1.内部审核　内部审核通常每年一次,由质量负责人策划内审并制定审核方案。内审员须经过培训,具备相应资格。若资源允许,内审员应独立于被审核的活动。检验检测机构应:①依据有关过程的重要性、对检验检测机构产生影响的变化和以往的审核结果,策划、制定、实施和保持审核方案,审核方案包括频次、方法、职责、策划要求和报告;②规定每次审核的审核要求和范围;③选择审核员并实施审核;④确保将审核结果报告给相关管理者;⑤及时采取适当的纠正和纠正措施;⑥保留形成文件的信息,作为实施审核方案以及审核结果的证据。

(1)内部审核是检验检测机构自行组织的管理体系审核,按照管理体系文件规定,对其管理体系的各个环节组织开展的有计划的、系统的、独立的检查活动,以验证其运作持续符合管理体系的要求。检验检测机构应当编制内部审核控制程序,对内部审核工作的计划、筹备、实施、结果报告、不符合工作的纠正、纠正措施及验证等环节进行合理规范。

(2)检验检测机构的内部审核范围应根据风险评估的结果确定,包括遵守法律法规和检验检测活动的风险评估结果,通常每年进行一次内部审核。

(3)内审的目的:验证检验检测机构的实际运作是否持续符合所建立的管理体系和评审标准的要求,运行是否有效,是否要采取纠正措施和风控及改进措施。

(4)质量负责人负责按照管理层的需要策划和组织内部审核。应制订内部审核计划,在一个周期内对管理体系的全部要素,包括检验检测活动进行审核。内部审核应当覆盖管理体系的所有要素,应当覆盖与管理体系有关的所有部门、所有场所和所有活动。检验检测机构可以依据以下三点进行策划、制定、实施和保持审核方案(审核方案包括目的、范围、频次、方法、职责、策划要求和报告):①有关过程的重要性;②对检验检测机构产生的影响;③以往的审核结果。

（5）内审员应当经过培训,具备资格和能力,熟悉相关法律法规、检验检测业务、通用要求及相应领域的补充要求和自身管理体系要求,接受过审核过程、审核方法和审核技巧等方面的培训,具备编制内部审核检查表、出具不符合项报告的能力。

（6）只要资源允许,内审员应独立于被审核活动,不审核自己所从事的活动或自己承担责任的工作,确保内部审核工作的客观性、独立性。质量负责人的工作应由其他的人员审核,以保持审核的独立性和内部审核的有效性。

（7）内部审核发现问题应采取纠正、纠正措施。检验检测机构应该识别法律风险、质量责任风险、安全风险和环境风险等,以基于风险的思维对过程和管理体系进行管控,从而有效利用机遇,防止发生非预期结果的风险。消除或减小风险,利用机遇,抓住机遇拓展认定领域,更好地为客户服务。

（8）内部审核过程及其采取的纠正、纠正措施、应对风险和机遇的措施等,均应予以记录。内部审核记录应清晰、完整、客观、准确。应对纠正措施的实施情况及纠正措施的有效性进行跟踪验证并记录。

（9）由外部组织的审核,如由客户或其他机构进行的审核或评审不能替代内部审核。内部审核作为管理评审的输入。

【问答题】

1. 什么是内部审核?

答:内部审核是检验检测机构自行组织或以检验检测机构的名义进行,以确定管理体系满足内部审核准则的程度所进行的系统的、独立的并形成文件的过程。

2. 内部审核的目的是什么?

答:内部审核的目的是验证管理体系的运行和检验检测活动是否符合自身管理体系要求、通用要求及相应领域的补充要求,以及管理体系是否得到有效的实施和保持。

3. 内部审核的范围是什么?

答:检验检测机构的内部审核范围应根据风险评估的结果确定,包括遵守法律法规和检验检测活动的风险评估结果。每个年度的内部审核应覆盖体系的所有要素、覆盖与管理体系有关的所有部门、所有场所和所有活动。多分支检验检测机构,内部审核必须包括其所有分支机构。需要时可安排临时的附加审核。例如:在遭遇突发性事件(重大安全或质量事故、重大投诉等)时,或在扩项、改版、场地变更、机构变更等重大变更时可安排临时的附加审核。

4.内部审核由谁负责?

答:内部审核由质量负责人策划内审并制定审核方案。质量负责人在管理体系中的职责是确保管理体系得到实施和保持,内部审核是其履行职责的有效方法。

5.内审员应具备的资格和能力是什么?

答:内审员应当经过培训,具备资格和能力,熟悉相关法律法规、检验检测业务、通用要求及相应领域的补充要求和自身管理体系要求,接受过审核过程、审核方法和审核技巧等方面的培训,具备编制内部审核检查表、出具不符合项报告的能力。

2.管理评审　检验检测机构应建立和保持管理评审的程序。管理评审通常12个月1次,由管理层负责。管理层应确保管理评审后,得出的相应变更或改进措施予以实施,确保管理体系的适宜性、充分性和有效性。应保留管理评审的记录(表2-7)。

表2-7　内部审核和管理评审比较

	内部审核	管理评审
目的	验证管理体系运行的持续符合性和有效性,找出不符合项并采取纠正措施	评价管理体系现状,持续适应性、有效性、充分性,并进行必要的改进
依据	①机构的管理体系文件;②管理体系建立的依据;③国家法律法规和相关行政规章	内审结果、顾客的期望、管理部门的要求以及内部、社会、市场的变化与需求等
对象	体系内所有部门、人员和要求(过程)	管理体系12个月运行情况(15项输入)
组织者	质量负责人领导,内审组现场实施	管理层主持,质量部门协助组织
执行者	与被审核领域无直接关系的内审员	技术管理层、各部门负责人、质量管理人
方法	由内审员按规定的程序对体系所涉及的部门、活动进行现场审核,收集符合或不符合的客观证据	由管理层召集会议,研究来自内审、外审、顾客、能力验证等各方面的信息,解决体系适用性、充分性和有效性方面的问题

续表 2-7

	内部审核	管理评审
输出内容	①评价管理体系文件及运行的符合性和有效性；②对确认的不合格项，由被审核方提出并实施纠正措施；③内审员跟踪验证纠正措施完成情况，关闭不合格项	①评价体系有效性、适宜性、充分性，找出改进措施；②符合本标准要求的改进；③资源配置；④对管理体系的变更
时机	每年至少 1 次	12 个月 1 次
关系	内审是管理评审输入的重要内容之一	内审是管理评审输入的重要内容之一

　　管理评审输入应包括以下信息：①检验检测机构相关的内外部因素的变化；②目标的可行性；③政策和程序的适用性；④以往管理评审所采取措施的情况；⑤近期内部审核的结果；⑥纠正措施；⑦由外部机构进行的评审；⑧工作量和工作类型的变化或检验检测机构活动范围的变化；⑨客户和员工的反馈；⑩投诉；⑪实施改进的有效性；⑫资源配备的合理性；⑬风险识别的可控性；⑭结果质量的保障性；⑮其他相关因素，如监督活动和培训。管理评审输出应包括以下内容：①管理体系及其过程的有效性；②符合本标准要求的改进；③提供所需的资源；④变更的需求。

　　（1）检验检测机构应建立和保持管理评审的程序。检验检测机构的管理层应按策划的时间间隔组织管理评审，管理评审通常 12 个月一次，由管理层负责。以对检验检测机构建立的管理体系的适宜性、充分性、有效性、是否能够保证质量方针和目标的实现进行评价，确保检验检测机构管理体系不断改进、持续有效地运行。

　　（2）管理评审目的。证实和确保管理体系持续的适宜性、充分性、有效性，为管理体系持续改进提供依据。适宜性是指管理体系适应内、外部环境变化的能力；充分性是指管理体系满足市场、客户需求和期望的能力；有效性是指管理体系运行的结果与所设定的质量目标的实现程度。

　　（3）管理评审输入应包括但不限于以下信息

　　1）检验检测机构相关的内外部因素的变化：内部每年人员的变动；设备设施的更新；产品的升级换代；新方法的更替；外部环境的变化；新的法律法规的颁布，如《检验检测机构资质认定能力评价　检验检测机构通用要求》

（RB/T 214—2017）的实施和《检验检测机构资质认定管理办法》的修订；新的标准代替旧标准以及新标准的实施等。

2）以往管理评审所采取措施的情况：这里主要是指关注以往管理评审所采取措施还没有完成的情况，这些管理评审的输出所采取措施需要作为下一年度管理评审输入。

3）风险识别的可控性：检验检测机构的管理层应预先识别风险，管理风险，使风险消除或降低至可控制范围内。

（4）管理层应确保管理评审输出的实施。

（5）检验检测机构应当对评审结果形成评审报告，对提出的相应变更或改进措施，管理层应确保负有管理职责的部门或岗位人员启动有关工作程序，在规定的时间内完成改进工作，并对改进结果进行跟踪验证，确保管理体系的适宜性、充分性和有效性。

（6）应保留管理评审的记录。

【问答题】

管理评审多长时间进行 1 次，由谁负责？

答：管理评审通常 12 个月 1 次，由管理层负责。

【案例分析】

1. 场景描述/问题描述　评审组在对某检测机构进行资质认定复评审时，抽查了该机构的管理评审记录，发现该机构的"管理评审输出未包含资源需求"。

2. 条款判断及原因分析　管理评审输出未包含资源需求，这不符合《检验检测机构资质认定能力评价　检验检测机构通用要求》（RB/T 214—2017）中 4.5.13 的规定："管理评审输出应包括以下内容，①管理体系及其过程的有效性；②符合本标准要求的改进；③提供所需的资源；④变更的需求"。

3. 符合要求的行为和做法及建议　检验检测机构应针对管理评审中存在的问题，实施必要改进，提供必要的资源。提供的资源应该与实际工作量相适应，应实事求是地配置。

第十四节　方法和数据信息管理

检验检测机构应建立和保持检验检测方法控制程序。

1.方法的选择、验证和确认　检验检测方法包括标准方法、非标准方法（含自制方法）。应优先使用标准方法，并确保使用标准的有效版本。在使用标准方法前，应进行验证。在使用非标准方法（含自制方法）前，应进行确认。检验检测机构应跟踪方法的变化，并重新进行验证或确认。必要时，检验检测机构应制定作业指导书。如确需方法偏离，应有文件规定，经技术判断和批准，并征得客户同意。当客户建议的方法不适合或已过期时，应通知客户。

非标准方法（含自制方法）的使用，应事先征得客户同意，并告知客户相关方法可能存在的风险。需要时，检验检测机构应建立和保持开发自制方法控制程序，自制方法应经确认。检验检测机构应记录作为确认证据的信息、使用的确认程序、规定的要求、方法性能特征的确定、获得的结果和描述该方法满足预期用途的有效性声明。

（1）检验检测方法是检验检测机构实施项目检测的技术依据，是检测机构的四大核心技术之一。四大核心技术是：①检测方法，方法验证、确认、偏离方法判断技术；②检测结果的计量溯源技术；③确保结果的有效性（质量控制与质量保证）技术；④测量不确定度评定、表示及其应用技术（例如证明结果有效性、在结果符合性判定中的应用等）。

（2）检验检测机构应建立和保持检验检测方法控制程序。检验检测机构应使用适合的方法（包括抽样方法）或程序进行检验检测，适当时，还应包括测量不确定的评定和分析检测数据的统计技术。该方法应满足客户需求，也应是检验检测机构获得资质认定许可的方法。

（3）检验检测机构应采取满足客户需求并适用与样品的检验检测方法，包括抽样方法。应优先采用国家法定标准方法，也可采用区域组织或国际标准方法，检验检测机构应确保使用标准的最新有效版本。

（4）检验检测机构应根据需要，制定并执行相关设备的操作规程及检验检测的操作规范。

（5）检验检测方法包括标准方法和非标准方法，非标准方法包含检验检测机构自制方法。

(6)当客户指定的方法是企业的方法时,则不能直接作为资质认定许可的方法,只有经过检验检测机构转换为其自身的方法并经确认后,方可申请检验检测机构资质认定。

(7)检验检测机构在初次使用标准方法前,应验证能够正确地运用这些标准方法。如果标准方法发生了变化,应重新予以验证,并提供相关证明材料。

(8)检验检测机构在使用非标准方法前应进行确认,以确保该方法适用于预期的用途,并提供相关证明材料。如果方法发生了变化,应重新予以确认,并提供相关证明材料。确认通常是技术可行性、成本和风险的一种平衡。

(9)如果标准、规范、方法不能被操作人员直接使用,或其内容不便于理解,规定不够简明或缺少足够的信息,或方法中有可选择的步骤,会在方法运用时造成因人而异,可能影响检验检测数据和结果正确性时,则应制定作业指导书(含附加细则或补充文件)。

(10)偏离指一定的允许范围、一定的数量和一定的时间段等条件下的书面许可。检验检测机构应建立允许偏离方法的文件规定。不应将非标准方法作为方法偏离处理。

(11)当客户建议的方法不适合或已过期时,应通知客户。如果客户坚持使用不适合或已过期的方法时,检验检测机构应在委托合同和结果报告中予以说明,应在结果报告中明确该方法获得资质认定的情况。

(12)检验检测机构应制定程序规范自己制定的检验检测方法的设计开发、资源配置、人员、职责和权限、输入与输出等过程,自己制定的方法必须经确认后使用,确认记录包括:使用的确认程序、规定的要求、方法性能特征的确定、获得的结果和描述该方法满足预期用途的有效性声明等。在方法制定过程中,需进行定期评审,以验证客户的需求能得到满足。使用自制方法完成客户任务时,需事前征得客户同意,并告知客户可能存在的风险。

(13)国务院行业部门以文件、技术规范等形式发布的方法也可作为资质认定的方法。在使用前应经过验证方可使用,验证应有记录。

1)方法分类。标准方法包括:①国内标准,由国内标准化组织或机构发布的标准,如国家标准、行业标准、团体标准、地方标准;②国际标准,由国际标准化组织发布的标准,如 ISO、IEC 等;③区域标准,由国际区域标准化组织发布的标准,如欧洲标准化委员会(CEN)、东盟等;④国外标准,由他国标准化组织发布的标准,如 ANSI、DIN、BSI 等;⑤国务院行业部门以文件、技术规范等形式发布的方法也可作为资质认定的方法。非标方法:①国内/国际/区域/国外标准可以作为资质认定项目;②只有经过检验检测机构转换为其自身的方法并经确认后,方可申请检验检测机构资质认定。如企业标准方法,只有转换为机构非标方法才能申请资质认定。

2)方法的实施:①对检验检测方法按"受控文件"管理;②标准方法使用前应经过验证(之前叫证实)后才能使用,证实应有记录;在引入标准方法前,应从"人""机""料""法""环""测"等方面,证实有能力满足标准方法的要求。根据不同行业检验检测规范要求,标准方法验证项目可包括但不限于:测量范围、准确度、检出限、定量限、线性和重复性等。③检验检测机构制定(非标)的或采用其他非标方法,应先经过确认(方法的研制、技术评审、能力验证、适用预期用途),再经证实后方可使用,且需保留确认和验证记录。可用以下一种或多种技术方法确认:①使用参考标准或标准物质进行校准或评估偏倚和精密度;②对影响结果的因素进行系统性评审;③通过改变受控参数(如培养箱温度、加样体积等)来检验方法的稳健度;④与其他已确认的方法进行结果比对;⑤实验室间比对;⑥根据对方法原理的理解以及抽样或检测方法的实践经验,评定结果的测量不确定度;⑦标准方法变更应重新验证,非标准方法变更后重新确认并有相应记录;⑧确保使用最新有效版本并定期进行查新。

(2)作业指导书　指对有关任务如何实施和记录的详细描述,是用于指导某个具体过程、描述事物形成的技术性细节的可操作性的文件。只有当缺少指导书可能影响检验检测结果时,才有必要编制指导书。作业指导书分类:①方法类,如检测规范的实施细则或补充文件、现场采样、比对试验等;②设备类,如设备的使用操作规程、设备的期间核查规程等;③样品类,如样品的准备、制备、处置规则等;④数据类,如数据有效位数的确定、数字修约、异常值的剔除、数据计算与统计、结果的不确定度评定等。

(3)方法偏离

1)对方法的任何偏离必须以不得影响结果准确性为前提。强制性标准不允许偏离。允许偏离的 4 个条件:文件规定、技术验证、授权人批准、客户同意。实施方法偏离时,保留记录(表2-8)。

表2-8   验证、确认、偏离的比较

	对象	目的	方法	时限
验证	标准方法	是否有能力按标准方法开展检测校准工作	从"人机料法环测"去验证	使用前
确认	非标准方法	能否使用	用6种方法来确认	在转化为标准方法前
偏离	标准方法;非标准方法	临时需要、非常态	技术判断,三个一定(一定的误差范围内、一定的数量、一定的时间段)	偏离后仍需回归常态

2)技术偏离种类举例:①抽样方式、数量、比例改变;②试样前处理方法、过程改变(恒温恒湿);③数据传输、处理、计算方法改变(由人工改为计算机);④超出原标准适用范围(如用检测化工品中重金属含量的标准来检测食品中重金属含量)。

3)非标方法不是方法偏离:偏离指一定的允许范围、一定的数量和一定的时间段等条件下的书面许可。检验检测机构应建立允许偏离方法的文件规定。不应将非标准方法作为方法偏离处理。

4)标准或者方法变更。已经资质认定的检验检测标准发生变化,申请变更时,如涉及新增仪器设备、检验检测方法等,需按照扩项办理。如不涉及实际检验检测能力变化,机构可自我声明具备按照新标准开展检验检测活动的能力,将标准变更备案表,提交资质认定部门即可,无须组织技术专家确认,直接批准。

【问答题】

1.如何验证标准方法?

答:验证标准方法时是要从人、机、料、法、环、测6个方面去验证。①人员:机构是否具有能够完成整个检测过程的技术人员。有特殊要求的行业,人员是否能够满足行业特殊要求的规定。人员的培训和人员能力的确认以及授权情况。②设备符合性:设备的量程、准确度及其设备检定/校准后的符合性核查。③样品:检查样品的符合性。④核查方法适用性、作业指导书的编制(适用时)。⑤环境:检测面积是否能够满足检测需求;当申请的检测项目有环境要求时,环境是否能够有效控制,布局是否合理。⑥测量:包括样品的测试、原始记录的校核、报告的审核、最终结果的批准等。

验证是指提供客观证据证明给定项目满足规定要求。验证的目的是确定检验检测机构有无能力使用该方法。检验检测机构在引入检测或校准方法之前,应对其能否正确运用这些标准方法的能力进行验证。验证不仅需要识别相应的人员、方法、设施和环境、设备等,还应通过试验证明结果的准确性和可靠性,如精密度、线性范围、检出限和定量限等方法特性指标,必要时应进行实验室间比对,以证明检验检测机构有能力按照标准方法检测。

2. "人""机""料""法""环""测"的内涵是什么?

答:"人"是指人员,包括各类人员;"机"是指仪器设备(包括测量仪器、软件、测量标准、标准物质、参考数据、试剂、消耗品、辅助设备或相应组合装置);"料"是指样品;"法"是指方法(包括标准方法、非标准方法等);"环境"是指检测环境;"测"是指测量,包括样品的测试、原始记录的校核、报告的审核、最终结果的批准等。

3. 已经取得资质认定的标准或者方法如何办理变更?

答:(1)如果涉及标准方法变更时,应重新对检测方法进行验证。标准变更验证应包括以下内容:①新旧标准的差异分析;②执行新标准所需人员的评价,必要时进行培训,经考核、确认后授权上岗;③现有仪器设备的适用性以及校准方法的评价,必要时补充相应仪器设备或重新校准;④环境条件的评审,必要时增添设施;⑤原始记录表格和报告格式的评审,必要时要进行修订。

(2)对于只是标准的代号或年号变更,其检验方法、技术指标或参数没有变化的,原已通过的认证项目,只需将标准名称和代号用文字说明统一汇总后,到资质认定管理部门办理标准变更手续,填写《计量认证检测标准变更备案审批表》,报实验室资质认定管理部门办理标准变更手续。

(3)当不仅标准年号发生变化,而且检验方法、技术指标或技术参数也随之提高时,实验室必须配备新的相应仪器设备才能满足标准要求,或人员须经过培训才能操作仪器设备,这属于检测性质发生变化。此时,检验检测机构应申请扩项评审,接受检验检测机构资质认定部门组织的评审,经评审组现场确认后,由发证机关发放新的项目附表。

4. 检验检测机构什么情况下应制定作业指导书?

答:如果标准、规范、方法不能被操作人员直接使用,或其内容不便于理解,规定不够简明或缺少足够的信息,或方法中有可选择的步骤,会在方法运用时造成因人而异,可能影响检验检测数据和结果正确性时,则应制定作业指导书。

5.什么情况下可以方法偏离?

答:偏离指一定的允许范围、一定的数量和一定的时间段等条件下的书面许可。检验检测机构应建立允许偏离方法的文件规定。在有文件规定,经技术判断和批准,并征得客户同意后可以偏离。

6.检验方法使用的原则是什么?

答:检验检测机构应采取满足客户需求并适用于样品的检验检测方法,包括抽样方法。应优先采用国家法定标准方法,也可采用区域组织或国际标准方法,检验检测机构应确保使用标准的最新有效版本。非标准方法仅限于特定委托方的委托检测,检验检测机构应对方法进行审核,当客户建议的方法不适合或已过期时,应通知客户。

选择检验方法时,还应考虑检验方法的准确性、特异性、实用性、稳定性、检出限和定量限、检验检测机构自身条件(人员情况、仪器设备、环境设施等)以及试剂耗材情况。

【案例分析一】

1.场景描述/问题描述　评审员在对某检验检测机构现场评审时,发现编号为20220510的检测报告所依据的检测标准GB××××—2022是刚刚实施的最新有效版本(替代GB××××—2016),而在检测室看到新版标准文本上并无受控标识,也不能提供该标准的方法验证材料。

2.条款判断及原因分析　该机构检测人员使用的GB××××—2022(替代GB××××—2016),文本既未受控,也不能提供该标准的方法验证材料,这种做法:①不符合《检验检测机构资质认定能力评价　检验检测机构通用要求》(RB/T 214—2017)4.5.14"方法的选择、验证和确认"中"检验检测机构应跟踪方法的变化,并重新进行验证或确认"的要求。②不符合4.5.3"文件控制"中"检验检测机构应建立和保持控制其管理体系的内部和外部文件的程序,明确文件的标识、批准、发布、变更和废止,防止使用无效、作废的文件"的要求。

3.符合要求的行为和做法及建议

(1)按照4.5.14的规定对新实施的检测标准方法进行验证并保留相关证实材料。

（2）按照4.5.3的规定对新实施的标准文本进行受控管理,加盖受控标识后予以发放,同时收回旧标准文本或加盖作废标识。

（3）检验检测机构所使用的标准(方法)发生变更时应向资质认定管理部门申请办理变更手续。

【案例分析二】

1.场景描述/问题描述 某检验检测机构在接受评审时被发现方法验证报告未对人、机、料、法、环等方面进行全面验证,具体为缺少人员培训考核确认信息、原始记录缺少样品制备信息、未对环境设施条件进行验证,故被判定为不符合项。

2.条款判断及原因分析 该机构不符合检验检测机构资质认定能力评价 检验检测机构通用要求》(RB/T 214—2017)中4.5.14"方法的选择、验证和确认"的规定。RB/T 214—2017中4.5.14规定:"检验检测机构应建立和保持检验检测方法控制程序。检验检测方法包括标准方法、非标准方法(含自制方法)。应优先使用标准方法,并确使用标准的有效版本。在使用标准方法前,应进行验证。使用非标准方法(含自制方法)前,应进行确认。"RB/T 214—2017中4.5.14明确规定了检验检测机构在使用标准方法前应验证能够正确地运用这些标准方法;在使用非标准方法(简称"非标方法")前应进行确认,以确保该方法适用于预期的用途;在标准方法发生了变化时,应重新予以验证,并提供相关证明材料。方法的验证和确认过程应覆盖全面,以满足标准要求、预定用途或应用领域的需要。检验检测机构应对人、机、料、法、环等方面进行全面证实,准确识别人员、环境设施、仪器设备、试验材料等技术能力是否满足要求并提供客观证据。此外,还应通过试验证明结果的准确性和可靠性,如精密度、线性范围、检出限和定量限等方法特性指标,必要时应进行实验室间比对,以证明实验室能够正确使用该标准实施检测过程。验证或确认的过程和结果应详细记录,内容可包括所获得的结果、使用的确认程序以及适合预期用途的声明,所有资料应归档保管。验证或确认的记录可以采取验证报告或确认报告的形式提供。

3.符合要求的行为和做法及建议

（1）方法的分类。标准方法:指已发布的国际标准、区域标准、国家标准、行业标准(包括强制性和推荐性标准)、地方标准、规程、规范等,包括抽样方法。非标方法:指知名的技术组织或有关科学书刊公布的方法、设备制造商指定的方法、实验室制定的方法、企业标准等。

（2）方法的选择。实验室应采用满足客户需要并适用于所进行的检测的方法，包括抽样的方法：优先使用国际标准、国家标准、行业标准发布的方法，且确保用标准的最新有效版本；若没有合适的标准方法，应选择经确认的非标方法。

（3）立项准备

1）确定立项的检验检测项目/参数及方法标准名称代号、立项理由。

2）提出资源配置：包括投资预算、人员素质要求、人员培训需求、环境设施条件、现有设备能力和需购置设备的技术特性及溯源要求、试验材料等。

3）项目准备，主要包括：①确认标准的有效性，学习并掌握标准方法、设备操作、抽（采）样技术规程，必要时编制作业指导书；②进行人员培训、上岗考核、项目授权等；③设备和标物购置及安装、调试、溯源及结果确认；④环境设施条件配置；⑤编制原始记录表格和检测报告格式，经批准后实施。

4）运行试验：按标准要求进行完整模拟检测，出具完整结果报告。

（4）编制验证或确认报告

1）项目基本信息：检测项目参数名称、检测方法依据的标准，标准有效性的确认结果。

2）环境设施条件：满足检测要求的确认，如温、湿度、洁净度、生物安全设施、通风、安全设施及有关特殊要求等。

3）仪器设备（标准物质）：技术参数、测量范围、准确度等满足检测要求，溯源结果确认满足检测要求。

4）仪器设备、标准物质、试验材料等的供应商评价满足要求。

5）确认人员经培训、上岗考核合格并授权，满足要求。

6）原始记录及报告信息完整，检测结果准确可追溯。

7）参加能力验证、实验室间比对结果的评价结果。

8）内部质量监控结果的评价结果。

9）方法特性的确认：有关测量结果的不确定度、检出限、方法的选择性、线性、重复性和（或）复现性、抵御外来影响的稳健度和（或）来自样品（或测试物）基体干扰交互灵敏度的试验结果报告。

（5）项目评估。根据运行情况，对人、机、料、法、环、测、比对结果、原始记录、证书报告等进行综合评价并给出通过与否的结论。在验证或确认方法确实可行后，方可投入使用。

(6)方法验证或确认的技术。实验室可采用以下一种方法进行,也可采用几种方法组合完成。①使用标准物质(参考物质)进行校。②与其他标准方法所得结果进行多次比较。③实验室间的比对实验。④对影响结果的因素进行系统的评审。⑤科学分析,对所得结果不确定度进行评定。

(7)方法标准内容发生变化的证实和确认。方法标准的内容发生变化时,应重新进行证实,程序可适当简化。对于只是标准的代号或年号变更,其检验方法、技术指标或参数没有变化的、原已通过的认证项目,只需将标准名称和代号用文字说明统一汇总后,到资质认定管理部门办理标准变更手续,填写《计量认证检测标准变更备案审批表》,报检验检测机构资质认定管理部门办理标准变更手续。

当不仅标准年号发生变化,而且检验方法、技术指标或技术参数也随之提高时,实验室必须配备新的相应仪器设备才能满足标准要求,或人员须经过培训才能操作仪器设备,这是检测性质发生变化。此时,实验室应申请扩项评审,接受实验室资质认定管理评审部门组织的评审,经评审组现场确认后,由发证机关发放新的项目附表。如果涉及标准方法换版时,应重新对检测方法进行验证及确认。标准变更验证及确认应包括:①新旧标准的差异分析;②执行新标准所需人员的评价,必要时进行培训,经考核、确认后授权上岗;③现有仪器设备的适用性以及校准方法的评价,必要时补充相应仪器设备或重新校准;④环境条件的评审,必要时增添设施;⑤原始记录表格和报告格式的评审,必要时要进行修订。

对换版后的标准方法经上述各方面验证及确认后,条件均能满足要求,方可按照该标准方法实施投入检测使用。

2.测量不确定度　检验检测机构应根据需要建立和保持应用评定测量不确定度的程序。

检验检测项目中有测量不确定度的要求时,检验检测机构应建立和保持应用评定测量不确定度的程序,检验检测机构应建立相应数学模型,给出相应检验检测能力的评定测量不确定度案例。检验检测机构可在检验检测出现临界值、内部质量控制或客户有要求时,报告测量不确定度。

(1)在检验检测机构申请资质认定的检验检测项目中,当相关检验检测方法有测量不确定度的要求时,应建立和保持应用评定测量不确定度的程序。

(2)建立相应检验检测能力评定测量不确定度数学模型,给出相应检验检测能力的评定测量不确定度案例。

（3）当客户有要求时，或内部质控有要求时，或当不确定度与检测结果的有效性或应用有关，或当不确定度影响规范限度的符合性，或当检验检测方法中有规定时，或当管理部门有要求时，应在检验检测报告中给出测量不确定度。

（4）当客户要求出具的检验检测报告中包含对标准或规范的符合性声明（如合格或不合格）时，检验检测机构应按 RB/T 214—2017 中 4.5.4 的要求，制定相应的判定规则；若标准或规范中不包含判定规则内容，检验检测机构选择判定规则时应与客户沟通并得到同意。

（5）当检验检测方法中无测量不确定度的要求或客户没有提出测量不确定要求时，检验检测报告可以不报告测量不确定度。但若检测结果出现临界值或不确定度影响对结果符合性的判定时，检验检测机构应考虑测量不确定度带来的影响（即考虑判定规则）后再出具检验检测报告。

【问答题】

1. 什么是测量不确定度？

答：测量不确定度是根据所用到的信息，表征被测量值分散性的非负参数。

（1）测量不确定度包括由系统影响引起的分量，如与修正量和测量标准所赋量值有关的分量及定义的不确定度。有时对估计的系统影响未做修正，而是当作不确定度分量处理。

（2）此参数可以是标准测量不确定度的标准偏差（或其特定倍数），或是说明了包含概率的区间半宽度。

（3）测量不确定度一般由若干分量组成。其中一些分量可根据一系列测量值的统计分布，按测量不确定度的 A 类评定进行评定，并可用标准差表征。而另一些分量则可根据基于经验或其他信息所获得的概率密度函数，按测量不确定度的 B 类评定进行评定，也用标准偏差表征。

（4）通常，对于一组给定的信息，测量不确定度是相应于所赋予被测量的值的。该值的改变将导致相应的不确定度的改变。

2. 什么情况下，需要报告测量不确定度？

答：检验检测机构可在检验检测出现临界值、内部质量控制或客户有要求时，报告测量不确定度。

3. 数据信息管理　检验检测机构应获得检验检测活动所需的数据和信息,并对其信息管理系统进行有效管理。检验检测机构应对计算和数据转移进行系统和适当地检查。当利用计算机或自动化设备对检验检测数据进行采集、处理、记录、报告、存储或检索时,检验检测机构应:①将自行开发的计算机软件形成文件,使用前确认其适用性,并进行定期确认、改变或升级后再次确认,应保留确认记录;②建立和保持数据完整性、正确性和保密性的保护程序;③定期维护计算机和自动设备,保持其功能正常。

(1)检验检测机构应建立数据信息管理程序。应有措施保证在利用计算机或自动化设备对检验检测数据进行采集、传送、处理过程中电子数据的完整性、正确性和保密性:①操作人员应实行专职制;②硬盘应有备份、定期刻录和电子签名制度;③软件应有不同等级的密码保护;④提供必需的环境和运行条件;防止病毒感染;⑤标识、维护计算机或自动化设备。

(2)对于计算机、自动化检测设备,采集、处理、记录、报告、存储或检索时,检验检测机构应保证使用者开发的计算机软件有详细的文件证明或者适当的验证以确认其使用,应保留确认记录。

(3)应维护计算机、自动化检测设备,保证其功能正常,应提供满足要求的环境来保证检测工作正常进行。

(4)应对计算和数据转移公式进行适当的系统检查或验证。通用的商业现成软件(如文字处理、数据库和统计程序),在其设计的应用范围内可认为是经充分确认的,但检验检测机构对软件进行配置或调整,则应按新软件进行验证。

(5)应定期对电子数据进行备份。备份应存储在不同的介质上,尽可能异地存放。备份的数据应便于获取且存放安全,防止数据丢失。

(6)当数据修约时,正确使用修约标准《数据修约规则与极限数值的表示和判定》(GB/T 8170)规定的方法。

(7)检验检测机构应有确保电子记录、电子数据安全的措施。鼓励检验检测机构建立和使用电子信息管理系统。

第十五节   样品管理

检验检测机构为后续的检验检测,需要对物质、材料或产品进行抽样时,应建立和保持抽样控制程序。

1. 抽样

抽样计划应根据适当的统计方法制定,抽样应确保检验检测结果的有效性。当客户对抽样程序有偏离的要求时,应予以详细记录,同时告知相关人员。如果客户要求的偏离影响检验检测结果,应在报告、证书中做出声明。

(1)抽样是从总体(样品全体)中随机抽取若干个体(样品)构成样品的过程。抽样的基本原则是其代表性和随机性。与进行整体调查或 100% 检验相比,适宜的抽样能够大大地节约时间、资金和人力。抽样过程应基于有效的统计学方法。抽样检测是风险检测,应将风险降低到最低程度。资质认定不允许单纯从事抽样活动的机构申请认定。

(2)检验检测机构需要到现场抽样时,应有抽样控制程序。抽样程序应对抽取样品的选择、抽样计划、提取和制备进行描述,以提供所需的信息。抽样计划和程序在抽样的地点应能够得到。抽样前,应根据适当的统计方法合理制订抽样计划或者抽样方案,分析抽样对检验检测结果的影响,并培训抽样人员。

(3)现场抽样时,有至少 2 名人员执行抽样。抽样过程应注意需要控制的条件,以确保检验检测结果的有效性。应记录所用的抽样程序、抽样人、环境条件、必要时有抽样位置的图示或其他等效方法。

(4)当客户对已有文件规定的抽样程序进行添加、删减或有所偏离时,这些要求应与相关抽样资料一起被详细记录,并纳入检验检测结果的所有文件中,同时告知相关人员。如果客户要求的偏离影响检验检测结果,应在报告、证书中做出声明。客户要求的偏离不应影响检验检测机构的诚信和结果的有效性。

(5)某些检验检测专业或检验检测项目对于抽样有较高或特殊要求的,或有关抽样的方法不够细化或明确的,应制定作业指导书。

(6)如果检验检测机构不直接负责抽样,接收的是委托抽样,或不能保证样品的真实、代表性,应声明"本结果仅与被检验检测物品有关"。

【问答题】

抽样的基本原则是什么?

答:抽样的基本原则是其代表性;而从抽样的过程来看,还应注意随机性。代表性反映样本与批质量的接近程度,而随机性反映检查批中单位产品被抽入样本纯属随机因素所决定。

2.样品处置 检验检测机构应建立和保持样品管理程序,以保护样品的完整性并为客户保密。检验检测机构应有样品的标识系统,并在检验检测期间保留该标识。在接收样品时,应记录样品的异常情况或记录对检验检测方法的偏离。样品在运输、接收、处置、保护、存储、保留、清理或返回过程中应予以控制和记录。当样品需要存放或养护时,应维护、监控和记录环境条件。

(1)样品是"料",保持其完整性、保密性是检验检测、诚信服务的需要。

(2)检验检测机构应当制定和实施样品管理程序,规范样品在运输、接收、处置、保护、存储、保留、清理或返回过程中应予以控制和记录,确保样品全生命周期均处于受控状态。

(3)检验检测机构应当建立样品的标识系统,样品应有唯一性标识和检验检测过程中的状态标识。应保存样品在检验检测机构中完整的流转记录,以备核查,确保样品自始至终不会发生混淆,实现样品的可追溯性。流转记录包含样品群组的细分和样品在检验检测机构内外部的传递。唯一标识系统包括:①物品的唯一性编号标识;②流转状态标识;③存放区域的空间标识;④样品群组的细分;⑤在检验检测机构内、外部的传递。要求:①样品的标识系统应在检验检测期间予以保留。②标识系统的设计和使用应确保样品在实物上或在涉及的记录和其他文件中被提及时不会发生任何混淆。

(4)检验检测机构在样品接收时,收样人员应对样品进行检查,确保与检验委托合同上的信息一致。应记录检查结果并标明日期和签名,如发现差异或者样品明显受损,应立即将其记录到检验合同中。有任何疑问,应迅速反馈到样品提供者。

(5)检验检测机构应有程序和适当的设施避免样品在存储、处置和准备过程中发生退化、污染、丢失或损坏。当存放样品需要在规定的环境条件下时,应保持、监控和记录这些条件。应根据法律法规及客户的要求规定样品的保存期限。

(6)对特殊检测样品需要安全保护时,检验检测机构应对存放和安全做出安排,以保护该样品的安全和完整性:①对于仲裁样品,必须留样,样品应规定保存期限;②对于价值昂贵的样品,更需保险、防盗,并在程序中有相应的防护规定;③对于可调样品,在可调部位应贴上封印;④对于危险物品,应有明确的书面规定和处置措施;⑤需要被存放在规定的环境条件下养护时,应保持监控记录;⑥对于需要安全保护的样品,应有存放和确保安全的具体措施,保护样品完整性;⑦对于需要重新使用的样品,如留样待测,应特别注意确保样品不被破坏或损伤。

(7)应按照法规或委托方的要求进行检测样品留样。留样期满后,按有关规定处理。

【案例分析】

1. 场景描述/问题描述　评审员在对某检验检测机构进行现场评审时,发现其样品室冰箱内有几袋样品编号为2022—S0023的药品。这个药品无样品状态标识,且已超过有效期半年。样品管理员说:"这个样品的检测报告已经发出了,只是用于复测的留样还没顾上处理。"经查:该机构的《样品管理程序》未对样品的保存期限和处置做出规定。

2. 条款判断及原因分析　样品室编号为2022—S0023的药品未标明处于待检、在检、检毕、留样中的何种状态;《样品管理程序》未对样品保存期限和处置做出具体规定,造成用于复测的留样已经超过有效期半年,仍未进行处理。

上述做法不符合《检验检测机构资质认定能力评价　检验检测机构通用要求》(RB/T 214—2017)中4.5.18样品处置"检验检测机构应建立和保持样品管理程序,以保护样品的完整性并为客户保密。检验检测机构应有样品的标识系统,并在检验检测整个期间保留该标识""样品在运输、接收、处置、保护、存储、保留、清理或返回过程中应予以控制和记录。当样品需要存放或养护时,应维护、监控和记录环境条件"的规定。

3. 符合要求的做法及建议

(1)按照4.5.18的要求,在《样品管理程序》中补充样品的保存期限和处置的相关内容。并按《样品管理程序》对样品在运输、接收、处置、保护、存储、保留、清理或返回过程中予以控制和记录。

（2）建立样品的标识系统。样品应具有唯一性标识，同时还应有样品的标识系统，标明该样品所处的检测状态（待检、在检、检毕、留样）。

（3）检测工作完毕后，应定期对留样进行监控和处理，防止变质、退化、污染、丢失或损坏，并做好相关记录。

（4）超过有效期的留样，如果库存用于复测则不能保证结果的准确性。

第十六节　结果有效性

检验检测机构应建立和保持监控结果有效性的程序。检验检测机构所有数据的记录方式应便于发现其发展趋势，若发现偏离预先判据，应采取有效的措施纠正出现的问题，防止出现错误的结果。质量控制应有适当的方法和计划并加以评价。

1. 结果有效性监控要求　检验检测机构应制定结果有效性监控程序，明确结果有效性监控要求，覆盖资质认定范围内的全部检验检测项目类别，有效监控检验检测结果的有效性和结果质量。采取相关的作业技术和活动，监视检验检测过程并排除所有阶段中导致不合格、不满意的原因。

2. 结果有效性监控的方法　检验检测机构可采用定期使用标准物质、定期使用经过检定或校准的具有溯源性的替代仪器、对设备的功能进行检查、运用工作标准与控制图、使用相同或不同方法进行重复检验检测、保存样品的再次检验检测、分析样品不同结果的相关性、对报告数据进行审核、参加能力验证或机构之间比对、机构内部比对、盲样等进行监控。

3. 结果有效性监控的作用　检验检测机构所有数据的记录方式应便于发现其发展趋势，若发现偏离预先判据，应采取有效的措施纠正出现的问题，防止出现错误的结果。质量控制应有适当的方法和计划并加以评价。

4. 能力验证或实验室间比对　检验检测机构应建立和有效实施能力验证或实验室间比对程序，如通过能力验证或者机构间比对发现某项检验检测结果不理想时，应系统地分析原因，采取适宜的纠正措施，并通过试验来验证其有效性。

5. 质量控制和质量保证被改称为确保结果的有效性　通过对影响量如人、机、料、法、环、测的控制及对检测结果的监控，防止报告错误的数据、结果。内部质量保证是机构向其管理者提供信任。外部质量保证是机构向客户和其他相关方(如客户、认定机构)提供信任。

6.结果有效性监控计划

(1)应制订年度结果有效性控制计划,包含内部质量控制和外部质量控制。具体包括质控项目、时间、时机、频次、人员、所用方法、评价手段、结果评价、利用和处置措施。

1)内部质量控制计划应包括:业务量;结果的用途;方法的稳定性与复杂性;参加外部比对(包含能力验证)的频次与结果;人员的能力和经验、人员数量及变动情况;新方法或变更的方法;所有不满意的结果。

2)外部质量控制计划(能力验证或机构间比对)应包括:内部质量控制结果;机构间比对或能力验证的可获得性。对没有能力验证的领域,检验检测机构应有其他措施来确保结果的准确性和可靠性。

3)结果有效性监控计划的内容包括:应覆盖资质认定范围内的检验检测项目类别,并能有效监控结果的准确性和稳定性(具体包括质控项目、时间/时机、频次、人员、所用方法、评价手段、结果评价、利用和处置措施)。

(2)保留结果有效性监控的实施、结果评价、处置和利用记录。

(3)结果有效性监控报告作为管理评审的输入。

(4)能力验证是核实、确认和保持检验检测机构技术能力的科学手段。但能力验证不是检验结果质量控制的唯一手段,适当时采用。

1)自觉、主动地利用能力验证或者比对来进行质量监控,确保持续符合资质认定条件和要求。

2)参加其他政府部门、国际组织、专业技术评价机构(例如 CNAS、发证机构、行业主管)组织开展的检验检测机构能力验证。

3)保留比对计划、比对报告和比对记录。

(5)结果有效性监控关注点。在全面分析的基础上,制订结果有效性监控计划,结果有效性监控计划的内容应包括时间或时机、项目(参数)、人员、方式、评价标准等。

【问答题】

1.检测结果有效性控制方法有哪些?

答:检测结果有效性控制包括内部质量监控和外部质量控制,是控制误差的一种手段,通过对影响量如人、机、料、法、环、测的控制及对检测结果的监控,防止报告错误的数据、结果。

(1)内部质量监控包括人员比对、仪器比对、标准物质监控、使用其他已校准、能够提供可溯源结果的仪器、称量和检测设备的功能核查、称量设备的期间核查、方法比对、盲样考核、留样复测、回收率试验、空白测试、重复测试、分析样品不同结果的相关性、对报告数据进行审核、校准曲线的核查以及使用质量控制图等。

(2)外部质量控制包括实验室间比对、参加能力验证和现场评审。

2.检验检测机构如何编制结果有效性控制计划?

答:结果有效性监控计划应覆盖资质认定范围内的检验检测项目类别,并能有效监控检验检测结果的准确性和稳定性。

(1)结果有效性控制项目

1)拟进行质量监控活动的检验检测项目/参数的名称、样品及依据的标准。

2)计划实施的时间和完成时间、实施负责人、参加的检测人员。

(2)实验室比对和能力验证　参加实验室比对和能力验证的频次与结果,列出组织单位和比对的实验室名称。对没有能力验证的领域,检验检测机构应有其他措施来确保结果的准确性和可靠性。

(3)质量监控活动的方式

1)内部质量监控:包括人员比对、仪器比对、方法比对、标准物质监控、盲样考核、留样复测、回收率试验、空白测试、重复测试、校准曲线的核查以及使用质量控制图等。

2)外部质量控制:包括实验室间比对、参加能力验证。

(4)质量监控活动结果评价的判据,如定性试验结果的一致性、定量试验结果的误差范围、回收率等。

(5)完成计划活动后应有评价结论和分析报告等。

3.什么是空白试验?

答:空白试验是在不加样品的情况下,用测定样品相同的方法、步骤进行定量分析,把所得结果作为空白值,从样品的分析结果中扣除。这样可消除试剂不纯或试剂干扰等造成的系统误差,是分析化学实验室中减小实验误差的一种常用方法。

4.什么是加标回收?

答:加标回收是指向试样中加入已知量的被测组分,然后进行测定,检查被加入的组分能否定量回收,以判断分析过程是否存在系统误差。所得结果常用百分数表示,称为"回收率"。

5. 什么是留样复测?

答:留样复测是指测定过的样品保存一定时间后,若仍在测定有效期内,重新进行测定。将两次测定结果进行比较,以评价该样品测定结果的可靠性。留样复测可作为检验检测机构监测结果的质量保证。

6. 能力确认和测量审核有什么区别?

答:能力确认是指利用实验室间比对,按照预先制定的准则评价参加者的能力。

测量审核是指一个参加者对被测物品进行实际测试,将其测试结果与参考值进行比较的活动。测量审核是能力确认计划的一种特殊形式,有时也称"一对一"的能力确认计划。

【案例分析】

1. 场景描述/问题描述   评审员在对某检验检测机构进行现场评审时,发现其质控中一项内部质控活动为仪器比对检测,查阅其记录时发现仅有检测结果记录,没有评价结果。评审员询问是否对实施结果进行了分析评价,该机构回复:"比对结果误差不大,备案检测结果就行了。"该机构的质控计划中也未列出评价依据或做出评价结果的标准。

2. 条款判断及原因分析   该机构既未在制订质控计划时制定比对结果的评价标准,也未对结果进行评价分析,这不符合《检验检测机构资质认定能力评价   检验检测机构通用要求》(RB/T 214—2017)中 4.5.19"质量控制应有适当的方法和计划并加以评价"的规定。制订质控计划时未规定仪器比对结果的评价标准,也未对结果进行评价分析,因此无法准确识别可能的偏离或错误。

3. 符合要求的做法及建议

(1)在质控计划中应对每一项活动做出评价标准,评价可引用方法标准中的分析方法。

(2)应分析质控活动的数据,并用于控制和改进检验检测机构活动。如果发现质控活动数据分析结果超出预定的准则时,应采取适当措施防止报告不正确的结果。当内部控制结果有偏离时,应系统分析原因,采取适宜的纠正措施,并通过试验来验证其有效性。并将质量控制计划、检测结果报告和分析评价报告记录存档。

第十七节　结果报告

一、结果报告

检验检测机构应准确、清晰、明确、客观地出具检验检测结果,符合检验检测方法的规定,并确保检验检测结果的有效性。结果通常应以检验检测报告或证书的形式发出。

1.结果报告　检验检测报告或证书应至少包括下列信息:①标题。②标注资质认定标志,加盖检验检测专用章(适用时)。③检验检测机构的名称和地址,检验检测的地点(如果与检验检测机构的地址不同)。④检验检测报告或证书的唯一性标识(如系列号)和每一页上的标识,以确保能够识别该页是属于检验检测报告或证书的一部分,以及表明检验检测报告或证书结束的清晰标识。⑤客户的名称和联系信息。⑥所用检验检测方法的识别。⑦检验检测样品的描述、状态和标识。⑧检验检测的日期。对检验检测结果的有效性和应用有重大影响时,注明样品的接收日期或抽样日期。⑨对检验检测结果的有效性或应用有影响时,提供检验检测机构或其他机构所用的抽样计划和程序的说明。⑩检验检测报告或证书签发人的姓名、签字或等效的标识和签发日期。⑪检验检测结果的测量单位(适用时)。⑫检验检测机构不负责抽样(如样品是由客户提供)时,应在报告或证书中声明结果仅适用于客户提供的样品。⑬检验检测结果来自外部提供者时的清晰标注。⑭检验检测机构应做出未经本机构批准,不得复制(全文复制除外)报告或证书的声明。

(1)报告是机构检验检测工作的最终产品。检验检测机构应准确、清晰、明确和客观地出具检验检测报告或证书,可以书面或电子方式出具。"准确"是指数据要准确、测量的水平达到检测或校准方法精度的要求、测量的结果与"真值"具有一致性;"清晰"是指报告文字清晰、用语清楚、易于辨认;"明确"是指结果要明确,合格、不合格表述明确,报告的概念表达明白、清楚,没有歧义,易于理解;"客观"是指报告描述的内容反映了检测或校准活动的实际情况,是事实的客观陈述,而非人为意念的表现。

检验检测机构应制定检验检测报告或证书控制程序,保证出具的报告或证书满足以下基本要求:①检验检测依据正确,符合客户的要求;②报告结果及时,按规定时限向客户提交结果报告;③结果表述准确、清晰、明确、客观,易于理解;④对国内服务应使用法定计量单位。

(2)当检验结果低于检出限,应在检测报告报告中提供检出限的数值。如果报告的结果是用数字表示的数值,应按标准方法的规定进行表述,当方法未规定时,依照有效数值修约的规定表述。

(3)结果报告的形式:通常为检验检测报告或证书。检测报告、证书的简化:在为内部客户或与客户有书面协议的情况下,可用简化的方式报告结果(检验检测机构应保留其他与检验检测关联的信息和没有简化的原始记录,一旦需要,检验检测机构应能方便地提供)。

(4)检验检测报告或证书应有唯一性标识。检验检测报告或证书应有批准人的姓名、签字或等效的标识(可实行三签,也可按照本条只有授权签字人单签)。经过检测人员自查、交审核后再签发批准是一种良好管理规范,建议由不同的人员进行审核、签发。使用电子签名批准检验检测报告时,应由授权人员按照审批程序执行。

(5)检验检测报告或证书应当按照要求加盖资质认定标志和检验检测专用章。检验检测专用章、资质认定标志二者缺一不可。

注意:资质认定标志应当按照国家认监委有关资质认定标志管理的文件规定,符合尺寸、比例、颜色方面的要求,并准确、清晰标注证书编号。资质认定标志一般加盖(或者印刷)在检验检测报告封面左侧页眉,颜色通常为红色、蓝色或者黑色。

(6)检验检测机构公章可替代检验检测专用章使用,也可公章与检验检测专用章同时使用;建议检验检测专用章包含五角星图案,形状可为圆形或者椭圆形等。检验检测专用章的称谓可依据检验检测机构业务情况而定,可命名为检验检测专用章、检验专用章或检测专用章。检验检测专用章一般加盖在检验检测报告封面的机构名称位置(或检验检测结论位置)和骑缝位置,检验检测专用章应表明检验检测机构准确的单位名称,该名称应当与资质认定证书的名称一致。为科研、教学、内部质量控制出具检验检测报告的,报告不加盖 CMA 标志章的,应当在报告显著位置注明"不具有对社会的证明作用"或类似描述。

(7)检验检测机构开展由客户送样的委托检验时,检验检测数据和结果仅对接收样品负责。若由本机构实施的抽样,则应对所抽的批次负责。

（8）检验检测结论：不应使用容易引发争议的用语。

1）委托检验：按委托的依据进行符合性表述。无论所检项目多少，只要有明确的判定指标，均应在检验结论中说明其符合与否。只提供方法依据无判定依据的委托检验，结论"不作结论"。

2）仲裁检验：通常依据争议双方的合同或协议中有关量指标规定或生产该产品时所执行的有效标准进行。其结论用语应对所涉及的有关批量产品或货物是否符合要求做出明确结论。

【问答题】

1.报告或证书应满足哪些基本要求？

答：检验检测机构应制定检验检测报告或证书控制程序，保证出具的报告或证书满足以下基本要求。①检验检测依据正确，符合客户的要求；②报告结果及时，按规定时限向客户提交结果报告；③结果表述准确、清晰、明确、客观，易于理解；④对国内服务应使用法定计量单位。

2.不含方法的产品标准和限值是否可以未经资质认定直接在检验检测报告中使用？

答：《国家认监委关于实施〈检验检测机构资质认定管理办法〉的若干意见》（国认实[2015]49号）中有明确规定，"不含检验检测方法的各类产品标准、限值标准可不列入检验检测机构资质认定的能力范围，但在出具检验检测报告或者证书时可作为判定依据使用"。

3.同一个产品可以分开出具报告吗？

答：同一个产品不能分开出具报告，应该合并在一起出具报告。尤其要注意，不同参数、不同性能、有的合格、有的不合格，更不能拆分。应该综合判断为不合格，否则会误导消费者。

4.检测报告专用章和CMA章应盖在检验检测报告或证书的什么位置？

答：检验检测机构在资质认定证书确定的能力范围内，对社会出具具有证明作用数据、结果时，应当标注资质认定标志。资质认定标志加盖（或印刷）在检验检测报告或证书封面左侧页眉，颜色通常为红色、蓝色或黑色。

检验检测专用章应表明检验检测机构完整的、准确的名称。检验检测专用章加盖在检验检测报告或证书封面的机构名称位置或检验检测结论位置，骑缝位置也应加盖。

5.检验检测机构超出资质认定证书规定的检验检测能力范围，擅自向社会出具具有证明作用的数据、结果的,将会面临什么样的处罚?

答:检验检测机构超出资质认定证书规定的检验检测能力范围,擅自向社会出具具有证明作用的数据、结果的,将会面临以下处罚:法律、法规对撤销、吊销、取消检验检测资质或者证书等有行政处罚规定的,依照法律、法规的规定执行;法律、法规未做规定的,由县级以上市场监督管理部门责令限期改正,处 3 万元罚款。

2.结果说明　当需对检验检测结果进行说明时,检验检测报告或证书中还应包括下列内容:①对检验检测方法的偏离、增加或删减,以及特定检验检测条件的信息,如环境条件;②适用时,给出符合(或不符合)要求或规范的声明;③当测量不确定度与检验检测结果的有效性或应用有关,或客户有要求,或当测量不确定度影响对规范限度的符合性时,检验检测报告或证书中还需要包括测量不确定度的信息;④适用且需要时,提出意见和解释;⑤特定检验检测方法或客户所要求的附加信息。报告或证书涉及使用客户提供的数据时,应有明确的标识。当客户提供的信息可能影响结果的有效性时,报告或证书中应有免责声明。

当客户需要对检验检测结果做出说明,或者检验检测过程中已经出现的某种情况需在报告做出说明,或对其结果需要做出说明时,检验检测机构应本着对客户负责的精神和对自身工作的完备性要求,对结果报告给出必要的附加信息。这些信息包括:对检验检测方法的偏离、增加或删减,以及特定检验检测条件的信息,如环境条件;相关时,符合(或不符合)要求、规范的声明:适用时,评定测量不确定度的声明。当不确定度与检测结果的有效性或应用有关,或客户的指令中有要求,或当不确定度影响对规范限度的符合性时,还需要提供不确定度的信息;适用且需要时,提出意见和解释;特定检验检测方法或客户所要求的附加信息。报告或证书涉及使用客户提供的数据时,应有明确的标识。当客户提供的信息可能影响结果的有效性时,报告或证书中应有免责声明。

3.抽样结果　检验检测机构从事抽样时,应有完整、充分的信息支撑其检验检测报告或证书。抽样环节的检验检测任务,并出具检验检测报告或证书时,其检验检测报告或证书还应包含但不限于以下内容:抽样日期;抽取的物品或物质的唯一性标识质(适当时,包括制造者的名称、标示的型号或类型和相应的系列号);抽样位置,包括图示、草图或照片;抽样计划和抽样方法;抽样过程中可能影响检验检测结果的环境条件的详细信息;与抽样方法或程序有关的标准或者技术规范,以及对这些标准或者技术规范的偏离、增加或删减等。

4.意见和解释　当需要对报告或证书做出意见和解释时,检验检测机构应将意见和解释的依据形成文件。意见和解释应在检验检测报告或证书中清晰标注。

(1)检验检测结果不合格时,客户会要求检验检测机构做出"意见和解释",用于改进和指导。对检验检测机构而言,"意见和解释"属于附加服务。

(2)检验检测报告或证书的意见和解释可包括(但不限于)下列内容:①对检验检测结果或分布范围的原因分析;②根据检测结果对被测样品特性的分析;③履行合同的情况;④如何使用结果的建议;⑤改进的建议。如根据检测结果对被测样品设计、生产工艺、材料或结构等的改进建议。

(3)检验检测结果不合格并在客户有要求时,检验检测机构才需要做出"意见和解释"。因此,评审员不应强求检验检测机构一定要做"意见和解释"。当检验检测机构文件有规定时,则应对其符合性进行评价。

(4)当需要做"意见和解释"时,应做"意见和解释"的书面文件并在检测报告中清晰标注。

(5)"意见和解释"的人员要求如下。应具备相应的经验,掌握与所进行检验检测活动相关的知识,熟悉检测对象的设计、制造和使用,经过必要的培训,并经检验检测机构授权。

(6)作为附加性服务,要满足如下3个方面。①在体系文件中明确规定"意见和解释"的内容和人员要求,并控制;②"意见和解释"应基于自身检验检测事实、科学、合理、准确;③在报告/证书中清晰标注。

【问答题】

检验检测报告或证书的意见和解释的内容是什么?

答:检验检测报告或证书的意见和解释可包括(但不限于)下列内容。①对检验检测结果或分布范围的原因分析,比如在中药材中重金属及有害元素的检验报告中对重金属及有害元素的来源的分析;②根据检测结果对被测样品特性的分析,如药品含量测定不合格,提示该药品为劣药;③履行合同的情况;④如何使用结果的建议;⑤改进的建议。如根据检测结果对被测样品设计、生产工艺、材料或结构等的改进建议。

5.结果传送和格式　当用电话、传真或其他电子或电磁方式传送检验检测结果时,应满足本标准对数据控制的要求。检验检测报告或证书的格式应设计为适用于所进行的各种检验检测类型,并尽量减小产生误解或误用的可能性。

(1)当需要使用电话、传真或其他电子(电磁)手段来传送检验检测结果时,检验检测机构应满足保密要求,采取相关措施确保数据和结果的安全性、有效性和完整性。当客户要求使用该方式传输数据和结果时,检验检测机构应有客户要求的记录,并确认接收方的真实身份后方可传送结果,切实为客户保密。

(2)必要时,检验检测机构应建立和保持检验检测结果发布的程序,确定管理部门或岗位职责,对发布的检验检测结果、数据进行必要的审核。

(3)传送报告满足本准则的要求(结果的准确性、报告的完整性、有效性、安全保密性);未批准的数据、结果属于半成品,未经批准不能传送客户。

(4)检验检测机构的报告和证书的格式应精心设计,使之适用于所进行的各种检验检测类型,并尽量降低产生误解或误用的可能性。应当注意检验检测机构报告编排,尤其是检验检测数据的表达方式,并易于读者所理解。报告或证书中的表头尽可能标准化。

(5)评审员在评审外资检验检测机构时,应注意凡是客户合同中没有要求时,外资检验检测机构应用中文出具报告或证书。

6.修改　检验检测报告或证书签发后,若有更正或增补应予以记录。修订的检验检测报告或证书应标明所代替的报告或证书,并注以唯一性标识。

(1)检验检测报告存在文字错误,确需更正的,检验检测机构应当按照标准等规定进行更正。详细记录更正或增补的内容,重新编制新的更正或增补后的检验检测报告或证书,并注以区别于原检验检测报告或证书的唯一性标识。

(2)若原检验检测报告或证书不能收回,应在发出新的更正或增补后的检验检测报告或证书的同时,声明原检验检测报告或证书作废。原检验检测报告或证书可能导致潜在其他方利益受到影响或者损失的,检验检测机构应通过公开渠道声明原检验检测报告或证书作废,并承担相应责任。

(3)发出的报告做修改时应:①新报告替代原报告;②收回原报告;③新报告另做"唯一性编号";④新报告应有声明。

【问答题】

检验检测报告或证书签发后,若有更正或增补应该如何做?

答:①当需要对已发出的结果报告做更正或增补时,详细记录更正或增补的内容,重新编制新的更正或增补后的检验检测报告或证书,并注以区别于原检验检测报告或证书的唯一性标识;②若原检验检测报告或证书不能收回,应在发出新的更正或增补后的检验检测报告或证书的同时,声明原检验检测报告或证书作废。原检验检测报告或证书可能导致潜在其他方利益受到影响或者损失的,检验检测机构应通过公开渠道声明原检验检测报告或证书作废,并承担相应责任。

【案例分析】

1. 场景描述/问题描述 评审员在对某检测机构进行现场评审时抽查既往检测报告,发现 2 份编号同为 2022—0026 的检测报告,其报告内容不完全一致,但无其他相应说明。检测室负责人解释:"第一次发出的检测报告有错误,检测人员发现后进行了修改,随后又重新发了一份。"

2. 条款判断及原因分析 该机构进行修改后重新编制、签发的检测报告,与原检测报告为同一编号(2022—0026),且无其他相应说明。这不符合《检验检测机构资质认定能力评价 检验检测机构通用要求》(RB/T 214—2017)4.5.26 中"检验检测报告或证书签发后,若有更正或增补予记录。修订的检验检测报告或证书应标明所替代的报告或证书,并注以唯一性标识"的规定。

3. 符合要求的行为和做法及建议

(1)按照 4.5.26 的要求,对已发出的检验检测报告进行更正或增补的要求做出规定。

(2)按照规定,详细记录更正或增补的内容,重新编制新的更正或增补后的检验检测报告,并注以区别于原检验检测报告的唯一性标识。与原检测报告一并存档保管。

(3)若原检验检测报告不能收回,应在发出新的更正或增补后的检验检测报告的同时,声明原检验检测报告作废。原检验检测报告可能导致潜在其他利益方受到影响或者损失时,检验检测机构应通过公开渠道声明原检验检测报告作废,并承担相应责任。

7. 记录和保存 检验检测机构应对检验检测原始记录、报告、证书归档留存,保证其具有可追溯性。检验检测原始记录、报告、证书的保存期限通常不少于6年。

(1)检验检测原始记录、报告、证书是检验检测机构出具的数据和结果、结论的证据性、溯源性文件。检验检测机构建立检验检测报告或证书的档案,应将每一次检验检测的合同(委托书)、检验检测原始记录、检验检测报告或证书副本等一并归档,保存的方式应便于追溯。

(2)在保存过程中需要强调安全性、完整性。需要有切实可行的制度予以保障。检验检测原始记录和报告可以以纸质或电子方式进行保存。

(3)检验检测报告或证书档案的保管期限应不少于6年,若评审补充要求另有规定,则按评审补充要求执行。

【问答题】

1.检验检测机构每年至少需要完成哪十大计划?

答:为更好地做好检验检测工作,确保管理体系运行符合《检验检测机构资质认定能力评价　检验检测机构通用要求》(RB/T 214—2017)行业标准的要求,检验检测机构每年至少应制订和完成以下计划:①人员培训计划;②能力监督计划;③仪器设备检定或校准计划;④仪器设备期间核查计划;⑤仪器设备维护计划;⑤标准物质核查计划;⑦确保结果有效性监控计划;⑧能力验证和实验室间比对计划;⑨管理体系内部审核计划;⑩管理评审计划。

2.检验检测机构如何做好工作场所迁址的评审?

答:检验检测机构应着重关注搬迁后的实验室环境条件和检测用仪器设备情况,及时向资质认定部门申请迁址评审,并重点做好以下工作。

(1)应确认新实验室环境条件、实验室布局是否满足开展检测工作的条件,避免出现相互干扰或交叉污染的情况。

(2)对于拆卸后重新安装的检测及辅助设备,在投入使用前应按要求重新进行检定/校准或核查,确认满足检验检测要求后方可投入使用。

(3)对于可以整体搬运且搬运后对检测结果没有影响的辅助设备可以通过核查确认其性能是否受到影响,如受到影响,则应进行调试、维修,确认功能正常后方可投入使用。

(4)现场使用的便携式检测设备(如:噪声仪、风速仪、采样器等),可不必重新检定/校准,必要时进行核查,满足检验检测要求后继续使用。

（5）对于环境条件和仪器设备变化对检测结果有影响的项目/参数,应进行确认试验,并保留相关记录。如:试验场所重新装修后,对某些环境参数检测的影响应特别予以关注。

（6）完成对质量体系文件和各种记录的地址名称修改。

（7）实验室搬迁工作全部完成后,建议进行一次内部审核。

（8）及时向资质认定部门申请迁址评审,注意:在取得新的资质认定证书之前不可以使用资质认定标识。

（9）申请实验室迁址评审时需提供:①合法且具有完全使用权的实验室新址的证明文件,如房屋产权证、租赁合同、上级配置文件等;②资质认定证书及证书附表原件;③加盖单位公章的工作场所迁址前后检验检测机构人员、设施设备、检测能力、管理体系方面有无变化的书面说明;④迁址后检验检测机构获证项目的模拟检测报告或比对试验报告。

3. 如何处理异常结果?

答:异常结果分析与处理应基于合理的统计学原理。只要出现异常结果,都应依照内部质量保证体系核查整个实验过程。当一个结果确定为异常结果,相关负责人应同检验者一起分析:①确定检验人员采用了合适程序并正确执行;②检查原始数据,判断可能的偏差;③核对所有计算;④检查所用仪器经过核查并满足要求,进行并通过了系统适用性实验;⑤确保所用的试剂、溶剂和标准物质无误;⑥确定使用了正确的玻璃仪器。如果证实结果异常,结果无效,应按照不符合检测工作的控制程序要求,重新进行实验。

第三章

管理体系的建立和运行

第一节 管理体系的要求

一、管理体系的建立

1.管理层负责管理体系的建立和运行   管理体系应至少包括管理体系文件,管理体系文件的控制、记录控制,应对风险和机遇的措施,改进、纠正措施,内部审核和管理评审。管理体系应全面覆盖所有工作场所(包括固定的、临时的场所),贯穿于一切检验检测工作及与检验检测工作有关的技术和质量活动并与检验检测工作量、工作类型和工作范围相适应。在建立管理体系的过程中要充分考虑各部门之间、岗位之间相互监督,以保证检验检测工作的公正性和独立性。管理体系文件化后应当以适当的方式传达至有关人员,使其能够获取、理解、执行。

2.管理体系文件   可分为4类:质量手册、程序文件、作业指导书、记录表格(图3-1)。

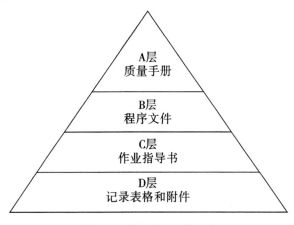

图3-1   管理体系文件层次

（1）质量手册是管理体系运行的纲领性文件,描述管理体系的要求及各岗位职责和管理途径,制定质量方针、目标。

（2）程序文件描述管理体系所需的相互关联的过程和活动。详细、明确的描述体系运行中各项管理活动的目的和范围,做什么,由谁做,何地做,何时做,怎么做,应该使用什么材料、设备和文件,如何对该活动进行控制和记录等。

（3）作业指导书是对完成各项管理/技术活动的规定和详细描述,用以指导某个具体过程、描述事情形成的技术性细节的可操作性文件,包括方法类、设备类、样品类、数据类作业指导书。作业指导书可以是详细的书面描述、流程图、图表、模型、图样中的技术注释、规范、设备操作手册、图片、影像、检验检测清单,或这些方式的组合。

（4）记录表格是阐明所取得的结果或提供所完成活动的证据的文件,可用于为可追溯性提供文件,并提供验证风险和机遇应对措施及纠正措施的证据。

二、管理体系的要求

1. 依据　管理体系文件建立的依据为《检验检测机构资质认定管理办法》《检验检测机构资质认定评审准则》《检验检测机构资质认定能力评价　检验检测机构通用要求》(RB/T 214—2017)及相关行业特殊要求等相关规定。

2. 特点　检验检测机构应建立符合自身实际状况,具有可操作性,适应自身检验检测活动并保证其独立、公正、科学、诚信的管理体系,考虑到各检验检测机构在专业设置、职工人数、人员素质、单位文化、管理习惯方面的差异,各个检验检测机构的管理体系应各不相同。

3. 要求　检验检测机构应将其管理体系、组织结构、程序、过程、资源等过程要素恰当地编制成文件,文件化的管理体系覆盖评审标准的所有要求。管理体系描述清楚,要素阐述简明、切实,文件之间接口关系明确。

4. 文件管理　多场所检验检测机构的管理体系文件,应注意管理体系文件要覆盖检验检测机构申请资质认定的所有场所,各场所与总部的隶属关系,并注意工作接口应当描述清晰,沟通渠道应当通畅,各分场所内部的组织机构(适用时)及人员职责应当明确。

5. 完善　管理体系是在不断改进中得到完善的,而这种改进是永无止境的。

6. 授权　管理层应关注国家对机构的法规要求和对机构能力的需求,搭建平台,制定规则,配置资源,适当授权,担当责任。

7. 执行关键点　质量方针的适宜性;质量目标的可操作性;文件的系统

和协调性;符合本检验检测机构的特点和运行属性;员工了解;职责清晰并得以落实。

三、管理体系文件的编写方法

1. 自上而下依次展开的编写方法　按质量方针、质量手册、程序文件、作业指导书、记录格式的顺序编写。此方法有利于上一层次文件与下一层次文件的衔接,对文件编写人员,特别是手册编写人员要求比较高,需熟悉《检验检测机构资质认定能力评价　检验检测机构通用要求》(RB/T 214—2017)和检验检测机构的业务。文件编写所需要的时间较长,必然会伴随着反复修改的情况。

2. 自下而上依次展开的编写方法　按基础性文件、程序文件、质量手册的顺序编写。此方法适用于原管理基础较好的检验检测机构。因无文件总体方案设计指导,容易出现混乱。

3. 从程序文件开始,向两边扩展的编写方法　先编写程序文件,再开始手册和基础性文件的编写。此方法的实质是从分析活动,确定活动开始,有利于准则要求与实际紧密结合,可缩短文件编写时间,大多数检验检测机构通常采用这种方法。

四、确定需编写的文件及编写计划并实施

检验检测机构应确定程序文件、作业指导书的数量。程序文件、作业指导书的数量应根据组织的需要确定,并考虑质量手册的详略程度。某项活动或过程,如有的检验检测机构在手册里面描述得很清楚,则不需要再编制相关的程序文件;有的检验检测机构在描述程序文件时较简洁,则作业性文件的数量会多;有的检验检测机构在描述程序文件时较细致,则作业性文件的数量将会减少。

检验检测机构应制定详细的文件编写计划来指导具体的编写工作,文件的编写通常采用承担主要职能的科室或推行小组编写,承担辅助职能的科室负责讨论、修改,管理体系文件编制计划应包含下列内容:①确定体系文件层次;②确定质量手册章节目录(按要素和职能分配确定);③明确各要素管理原则及控制关键点;④明确需要展开和延伸的程序文件目录;⑤明确各类文件编写格式,统一各类文件编写要求;⑥明确各类文件间的衔接方式;⑦对各类文件的标识做出规定;⑧明确各类文件编写、校核及审批的职

责;⑨明确文件编写分工。

在文件编写时检验检测机构可对原先各类管理文件(规章、制度、程序、检测作业指导书等)进行一次审理,将以往行之有效并符合"标准"要求部分加以保留,这样可以使管理工作有连贯性,也有利于贯彻执行。

各类件文件编写后按规定程序进行校核、审批,并作为管理体系试运行的依据。

第二节 管理体系文件的编制

一、质量手册

(一)编写的依据

质量手册编写的依据为《检验检测机构资质认定管理办法》《检验检测资质认定评审准则》《检验检测机构资质认定能力评价 检验检测机构通用要求》(RB/T 214—2017)及相关行业特殊要求等相关规定。

(二)编写要求

质量手册是对检验检测机构的管理体系做系统、具体而又纲领性的阐述,能反映检验检测机构管理体系的全貌。编制的质量手册内容应清晰、准确、全面、适用、易于理解,一般对照《检验检测机构资质认定能力评价 检验检测机构通用要求》(RB/T 214—2017)各要素的要求分章分条撰写,并涵盖所有要素。

(三)质量手册的构成

检验检测机构资质认定对质量手册的结构和格式不做统一的要求,但质量手册应准确、全面和扼要地阐明检验检测机构的概况、质量方针和质量目标、管理体系的范围、管理体系过程及其相互作用、有关职责和权限、程序文件或对其引用等内容。这是保证所要求的事项得以合理安排和确定的一种方法。质量手册的一般结构通常应包括封面、目录、发布令(批准页)、修订页、前言(简介)、公正性声明、术语和定义(如需要)、要求、附录等。

(三)质量手册的内容

1.封面

(1)名称。指手册的名称,如质量手册,应放在封面的突出位置。

（2）版本号。显示质量手册的版本序号。

（3）检验检测机构名称应写检验检测机构的全称。

2.目录　手册的目录应列出手册包含各章节的标题及页码。

3.发布令（批准页）　此页是检验检测机构的最高管理者发布质量手册及管理体系文件的正式批准声明。表明本检验检测机构按照《检验检测机构资质认定能力评价　检验检测机构通用要求》（RB/T 214—2017）建立和实施一个正式的管理体系来实施和保证检验检测机构质量方针和质量目标的实现。标志着本检验检测机构文件化的管理体系已经建立并运行，全体人员必须遵照、贯彻和执行。确立了质量手册的权威性和制约性地位。此页应有检验检测机构最高管理者的亲笔签名和日期。

【发布令（批准页）实例】

某食品检验机构发布令（批准页）：为使检验检测工作满足资质认定相关法律法规、客户、资质认定管理部门等的要求，保证检验检测工作质量，本中心依据《中华人民共和国食品安全法》《检验检测机构资质认定管理办法》《检验检测机构资质认定能力评价　检验检测机构通用要求》《食品检验机构资质认定条件》以及相关法律法规的要求，编写质量手册第×版。质量手册是中心资质认定管理体系的纲领性文件，是指导建立并持续、有效运行管理体系的纲领和行为准则。中心与质量有关的程序和规定必须符合质量手册的要求，一切管理和技术活动必须严格遵照质量手册执行，保证检验检测结果公正、科学、准确。

中心主任：

日期：　　年　月　日

4.修订页　手册修改记录，便于了解手册修改情况。修订页包括修订序号、修订章节和简要内容、批准人与日期。

5.前言（检验检测机构简介）　质量手册的前言应给出检验检测机构的基本信息。一般包括检验检测机构的名称、地点及通信地址，检验检测机构的规模、背景、业务范围、法律地位，用于检测的主要仪器设备以及取得的业绩等的情况介绍，以便向社会展示检验检测机构的形象。

6.公正性声明　中心为独立法人单位，对外开展检验检测业务。为向社会公开遵守从业规范和诚信承诺，接受社会监督，特声明如下。

（1）中心及其人员从事检验检测活动，遵守国家相关法律、行政法规、部门规章的规定,遵循客观独立、公平公正、诚实信用的原则,恪守职业道德,承担社会责任。

（2）中心在资质认定证书规定的检验检测能力范围内,依据相关标准或者技术规范规定的程序和要求,出具检验检测报告,并对其负责。不出具不实检验检测报告,不出具虚假检验检测报告。

（3）中心及其人员独立于其出具的检验检测报告所涉及的利益相关方,不受任何可能干扰其技术判断的因素的影响,保证出具的检验检测报告真实、客观、准确、完整,对检验检测工作中所知悉的国家秘密、商业秘密予以保密。

（4）中心承诺对检验检测人员实施有效管理,所有检验检测人员均为正式聘用人员。不聘用已在其他检验检测机构执业的检验检测人员;不聘用相关法律法规规定的禁止从事食品检验工作的人员。中心检验检测授权签字人符合相关技术能力要求,检验检测报告由授权签字人签发。

（5）中心定期审查和完善管理体系,保证基本条件与技术能力持续符合资质认定条件和要求,并确保质量管理措施有效实施。建立识别出现公正性风险的长效机制,并有措施消除或减少识别出的公正性风险。

（6）中心对委托人送检的样品进行检验检测,检验检测报告对样品所检项项目的符合性情况负责,送检样品的代表性和真实性由委托人负责。

（7）中心承诺对所有的客户一视同仁,建立和保持与客户沟通的机制,严格执行收费标准,规范服务行为,公平、公正对待所有客户,保证提供同等质量的优质服务。

7.术语和定义　为了反映该检验检测机构存在的社会环境特征、文化背景和历史状况,可以根据检验检测机构的需要制定适用于本检验检测机构质量管理活动的术语和定义作为补充,包括检验检测机构现在需要使用的、需达成共识的、公认的概念、术语、定义和简称。

8.要求　根据《检验检测机构资质认定能力评价　检验检测机构通用要求》(RB/T 214—2017)各要素分章分条撰写,涵盖所有要素。按照检测和/或校准实验室的特点做好转化。手册中各章节的排列与《检验检测机构资质认定能力评价　检验检测机构通用要求》(RB/T 214—2017)中序号不一致可在手册附件中出对照表。"支持文件"里可分别以文件名和文件编号的形式列出本要素涉及的"程序文件"和其他必要的下层文件。

9.附录　一些支持性文件资料,是手册中不可缺少的一部分。一般包括组织结构图、人员一览表、检验检测机构平面图、仪器设备配置表、手册与标准章节对照表、程序文件目录及其他等。

【某食品药品检测中心质量手册"合同评审"章节举例】

1.目的　　对客户的要求和合同进行评审,确认我中心的能力、资源是否满足客户的要求,在客户的期望和要求得到充分理解后,形成被双方接受的合同,并予以实施和保证。

2.范围　　适用于各类检验/检测合同的评审及与客户的沟通。

3.职责

(1)技术负责人负责审批要求、标书和合同。

(2)业务科负责受理客户的要求、标书和合同,组织相关检验科室进行合同评审,并负责与客户的沟通。

(3)相关检验科室负责对签订的要求、标书和合同的实施。

4.要求

(1)制定了《合同评审程序》以满足客户对检测的各项要求,合同评审内容将确保以下几项。

1)对包括检测方法在内所有的客户要求,均应在合同或协议中明确做出规定,并形成文件,并与客户就文件的内容达成统一认识。文件中规定的内容应清楚明确,便于所有相关人员充分理解。

2)通过评审明确本中心是否具备满足合同要求的检测能力和资源条件,选择适当的、能满足客户要求的有效的检测方法,对评审中发现存在的问题,应及时通知客户,以便及时解决。

3)客户委托本中心进行检测时,必须填写《检测委托单》,由业务室对其进行评审确认,按照《合同评审程序》的要求进行合同评审,保留完整合同评审记录。

4)对于超出本中心检测能力范围、需要寻找外部检测机构进行检测的检测任务,按照《分包程序》的要求,分包给有能力的分包方。

(2)在合同执行过程中,因检测任务安排、人员、设备能力等各种原因导致不能按照合同规定完成检测任务或必须偏离规定要求时,必须通知客户和中心的相关工作人员,征得客户的同意并取得书面确认。

(3)检测任务开始执行后,当需要调整合同的内容时,则应按照《合同评审程序》,对其修改部分再次评审,并通知与合同修改内容有关的所有人员,保存相关记录。

（4）当客户要求出具的检验检测报告或证书中包含对标准或规范的符合性声明（如合格或不合格）时，若标准或规范不包含判定规则内容，中心应与客户明确相应的判定规则并得到客户同意。

5.评审与批准

（1）常规类（监督抽验、注册、委托）合同的评审，监督抽验以国家、省、市《食品安全抽样检验抽样单》《药品抽样记录及凭证》《化妆品抽样记录及凭证》，注册和委托以《检验受理单》的形式进行，由业务室样品接受人员实施（经授权）。

（2）重复性常规类合同的评审，如客户要求不变，只需初次进行评审。

（3）复验、非标方法、复杂的或特殊要求的合同评审，应执行《合同评审程序》，由技术负责人批准。

（4）合同评审记录（包括偏离记录）应内容完整，随样品一起流转。

（5）合同履约完成后，该样品的合同评审记录应随检验报告副本资料归档保存。

6.相关/支持性文件

（1）《合同评审程序》（SQCFDC/QSP-0514-2018）。

（2）《分包管理程序》（SQCFDC/QSP-0505-2018）。

二、程序文件

（一）程序文件的编写依据

程序文件是整个机构管理体系的二级文件，编写的依据为质量手册、《检验检测机构资质认定能力评价　检验检测机构通用要求》（RB/T 214—2017）相关的条款。

（二）程序文件的编写要求

（1）程序的定义是"为进行某项活动或过程所规定的途径"。程序可以形成文件，也可以不形成文件。当程序形成文件时，通常称为"书面程序"或"形成文件的程序"。含有程序的文件可称为"程序文件"。程序文件是描述管理体系所涉及的各个部门的职能活动。程序文件应简明易懂。

（2）程序文件是系统规定质量活动方法和要求的文件，是质量手册的支持文件。

（3）程序文件是质量手册某一要素的具体化，所有描述不应与质量手册矛盾,是编制质量手册的基础。

(4)程序文件可以用文字,也可以用图表等形式描述,但一般不应涉及纯技术性细节,需要时可引用作业指导书。

(5)一个单位的程序文件应有统一格式,在程序文件文头标明每个程序文件对应的 RB/T 214—2017 章节,便于与 RB/T 214—2017 活页对照。

(6)制定程序文件的目的是保证质量活动的一致性、规范性。

(7)制定程序文件的原则:一是 RB/T 214—2017 有明确要求;二是在质量手册中描述不清楚。

(三)程序文件的内容

1.封面　检验检测机构采用程序文件合订本(活页装订)发放使用时,须加封面,封面要有名称,如程序文件,要放在封面的显著位置。封面还需有版本号、发布日期、受控状态、发放编号、检验检测机构名称、文件编号等。

2.程序文件的主要内容　程序文件一般按照目的、范围、职责、工作程序、相关文件、记录 6 部分编写。

(1)目的。具体阐述制定本程序文件的目的和作用或对管理体系的影响。

(2)范围。具体阐述本程序所包含的管理过程或活动范围,说明其适用性。

(3)职责。具体规定负责实施该程序文件有关活动的人员责任和权限。

(4)工作程序。详细阐述实现程序的行动步骤和方法。应一步一步地列出所要做的工作,保持合理的顺序,提出值得注意的任何例外或特殊领域。可应用流程图和使用参考资料。

(5)相关文件。列出此程序文件所涉及的文件名称、编号。

(6)记录表格。明确此程序文件执行中所需的记录表格的名称、编号。

(四)建议需编写的程序文件

(1)检验检测公正和诚信程序。

(2)保护客户秘密和所有权程序。

(3)人员管理程序。

(4)人员监督监控程序。

(5)人员培训程序。

(6)实验室环境条件控制程序。

(7)实验室内务管理程序。

(8)实验室安全作业管理程序。

（9）实验室环境保护程序。

（10）设备设施管理程序。

（11）仪器设备溯源程序。

（12）仪器设备期间核查程序。

（13）标准物质管理程序。

（14）菌(毒)种和生物样本管理程序。

（15）文件控制程序。

（16）合同评审程序。

（17）分包程序。

（18）选择和购买服务与供应品程序。

（19）服务客户程序。

（20）投诉处理程序。

（21）不符合工作处理程序。

（22）纠正措施程序。

（23）风险和机遇的应对措施和改进程序。

（24）记录控制程序。

（25）内部审核程序。

（26）管理评审程序。

（27）检验检测工作管理程序。

（28）检验检测方法控制程序。

（29）测量不确定度评定程序。

（30）信息数据管理程序。

（31）抽样控制程序。

（32）样品管理程序。

（33）结果有效性监控程序。

（34）能力验证和实验室间比对程序。

（35）检验检测报告管理程序。

（36）检验检测结果复验程序。

【某食品药品检测中心"合同评审程序"举例】

1.目的　通过合同评审,明确客户的要求,确定是否具备满足客户要求的能力,形成被双方接受的合同。

2. 范围　适用于本中心的各类检验/检测合同的评审及与客户的沟通。

3. 职责　①技术负责人负责审批要求、标书和合同。②业务室负责受理客户的要求、标书和合同，组织相关检验科室进行合同评审，并负责与客户的沟通。③样品受理员负责常规的、一般性的合同，或非常明确的客户需求的合同的评审。④相关检验科室负责对签订的要求、标书和合同的实施。

4. 工作程序

(1)合同的分类。①委托检验合同：一般情况下，注册和委托检验用《检验受理单》的形式进行；医药洁净(区)性能检测，用《洁净室(区)性能监测委托书》。②监督抽验：对于有计划的监督抽验任务，直接采用国家规定的《样品抽样记录及凭证》。

(2)评审内容

1)明确客户要求。合同中必须明确客户的所有要求，包括检测方法、检验报告交付时间、保密要求等，表达方式应便于双方理解。

2)能力评审。审查客户要求的检验项目是否在本中心的资质范围内，本中心的人员和设备能否满足客户委托检验的任务量。

3)方法的选择。根据食品、药品、化妆品特点，首先在《国家食品安全标准》、GB、GB/T，《中华人民共和国中国药典》和《国家药品标准》、《化妆品卫生规范》中选择法定检验质量标准；当其中未包含该样品的质量标准时，要求委托方提供现行有效的质量标准并书面确认其现行有效性，该种标准作为散标由业务室受控管理。

4)争议的处理。对于客户和本中心在检验要求、标书与合同方面存在的任何不一致，均应在检验工作开始前得到解决，保证每份合同都能得到双方的接受和认可。

(3)合同内容要求。一般情况下，本中心与客户签署的委托检验合同应明确：①委托方(客户)名称；②客户联系方式；③委托日期；④样品名称、批号、规格、数量、包装；⑤生产单位名称；⑥委托检验项目、检验依据、余样处理方式等；⑦检验收费；⑧委托方(客户)的保密要求等。

(4)合同评审流程

1)常规类委托检验合同。如药品委托检验所采用的检验标准为现行的法定标准，且委托项目均为本中心已开展的检验项目，由样品受理员对《检验受理单》进行简单评审，并代表本中心在合同书上签字。《检验受理单》一式两份，客户和本中心各执一份。对于医药洁净室(区)性能检测委托合同，由业务室主任代表本中心在合同上签字。

2)复杂类合同。复验、非标方法、复杂的或特殊要求的合同,由业务室填写《合同评审报告》并组织相关检验科室主任进行评审,报技术负责人审批后,由业务室主任与客户签订《检验受理单》。

3)新项目合同。如果客户委托检验的项目属于本中心未开展,但有能力与资源可履行的项目,执行《检测方法的选择与确认程序》《新项目评审程序》。

(5)合同的偏离。合同执行中如遇到对合同要求的任何偏离时,检验科室应通知业务管理室,由业务室主任及时向客户进行通报,以保证能得到客户理解或接受。

(6)评审记录保存。业务室应保存评审记录,包括修改合同所做的再评审记录、合同执行期间与客户沟通的有关记录等。

5.相关文件

(1)《分包管理程序》(SQCFDC/QSP-0505-2018)。

(2)《记录的控制程序》(SQCFDC/QSP-0524-2018)。

(3)《检验方法及方法的确认程序》(SQCFDC/QSP-0527-2018)。

(4)《新项目评审程序》(SQCFDC/QSP-0528-2018)。

(5)《偏离处理程序》(SQCFDC/QSP-0518-2018)。

6.记录

(1)《合同评审报告》(SQCFDC/QRD-116-2018)。

(2)《偏离申报处理表》(SQCFDC/QRD-0051-2018)。

三、作业指导书

1.作业指导书的编写依据　作业指导书是整个机构管理体系的三级文件,编写的依据为质量手册、程序文件、标准和测试方法、仪器设备的操作规程等。

2.作业指导书的类别　作业指导书是"有关任务如何实施和记录的详细描述",用以指导某个具体过程、事物所成的技术性细节的可操作性文件。指导书要求制定得合理、详细、明了、可操作,检测实验室应该具有以下几个方面的作业指导书。

(1)行政管理类。可包括工作职业道德、公正性、人员安全、与客户关系和其他需要确保检验检测机构工作人员行为适当的有关规定。

(2)检测方法类。用以指导检测的过程(包括非标方法、偏离方法等)。

(3)设备管理类。设备的使用、维护、期间核查、内部校准等。

（4）样品管理类。包括样品的采集、准备、保存和处置等。

（5）数据类。包括数据的修约、有效位数、异常数据的剔除以及测量不确定的评定等。

（6）安全环保类。包括检测过程中工作环境、场所、操作过程、危险物品等安全注意事项，以及废弃物的处置等。

作业指导书是技术性的文件，必须得到批准后方可使用；同时，又是检测检验检测机构日常使用的文件，必须使工作人员容易得到。严禁执行作废的指导书，作业指导书的编制、批准、使用、回收、报废应有相应的程序文件。

3. 作业指导书的格式、编号和内容　作业指导书的格式多种多样，不拘一格。主要内容应包括：①组织名称；②文件编号；③作业指导书名称；④修订次数/日期；⑤发布日期；⑥具体阐述制定本作业指导书的目的、作用和意义；⑦具体阐述制定本作业指导书所包含的过程、活动或岗位的应用范围，说明其适用性；⑧工作要求包括使用的设施，活动或作业步骤，部门人员的职责、环境条件限制，活动或作业应达到的目标（如技术指标），检查或测量的规定，使用的文件和记录；⑨使用本作业指导书所引用的相关作业指导书文件；⑩运作本作业指导书产生的记录。

【某食品药品检测中心作业指导书举例】

××食品药品检测中心档案管理办法

文件编号：SQCFDC/QTD-01-06-2018

版本/修订：第7版

颁布日期：2018年12月1日

为了规范我中心档案管理，加强档案的科学管理和利用，确保档案完整、准确、系统和安全，更好地为检验/检测服务，制定本制度。本制度适用于本单位的档案管理。本制度所称档案是指在食品、药品、化妆品等监督检验工作中形成的有保存价值的各种文字、图表、声像等不同形式的历史记录以及文书、科技、基建、仪器设备、财会档案的管理。

1. 职责

（1）中心主管副主任负责档案管理的领导工作。

（2）办公室负责档案的管理工作，由经过培训具有专业技能的专职人员进行统一管理。

（3）档案管理员负责档案资料的收集、立卷、编号、编目、装订、录入、保管、借阅、检查、鉴定、销毁等工作。

(4)各科室在档案专职人员的指导下,负责本科室各类文件材料收集、保管、归档工作。

2.要求

(1)相关收集与立卷按《档案立卷管理规定》执行。

(2)归档验收、编号、编目、保管、鉴定、销毁、统计按《药品检验档案管理规范》执行。

(3)档案的借阅按《档案借阅制度》执行。

(4)档案的保密按《档案保密管理制度》执行。

(5)办公室定期或不定期进行检查。

3.保管

(1)档案管理的工作场所应具有专用库房。

(2)档案管理每年要进行自检和安排下年度工作计划,种类档案的年归档率达到99%以上。

(3)档案管理要建立适应工作需要的检索系统,并逐步建立计算机管理系统。

(4)档案库内技术管理应贯彻"以防为主、防治结合"的原则,做到六防:防火、防盗、防光、防腐、防有害物质和防污染。

(5)档案人员对档案库房应经常进行检查,掌握档案保管情况,发现问题,及时采取措施予以处理。

(6)非工作人员禁止进入库房,确保档案的完整与安全。

(7)做好平时立卷归档工作,每年要收集去年的案卷,并注意随时收回借阅过期的档案,做好档案的接收、整理、分类编号、鉴定、修复或销毁、统计和利用工作。建立档案台帐。

(8)档案人员工作变动时,必须做好移交工作。

(9)所用档案资料到保管期限后,由档案管理人员提出申请,经中心主任同意后,进行销毁。

4.相关/支持性文件

(1)《档案保密管理制度》(SQCFDC/QTD-01-07-2018)。

(2)《档案立卷管理规定》(SQCFDC/QTD-01-08-2018)。

(3)档案借阅制度》(SQCFDC/QTD-01-09-2018)。

四、记录

1. 记录的要求

(1)记录是管理体系运行的见证,为可溯性提供依据,是体系文件的一部分,包括质量记录和技术记录。质量记录表格是程序文件的附录内容,是管理活动的证据;技术记录是贯穿于报告形成的全过程,是产品实现的证明。

(2)记录一般为表格形式,也可以文字、样品、照片、录像、存储介质等形式存在。

(3)记录无固定格式,根据需要设定。记录是一种特殊类型的文件,记录和文件不应截然分开,关键看组织如何划分。检验检测机构在日常工作中所用记录可直接采用在纸张右上角加注编号的方式予以标识,记录不需要加盖受控章。

(4)记录应体现充分性、有效性、实用性、准确性和标准化,并利于管理,一般应含有时间、地点、项目、仪器设备、环境设施、采用方法、实施过程、相关人员、样品描述等信息。

(5)记录的对象不只是数据,任务委托、合同评审、内审、文件发放、会议签到等都是记录。

(6)记录应有统一编号,汇编成册发布执行。某些复杂记录应附有填报说明。

(7)记录应有相应"记录管理程序"文件,规定记录的标示、收集、编目、查阅、归档、储存、销毁等。

2. 记录的内容　通常记录应包括如下内容,但这些内容不一定同时存在于某一具体的记录中。①名称;②编号;③记录的时间;④记录的地点、区域;⑤记录人员的签名;⑥记录的项目按先后顺序排列,一般包括项目名称、实际数据或活动纪实等;⑦记录人员的判定;⑧记录人员的判定依据,如检验、试验依据、审核和评审依据等;⑨其他需记录的事项等。

【记录实例】

记录一般为表格形式。下面列举部分记录表格实例(表3-1~表3-12),供大家参考。

表3-1　合格供应商登记

序号	供应商	服务类型	联系人及电话	评价表编号	备注

编制：　　　批准：　　　　日期：　年　月　日

表3-2　文件修改

编号：

文件名称			文件编号	
修改原因				
修改条款			修改页码	
修改人		修改日期	实施日期	
原内容： 				
修改后内容： 				
通知发往部门及人员： 				
审核人： 		批准人： 批准日期：　年　月　日		
通知人员				

签名	日期	签名	日期	签名	日期

表 3-3　客户反馈信息

时间			
客户名称		联系人	
地址		电话	
信息反馈方式			

信息或要求：

处理意见：

记录人		日期	年　月　日

表3-4　供应商评价表

编号：

供应商名称			
所购物品名称			
		型号	
地址		联系人	
联系方式			
供应品质量 状况			
供应品价格 水平			
服务质量及 信誉			
资质证明及 相关材料			
质量保证与 售后服务			
使用科室意见	办公室审核意见：	质量负责人审核意见：	技术负责人意见：
总体评价			

评价人：　　　　　　　　　　　　　　　　　　　　　　日期：　　年　月　日

表 3-5　投诉登记表

编号：

投诉单位			
单位地址			
邮政编码		传真	
联系人		联系电话	
投诉方式	□信函　　　　□传真　　　　□电话　　　　□面谈		
投诉事由：			
业务室受理人		受理时间	
业务室负责人： 　　　　　　　　　　　　　　　主任：　　　　年　月　日			
质量负责人意见： 　　　　　　　　　　　　　质量负责人：　　　　年　月　日			

表 3-6　不符合项纠正报告

被审核部门		审核日期	
审核依据			

不符合项描述：

上述观察结果不符合　　　　　　　　　　　规定,为　　　　　不符合项。

审核人员：　　　　　　　　　　　　　　　　　　　　　　年　　月　　日

被审核部门负责人：　　　　　　　　　　　　　　　　　　年　　月　　日

建议纠正措施计划：

被审核部门负责人：　　　年　月　日　审核人：　　　　　年　月　日

质保室负责人：　　　　　年　月　日　质量负责人：　　　年　月　日

纠正措施完成情况：

被审核部门负责人：　　　　　　　　　　　　　　　　　　年　　月　　日

纠正措施跟踪检查确认情况：

验证人：　　　　　　　　　　　　　　　　　　　　　　　年　　月　　日

表 3-7　仪器设备维修记录表

编号：

科室		仪器设备 管理责任人		
仪器设备名称		编号		
异常情况 描述				
科室负责人		日期		
质保室意见				
质量负责人 意见				
维修人员 处理结果	维修人员：　　　　　　　　　　　　　　　　　　　年　　月　　日			
仪器设备 管理责任人 与维修科室 验收意见	验收人员： 　　　　　　　　　　　　　　　　　　　　　　　年　　月　　日			

注:本单一式三份,一份交质保室,一份由请修科室留存,一份交档案室存档。

表3-8　不符合工作统计表

序号	科室	不符合项目及内容	发现日期	统计者	备注

表3-9　培养基配制、灭菌记录表

_____室

配制日期	培养基名称	培养基来源	培养基批号	配制量/mL	灭菌温度,时间（℃,分钟）	蒸汽灭菌器编号	配制人

表 3-10　检验项目分包申请单

检品名称	
检品编号	
分包方	
分包方资质	资质认定/实验室认可证书号码(复印件加盖公章)
	资质认定/实验室认可参数(复印件加盖公章)
分包原因: 　　　　　负责人:　　　　　　　　　　　　　　　　　年　月　日	
业务室意见: 　　　　　负责人:　　　　　　　　　　　　　　　　　年　月　日	
技术负责人审批 　　　　　负责人:　　　　　　　　　　　　　　　　　年　月　日	

表 3-11　检验分包方评审表

编号：

被分包方	
分包项目	
评审内容	
人员	
设施环境	
检测设备	
量值溯源	
质量体系	
结论	评审人：　　　　　年　月　日
业务室负责人	签字：　　　　　年　月　日
技术负责人意见	签字：　　　　　年　月　日

表 3-12　内部审核首(末)次会议签到表

内容			
时间		地点	
主持人		人数	
到会人员			
姓名	部门	职务	职称

第三节　管理体系的运行和改进

一、管理体系的运行

(一)文件下发和培训

体系文件是描述管理体系的一整套文件,包括质量方针、目标、政策、制度、计划、程序、作用指导书等,它是开展各项活动的依据,也是评价管理体系、进行改进不可缺少的依据。其作用是便于传递信息,沟通意图,统一行动。质量手册发布前,应由检验检测机构的质量主管组织文件编写人员对其进行最后审查,以保证其清晰、准确、适用和结构合理,然后由最高管理者批准后发放。管理体系文件应向全体人员进行培训,通过培训使他们理解并贯彻执行,以达到确保检验检测机构所有活动在受控状态下进行。

(二)管理体系的试运行

通过试运行,考核管理体系文件的有效性和协调性。检验检测机构人员按照管理体系文件的要求进行试执行,并将发现的问题进行整理和记录,采取改进措施和纠正措施,为完善管理体系文件做好准备。

(三)组织内部审核和管理评审

在试运行过程中,对检验检测机构管理体系的管理活动进行全面的内部审核和管理评审,以验证检验检测机构的质量活动是否符合《检验检测机构资质认定管理办法》、《检验检测机构资质认定能力评价　检验检测机构通用要求》(RB/T 214—2017)及检验检测机构管理体系文件的要求。

(四)根据管理体系试运行情况,修订管理体系文件

以《检验检测机构资质认定管理办法》、《检验检测机构资质认定能力评价　检验检测机构通用要求》(RB/T 214—2017)和检验检测机构的实际运行情况为标准,对管理体系文件进行符合性审核,对不符合要求的文件进行修改、补充。

(五)管理体系的正式运行

1.建立管理体系　具备下列条件可发布正式的管理体系文件进行运行。

（1）新体系文件已经充分宣传贯彻，全体人员已基本熟悉和了解并能方便取得。

（2）机构和人员调整方案已确定，各类人员的任命书正式下达。

（3）所有部门对自己质量评审和履行职能的相关程序已明确。

（4）履行职能的必要资源已配备或调整到位，包括人员、场所、设备、设施、文件等。

（5）新的体系文件已按要求发放，旧文件已全部收回并报废。

2.管理体系运行有效性的评价　管理体系文件是管理体系存在的首要条件，但至关重要的是管理体系能否有效运行。管理体系有效运行体现在以下三点。

（1）各项质量活动均处于受控状态，严格遵循文件要求并有完整记录。

（2）有持续改进、自我完善、自我发展的能力，检验检测机构业绩不断提升。

（3）通过质量监控、内部审核和管理评审持续改进管理体系，管理体系处于一种良性循环的状态。

二、管理体系的改进

检验检测机构应通过实现质量方针和目标、应用审核结果、数据分析、纠正措施、管理评审、人员建议、风险评估、能力验证和客户反馈等信息来持续改进管理体系的适宜性、充分性和有效性。持续改进要求检验检测机构不断寻求对其过程改进的机会。改进措施可以是日常的改进活动，也可以是重大的改进项目。因此，持续改进的过程和活动必须进行策划和管理。

（一）持续改进的内容

检验检测机构应从以下方面发现和实施持续改进：①通过质量方针的建立实施和保持，营造一个激励改进的氛围与环境；②确立质量目标以明确改进方向；③质量负责人阶段持续改进报告；④质量监督、内部审核、管理评审的结果分析；⑤不符合工作的纠正措施和风控措施；⑥资源配置和人员培训计划的实施情况；⑦质量控制、能力确认和实验室间比对等质量控制活动结果；⑧客户反馈信息及专家建议等。

（二）持续改进的实施

持续改进报告纳入管理评审，并将管理评审输出作为持续改进的重要工作予以实施,将持续改进工作输入下一年度工作计划和目标中。检验检测机构通过实施持续改进工作,不断改进工作质量,完善管理体系,以满足客户和社会的需要。①根据检验检测机构资质认定监管部门有关检验检测机构管理方面新的政策、文件、要求,实施必要改建。②调查本单位检测能力范围内标准、方法、规范的新变化,实施标准变更。③调查社会和客户对所提供服务的新要求,实施满足客户要求的改进。④分析本单位组织结构、资源配置基本情况与上级要求和社会需求以及新标准、规范的变化情况,实施改进。⑤收集整理、分类统计在质量监督、内部审核、实验室间比对和能力验证、分包检测、投诉及意见反馈等质量活动中所发现的不符合项及采取的纠正、纠正措施和风控措施,实施相应的改进。⑥针对管理评审中对管理体系的全面评价、结论,不断发现管理体系的薄弱环节,发现管理体系有效性的持续改进的机会,实施改进。⑦对本单位各个部门的质量活动工作总结进行统计分析,找出需要改进的方面,实施改进。

【问答题】

1. 管理体系文件建立的依据是什么?

答:管理体系文件建立的依据为《检验检测机构资质认定管理办法》、《检验检测机构资质认定能力评价　检验检测机构通用要求》(RB/T 214—2017)及相关行业特殊要求等相关规定。

2. 质量手册是什么?

答:质量手册是检验检测机构质量管理体系的规范,是管理体系运行的纲领性文件,描述管理体系的要求及各岗位职责和管理途径。为适应某个组织的规模和复杂程度,质量手册在其详略程度和编排格式方面可以不同。

3. 程序文件是什么?

答:程序文件是为进行某项活动或过程所规定的途径的文件。该文件对体系运行中各项管理活动的目的和范围,做什么,由谁做,何地做,何时做,怎么做,应该使用什么材料、设备和文件,如何对该活动进行控制和记录等给予了详细、明确的描述。

4. 什么是作业指导书?

答:作业指导书是有关任务如何实施和记录的详细描述,用以指导某个具体过程、描述事情形成的技术性细节的可操作性文件,包括方法类、设备类、样品类、数据类作业指导书。作业指导书可以是详细的书面描述、流程图、图表、模型、图样中的技术注释、规范、设备操作手册、图片、影像、检验检测清单,或这些方式的组合。

5. 什么是记录?

答:记录是阐明所取得的结果或提供所完成活动的证据的文件,可用于为可追溯性提供文件,并提供验证、风险和机遇应对措施及纠正措施的证据。

6. 管理体系文件可分为哪几类?

答:管理体系文件可分为 4 类,即质量手册、程序文件、作业指导书、记录表格。

7. 编制管理体系文件应注意的要点是什么?

答:编制管理体系文件应重点关注以下几个方面。①管理体系文件应当包括《检验检测机构资质认定管理办法》《检验检测机构资质认定能力评价 检验检测机构通用要求》(RB/T 214—2017)及相关行业特殊要求等相关规定;②管理体系描述清楚,要素阐述简明、切实,文件之间接口关系明确;③质量活动处于受控状态;管理体系能有效运行并进行自我改进;④需要有管理体系文件描述的要素,均被恰当地编制成了文件;⑤管理体系文件结合检验检测机构的特点,具有可操作性;⑥多场所的检验检测机构,管理体系文件还应当注意管理体系文件应当覆盖检验检测机构申请资质认定的所有场所,各场所与总部的隶属关系及工作接口应当描述清晰,沟通渠道应当通畅,各分场所内部的组织机构(适用时)及人员职责应当明确。

8. 实验室管理体系运行存在的问题有哪些?

答:作为检测或校准实验室,一般都按《检验检测机构资质认定能力评价 检验检测机构通用要求》(RB/T 214—2017)建立管理体系,包含人、机、料、法、环、测等各要素,并通过资质认定才能向社会提供公正数据。实验室建立和运行有效的管理体系,是保证检测结果准确可靠,实现客户满意的主要手段。随着我国经济的快速发展,实验室的数量不断增加,水平参差不齐,实验室管理体系运行中普遍存在以下问题。

(1)管理体系运行中存在的主要问题及原因分析

1)建立的管理体系与实际工作不符,存在"两张皮"现象:部分实验室因为缺乏建立管理体系的能力和水平,存在照搬照抄其他实验室管理体系文件的情况,以致体系与实际工作不相符。还有部分实验室按标准要求建立管理体系,但由于领导不重视,检验人员怎么方便怎么来,实际不按要求做,说一套做一套。

2)人员质量意识不强:有些管理人员和检验检测人员质量意识不强,工作不严谨,认为差不多就行,未能充分认识到检测工作质量好坏对实验室的影响,也没有将客户满意度作为工作的出发点和落脚点。

3)培训缺乏考核:部分实验室未建立有效的培训评价考核机制,认为培训过了就好了,忽视了对培训效果的验证,以致学习打了折扣,达不到应有的目的和效果。

4)内审和管理评审走过场,内部监督流于形式:有些实验室对内审和管理评审不重视,所有记录照搬照抄前一年,内审结论和管评输出换汤不换药。还有些实验室监督员配备不足、能力不足、责任心不强,不能充分履行职责,导致质量监督应付差事,缺乏实效。

5)仪器设备管理不到位:部分设备管理员或设备使用人员缺乏对仪器设备有效管理的经验和方法,不了解仪器设备量值溯源要求,导致设备超期使用或量值溯源无效。

(2)管理体系有效运行的对策和建议

1)建立符合工作实际的管理体系:各实验室应根据《检验检测机构资质认定能力评价　检验检测机构通用要求》(RB/T 214—2017),结合自身工作实际制定与之相符的质量方针、目标和体系管理文件(包括质量手册、程序文件、作业指导书和记录表格),并确保文件的有效实施。当实验室涉及特殊领域时,还应满足特殊要求(如食品检测机构申请资质认定应同时满足《食品检验机构资质认定条件》要求)。同时,随着互联网技术的快速发展,鼓励实验室用信息化手段来规范管理体系的运行,实现"全程跟踪、时限管理",有效预防"两张皮"现象。如建立检测信息化管理系统,对整个检测业务流程,从业务受理、到检测流转、到报告编制审批、再到报告出具进行系统管理,既提高实验室工作效率,又减少因检测人员对体系文件执行不到位带来的人为差错。建立仪器设备信息化管理系统,对仪器设备的检定或校准、SOP 的形成、维修、核查直至停用报废等一系列过程进行信息化管理,并将仪器设备的量值溯源时间设置自动提醒,实现全过程跟踪管理。建立文件记录管理系统,实现体系文件从编制、修订到发布实施,再到作废的全过程控制,有效防止文件的非预期使用。

2)提高人员质量意识:最高管理者要加大教育宣传力度,通过会议、培训、宣传等各种途径,增强全员的质量意识,要求员工自觉把检测工作同质量管理、实验室形象结合起来,使每个员工充分认识到自己在质量管理中扮演着重要的角色,从而培养出一批责任心强、质量意识高的检测和管理人员。同时,鼓励员工围绕实验室质量管理体系运行过程的各个环节,积极发现问题,并针对问题提出改进的意见和措施。做好客户满意度调查和投诉管理,建立合理有效的质量奖惩制度,实现工作质量的不断提升。

3)加强培训考核力度的目的是达到预期的目标和效果,要及时进行培训考核和效果评价,以检验培训的有效性。所以培训有效性评价是培训活动的重要环节,实验室可以根据"岗位任职要求"和培训目标对培训进行有效性评价,评价的方式可包括:面试、笔试、提问和讨论或通过参加能力验证和实验室间比对、内部质量控制(如内部人员比对、操作技能考核、盲样考核和内部审核等)等多种方式来实现。培训有效性评价应提供:培训合格证书,培训小结,向相关人员宣传贯彻的记录(必要时),实际操作的记录(必要时)、结果及监督人员或相关专家的现场考核意见(必要时)等。

4)加强内部质量控制能力和水平:一方面要加强内部监督。监督是实验室在管理体系日常运行中发现不符合项和改进完善管理体系的重要手段和工具,是实验室的一项重要的经常性的内部质量活动。实验室应于每年初制订人员监督计划,对监督时间、监督内容和监督方式进行具体规定。应根据所涉及专业领域的覆盖面,在每个专业领域配备足够数量、足够工作经历和专业能力、责任心强的监督员,使监督工作能充分、有效地进行。监督员应履行好自己的职责,认真严谨、实事求是地描述被监督人员的操作过程,并进行有效性评价,保证客观、公正地对整个监督过程进行详细记录。另一方面要加强内部审核、管理评审工作的质量。内部审核与管理评审是实验室质量管理体系自我完善、自我提高的重要手段。实验室管理者、质量负责人一定要对内部审核和管理评审予以足够的重视,要以认真负责的态度,实实在在的开展工作。要注意提高内审员的水平,内审员的人选应是有影响力和话语权的专家能手,具备较高的专业能力,熟悉审核技巧,具备编制内部审核检查表、出具不符合项报告的能力。要做好管理评审的输入输出,对管理体系各方面活动进行有效检查和评估,输入资料应全面充分,输出要有针对性,要提出改进的决议,要有具体的落实方案,并进行跟踪验证,以确保管理体系的适宜性和持续有效性。

5)加强设备管理和量值溯源的有效性:仪器设备是实验室完成检测任务的基础物质,设备的功能和精度是否满足检测要求,直接关系检测结果的质量。设备量值溯源对保证检测结果的准确性、有效性和可靠性起到非常重要的作用。设备管理员应不断完善设备管理信息,输入正确的仪器设备检定或校准周期,检定/校准内容,特别是校准点,以及重要设备期间核查时间,确保仪器设备的有效性和稳定性。需要注意的是,实验室应根据仪器设备的情况选择具备能力的检定和校准机构,并对供方进行评价,特别要查看对方所提供的服务项目参数是否符合本实验室相应设备的所有范围和精度等级要求,有针对性地核对计量检定、校准服务对象的能力。设备使用人员应做好设备的使用登记,详细记录设备使用前后的状态,使用日期和使用时间,检测项目及原始记录编号,确保检测结果的溯源性。实验室管理体系运行中存在的问题诸多,各实验室应不断发现自身在体系运行中存在的问题,及时分析问题产生的原因,通过各种途径努力解决问题,进一步改进和完善管理体系,提高管理水平与工作质量,实现持续改进,提升客户满意度。

第四章

评审过程

　　检验检测机构资质认定评审依照《中华人民共和国计量法》及其实施细则、《中华人民共和国认证认可条例》、《检验检测机构资质认定管理办法》、《检验检测机构资质认定评审准则》等法律、行政法规的规定进行。

　　检验检测机构是指依照《检验检测机构资质认定管理办法》的相关规定，依法成立，依据相关标准或技术规范，利用仪器设备、环境设施等技术条件和专业技能，对产品或者法律法规规定的特定对象进行检验检测的专业技术组织。

　　资质认定是指依照《检验检测机构资质认定管理办法》的相关规定，由市场监督管理部门依照法律、行政法规规定，对向社会出具具有证明作用的数据、结果的检验检测机构的基本条件和技术能力是否符合法定要求实施的评价许可。

　　资质认定技术评审是指依照《检验检测机构资质认定管理办法》的相关规定，由市场监管总局或者省级市场监督管理部门（以下统称资质认定部门）自行或者委托专业技术评价机构组织相关专业评审人员，对检验检测机构申请的资质认定事项是否符合资质认定条件以及相关要求所进行的技术性审查。

　　针对不同行业或者领域的特殊性，市场监管总局和国务院有关主管部门，依照有关法律法规的规定，制定和发布相关技术评审补充要求，评审补充要求与《检验检测机构资质认定评审准则》一并作为技术评审依据。

　　告知承诺现场核查依照《检验检测机构资质认定管理办法》的相关规定，对于采用告知承诺程序实施资质认定的，对检验检测机构承诺内容是否属实进行现场核查的内容与程序，应当符合《检验检测机构资质认定评审准则》的相关规定。

　　检验检测机构资质认定评审原则资质认定技术评审工作应当坚持统一规范、客观公正、科学准确、公平公开、便利高效的原则。

第一节　评审内容与要求

资质认定技术评审内容包括对检验检测机构主体、机构人员、场所环境、设备设施和管理体系等方面是否符合资质认定要求的审查。

1. 机构主体评审要求　检验检测机构应当是依法成立并能够承担相应法律责任的法人或者其他组织。

(1)检验检测机构或者其所在的组织应当有明确的法律地位,对其出具的检验检测数据、结果负责,并承担法律责任。不具备独立法人资格的检验检测机构应经所在法人单位授权。

(2)检验检测机构应当以公开方式对其遵守法定要求、独立公正从业、履行社会责任、严守诚实信用等情况进行自我声明,并对声明内容的真实性、全面性、准确性负责。

(3)检验检测机构应当独立于其出具的检验检测数据和结果所涉及的利益相关方,不受任何可能干扰其技术判断的因素影响,保证检验检测数据和结果公正准确,可追溯。

2. 机构人员评审要求　检验检测机构应当具有与其从事检验检测活动相适应的检验检测技术人员和管理人员。

(1)检验检测机构人员的受教育程度、专业技术背景和工作经历、资质资格、技术能力应当符合工作需要。法律、行政法规对检验检测人员执业资格或者禁止从业另有规定的,依照其规定。

(2)检验检测报告授权签字人应当具有中级及以上相关专业技术职称或者同等能力,并符合相关技术能力要求。

(3)检验检测机构人员应当与本机构建立劳动关系,临时性、辅助性或者替代性工作岗位可以采取劳务派遣用工形式。检验检测机构用工情况应当符合《中华人民共和国劳动法》《中华人民共和国劳动合同法》的相关规定,符合从业竞业限制。

3. 场所环境评审要求　检验检测机构应当具有符合标准或者技术规范要求的工作场所,工作环境符合检验检测要求。

(1)检验检测机构具有符合标准或者技术规范要求的检验检测场所,包括固定的、临时的、可移动的或者多个地点的场所。

（2）检验检测工作环境及安全条件符合检验检测活动要求。

4.设备设施评审要求　检验检测机构应当具备从事检验检测活动所必需的检验检测设备设施。

（1）检验检测机构应当配备具有独立支配使用权、性能符合工作要求的设备和设施。

（2）检验检测机构应当对检验检测数据和结果的准确性或者有效性有影响的设备（包括用于测量环境条件等辅助测量设备）实施检定或者校准，保证数据和结果符合计量溯源性要求。检验检测机构应当对溯源结果进行确认，确认内容包括溯源性证明文件（溯源证书）的有效性，及其提供的溯源性结果是否符合检验检测要求。溯源产生的修正信息（修正值、修正因子等）应当有效正确利用。

（3）检验检测机构如使用标准物质，可能时，标准物质应当溯源到国际单位制（SI）或者有证标准物质。

5.管理体系评审要求　检验检测机构应当具有保证其检验检测活动独立、公正、科学、诚信的管理体系，并确保该管理体系能够得到有效、可控、稳定实施，持续符合检验检测机构资质认定条件以及相关要求。

（1）检验检测机构应当依据法律法规、标准（包括但不限于国家标准、行业标准、国际标准）的规定制定完善的管理体系文件，包括政策、制度、计划、程序和作业指导书等。检验检测机构建立的管理体系应当符合自身实际情况并有效运行。

（2）检验检测机构应当开展有效的合同评审。对要求、标书、合同的偏离、变更应当征得客户同意并通知相关人员。

（3）检验检测机构能正确使用有效的方法开展检验检测活动。检验检测方法包括标准方法和非标准方法，应当优先使用标准方法。使用标准方法前应当进行验证。使用非标准方法前，应当先对方法进行确认，再验证。

（4）当检验检测标准、技术规范或者判定规则有测量不确定度要求时，检验检测机构应当报告测量不确定度。

（5）检验检测机构出具的检验检测报告应当客观真实、方法有效、数据完整、信息齐全、结论明确、表述清晰并使用法定计量单位。检验检测报告应当加盖检验检测机构公章或者检验检测专用章，由检验检测报告授权签字人在其授权范围内签发。如需使用电子签名按相关法律法规规定执行。

（6）检验检测机构应当对质量记录和技术记录管理做出规定。包括记录标识、贮存、保护、归档留存和处置等内容。记录信息应当充分、清晰、完整。检验检测原始记录和报告保存期限不少于6年。

（7）检验检测机构在运用计算机与信息技术自动设备系统实施检验检测、数据传输或者对检验检测数据和相关信息进行管理时，具备保障安全性、完整性、正确性措施。

（8）检验检测机构应当实施有效的数据结果质量控制，质量控制活动与检验检测工作相适应。数据结果质量控制活动包括内部质量控制活动和外部质量控制活动。内部质量控制活动包括但不限于人员比对、设备比对、留样再测、盲样考核等。外部质量控制活动包括但不限于能力验证、实验室间比对等。

6.特殊评审要求　有关法律法规及标准、技术规范对检验检验检测机构的人员、场地环境等条件有特殊规定的，检验检测机构还应当符合相关特殊要求。检验检测机构应当以公开方式对其遵守法律、行政法规、部门规章的规定，遵循客观独立、公平公正、诚实信用原则，恪守职业道德，承担社会责任等情况进行自我声明，并对声明内容的真实性、全面性、准确性负责。

第二节　检验检测机构资质认定程序

根据《检验检测机构资质认定管理办法》（2021年修订）的规定，检验检测机构资质认定程序分为一般程序和告知承诺程序。除法律、行政法规或者国务院规定必须采用一般程序或者告知承诺程序的外，检验检测机构可以自主选择资质认定程序。

检验检测机构资质认定推行网上审批，有条件的市场监督管理部门可以颁发资质认定电子证书。

1.一般程序　检验检测机构资质认定一般程序的技术评审方式包括现场评审、书面审查和远程评审。根据机构申请的具体情况，采取不同技术评审方式对机构申请的资质认定事项进行审查。

（1）申请资质认定的检验检测机构（以下简称申请人），应当向国家市场监督管理总局或省级市场监督管理部门（以下统称资质认定部门）提交书面申请和相关材料，并对其真实性负责。

（2）资质认定部门应当对申请人提交的申请和相关材料进行初审，自收到申请之日起 5 个工作日内做出受理或者不予受理的决定,并书面告知申请人。

(3)资质认定部门自受理申请之日起,应当在 30 个工作日内,依据检验检测机构资质认定基本规范、评审准则的要求,完成对申请人的技术评审。技术评审包括书面审查和现场评审(或者远程评审)。技术评审时间不计算在资质认定期限内,资质认定部门应当将技术评审时间告知申请人。由于申请人整改或其他自身原因导致无法在规定时间内完成的情况除外。

(4)资质认定部门自收到技术评审结论之日起,应当在 10 个工作日内,做出是否准予许可的决定。准予许可的,自做出决定之日起 7 个工作日内,向申请人颁发资质认定证书。不予许可的,应当书面通知申请人,并说明理由。

2. 告知承诺程序   告知承诺程序是依照《检验检测机构资质认定管理办法》的相关规定,对于采用告知承诺程序实施资质认定的,由检验检测机构提出资质认定申请,国家市场监督管理总局或者省级市场监督管理部门一次性告知其所需资质认定条件和要求以及相关材料,检验检测机构以书面形式承诺其符合法定条件和技术能力要求,由资质认定部门做出资质认定决定的方式。

检验检测机构首次申请资质认定、申请延续资质认定证书有效期、增加检验检测项目、检验检测场所变更时,可以选择以告知承诺方式取得相应资质认定。特殊食品、医疗器械检验检测除外。对实行检验检测机构资质认定告知承诺的事项,应当由资质认定部门提供告知承诺书。检验检测机构可以通过登录资质认定部门网上审批系统或者现场提交加盖机构公章的告知承诺书以及符合要求的相关申请材料。告知承诺书和相关申请材料不齐全或者不符合法定形式的,资质认定部门应当一次性告知申请机构需要补正的全部内容。

申请机构在规定时间内提交的申请材料齐全、符合法定形式的,资质认定部门应当当场做出资质认定决定。资质认定部门应当自做出资质认定决定之日起 7 个工作日内,向申请机构颁发资质认定证书。

第三节　检验检测机构资质认定评审的类型

检验检测机构资质认定评审是国家市场监督管理部门和省级市场监督管理部门依据《中华人民共和国行政许可法》的有关规定,自行或者委托专业技术评价机构,组织评审人员,对检验检测机构的基本条件和技术能力是否符合《检验检测机构资质认定能力评价　检验检测机构通用要求》(RB/T 214—2017)和相关领域补充要求所进行的审查和考核。

检验检测机构资质认定评审工作分为告知承诺现场核查、现场评审、书面审查和远程评审。

1.告知承诺现场核查　资质认定部门做出资质认定决定后,应当在3个月内组织相关人员按照《检验检测机构资质认定管理办法》有关技术评审管理的规定以及《检验检测机构资质认定评审准则》的相关要求,对于采用告知承诺程序实施资质认定的检验检测机构承诺内容是否属实进行现场核查。现场核查应当对检验检测机构承诺的真实性进行核查。告知承诺的现场核查程序参照一般程序的现场评审方式进行。

告知承诺现场核查应当由资质认定部门组织实施,现场核查人员应当在规定的时限内进行核查并出具现场核查结论。核查结论分为"承诺属实""承诺基本属实""承诺严重不实、虚假承诺"3种情形。并根据相应结论,做出限期整改,或者建议资质认定部门撤销相应许可事项。

对于机构做出虚假承诺或者承诺内容严重不实的,由资质认定部门依照《中华人民共和国行政许可法》的相关规定撤销资质认定证书或者相应资质认定事项,并予以公布。被资质认定部门依法撤销资质认定证书或者相应资质认定事项的检验检测机构,其基于本次行政许可取得的利益不受保护,对外出具的相关检验检测报告不具有证明作用,并承担因此引发的相应法律责任。

对于检验检测机构做出虚假承诺或者承诺内容严重不实的,由资质认定部门记入其信用档案,该检验检测机构不再适用告知承诺的资质认定方式。

2.现场评审　现场评审是指对申请资质认定的检验检测机构是否符合《检验检测机构资质认定能力评价　检验检测机构通用要求》(RB/T 214—

2017)进行现场验证,包括材料审查、现场评审实施、跟踪验证及评审材料上报等全过程。

现场评审适用于首次评审、扩项评审、复查换证评审、发生变更事项影响其符合资质认定条件和要求的变更评审。现场评审应当对检验检测机构申请相关资质认定事项的技术能力进行逐项确认,根据申请范围安排现场试验。安排现场试验时应当考虑所有项目/参数、仪器设备、检测方法、试验人员、试验材料等,并覆盖所有检验检测场所。现场评审结论分为"符合""基本符合""不符合"3种情形。

(1)首次评审。这是对未获得资质认定的检验检测机构,在其建立和运行管理体系后提出申请,资质认定部门对其人员、检验检测技术能力、场所环境、设备设施、管理体系以及机构主体等方面是否符合资质认定要求的审查。

(2)扩项评审。这是对已获得资质认定的检验检测机构,申请增加资质认定检验检测项目,资质认定部门对其人员、检验检测技术能力、场所环境、设备设施、管理体系以及机构主体等方面是否符合资质认定要求的审查。

(3)复查换证评审。这是对已获得资质认定的检验检测机构,在资质认定证书有效期届满前3个月申请办理证书延续,资质认定部门对其人员、检验检测技术能力、场所环境、设备设施、管理体系以及机构主体等方面是否符合资质认定要求的审查。

(4)变更评审。这是对已获得资质认定的检验检测机构,其组织机构、工作场所、关键人员、技术能力等依法需要办理变更的事项发生变化,资质认定部门对其人员、检验检测技术能力、场所环境、设备设施、管理体系以及机构主体等方面是否符合资质认定要求的审查。

3.书面审查 书面审查方式适用于发生变更的事项不影响其符合资质认定条件和要求的变更评审和上一许可周期内无违法违规行为、未列入失信名单且申请事项无实质性变化的检验检测机构的复查换证评审。书面审查由资质认定部门核查申请材料的完整性,并审查是否符合《检验检测机构资质认定评审准则》的要求,给出审批意见。对于符合资质认定要求的,签署"符合"审查结论。当因受书面审查方式限制而导致检验检测机构的基本条件和技术能力确认存在疑点或不充分的情况时,资质认定部门应当视风险情况,追加现场评审或者远程评审。

(1)适用于书面审查的变更评审

1)检验检测机构名称、法人性质发生变更。

2）法定代表人、最高管理者、技术负责人、检验检测报告授权签字人变更。

3）资质认定检验检测项目取消。

4）检验检测方法发生变更但不涉及技术能力的变化。

5）依法需要办理变更的其他事项。

（2）适用于书面审查的复查、换证评审为上一许可周期内无违法违规行为、未列入失信名单且申请事项无实质性变化的检验检测机构提出的复查申请。由资质认定部门核查申请材料的完整性，并审查是否符合《检验检测机构资质认定评审准则》的要求，给出审批意见。

（3）当因受书面审查方式限制而导致检验检测机构的基本条件和技术能力确认存在疑点或者不充分的情况时，资质认定部门应当视风险情况，追加现场评审或者远程评审。

4. 远程评审　远程评审是指使用信息和通信技术对检验检测机构实施的技术评审。采用方式可以为利用远程电信会议设施，包括音频、视频和数据共享；通过远程接入方式对文件和记录审核，同步的（即实时的）或者是异步的（适用时）；通过静止影像、视频或者音频录制的方式记录信息和证据；提供对远程场所（包括潜在危险场所）的视频或者音频访问通道以及其他技术手段。

（1）下列情形可选择远程评审

1）由于不可抗力（疫情、安全、旅途限制等）无法前往现场评审。

2）检验检测机构从事完全相同的检测活动有多个地点，各地点均运行相同的质量管理体系，且可以在任何一个地点查阅所有其他地点的电子记录及数据的。

3）已获资质认定技术能力内的少量参数扩项。

4）现场评审后需要进行跟踪评审，但跟踪评审无法在规定时间内完成。

（2）实施部门。确定实施部门，组建评审组的程序与现场评审工作程序一致。

（3）工作流程

1）材料审查与现场评审工作程序一致。

2）下发评审通知：材料审查合格后下发评审通知，资质认定部门或者其委托的专业技术评价机构向检验检测机构下发《检验检测机构资质认定远程评审通知书》，同时告知评审组按计划实施评审。

3) 远程评审前准备：①评审组长应当保持与资质认定部门或者其委托的专业技术评价机构的良好沟通，获得检验检测机构的相关信息和资料。②评审组长应当与检验检测机构进行良好沟通，了解其基本状况以及可能对评审过程产生影响的特殊情况等。③评审组长应当编制《检验检测机构资质认定远程评审日程表》，明确评审的日期、时间、评审范围（要素、技术能力）、评审组分工等。④评审组长应当与评审组成员联系，并组织策划远程评审方案；组织评审组成员对《检验检测能力申请表》的表述规范性进行初步审核，拟定现场考核项目。⑤远程评审前，评审双方应当对远程评审所需的信息和通信技术的软硬件配置的适宜性、相关人员的信息和通信技术能力、信息和通信技术的安全性和保密性等是否符合实施远程评审条件进行确认，若不符合，则不能实施远程评审。

4) 实施远程评审

▲预备会议：评审组长在评审前以视频会议方式召开评审组预备会，会议内容和要求与现场评审工作程序一致。评审组成员可在各自办公场所通过视频会议参加远程评审预备会。

▲首次会议：首次会议以视频会议方式由评审组长主持召开，评审组全体成员，检验检测机构管理层、技术负责人、质量负责人及评审组认为有必要参加的所申请检验检测项目相关人员应当参加首次会议，会议内容与现场评审工作程序一致，首次会议的音频、视频等文件应当存档。

▲考察检验检测机构场所：首次会议结束，由陪同人员携带图像采集设备，依照评审组指示对检验检测机构相关的办公及检验检测场所进行图像采集。评审人员可及时进行有关的提问，有目的地观察环境条件、设备设施是否符合检验检测的要求。考察检验检测机构场所的音频、视频等文件应当存档。

▲现场考核：①考核项目的选择、报告验证和现场试验的要求与现场评审工作程序一致；②评审组应当对需要进行现场试验的检验检测能力进行实时视频评审，视频采集设备应当覆盖试验场所，检验检测人员在开始试验操作前应当向视频采集设备出示上岗证并声明即将开展的检验检测活动；③现场操作时应当有额外的视频采集设备近距离采集试验过程，评审员或者技术专家应当与被见证的检验检测人员保持顺畅的沟通，必要时检验检测机构应当调整摄像设备或者多角度拍摄以便评审员或者技术专家能完整地观摩；④当检验检测机构实际情况不适合进行实时视频考核时（如网络问题、检验检测机构屏蔽问题等），检验检测机构应当根据与评审组事先商定

的要求预录制现场试验视频,预录制的影像应当清晰包含检验检测人员、检验检测用关键设备、环境设施及检验检测全部流程。评审组通过观察现场试验的视频来确认检验检测能力;⑤报告验证所需相关材料可通过网络文件传输方式向评审组提供,视频采集等装置覆盖文件存放场所。配备实验室信息化管理系统(以下简称 LIMS 系统)的检验检测机构,评审组可通过系统授权以远程调阅的方式查阅资料。现场考核的音频、视频等文件应当存档。

▲现场提问:现场提问的要求与现场评审工作程序一致。现场提问可与现场考察、现场试验考核、查阅记录等活动结合进行,也可在座谈会等场合进行。现场试验考核、查阅记录活动中的现场提问通过视频采集设备同步音频采集完成,座谈会现场提问通过会议音频、视频采集完成。现场提问相关音频、视频等文件应当存档。

▲查阅记录:查阅文件、记录时,存放文件和记录的场所应当有音频、视频采集设备覆盖,机构人员携带额外的音频、视频采集设备遵照评审组指示取出需要查阅的文件。通过网络文件传输方式向评审组提供文件和记录。配备 LIMS 系统的检验检测机构,评审组可通过系统授权以远程调阅的方式查阅相关文件及记录。查阅的文件、记录及相关音频、视频等文件应当存档。

▲填写评审记录:评审记录的填写要求与现场评审工作程序一致,评审记录由评审组通过网络文件传递方式完成。

▲现场座谈:现场座谈以视频会议的方式完成,会议内容与现场评审工作程序一致。座谈会音频、视频等文件应当存档。

▲检验检测能力的确定:检验检测能力的确定与现场评审工作程序一致。

▲评审组确认的检验检测能力的填写:由评审组成员根据自身分工完成,通过网络文件传输方式提交评审组长汇总。

▲评审组内部会:评审组内部会以视频会议的方式完成,会议内容与现场评审工作程序一致。内部会音频、视频等文件应当存档。

▲与检验检测机构沟通:与检验检测机构的沟通以视频会议的方式完成,沟通内容与现场评审工作程序一致。内部会音频、视频等文件应当存档。

▲评审结论:评审结论分为"符合""基本符合""不符合"3 种。

▲评审报告:评审报告中应当清晰注明本次评审方式是远程评审,评审报告内容和要求与现场评审工作程序一致。评审组成员的签字可通过文件传递或者符合法律法规要求的电子签名的方式完成。

▲末次会议:末次会议以视频会议的方式完成,会议内容与现场评审工作程序一致。末次会音频、视频等文件应当存档。

5)整改的跟踪验证整改的跟踪验证要求和程序与现场评审工作程序一致。

6)评审材料汇总上报:评审资料还应当包括所有远程评审过程中相关的音频、视频、照片等文件。

7)终止评审以下情况,评审组应当请示资质认定部门或者其委托的专业技术评价机构,经同意后可终止评审。

▲检验检测机构无合法的法律地位。

▲检验检测机构人员严重不足。

▲检验检测机构场所严重不符合检验检测活动的要求。

▲检验检测机构缺乏必备的设备设施。

▲检验检测机构管理体系严重失控。

▲检验检测机构存在严重违法违规问题或被列入经营异常名录、严重违法失信名单。

▲用于远程沟通的设备出现异常情况且短期内无法恢复。

▲检验检测机构远程评审准备不充分,严重影响评审进度。如不能按照评审计划及时提供评审组所需要的证据资料,接受评审的人员不能熟练操作远程通信软件,提供的文件、记录等资料模糊、不清晰而影响评审进度。

▲检验检测机构在远程评审中存在刻意误导、隐瞒等情况。

▲检验检测机构不配合致使评审无法进行。

▲检验检测机构申请资质认定材料与真实情况严重不符。

远程评审结论分为"符合""基本符合""不符合"3 种。

第四节 资质认定现场评审工作程序

检验检测机构开展的资质认定现场评审工作包括材料审查、现场评审实施、跟踪验证及评审材料上报等过程。

现场评审方式适用于首次评审、扩项评审、复查换证评审、发生变更的事项影响其符合资质认定条件和要求的变更评审。

一、材料审查

(一)确定实施机构

资质认定部门受理检验检测机构的资质认定事项申请后,依照《检验检测机构资质认定管理办法》的相关规定,根据技术评审需要和专业要求,自行或者委托专业技术评价机构组织相关专业评审人员实施资质认定技术评审。

(二)组建评审组

资质认定部门或者其委托的专业技术评价机构,应当根据检验检测机构申请资质认定事项的检验检测项目和专业类别,按照专业覆盖、随机选派的原则组建评审组。评审组由 1 名组长、1 名及以上评审员或技术专家组成。评审组成员应当在组长的组织下,按照资质认定部门或者其委托的专业技术评价机构下达的评审任务,独立开展资质认定评审活动,并对评审结论负责。

1.评审组长职责

(1)带头遵守评审纪律和行为准则,要求评审组成员的行为符合有关规定,对评审组成员进行必要的指导,对评审组成员的现场评审表现做出评价。

(2)带领评审组开展现场评审工作,并对现场评审活动的合法性、规范性及评审结论的准确性、真实性、完整性负责。

(3)代表评审组与检验检测机构沟通,协调、控制现场评审过程,裁决评审工作中的分歧和其他事宜。

(4)协调评审组与资质认定部门派出的监督人员的联系。

(5)负责现场评审前的策划,包括文件审查、评审日程安排、向评审组成员分配任务、明确分工要求和提供评审背景信息、策划现场试验项目、准备现场评审记录表单、填写评审的前期准备记录以及评审前应当准备的事项等。

（6）现场评审首次会议前，向评审组介绍评审的有关工作内容和要求。

（7）根据检验检测机构实际情况，组织实施现场评审工作，重点关注检验检测机构管理体系运行的有效性，结合评审组成员的意见，形成评审报告，提出现场评审结论。

（8）组织对检验检测机构整改情况的跟踪验证。

（9）负责评审资料的汇总和整理，并及时向资质认定部门或者其委托的专业技术评价机构报告评审情况和结论以及报送评审资料。

2. 评审员职责

（1）遵守评审纪律和行为准则，服从评审组长的安排和调度，按照评审计划和评审任务分工完成评审工作，对其评审内容结论的准确性、真实性、完整性负责。

（2）按照评审组的分工，做好评审前的信息收集，协助评审组长组织现场试验考核，开展检验检测能力确认工作，及时记录评审活动信息，完成评审报告中相关记录的填写。

（3）及时与评审组长沟通，处理评审中发现的疑难问题。

（4）协助评审组长完成对检验检测报告授权签字人的评审考核。

（5）完成评审组长安排的其他任务。

3. 技术专家职责

（1）遵守评审纪律和行为准则，服从评审组长的安排和调度，按照评审计划和评审任务分工完成评审工作，对其评审内容结论的准确性、真实性、完整性负责。

（2）按照评审组的分工，协助评审组长或者评审员组织现场试验考核，协助评审员开展检验检测能力确认工作，及时记录评审活动信息，完成评审报告中相关记录的填写。

（3）及时与评审组长沟通，处理评审中发现的疑难问题。

（4）协助评审组长完成对检验检测报告授权签字人的评审考核。

（5）完成评审组长安排的其他任务。

（三）材料审查

评审组长应当在评审员或者技术专家的配合下对检验检测机构提交的

申请材料进行审查。通过审查《检验检测机构资质认定申请书》及其他相关资料,对检验检测机构的人员、检验检测技术能力、场所环境、设备设施、管理体系以及机构主体等方面进行了解,并依据《检验检测机构资质认定能力评价　检验检测机构通用要求》(RB/T 214—2017)及相应领域的补充要求,对申请人的申报材料进行文件符合性审查,并予以初步评价。

1.《检验检测机构资质认定申请书》及附件的审查要点

(1)审查检验检测机构的法人地位证明材料,审核其经营范围是否包含检验检测的相关表述,并符合公正性要求;非独立法人检验检测机构是否提供了所在法人单位的授权文件。

(2)检验检测机构是否有固定的工作场所,是否具有产权证明或者租用合同。

(3)检验检测能力申请表中的项目/参数及所依据的标准是否正确,是否属于资质认定范围。

(4)仪器设备(标准物质)配置的填写是否正确,所列仪器设备是否符合其申请项目参数的检验检测能力要求,并可独立支配使用。

(5)检验检测报告授权签字人职称和工作经历是否符合规定。

(6)申请项目类别涉及的典型报告是否符合要求。

2.管理体系文件的审查要点

(1)管理体系文件应当包括《检验检测机构资质认定管理办法》、《检验检测机构资质认定评审准则》、《检验检测机构资质认定能力评价　检验检测机构通用要求》(RB/T 214—2017)及相关行业特殊要求等。

(2)管理体系描述清楚,要素阐述简明、切实,文件之间接口关系明确。

(3)质量活动处于受控状态;管理体系能有效运行并进行自我改进。

(4)要有管理体系文件描述的要素,均被恰当地编制成了文件。

(5)管理体系文件结合检验检测机构的特点,具有可操作性。

(6)审查多场所检验检测机构的管理体系文件时,应当注意管理体系文件应当覆盖检验检测机构申请资质认定的所有场所,各场所与总部的隶属关系及工作接口应当描述清晰,沟通渠道应当通畅,各分场所内部的组织机构(适用时)及人员职责应当明确。

3.审查结果　评审组长应当在收到申请材料5个工作日内完成材料审查,并将审查结果反馈资质认定部门或者其委托的专业技术评价机构。材料审查的结果由资质认定部门或者其委托的专业技术评价机构通知检验检测机构,材料审查的结果主要有以下几种情况。

(1)实施现场评审。当材料审查符合要求,或者材料中虽然存在问题,但不影响现场评审的实施时,评审组长可建议实施现场评审。

(2)暂缓实施现场评审。当材料审查不符合要求,或者材料中存在的问题影响现场评审的实施时,评审组长可建议暂缓实施现场评审,由资质认定部门或者其委托的专业技术评价机构通知检验检测机构进行材料补正。

(3)不实施现场评审。当材料审查不符合要求,或者材料中存在的问题影响现场评审的实施且经补正仍不符合要求,或者经确认不具备申请资质认定的技术能力时,可做出"不实施现场评审"的结论,建议不予资质认定。

材料审查的结果由资质认定部门或者其委托的专业技术评价机构通知检验检测机构。

(四)下发现场评审通知

材料审查合格后,资质认定部门或者其委托的专业技术评价机构向检验检测机构下发《检验检测机构资质认定现场评审通知书》,同时告知评审组按计划实施现场评审。

(五)现场评审策划

现场评审策划包括:①评审组长应当保持与资质认定部门或者其委托的专业技术评价机构的良好沟通,获得检验检测机构的相关信息和资料。②评审组长应当与检验检测机构进行良好沟通,了解其基本状况以及可能对评审过程产生影响的特殊情况等。③评审组长应当编制《检验检测机构资质认定现场评审日程表》,明确评审的日期、时间、评审范围(要素、技术能力)、评审组分工等。④评审组长应当与评审组成员联系,并组织策划现场评审方案;组织评审组成员对检验检测能力申请的表述规范性进行初步审核,拟定现场考核项目。

二、实施现场评审

评审组依据《检验检测机构资质认定管理办法》、《检验检测机构资质认定评审准则》、《检验检测机构资质认定能力评价　检验检测机构通用要求》(RB/T 214—2017)和相关领域补充要求、检验检测技术标准技术规范等,按照评审计划到现场,对检验检测机构所承担的法律责任、人员、工作场所和环境、设备设施、管理体系等方面及申请的检验检测技术能力进行全面系统的评价。

（一）预备会议

评审组长在现场评审前应当召开预备会,全体评审组成员应当参加,会议内容包括:①说明本次评审的目的、范围和依据;②评审组长声明评审工作的公正、客观、保密、廉洁要求;③介绍检验检测机构文件审查情况;④明确现场评审要求,统一有关判定原则;⑤听取评审组成员有关工作建议,解答评审组成员提出的疑问;⑥确定评审组成员分工,明确评审组成员职责,并向评审组成员提供相应评审文件及现场评审表格;⑦确定现场评审日程表;⑧需要时,要求检验检测机构提供与评审相关的补充材料;⑨需要时,组长对新获证评审员和技术专家进行必要的培训及评审经验交流。

（二）首次会议

首次会议由评审组长主持召开,评审组全体成员、检验检测机构管理层、技术负责人、质量负责人和评审组认为有必要参加的所申请检验检测项目相关人员应当参加首次会议,会议内容如下:①组长宣布开会,介绍评审组成员;检验检测机构介绍与会人员;②评审组长说明评审的任务来源、目的、依据、范围、原则,明确评审将涉及的部门、人员;③确认评审日程表;④宣布评审组成员分工;⑤强调公正客观原则、保密承诺和廉洁自律要求,向检验检测机构做出评审人员行为规范承诺,并公开许可部门监督电话和邮箱;⑥澄清有关问题,明确限制要求和安全防护措施(如洁净区、危险区、限制交谈人员等);⑦检验检测机构为评审组配备陪同人员,确定评审组的工作场所及评审工作所需资源。

【检验检测机构介绍举例】

××市食品药品检验检测中心情况介绍

××市食品药品检验检测中心是按照《中华人民共和国药品管理法》设立的法定药品检验机构,是具有独立法人资格的全额拨款公益一类事业单位。其前身是××地区药品检验所,始建于1974年,因机构改革,2016年××市编委(商编办〔2016〕21号)批准更名为"××市食品药品检验检测中心"。

1.基本情况　我中心机构规格相当于正科级单位,编制50人,共设置6个科室,分别为办公室、业务室、质保室、化学室、中药室、药理室。现有人员41人;研究生及以上学历5人,大学本科学历23人,专科及以下学历人员14人;高级技术职称人员9人。总面积2 300平方米,其中:办公面积300平方米,实验室面积2 000平方米。现有各类大小仪器160余台(套);其中大型仪器主要有高效液相色谱质谱联用仪、气相色谱质谱联用仪、电感耦合等离子体质谱仪、实时荧光定量聚合酶链反应分析仪、原子吸收分光光度计、高效液相色谱仪、气相色谱仪、全自动溶出度仪、紫外分光光度计、红外分光光度计、自动旋光仪等。2020年12月9日通过实验室地址变更和扩项资质认证评审工作,目前拥有资质证书参数516个,其中,药品资质参数144个,食品参数334个,化妆品参数30个,洁净区参数8个。

2. 为评审所做的准备工作　我中心高度重视本次资质认定复查、扩项工作,早在去年9月份就对本次资质认定复查和扩项工作进行了部署。

(1)加强组织领导,明确责任和任务。出台有关文件,成立资质认定复查、扩项工作领导小组和资质认定专职办公室,明确任务和分工。

(2)整理各类资料,完善体系文件。对2016年以来的各类资料进行全面整理归纳;增订了高效液相色谱质谱仪、聚合酶链反应分析仪、电感耦合等离子体质谱仪等新安装仪器的作业指导书;对申报项目所涉及的各类标准方法进行全面查新;对《质量手册》《程序文件》《作业指导书》《记录与表格》执行情况进行了系统、全面的检查,修订和完善《质量手册》《程序文件》,明确质保室、业务室、办公室职责分工和要求,细化了工作任务,持续改进了管理体系,确保了管理体系的适宜性、充分性和有效性。

(3)对基础设施进行改善。增加了钢瓶固定装置,天平室、液质室、ICP-MS室、留样室及试剂室在原有中央空调基础上又增加了温、湿度控制装置。

(4)开展药品检测项目的扩项工作。对药品的高效液相-质谱法、聚合酶链反应、电感耦合等离子体质谱法等10多个项目进行了扩项,每个项目完成3批样品的检验,从"人""机""料""法""环"等方面验证能够正确地运用这些方法并对方法的准确度、重复性、检测限等方面进行了考察。

3. 体系运行情况　我中心按《检验检测机构资质认定管理办法》、《检验检测机构资质认定能力评价　检验检测机构通用要求》(RB/T 214—2017)、《食品检验机构资质认定条件》(食药监科〔2016〕106号)要求建立了管理体系,现行的《质量手册》《程序文件》《作业指导书》于2019年1月1日颁布实施,覆盖标准要求各个要素,符合我中心的实际情况,具有并能保证其检验检测活动独立、公正、科学、诚信的管理体系。我们能按体系文件的要求开展各项管理活动,2021年度内审涉及31个要素,检查具体项目150余项,对我中心内设科室、业务室、化学室、中药室、药理室、质保室、办公室和管理体系各要素以现场查看、调阅记录审核、提问等方式进行,确定不符合项12个,对各不符合项均进行了原因分析,制定了整改措施,并在规定时间内全部完成了整改。2021年管理评审提出需对管理体系文件进行修订和完善,加强对检测人员的技术培训,检验人员数量不足,需要招录检验专业技术人员等需要改进的方面。

(三)考察检验检测机构场所

首次会议结束,由陪同人员引领评审组进行现场考察,考察检验检测机构相关的办公及检验检测场所。现场考察的过程是观察、考核的过程。有的场所通过一次性的参观之后可能不再重复检查,评审组应当利用有限的时间收集最大量的信息,在现场考察的同时及时进行有关的提问,有目的地观察环境条件、设备设施是否符合检验检测的要求,并做好记录。

(四)现场考核

1.考核项目的选择 首次评审或者扩项评审的现场考核项目需覆盖申请能力的所有类别、参数或设备。复查换证评审和地址变更时可根据具体情况酌情减少。考核方式有报告验证和现场试验。

2.报告验证 积极采纳申请参数的能力验证结果及有效的外部质量控制结果。

3.现场试验

(1)现场试验考核的方式对检验检测机构的现场试验考核,可采取见证试验、盲样考核、操作演示;也可采取人员比对、仪器比对、留样再测等方式。样品来源包括评审组提供和检验检测机构自备。

(2)现场试验考核结果的应用原则上现场试验除操作演示外须提供全部原始记录及必要的检验检测报告;当采用电子记录时,应当关注电子数据的准确性、完整性、安全性。在现场考核中,如结果数据不满意,应当要求检验检测机构分析原因;如属偶然原因,可安排检验检测机构重新试验;如属于系统偏差,则应当认为检验检测机构不具备该项检验检测能力。

(3)现场试验的评价现场试验结束后,评审组应当对试验的结果进行评价,评价内容包括采用的检验检测方法是否正确;检验检测数据和结果的表述是否规范、清晰;检验检测人员是否有相应的检验检测能力;环境设施的适宜程度;样品的采集、标识、分发、流转、制备、保存、处置是否规范;检验检测设备、测试系统的调试、使用是否正确;检验检测记录是否规范等,并在现场考核项目表中给出总体评价结论(表4-1)。

表 4-1 考核项目表举例

序号	类别	产品/项目/参数		依据的标准(方法)名称及编号(含年号)	所用仪器名称、型号	考核形式/样品来源	检验检测人员	结论
		序号	名称					
1	苹果	1(4)	感官检查	蔬菜、水果卫生标准的分析方法(GB/T 5009.38—2003)	—	见证试验/自备	× × ×	通过
		2(178)	滴滴涕	蔬菜和水果中有机磷、有机氯、拟除虫菊酯和氨基甲酸酯类农药多残留的测定(NY/T 761—2008)	气相色谱仪,7980B	见证试验/自备	× ×	未检出 检出限:0.426 mg/kg 通过
		3(205)	六六六	食品中有机氯农药多组分残留量的测定(GB/T 5009.19—2008)	气相色谱仪,7980B	见证试验/自备	× × ×	未检出 检出限:0.284 mg/kg 通过
2	压榨葵花籽油	4(5)	透明度、气味、滋味	植物油脂 透明度、气味、滋味鉴定法(GB/T 5525—2008)	—	见证试验/自备	× ×	通过
		5(10)	加热试验	粮油检验 植物油脂加热试验(GB/T 5531—2018)	电子天平,AUW220D	见证试验/自备	× × ×	通过
		6(13)	密度	植物油脂检验比重测定法(GB/T 5526—1985)	电子天平,AUW220D	人员比对/自备	× × × × ×	××× 检测值:0.88 ××× 检测值:0.89 相对偏差0.57% 相对偏差限度≤5% 通过

续表 4-1

序号	类别	产品/项目/参数		依据的标准(方法)名称及编号(含年号)	所用仪器名称、型号	考核形式/样品来源	检验检测人员	结论
		序号	名称					
		7(20)	杂质	动植物油脂 不溶性杂质含量的测定(GB/T 15688—2008)	电子天平,AUW220D	人员比对/自备	× × × × ×	×××检测值:1.3% ×××检测值:1.4% 相对偏差3.7%,相对偏差限度≤5% 通过
		8(24)	含皂量	粮油检验 植物油脂含皂量的测定(GB/T 5533—2008)	电子天平,AUW220D	见证试验/自备	×	0.02% 通过
		9(27)	水分及挥发物	食品安全国家标准 动植物油脂水分及挥发物的测定(GB 5009.236—2016)	电子天平,AUW220D 电子天平,XS205DU	仪器比对/自备	×	仪器1:2.8% 仪器2:2.8% 相对偏差0, 相对偏差限度≤5% 通过
		10(47)	极性组分	食品安全国家标准 食用油中极性组分(PC)的测定(GB 5009.202—2016)	电子天平,AUW220D	见证试验/自备	× × ×	9.5% 通过
		11(51)	酸价	食品安全国家标准 食品中酸价的测定(GB 5009.229—2016)	电位滴定仪,T960	人员比对/自备	× × × × ×	×××检测值:0.59 mg/g; ×××检测值:0.60 mg/g; 相对偏差0.84%。 相对偏差限度≤5% 通过

续表 4-1

序号	类别	产品/项目/参数 序号	产品/项目/参数 名称	依据的标准(方法)名称及编号(含年号)	所用仪器名称、型号	考核形式/样品来源	检验检测人员	结论
3	药品(葡萄糖注射液)	1(2)	含量测定	《中华人民共和国中国药典》2020年版四部通则(0621)	旋光度测定仪,SGW-2型	盲样考核/评审组提供	×××	盲样值:100.1% 检测结果值:100.3% RSD:0.10% RSD≤10% 通过
4	药品(甲硝唑氯化钠注射液)	2(34)	pH值	《中华人民共和国中国药典》2020年版四部通则(0631)	酸度计、PHS-3C型酸度计,±0.01pH	仪器比对/自备	×××	仪器1:6.3;仪器2:6.3 RSD:0 RSD≤5% 通过
		3(117)	渗透压摩尔浓度	《中华人民共和国中国药典》2020年版四部通则(0632)	渗透压测定仪,STY-1A型	样品复测/自备	×××	原值:316 mOsmol/kg 复测值:317 mOsmol/kg RSD:0.16% RSD≤5% 通过
		4(89)	装量	《中华人民共和国中国药典》2020年版四部通则(0102)	/	见证试验/自备	×××	102 mL、101 mL 通过
		5(36)	可见异物	《中华人民共和国中国药典》2020年版四部通则(0904)	澄明度测定仪,YB-2型	见证试验/自备	×××	通过
		6(69)	不溶性微粒	《中华人民共和国中国药典》2020年版四部通则(0903)	不溶性微粒测定仪,GWJ-3C型	见证试验/自备	×××	每1 mL中含10 μm及10 μm以上的微粒数:0粒;每1 mL中含25 μm及25 μm以上的微粒数:0粒 通过

续表 4-1

序号	类别	产品/项目/参数		依据的标准(方法)名称及编号(含年号)	所用仪器名称、型号	考核形式/样品来源	检验检测人员	结论
		序号	名称					
5	药品(鲜竹沥)	7(75)	总固体	《中华人民共和国中国药典》2020年版四部通则(0185)	电子天平,MSA225S-000-DU	人员比对/自备	×××	×××检测值:3.1% ×××检测值:3.2% RSD:2.3% RSD≤5% 通过
6	药品(枸橼酸铋钾颗粒)	8(32)	粒度	《中华人民共和国中国药典》2020年版四部通则(0104)	电子天平,AUW220D	见证试验/自备	×××	3% 通过
		9(79)	干燥失重	《中华人民共和国中国药典》2020年版四部通则(0831)	鼓风干燥箱、DHG-9070A	人员比对/自备	××× ×××	×××检测值:1.3% ×××检测值:1.2% RSD:4.0% RSD≤10% 通过
		10(59)	溶化性	《中华人民共和国中国药典》2020年版四部通则(0104/0188)	电子天平,AUW220D	见证试验/自备	×××	通过
7	药品(吡拉西坦片)	11(16)	性状	《中华人民共和国中国药典》2020年版四部凡例	—	见证试验/自备	×××	通过
		12(26)	鉴别(1)、(2)	《中华人民共和国中国药典》2020年版二部	电子天平,	见证试验/自备	×××	通过
		13(22)	含量测定	《中华人民共和国中国药典》2020年版四部通则(0512)	高效液相色谱仪,Agilent 1260	样品复测/自备	×××	原值:101.3% 复测值:101.5% RSD:0.099% RSD≤10% 通过

续表 4-1

序号	类别	产品/项目/参数		依据的标准(方法)名称及编号(含年号)	所用仪器名称、型号	考核形式/样品来源	检验检测人员	结论
		序号	名称					
8	药品(多潘立酮片)	14(66)	溶出度	《中华人民共和国中国药典》2020年版四部通则(0931)	溶出度测定仪,UDT-812型	人员比对/自备	××× ×××	×××检测值:85%,85%,86%,87%,87%,83% ×××检测值:85%,86%,84%,87%,84%,86% 通过
		15(86)	重量差异	《中华人民共和国中国药典》2020年版四部通则(0101)	电子天平,XS205DU	见证试验/自备	×××	通过
9	药品(氨茶碱注射液)	16(23)	鉴别(1)	《中华人民共和国中国药典》2020年版四部通则(0402)	红外分光光度仪,ALPHAⅡ型.	见证试验/自备	×××	通过
		17(27)	细菌内毒素	《中华人民共和国中国药典》2020年版四部通则(1143)	电热恒温水浴锅,HWS26型	见证试验/自备	×××	通过
		18(28)	无菌	《中华人民共和国中国药典》2020年版四部通则(1101)	智能集菌仪,HTY-601型	操作演示/自备	×××	通过
10	药品(复方氨酚烷胺胶囊)	19(87)	装量差异	《中华人民共和国中国药典》2020年版四部通则(0103)	电子天平,AUW220D	见证试验/自备	×××	通过

　　4.现场提问　现场提问是现场评审的一部分,是评价检验检测机构工作人员是否经过相应的教育、培训,是否具有相应的经验和技能而进行资格确认的一种形式。检验检测机构管理层、技术负责人、质量负责人、检验检

测报告授权签字人、各管理岗位人员以及评审组认为有必要提问的所申请检验检测项目相关人员均应当接受现场提问。现场提问可与现场考察、现场试验考核、查阅记录等活动结合进行,也可以在座谈等场合进行。

现场提问的内容可以是基础性的问题,如对法律法规、《检验检测机构资质认定评审准则》、《检验检测机构资质认定能力评价 检验检测机构通用要求》(RB/T 214—2017)、管理体系文件、检验检测方法、检验检测技术等方面的提问;也可对评审中发现的问题、尚不清楚的问题做跟踪性或者澄清性提问。

5.记录查证 管理体系运行过程中产生的质量记录,以及检验检测过程中产生的技术记录是复现管理过程和检验检测过程的有力证据。评审组应当通过对检验检测机构记录的查证,评价管理体系运行的有效性,以及技术活动的正确性,对记录的查阅应当注重以下问题。

(1)文件资料的控制以及档案管理是否适用、有效、符合受控的要求,并有相应的资源保证。

(2)检验检测机构管理体系运行记录是否齐全、科学,能否有效反映管理体系运行状况。

(3)原始记录、检验检测报告格式内容是否合理,并包含足够的信息。

(4)记录是否清晰、准确,是否包括影响检验检测数据和结果的全部信息。

(5)记录的形成、修改、保管是否符合管理体系文件的有关规定。

6.填写现场评审记录 对检验检测机构现场评审的过程应当记录在《检验检测机构资质认定评审报告》的评审表中。评审组在依据《检验检测机构资质认定能力评价 检验检测机构通用要求》(RB/T 214—2017)对检验检测机构进行评审的同时,应当详细记录基本符合和不符合条款及事实。

7.现场座谈 通过现场座谈考核检验检测机构技术人员和管理人员基础知识、了解检验检测机构人员对管理体系文件的理解、交流现场观察中的一些问题、统一认识。检验检测机构的以下人员应当参加座谈会:各级管理人员、检验检测人员、新增员工及评审组认为有必要参加的相关人员,座谈中应当针对以下问题进行提问和讨论。

(1)对《检验检测机构资质认定能力评价 检验检测机构通用要求》(RB/T 214—2017)的理解。

(2)对检验检测机构管理体系文件的理解。

（3）《检验检测机构资质认定能力评价　检验检测机构通用要求》（RB/T 214—2017）和管理体系文件在实际工作中的应用情况。

（4）各岗位人员对其职责的理解。

（5）各类人员应当具备的专业知识。

（6）评审过程中发现的一些问题，以及需要与检验检测机构澄清的问题。

（五）检验检测能力的确定

确认检验检测机构的检验检测能力是评审组进行现场评审的核心环节，每一名评审组成员都应当严肃认真的核查检验检测机构的能力，为资质认定行政许可提供真实可靠的评审结论。

1. 建议批准的检验检测能力必须符合以下条件

（1）检验检测机构的人员具备正确开展相关检验检测活动的能力。

（2）检验检测活动全过程所需要的全部设备的量程、准确度必须符合预期使用要求；对检验检测结果有影响的设备（包括用于测量环境条件等辅助测量设备）应当实施检定或者校准，保证数据和结果符合计量溯源性要求。检验检测机构应当对溯源结果进行确认，确认内容包括溯源性证明文件（溯源证书）的有效性及其提供的溯源性结果是否符合检验检测要求。溯源产生的修正信息（修正值、修正因子等）应当有效正确利用。

（3）检验检测方法应当使用有效版本。应当优先使用标准方法，使用标准方法前，应当进行验证；使用非标准方法前应当先进行确认，再验证，以确保该非标准方法的科学、准确、可靠，符合预期用途。

（4）设施和环境符合检验检测活动要求。

（5）能够通过现场试验或者报告验证有效证明相应的检验检测能力。

2. 确定检验检测能力时应当注意以下问题

（1）检验检测能力是以现有的条件为依据，不能以许诺、推测作为依据。

（2）检验检测项目按申请的范围进行确认，评审组不得擅自增加项目，特殊情况需报资质认定部门同意后，方可调整。

（3）检验检测机构不能提供检验检测方法、检验检测人员不具备相应的技能、无检验检测设备或者检验检测设备配置不正确、环境条件不符合检验检测要求的，均按不具备检验检测能力处理。

（4）同一检验检测项目中只有部分符合方法要求的，应当在"限制范围"

栏内予以注明。

（5）检验检测能力中的非标准方法，应当在"限制范围"栏内注明"仅限特定合同约定的委托检验检测"。

（六）评审组内部会

在现场评审期间，每天应当安排时间召开评审组内部会，主要内容有：交流当天评审情况，讨论评审发现的问题，确定是否构成不符合项；评审组长了解评审工作进度，及时调整评审组成员的工作任务，组织、调控评审过程；对评审组成员的一些疑难问题提出处理意见。最后一次评审组内部会，由评审组长主持，对评审情况进行汇总，确定建议批准的检验检测能力，提出存在的问题和整改要求，形成评审结论并做好评审记录。

（七）与检验检测机构沟通

形成评审组意见后，评审组长应当与检验检测机构管理层进行沟通，通报评审中发现的基本符合情况、不符合情况和评审结论意见，听取检验检测机构的意见。

（八）评审结论

评审结论分为"符合""基本符合""不符合"3种。

（九）评审报告

评审组长负责撰写评审组意见，以上评审内容完成后形成评审报告，意见主要内容包括：①评审组人数；②现场评审时间；③评审范围；④评审的基本过程；⑤对检验检测机构管理体系运行有效性和承担第三方公证检验检测的评价；⑥人员素质；⑦仪器设备设施；⑧场所环境条件；⑨验检检测报告的评价；⑩对现场试验考核的评价；⑪建议批准通过资质认定的项目数量；⑫基本符合、不符合情况；⑬需要说明的其他事项。

【检验检测机构资质认定评审报告举例】

检验检测机构资质认定评审报告

机构名称:××市食品药品检验检测中心

评审机构:××省市场监督管理局资质认定评审组

评审日期:2022年6月11日至2022年6月12日

评审机构:××省市场监督管理局资质认定评审组

评审日期:2022年6月11日至2022年6月12日

××省市场监督管理局编制

填表须知:①本《评审报告》有印章和签字页的须为原件;②本《评审报告》可用黑笔或计算机填写,字迹应清楚;③本《评审报告》的表格填报页数不够时可附页,但须连同正页编为第×页,共×页;④在本《评审报告》所选项"□"内画"√"。本《评审报告》的每一项须由评审组如实填写,若出具虚假或者不实的评审结论,将追究评审组人员责任;⑤本《评审报告》经评审组签字才有效;⑥本《评审报告》适用检验检测机构申请资质认定的首次、扩项、地址变更、复查和其他评审。

1.概况

(1)检验检测机构名称:××市食品药品检验检测中心

注册地址:××省××市××区金桥路与长江路交叉口东北角

实验室地址:××省××市××区金桥路与长江路交叉口东北角

邮编:476100   传真:0370-300000   E-mail:×××@126.com

所属法人单位名称(法人单位的不填此项):×××××××××

(2)检验检测机构设施特点

固定☑   临时□   可移动□   多场所□

(3)法人类别

1)独立法人检验检测机构

社团法人□   事业法人☑   企业法人□   其他□

2)检验检测所属法人单位(非独立法人检验检测机构填此项)

社团法人□   事业法人□   企业法人□   其他□

(4)评审类型

首次□   扩项☑   地址变更□   复查☑   其他□

(5)已获资质认定情况

资质认定证书编号:××××   证书有效期至:2022年8月2日

2.评审地点(多场所的另附页)

评审地点:
××省××市××区金桥路与长江路交叉口东北角

3.评审组意见　根据××市食品药品检验检测中心(以下简称该机构)的申请,按照《检验检测机构资质认定现场评审通知单》[豫市监检评[2022]0257号]的要求,由3位评审人员组成的资质认定现场评审组,按照《检验检测机构资质认定管理办法》、《检验检测机构资质认定能力评价　检验检测机构通用要求》(RB/T 214—2017)、《食品检验机构资质认定条件》(食药监科[2016]106号)及相关政策法规要求,于2022年4月1日对该机构网上材料进行了审核并与机构联系确定现场评审事宜,2022年6月11—12日(受新型冠状病毒感染疫情影响,原定4月16日现场评审推迟至今)对该机构进行了为期2天的资质认定复查、扩项的现场评审。

现场通过听汇报、考察现场、核查资料、现场提问、现场试验、现场座谈等方式展开了详细的评审工作,通过评审,评审组对该机构的基本条件与标准要求的符合情况评价如下。

(1)法律地位及组织机构评价。该机构依法成立,是事业单位独立的法人机构,能够承担相应法律责任。

(2)管理、技术人员评价。该机构主要负责人及其他关键岗位人员经任命,规定了不同岗位人员的职责权力和相互关系,指定了关键管理人员的代理人。机构负责人通过公正性声明和员工行为准则及其他管理制度,确保所有人员不受任何来自内外部的不正当的财务和其他方面的压力和影响,并防止商业贿赂。

该机构现有检测人员28名,其中高级专业技术职称9名,占32.1%;中级专业技术职称9名,占32.1%;初级专业技术职称4名,占14.3%;其他人员6名,占21.5%。其中从事食品检验人员18名(中级以上及同等能力专业技术人员15人,占83.3%;其他人员3名,占16.7%)。基本具有与其从事检验检测活动相适应的检验检测技术人员和管理人员。

(3)工作场所评价。该机构现有工作场所为租用,并与××市市场监督管理局签订了为期6年的租赁协议。所从事检验检测固定工作场所2 000平方米。环境条件满足开展检验检测工作的要求。

(4)检验检测设备设施评价。机构本次申请配备160余台(套)仪器设备,为自有,与所申请的检验检测能力相适应;主要仪器设备经授权使用;建立了设备档案,计量器具按要求进行了计量溯源。

(5)管理体系评价。该机构已按标准要求建立了管理体系,现行的《质量手册》《程序文件》于2019年1月1日颁布实施,覆盖标准要求各个要素,符合机构的实际情况,该机构基本能按体系文件的要求开展各项管理活动,其中最近一次内审时间是2021年11月16—18日,内审共发现12条不符合项,并纠正12条,最近一次管理评审是2021年12月24日,提出对管理体系文件进行修订和完善,加强检测人员的技术、技能培训。该机构开展申报项目采用的检验检测方法经过了查新,现行有效。通过现场试验和现场询问、文档审查,认为该机构人员对检验检测标准和技术规范的理解基本正确、操作基本熟练,出具的记录、报告基本准确、规范,基本具备检验检测技术能力。该机构具有并基本能有效运行保证其检验检测活动独立、公正、科学、诚信的管理体系。

(6)现场试验。该机构共申报非食品检验3类(产品)192个参数,食品检验3类328个参数。经过审核,确认非食品检验3类(产品)191个参数、食品检验3类(产品)309个参数。评审组现场评审时安排了非食品检验3类(产品)61个参数、食品检验3类(产品)93个参数的现场试验,覆盖所申报产品/项目/参数30%。共考核人员12名,涉及仪器设备35台(套)、非食品检验检测报告30份、食品检验检测报告38份。

(7)检验检测能力参数。评审组本次现场评审建议批准的资质认定项目包括:非食品检验3类(产品)191个参数、食品检验3类(产品)309个参数等。

(8)授权签字人。评审组本次现场评审了该机构推荐的非食品检验类授权签字人3名,确认了3名授权签字人,食品检验类授权签字人3名,确认了3名授权签字人。

(9)基本符合和不符合。评审组通过现场评审,在设备管理等方面共发现8个基本符合项。其中《检验检测机构资质认定能力评价　检验检测机构通用要求》6项、《食品检验机构资质认定评审条件》2项。

(10)该机构上次评审不符合项纠正措施有效性的评价(适用时)。上次评审时间为2020年11月5日—6日,提出基本符合项7项,均按要求进行了有效整改。

4. 评审结论

(1)符合□:鉴于以上评审结果,评审组认为该机构的管理体系和技术能力满足标准要求,评审组同意该机构通过现场评审,呈报××省资质认定部门审批。

(2)基本符合☑:鉴于以上评审结果,评审组建议该机构要求对发现的基本符合项和不符合项提出纠正措施,并落实整改,提交整改报告和见证材料交评审组长确认合格后,呈报××省资质认定部门审批。

(3)基本符合(需现场复核)□:鉴于以上评审结果,评审组建议该机构按要求对发现的××基本符合项和××不符合项提出纠正措施,并落实整改,提出整改报告和见证材料,评审组长组织相关评审人员,对整改的不符合内容进行现场检查,确认合格后,呈报××省资质认定部门审批。

(4)不符合□:评审组认为该机构的条件不满足标准要求,不予通过现场评审,呈报××省资质认定部门处理。

评审组与该机构议定完成整改的时间是:2022 年 6 月 25 日前。

评审结论

符合□ 基本符合☑ 基本符合(需现场复核)□ 不符合□

评审组长签名: 日期:

注:评审组意见包括①现场评审时间;②开展现场评审文件依据(如资质认定部门的评审通知书);③评审组人数;④对检验检测机构是否符合资质认定基本条件的评价以及概况描述;⑤重要变化情况(如新增地点、新增能力、新增授权签字人、其他重要变更等);⑥建议批准的授权签字人数量;⑦建议批准的资质认定项目及数量;⑧不符合项及整改建议;⑨需要说明的其他事项。⑩上述模板仅供参考。

(十)末次会议

末次会议由评审组长主持召开,评审组成员全部参加,检验检测机构的主要负责人必须参加。末次会议内容包括:①评审情况和评审中发现的问题;②宣读评审意见和评审结论;③提出整改要求;④检验检测机构对评审结论发表意见;⑤宣布现场评审工作结束。

(十一)检验检测机构现场评审的配合工作

资质认定现场评审是一项紧张、繁重、复杂的工作,检验检测机构与评审组配合的好坏关系到评审工作的质量和效率,因此,为了确保评审工作能够顺利、高效、优质地完成,检验检测机构的配合是非常重要的,要求实验室做好如下的配合工作。

1. 评审组到达之前

(1)汇报资料的准备。汇报资料包括本单位简介、质量管理体系运行状况及本次资质认定准备情况等。

(2)与评审组联系。主动地与评审组组长联系,确认现场评审的安排。

(3)确定现场试验的计划。主动地与技术专家联系,提早准备好现场试验的样品,做好现场试验的准备工作。

(4)准备好《申请书》电子版本及相关的评审表格材料。

2. 评审组达到之后

(1)做好接待工作。

(2)参加预备会议。检验检测机构最高管理者、技术负责人、质量负责人及有关部门人员参加,协商评审工作的有关事宜。

(3)提供评审资料。提供质量手册、程序文件、作业指导书等。

(4)提供办公条件。安排首、末次会议地点和办公地点,提供办公条件和用品(记录本、笔、订书机、夹子等)。

(5)确定联络人员和联络方式,确定评审材料录入和打印人员。

3. 评审过程的配合

(1)配合组织首次会议,确定参加的人员。配合评审组做好首次会议签到工作。

(2)引导评审组参观现场,做简单的介绍。

(3)协助评审组办理现场试验样品检测的委托手续和检测报告领取手续。

(4)协助评审组织好理论考试或质量体系运行座谈会。

(5)及时提供评审组要求的各种评审资料,如内部审核、管理评审、质量监督员记录、设备档案(含新设备验收记录和检定或校准证书)、人员技术档案(含培训计划)、检测原始记录、检测报告、文件控制记录、现行有效的标准、样品管理记录、标准物质标准溶液配制记录、质量控制记录等。

(6)配合评审组对授权签字人实施考核。

(7)做好与评审组之间的良好沟通,特别是一般符合项、不符合项和结论。

（8）配合组织末次会议,确定参加的人员。配合评审组做好末次会议签到工作。

（9）评审资料的提交。申请书及其附表、附件、评审报告、评审工作用表、首末次会议到表、现场试验计划表、意见反馈表等。

（10）配合评审组封存现场试验材料。在评审材料中签字确认。

4.评审组对授权签字人实施考核

（1）具有相应的职责和权利。

（2）对检验检测数据和结果的完整性和准确性负责。

（3）熟悉或掌握所签字领域的检验检测技术。

（4）熟悉或掌握有关仪器设备的检定或校准状态。

（5）熟悉或掌握所承担签字领域的相应技术标准方法。

（6）熟悉检验检测报告或证书审核签发程序,对检验检测数据和结果做出相应评价的判断能力。

（7）熟悉检验检测机构资质认定能力评价　检验检测机构通用要求及其相关的法律法规规章、技术文件的要求。

（8）熟悉所在行业的评审补充要求和相关标准及其相关的法律法规规章、技术文件的要求（适用时）。

（9）获取、理解、执行检验检测机构管理体系文件。

通过考核,评审组一般会给予如下评价意见:该授权签字人具有相应的职责和权利,能对检验检测数据和结果的完整性和准确性负责;熟悉所签字领域的检验检测技术、熟悉机构仪器设备的检定/校准状态、熟悉所承担签字领域的技术标准方法、熟悉检验检测报告审核签发程序;具有对检验检测数据和结果做出相应评价的判断能力;熟悉《检验检测机构资质认定能力评价　检验检测机构通用要求》（RB/T 214—2017）及《检验检测机构资质认定管理办法》《检验检测机构监督管理办法》等相关的法律法规规章、技术文件的要求;熟悉机构体系文件。同意推荐授权签字人。

5.现场评审工作结束后。对评审组提出的一般符合项、不符合项及时实施整改,按约定的时间及时向评审组组长提供整改报告及其相关见证材料。被评审机构对不符合和基本符合项的整改情况报告举例如下。

【案例一】

不符合项:在型号为××智能崩解仪的校准结果确认记录中没有检验方

法的要求内容。

纠正:由质保室和化学室重新对型号为××智能崩解仪校准结果进行确认。

原因分析:相关人员对型号为××智能崩解仪校准结果进行确认时,不够认真,对崩解仪校准结果如何确认理解不到位,造成型号为××智能崩解仪的校准结果确认记录中没有检验方法的要求内容。

纠正措施:组织质保室和化学室相关人员学习仪器设备检定/校准结果确认的有关规定,提高对仪器设备检定/校准结果确认的水平,做好检定/校准结果的确认工作。

跟踪验证(举一反三):对单位所有仪器设备检定/校准结果全面检查,查找是否存在类似问题。

整改证据:附件1为相关人员学习仪器设备管理的培训记录;附件2为对××智能崩解仪重新确认记录;附件3为××智能崩解仪校准证书。

【案例二】

不符合项:未对 GB 5009.17—2021 进行方法验证。

纠正:组织有关人员按照我中心的标准方法验证的规定,对 GB 5009.17—2021 从"人""机""料""法""环""测"等方面验证能够正确地运用该方法。

原因分析:GB 5009.17—2021 是 2022 年 3 月 7 日实施的新标准,有关人员忙于日常事务,没有及时对 GB5009.17—2021 进行方法验证。

纠正措施:组织相关人员学习《方法控制程序》的有关规定,增强对方法验证重要性的认识,并验证培训有效性,及时做好标准方法的验证工作。

跟踪验证(举一反三):相关人员检查我单位所有检验资质项目所涉及方法的变化,没有类似问题再发生,关闭不符合。

整改证据:附件1为标准方法验证计划表;附件2为标准方法验证评审表;附件3为检验报告书;附件4为学习体系文件的培训记录。

【案例三】

不符合项:编号为××××检验委托书中缺少检验依据,不符合《检验检测机构资质认定能力评价 检验检测机构通用要求》(RB/T 214—2017)4.5.4 的规定。

纠正:由办公室负责对检验委托书重新设计,增加检验依据一栏,经合同评审、文件控制后使用。

原因分析:没按照机构《合同评审管理程序》和《检验检测机构资质认定能力评价 检验检测机构通用要求》(RB/T 214—2017)的规定对检验委托书进行评审。

纠正措施:①对技术负责人、业务部门办公室等合同评审相关人员进行《检验检测机构资质认定能力评价 检验检测机构通用要求》(RB/T 214—2017)及机构《合同评审管理程序》相关内容的宣传贯彻和培训,并验证培训有效性;②技术负责人、业务部门等相关人员按照《检验检测机构资质认定能力评价 检验检测机构通用要求》(RB/T 214—2017)及机构《合同评审管理程序》的规定进行合同评审。

跟踪验证(举一反三):跟踪检查机构检验委托书的填写,全面评审各类检验委托书和合同,没有类似问题再发生,关闭不符合。

整改证据:提供以上检验委托书整改前后的复印件、合同评审、文件控制和培训、实际或模拟工作实施记录、举一反三核查报告等,详见附件页码××至××。

【案例四】

不符合项:2022 年质量控制计划中未有农药残留、毒素领域的质量控制内容。

纠正:在 2022 年质量控制计划中增加了农药残留、毒素领域的质量控制内容。

原因分析:相关人员对如何制订质量控制计划认识不到位,重视程度不够,制订 2022 年质量控制计划时忽略了对农药残留、毒素领域质量控制的内容。

纠正措施:中心管理层组织相关人员学习有关质量控制的规定,提高认识,在今后的工作中进一步加强质量控制工作。

跟踪验证(举一反三):重新审核 2022 年质量控制计划,检查是否覆盖资质认定范围内的全部检验检测项目类别,没有类似问题再发生,关闭不符合。

整改证据:附件 1 为新修订的 2022 年质量控制计划;附件 2 为相关人员学习 RB/T 214—2017 和 CNAS—AL07 的培训记录。

【案例五】

不符合项:未对分包单位"××省食品药品检验所"进行分包评审。

纠正：重新对发包单位××省食品药品检验所进行分包评审。

原因分析：相关人员对分包的相关规定理解不到位，不重视分包协议等文件的管理，疏忽了对发包单位的分包评审。

纠正措施：组织相关人员进行《检验检测机构资质认定能力评价　检验检测机构通用要求》(RB/T 214—2017)及《分包管理程序》相关内容的宣传贯彻和培训，并验证培训有效性，重新对发包单位××省食品药品检验所进行分包评审。

跟踪验证(举一反三)：对所有发包单位的资料进行检查，没有类似问题再发生，关闭不符合。

三、整改的跟踪验证及评审材料上报等

现场评审结束后，评审结论为"基本符合"的检验检测机构对评审组提出的整改项进行整改，整改时间不超过 30 个工作日。

(一)不符合项的跟踪验证

1. 检验检测机构提交整改报告和相关见证材料，报评审组长确认。

2. 评审组长在收到检验检测机构的整改材料后，应当在 5 个工作日内组织评审组成员完成跟踪验证。

3. 整改有效、符合要求的，由评审组长填写《检验检测机构资质认定评审报告》中的整改完成记录及评审组长确认意见，向资质认定部门或者其委托的专业技术评价机构上报评审相关材料。

4. 整改不符合要求或者超过整改期限的，评审结论为"不符合"，上报资质认定部门或者其委托的专业技术评价机构。

(二)评审材料汇总上报

评审结束，整改材料验证完成后，评审组应当向资质认定部门或者其委托的专业技术评价机构上报评审相关材料，包括评审报告、整改报告、评审中发生的所有记录等。

【问答题】

1. 检验检测机构资质认定评审原则是什么？

答：检验检测机构资质认定评审应当坚持统一规范、客观公正、科学准确、公平公开、便利高效的原则。

2.检验检测机构资质认定程序有哪些?

答:检验检测机构资质认定程序分为一般程序和告知承诺程序。除法律、行政法规或者国务院规定必须采用一般程序或者告知承诺程序的外,检验检测机构可以自主选择资质认定程序。

3.什么是告知承诺程序?

答:告知承诺程序是依照《检验检测机构资质认定管理办法》的相关规定,对于采用告知承诺程序实施资质认定的,由检验检测机构提出资质认定申请,国家市场监督管理总局或者省级市场监督管理部门一次性告知其所需资质认定条件和要求以及相关材料,检验检测机构以书面形式承诺其符合法定条件和技术能力要求,由资质认定部门做出资质认定决定的方式。

检验检测机构首次申请资质认定、申请延续资质认定证书有效期、增加检验检测项目、检验检测场所变更时,可以选择以告知承诺方式取得相应资质认定,特殊食品、医疗器械检验检测除外。

4.什么情形适用现场评审?

答:现场评审是指对申请资质认定的检验检测机构是否符合《检验检测机构资质认定能力评价　检验检测机构通用要求》(RB/T 214—2017)进行现场验证。现场评审适用于首次评审、扩项评审、复查换证评审、发生变更事项影响其符合资质认定条件和要求的变更评审。

(1)首次评审。对未获得资质认定的检验检测机构,在其建立和运行管理体系后提出申请,资质认定部门对其人员、检验检测技术能力、场所环境、设备设施、管理体系以及机构主体等方面是否符合资质认定要求的审查。

(2)扩项评审。对已获得资质认定的检验检测机构,申请增加资质认定检验检测项目,资质认定部门对其人员、检验检测技术能力、场所环境、设备设施、管理体系以及机构主体等方面是否符合资质认定要求的审查。

(3)复查换证评审。对已获得资质认定的检验检测机构,在资质认定证书有效期届满前3个月申请办理证书延续,资质认定部门对其人员、检验检测技术能力、场所环境、设备设施、管理体系以及机构主体等方面是否符合资质认定要求的审查。

(4)变更评审。对已获得资质认定的检验检测机构,其组织机构、工作场所、关键人员、技术能力等依法需要办理变更的事项发生变化,资质认定部门对其人员、检验检测技术能力、场所环境、设备设施、管理体系以及机构主体等方面是否符合资质认定要求的审查。

5. 书面审查方式适用的情形有哪些?

答:书面审查方式适用于发生变更的事项不影响其符合资质认定条件和要求的变更评审和上一许可周期内无违法违规行为、未列入失信名单且申请事项无实质性变化的检验检测机构的复查换证评审。书面审查由资质认定部门核查申请材料的完整性,并审查是否符合《检验检测机构资质认定评审准则》的要求,给出审批意见。对于符合资质认定要求的,签署"符合"审查结论。

6. 什么是远程评审?

答:远程评审是指使用信息和通信技术对检验检测机构实施的技术评审。采用方式可以为利用远程电信会议设施,包括音频、视频和数据共享;通过远程接入方式对文件和记录审核,同步的(即实时的)或异步的(适用时);通过静止影像、视频或者音频录制的方式记录信息和证据;提供对远程场所(包括潜在危险场所)的视频或者音频访问通道以及其他技术手段。远程评审结论分为"符合""基本符合""不符合"3 种。

7. 什么情形可以选择远程评审?

答:(1)由于不可抗力(疫情、安全、旅途限制等)无法前往现场评审。

(2)检验检测机构从事完全相同的检测活动有多个地点,各地点均运行相同的质量管理体系,且可以在任何一个地点查阅所有其他地点的电子记录及数据的。

(3)已获资质认定技术能力内的少量参数扩项。

(4)现场评审后需要进行跟踪评审,但跟踪评审无法在规定时间内完成。

8. 填写《检验检测机构资质认定申请书》应注意哪些事项?

答:填写《检验检测机构资质认定申请书》及附件应注意以下事项。

(1)检验检测机构的法人地位证明材料,经营范围是否包含检验检测的相关表述,是否符合公正性要求;非独立法人检验检测机构是否提供了所在法人单位的授权文件。

(2)检验检测机构是否有固定的工作场所,是否具有产权证明或租用合同。

(3)检验检测能力申请表中的项目参数及所依据的标准是否正确,是否属于资质认定范围。

(4)仪器设备(标准物质)配置的填写是否正确,所列仪器设备是否符合申请项目参数的检验检测能力要求,并可独立支配使用。

(5)检验检测报告授权签字人职称和工作经历是否符合规定。

(6)申请项目类别涉及的典型报告是否符合要求。

9.现场试验考核的方式有哪些?

答:对检验检测机构的现场试验考核,可采取见证试验、盲样考核、操作演示;也可采取人员比对、仪器比对、留样再测等方式。样品来源包括评审组提供和检验检测机构自备。

10.评审组在技术评审中发现有不符合,要求申请人限期整改的,整改期限不得超过多长时间?

答:评审组在技术评审中发现有不符合要求的,应当书面通知申请人限期整改,整改期限不得超过30个工作日。逾期未完成整改或者整改后仍不符合要求的,相应评审项目应当判定为不合格。

11.在什么情形下,检验检测机构应当向资质认定部门申请办理变更手续?

答:检验检测机构有《检验检测机构资质认定管理办法》(2021年修订)第十四条规定的情形时,需要向资质认定部门申请办理变更手续。

(1)机构名称、地址、法人性质发生变更的。

(2)法定代表人、最高管理者、技术负责人、报告授权签字人发生变更的。

(3)资质认定项目取消的。

(4)检验检测标准或方法发生变更的。

(5)依法需要办理变更的其他事项。

检验检测机构申请增加资质认定检验检测项目或者发生变更的事项影响其符合资质认定条件和要求的,依照《检验检测机构资质认定管理办法》(2021年修订)第十条规定的程序实施。

第五章
检验检测机构管理体系内部审核

国家认证认可监督管理委员会于 2020 年 8 月 26 日发布了中华人民共和国认证认可行业标准《检验检测机构管理和技术能力评价 内部审核要求》(RB/T 045—2020),2020 年 12 月 1 日实施。该标准对检验检测机构内部审核的资源要求做出规定,对内部审核的策划、实施及后续措施及验证、记录和报告提出要求。该标准的实施进一步规范了检验检测机构的内部审核。

第一节 检验检测机构内部审核的基本要求

(一)术语和定义

1.内部审核 检验检测机构自行组织或以检验检测机构的名义进行,以确定管理体系满足内部审核准则的程度所进行的系统的、独立的并形成文件的过程。

内部审核是检验检测机构自行组织的管理体系审核,按照管理体系文件规定,对其管理体系的各个环节组织开展的有计划的、系统的、独立的检查活动。

2.内部审核方案 检验检测机构针对特定时间段并具有特定目标所策划的一组(一次或多次)内部审核安排。

3.内部审核计划 检验检测机构对一次内部审核活动和安排的描述。

4.内部审核准则 检验检测机构内部审核用于与客观证据进行比较依据的一组方针、程序或要求。

5.客观证据 支持事物存在或其真实性的数据。

注1:客观证据可通过观察、测量、试验或其他方法获得。

注2:通常,用于审核目的的客观证据,是由与审核准则相关的记录,事实陈述或其他信息所组现并可验证。

6.内部审核发现 将内部审核过程中收集的客观证据对照内部审核准

则进行评价的结果。

注1:内部审核发现表明符合或不符合。

注2:内部审核发现可导致识别改进的机会或记录良好实践。

7. 内部审核结论　考虑了内部审核目的和所有内部审核发现后得出的内部审核结果。

8. 不符合　未满足要求。

9. 纠正　为消除已发现的不符合所采取的措施。

注:纠正可与纠正措施一起实施,或在其之前或之后实施。

10. 纠正措施　为消除不符合的原因并防止再发生所采取的措施。

注1:一个不符合可以有若干个原因。

注2:采取纠正措施是对不符合的原因采取措施防止再发生。

(二)检验检测机构内部审核的原则

1. 客观性　依据客观证据;形成审核发现;审核过程形成文件。

2. 独立性　审核是被授权的活动;审核过程公正、公开、客观;审核员不能审核与自己直接相关的活动。

3. 系统性　审核活动有程序可依;对审核活动先行策划,制订审核计划,整个审核过程依计划进行;并在实施过程中有规范的步骤和技巧。

(三)内部审核目的

检验检测机构实施内部审核的目的在于验证管理体系的运行和检验检测活动是否符合自身管理体系要求、《检验检测机构资质认定能力评价　检验检测机构通用要求》(RB/T 214—2017)及相应领域的补充要求,以及管理体系是否得到有效的实施和保持。

检验检测机构应建立和保持管理体系内部审核程序,对内部审核的策划、实施、纠正不符合工作、纠正措施及验证、报告审核结果等进行控制,以确保内部审核的有效性。

(四)内部审核的范围、方式和频次

1. 范围　检验检测机构的内部审核范围应根据风险评估的结果确定,包括遵守法律法规和检验检测活动的风险评估结果。每个年度的内部审核应覆盖管理体系的所有要素、覆盖与管理体系有关的所有部门、所有场所和所有活动。需要时可安排临时的附加审核。例如:在遭遇突发性事件(安全或质量事故、申诉或投诉)时,或在扩项、改版、场地变更、机构变更等重大变更时可安排临时的附加审核。

外部组织的审核,如由客户或其他机构进行的审核或评审不能替代内部审核。

2.频次   内部审核的频次通常每年一次,也可每年多次进行。

3.方式   内部审核方式包括全面审核、部门审核、活动审核。

1)"水平"审核:按要素安排审核。

2)"垂直"审核:按照工作流程进行审核。

按体系要素逐项审核和按部门审核相结合的方式。即按通用要求的每一项要求,对管理体系各要素的实际运作进行审核,到一个部门就把该部门涉及的各个要素一次审核清楚,最后再按要素把各个部门审核的结果加以汇总、分析得出结果。

(五)内部审核的资源要求

检验检测机构应建立、实施和保持与其活动范围和自身实际相适应的管理体系,管理体系内部审核应满足以下要求。①质量负责人应是内部审核的组织者和内部审核方案的管理者。质量负责人如将审核工作委派给其他人员和(或)外部人员时,应确保内部审核的独立性和有效性。所委派的人员应满足内审员的资格和能力要求。②检验检测机构应根据内部审核要求和范围,选择具备资格的内审员,内部审核组成员一般不少于2人,其技术能力应覆盖检验检测活动。适用时,可以聘请无内审员资格的特殊专业技术人员或外部人员参加内部审核。③内审员应具备资格和能力,熟悉相关法律法规、检验检测业务、《检验检测机构资质认定能力评价   检验检测机构通用要求》(RB/T 214—2017)相应领域的补充要求和自身管理体系要求,接受过审核过程、审核方法和审核技巧等方面的培训。④只要资源允许,内审员应独立于被审核活动,不审核自己所从事的活动或自己承担责任的工作。质量负责人的工作应由其他的人员审核,以保持审核的独立性和内部审核的有效性。

第二节   内部审核的实施

(一)内部审核的策划

1.策划是一项准备工作   该阶段的工作主要包括制订审核计划(内审

方案)、确定审核组组成、准备审核用的工作文件和资料、编制核查表、发出审核通知等。审核计划包括年度审核计划和审核活动计划。

2. 要确保策划成功应做到

(1)计划落实(计划制订、批准,为审核组和受审方充分了解)。

(2)责任落实(成立审核组并明确分工,受审部门做好准备等)。

(3)文件落实(各类审核用文件、表格齐备,并为使用者理解和得到有效应用)。

3. 内部审核策划依据

(1)检验检测机构在策划、制定、实施和保持内部审核方案时,应考虑以下因素。

1)检验检测过程或活动的重要性,由(但不限于)以下因素决定。①人员监督和人员能力监控;②场所和环境条件的控制;③设备的配备和计量溯源性;④标准方法验证和非标准方法确认及方法偏离控制;⑤符合性声明和判定规则的应用;⑥抽样和样品管理;⑦原始记录控制;⑧内外部质量控制;⑨结果报告审批与发放;⑩检验检测过程尤其是新的检验检测过程控制等。

2)影响检验检测机构的变化,包括(但不限于)以下因素。①相关政策和要求的变化;②客户和供应商的变化;③新技术和新方法的出现等;④内部组织结构的变化;⑤管理体系及其过程的变化;⑥工作类型和工作量的变化;⑦资源和技术能力的变化等。

3)以往的审核结果,包括(但不限于)以下因素:①以往内部审核或外部评审发现不符合比较多的部门或检验检测过程或活动;②重复出现不符合的活动或过程;③管理职责落实较差的部门或岗位;④持续表现良好的部门或过程。

(2)内部审核准则应包括(但不限于)以下内容。①检验检测机构相关的法律法规要求。②《检验检测机构资质认定能力评价 检验检测机构通用要求》(RB/T 214—2017)及相应领域的补充要求。③检验检测机构的管理体系文件(管理手册、程序文件和作业指导书等)。④检验检测标准、方法、规范和技术文件等。

(二)内部审核方案

内部审核方案也称年度审核计划。

1. 内部审核方案是审核策划的始端和审核活动的总纲 通常由质量负

责人组织制定,依据内部审核策划依据应考虑的因素,结合检验检测机构管理层的需求,确定内部审核的特定目标、审核准则和范围,并根据内部审核要求和范围确定内审组长和内部审核组成员。

2. 内部审核方案　应包括内部审核的频次和方法,以及报告内部审核结果的要求等,可以年度审核计划的形式输出,应经过审批后发布。

3. 文件评审　必要时,内部审核方案可安排管理体系文件评审,以确保检验检测机构的管理体系满足相关法律法规、《检验检测机构资质认定能力评价　检验检测机构通用要求》(RB/T 214—2017)和相关领域的补充要求及其变化的要求。需要考虑以下几个方面。

(1)质量管理体系文件是否覆盖申请认证的资质认定评审准则的所有要求。

(2)外部变化对本组织体系文件的影响是否得到及时修正,是否能持续保持体系文件的符合性。

(3)文件所使用的术语是否与现有标准如 RB/T 214—2017 保持一致。

(4)质量管理体系文件系统性、协调性。

(5)所提供文件的是否现行有效,并按文件控制要求执行。

(6)满足法律法规要求和其他必要的要求。

4. 实施　检验检测机构应以计划和系统的方式,定期实施覆盖全部程序的内部审核,以验证管理体系得到有效的实施和保持。

(三)内部审核计划

内部审核计划也称现场审核活动计划,是每次审核活动的具体安排。内部审核计划的制订和实施需要关注如下几个方面:①内审组长应按照内部审核方案的要求制订内部审核计划。制订计划前,内审组长或内审员,应就内部审核事宜与受审核方进行沟通,以确定审核的具体时间和相关事宜。②内部审核计划宜于实施内部审核前的一定时间发布,以便于内审员和受审核方有充裕的时间提前做好审核准备。③内部审核计划的内容应包括但不限于:内部审核目的,内部审核时间安排,内部审核组成员分工,内部审核的部门、过程或活动及联络人员等。

(四)内部审核准备

1. 前期准备　内审员应在内部审核前通过询问或查阅等方式熟悉所审核部门,过程或活动的管理体系文件,检验检测活动及方法,查阅上次内部审核记录和不符合报告,按照内部审核计划提前做好审核准备。

(1)由内审组长分配每位内审员承担的审核工作,包括所审的管理体系要素或部门(这个过程应关注审核的独立性)。

(2)准备内审工作文件。为方便内审员实施现场审核、记录和报告结果,使用的工作文件包括:①评审准则;②质量手册、程序文件;③相关标准、规范;④作业指导书;⑤检查表。

2.工具　检查表是内审员进行审核的重要工具,也是审核前需要准备的一个重要工作文件和记录。为提高审核的效率,内审员应根据分工预先编制现场审核用的检查表。其内容应包括审核对象、审核内容、审核方法和时间安排等。检查表内容的多少,取决于被审核部门的工作范围、职能、抽样方案及审核要求和方法。内部审核检查表应于召开首次会议前完成。

(1)检查表作用

1)始终保持审核目标的清晰和明确。在现场审核中,很多现实情况和问题很容易转移内审员注意力,有时甚至会纠缠于细枝末节或在内审员较熟悉的问题上浪费大量的时间,检查表可以提醒内审员始终坚持主要审核目标,针对事先精心考虑的主要问题进行调查研究。

2)确保审核工作的系统和完整。如果审核组有多名内审员,检查表编制后应经过组长审查和协调,这样可防止遗漏或重复,保证审核目标的清晰。

3)保持审核的进度。检查表可以按调查的问题及样本的数量分配时间,使审核按计划进行,不至于发生前松后紧或延长审核时间的现象。

4)确保审核的正规化。编制检查表已成为国际上进行审核通用做法,且被列入审核程序之中,成为必不可少的文件或记录。它使审核程序正规化和格式化,对减少审核的随意性和盲目性起着很大作用。

5)作为重要的审核记录。检查表与审核计划一样应与审核报告等一并归档,有的检查表同时留出栏目记载调查情况,一表两用兼起记录的作用,则更有保存的必要。

6)树立内审员在受审核方中的良好形象。一名内审员,尤其是审核经验不充足的内审员,按照检查表要求,做到调查研究有的放矢,现场审核有针对性,抽样有代表性,工作有条不紊,能树立起内审员精干、高效的工作形象。

（2）检查表编制思路

1）以《检验检测机构资质认定能力评价　检验检测机构通用要求》（RB/T 214—2017）以及检验检测机构的管理体系文件等为依据：在设计审核检查表时可对照《检验检测机构资质认定能力评价　检验检测机构通用要求》（RB/T 214—2017），结合检验检测机构的管理体系文件的要求，将各个要素要求，改成问题调查表，这就成了"标准化"的检查表，但更好的方法是检验检测机构设计一种空白的表格，由内审员根据分工，编写切合实际的检查内容和方式。

2）检查表应有可操作性：检查表不仅应有要调查的问题，还应有具体检查内容，如样本性质、数量，通过问什么问题、观察什么事物而取得客观证据等细节。

3）选择典型的质量问题：每个要素或每个过程或每个部门通常都有其典型的问题，如4.3.1这个要素，容易出现的问题是检验检测机构的管理体系没有完全覆盖临时的、可移动的场所；4.5.3文控控制易出现的问题是外来文件的控制（如检测或校准方法标准），没有及时跟踪外来文件，过期作废还在使用，缺少一套有效跟踪标准方法的机制；4.5.10纠正措施容易犯的毛病是纠正措施变成了纠正，且对纠正措施的有效性未能得到很好的跟踪验证；4.5.14容易出现的问题是对标准方法验证做得不充分、不到位等。所以在编制检查表时要抓住要点、重点，抓住主要因素进行抽样检查，这样可以起到事半功倍的作用。

4）抽样要有代表性：内部审核除了提问外，还有查看文件、记录和安排现场试验，由于文件和记录数量很多，不可能全部检查，所以必须抽样。但样本应有代表性，才能体现检查的客观性和公正性。

5）检查表要注意审核的全面性：在管理体系内部审核中，检查表可以按部门编制，也可以按要素编制，无论是哪种编制方法，对涉及的部门、要素都要注意审核全面性。按部门编制检查表，要考虑涉及的要素不仅应包括该部门的中心职责和要素，还应包括该部门配合实施的要素；按要素编制检查表，表中涉及的部门应包括要素的主要责任部门和配合部门。对涉及所有部门的要素，例如人员、文件控制、不符合工作控制、合同评审、记录控制等，则应对所有部门进行检查。

（3）检查表类型

1）部门检查表：按部门编制检查表，关键是选择过程或要素和分清主次。优点是审核有广度,部门不重复,但缺乏深度。

2)要素检查表:这是一种按照 RB/T 214—2017 条款编制的检查表,其关键是选择部门和分清主次。优点是审核有深度,易发现体系"接口"问题,缺点是易造成被审核部门重复。

（五）内审流程

1.质量管理部门进行内部审核(简称内审)策划。

2.质量负责人组织成立内审组。

3.内审组长制订内审实施计划、发出内审通知。

4.内审组长召集内审组预备会议(明确分工、内审事项)。

5.内审组长主持召开首次会。

6.内审组进行现场观察。

7.进行现场审核。

8.内审组内部碰头会(内部交流情况,统一认识)。

9.继续进行现场审核。

10.内审组内部讨论会(得出审核结论、不符合项)。

11.与被审核方交换意见(含受审方对不符合项确认)。

12.内审组长主持召开末次会。

13.会后内审组编写、分发内审审核报告。

14.责任部门实施纠正措施。

15.内审组跟踪、验证、整改效果。

16.内审组做出跟踪、验证记录。

17.建立内审档案。

18.为管理评审做内审情况输入准备(小结、改进、建议)。

（六）内部审核的实施

1.对首次会议程序的说明　内部审核应召开首次会议,由内审组长主持。参加的人员至少包括内审组成员、检验检测机构相关管理层和受审核的部门负责人。首次会议应介绍内审组成员、确认审核的目的、明确内部审核准则和审核范围,说明审核程序和方法,解释相关细节,确认时间安排,以及明确末次会议时间和参会人员。

2.对现场审核方法的说明　现场审核方法应灵活应用。

(1)内部审核可采用提问、面谈、查阅记录和现场观察等方式方法。内部审核实施过程中收集的客观证据应可证实、可追溯、客观、有效。

（2）内审员应将收集到的客观证据与内部审核准则进行比较，形成内部审核发现，确定管理体系运行和检验检测活动与自身管理体系要求、《检验检测机构资质认定能力评价　检验检测机构通用要求》（RB/T 214—2017）及相应领域的补充要求的符合性和实施的有效性。内部审核发现可包括识别改进机会和记录良好实践，以及具有客观事实支持的不符合项。所有内部审核发现应予以记录，不符合项应在检查表或内部审核记录中注明。

3. 对内审组内部讨论会的说明　目的：内审组长把审核组的内审结果汇总整理成书面报告。要点：形成不符合项报告。

（1）内审组成员之间应进行及时而有效的沟通。

（2）审核员汇报审核结果，并提交记录。

（3）内审组应评审内部审核计划的完成情况，分析所有内部审核发现，确定应报告的不符合项和改进建议。

（4）有关人员写出不符合项报告。

4. 对与被审核方交换意见会的说明

（1）内部审核期间，内审员与受审核方之间应进行及时而有效的沟通。

（2）根据内部审核发现，确定不符合项和改进建议。

（3）就内部审核结论达成一致，被审核方代表在不符合项报告上签字确认。

（4）内部审核的后续活动。

5. 关于不符合项的说明

（1）不符合的判断原则

1）慎用原则：对于针对整个检验检测机构、管理层等条款，没有固定的模式，内审员要谨慎从事，不要贸然下结论出具不符合报告。

2）就近原则：就近原则指内审中发现的不符合事实，应找到离得最近且最合适的条款做出判断，如"人员培训未满足规定要求"不应只判定在"4.2人员"，而应判在 4.2.6。

3）就小不就大员原则：就小不就大员原则是指应根据不符合事实判定到《检验检测机构资质认定能力评价　检验检测机构通用要求》（RB/T 214—2017）最小条款。

4）便于纠正原则：便于纠正原则指内审发现的不符合事实应准确描述、事实清楚，便于整改。如"环境温度控制效果不理想""个别操作步骤与标准不完全相符"等，没有准确表明具体的事实，不具可追溯性，也无从下手采取纠正或纠正措施。

5）抓根本原则：抓根本原则指应从内审发现的不符合事实入手，面对现象判定不符合项。内审员应只描述不符合事实，而不应根据主观判断分析的原因判定条款和开具不符合项。

（2）不符合报告应：基于客观证据，报告应清晰、简明。适用时，内审员可与受审核方一起分析不符合的原因，以确认不符合项；准确描述不符合的依据、不符合事实和不符合的条款，适用时也可说明不符合的性质和不符合项采取纠正和纠正措施的关闭时间等。尽可能以内部审核所依据的机构的质量手册和程序文件，以及相关管理体系文件的特定要求和检验检测方法标准确定不符合项，不符合项应经过受审核方确认。

（3）不符合项的判定

1）内审员对观察的结果可否判为不符合项，取决于该结果是否直接与管理体系标准或被审核方的一个管理体系文件的规定相违背。现场审核记录能否提供明显的证据支持所做的判定。

2）不符合项的表述方式及注意事项：①不符合项应在检查表或内部审核记录中注明，作为追溯不符合项的客观证据；②应有足够的细节（包括何时、何地、什么情况、涉及的人员、有关文书、物件的名称、标识等），但不烦琐，使阅者能清楚明白所叙述的事实；③有关人员只写工作职衔，不要写姓名；④用非指责性的口吻陈述；⑤一份不符合项报告只表达一种不符合的情况（同类不符合事实可以合并在一起陈述）；⑥指明上述事实与规定要求（包括标准文件、体系文件、技术文件）的某项规定不符。

（4）一份内审不符合项报告应包括：①受审核方、被审核部门或人员；②审核日期；③不符合现象描述；④不符合现象结论；⑤被审核方的确认；⑥对不符合项的纠正要求；⑦被审核方对纠正措施及完成时间的承诺；⑧采取纠正措施后的验证记录。

（5）填写不符合项报告事实描述不清楚的常见情况：①阅者看不明白；②未找出关键点；③缺少必要的细节；④过程描述烦琐；⑤事实描述过于笼统。出现以上列举的情况的原因在于对不符合事实未做进一步了解，没有找准真正的不符合事实；或者逻辑概念不清，将两个不同范畴的问题写在一个不符合项上。

（6）以下列举了3个不符合项报告的实例，以供参考。

【实例一】

不符合项描述:"纺织原料检测室环境温度控制效果不理想,不符合《检验检测机构资质认定能力评价　检验检测机构通用要求》(RB/T 214—2017)第4.3.3条要求。"

评注:该不符合项报告中所指的"效果不理想",没有准确表明具体的事实,应该从现场实测发现或从以前的某项记录中证明,该实验室的环境温度不能达到某标准方法所规定的实验环境温度。

【实例二】

不符合项描述:"在现场检查中,发现有个别操作步骤与标准不完全相符。不符合4.5.14条规定。"

评注:未说明所发现的情况出现在哪个具体部门;"个别的操作步骤"未指明到底出现在作业指导书中还是从实验室人员的现场操作观察到的情况;"标准",未指明是什么标准以及标准具体的内容;"不完全相符",未说明具体事实。

【实例三】

不符合项描述:"检查机构管理手册发放记录,发现机构现有18人中有6人没有领取管理手册。与4.5.1条不符。"

评注:该不符合项报告仅以机构有部分人员未领取管理手册为依据,就断定它不符合4.5.1条的规定,这是不准确的。《检验检测机构资质认定能力评价　检验检测机构通用要求》(RB/T 214—2017)并没有死板地要求体系文件必须发到每人一份,只要能使组织的有关人员能方便获取,采用共用文件的方法也是可行的。只有当内审员发现组织有关人员由于不能方便获取体系文件而对管理体系要求不了解的事实时,才能做出以上不符合的结论。

6.内部审核结论　内部审核结论通常包括(但不限于)以下内容。

(1)管理体系及检验检测活动符合检验检测机构相关的法律法规、《检验检测机构资质认定能力评价　检验检测机构通用要求》(RB/T 214—2017)、相应领域的补充要求以及自身管理体系的程度,是否得到有效的实施和保持。

(2)内部审核的目标是否实现,内部审核是否覆盖审核范围。

(3)内部审核发现的不符合项和改进的建议及趋势分析,以及下次内部审核的建议。

(4)管理体系和过程的改进建议。

7. 对末次会的说明　末次会是审核的终端,其目的是将审核结果和审核报告提交被审方,对存在的问题制定纠正措施。

末次会由内审组长主持,参加对象为内部审核组全体成员、检验检测机构相关管理层和相关人员。内审组长应报告内部审核发现和内部审核结论,并就不符合项做出说明,提出管理体系改进建议。末次会议应保存会议记录。

8. 内部审核的后续措施及验证　被审方应对内审中发现的不符合项采取纠正和(或)纠正措施并验证纠正和(或)纠正措施的有效性。

(1)受审核方应确定针对不符合项实施纠正和(或)纠正措施的责任人,按照规定的时限完成纠正和(或)纠正措施以及实施改进。

纠正措施是指消除现有的不合格、缺陷或其他不希望的情况的起因,以防止这些情况发生所采取的措施。采取纠正措施时应开展调查,找出问题的真正原因;制定可以消除产生问题的原因的措施。

(2)受审核方完成纠正和(或)纠正措施后,内审员应跟踪并验证纠正和(或)纠正措施的有效性。验证是内部审核的一部分,是内审的延续,其目的是:①确认受审核方按计划实施了纠正措施;②验证纠正措施的有效性;③确信不再发生类似的不符合项。④根据内部审核发现的不符合项的数量、性质和严重程度决定验证审核的形式。一般包括以下两点。①文件审核:审核有关文件和见证材料。②现场审核:对不符合项的纠正结果进行现场验证;或对不符合项涉及的活动和领域进行重新审核。

(3)质量负责人或指定人员应对内部审核的结果和采取的纠正和(或)纠正措施及其实施情况进行评审,并将其输入管理评审。

(4)检验检测机构应根据内部审核活动识别风险和改进机会,并制定应对风险和机遇的措施。

9. 内审报告

(1)内审报告是对内审活动中发现的客观证据和观察结果的统计分析、归纳和评价。

(2)内部审核末次会结束后,内部审核组应根据审核发现形成的审核结论编写内部审核报告,内部审核报告应清晰简明,确保各相关方了解内部审核结果,内部审核报告应包括(但不限于)以下信息:①内部审核目的;②内部审核范围;③内部审核准则;④内部审核成员及分工;⑤内部审核日期;⑤综述内部审核过程和内部审核发现;⑥确定的不符合项及其分布;⑦改进的建议;⑧纠正和(或)纠正措施的实施及验证情况;⑨内部审核结论;⑩质量负责人对内部审核结果的确认意见。

> 注:内部审核结束的节点为,完成了内部审核发现的不符合项整改及跟踪验证纠正和(或)纠正措施有效,并发出内部审核报告。

以下列举了一例检验检测机构管理体系内部审核报告案例,供大家参考。

【管理体系内部审核报告举例】

审核次数:2022年第1次　报告编号:01

审核日期:2022年11月16—18日

审核目的:保证管理体系按要求运行。

审核依据:质量手册、程序文件、作业指导书、通用要求、有关法律法规;检验检测技术标准和规范。

审核部门或要素:管理体系覆盖的所有要素、所有部门、所有管理和技术活动。

审核组组成:

组长:×××

成员:×××　×××

审核综述

(1)由中心副主任(质量负责人)策划和组织了本次内审,内审组由5位经过培训考核合格,并经中心授权的内审员组成,审核覆盖中心管理体系所有要素、所有部门、所有管理和技术活动。

(2)内审组依据2022年度内部审核计划的要求,分工合作,对此次内审做了充分的准备工作,首先通过阅读相关文件,按照《检验检测机构资质认定能力评价　检验检测机构通用要求》《食品检验机构资质认定条件》的要求,对本机构建立的管理体系文件进行了逐项逐条的对照审查。

(3)采用集中审核的方法,依据中心管理体系文件,按体系要素逐项审核与按部门审核相结合的方法,认真组织编制了年度审核实施计划及内部管理体系审核检查表;检查表的编制着重于核对质量活动的各个过程与体系要求的符合性和有效性,其内容覆盖了体系文件的所有要素,提出检查要素31个、具体157条。

(4)内审组按内审计划的要求实施了现场评审,涉及业务室、质保室、办公室、化学室、中药室、药理室场所和人员,按内部审核检查表,但又不拘泥于检查表进行了逐项逐条审核,并将现场调查、取证、观察的结果在检查表上做了详细记录。本次评审共与12人进行面谈,查阅了40份文件、30份检验检测报告、30份原始记录、10份质量记录,核查30台(套)设备,审核组依据检查结果与"管理体系文件的要求"相对照做出判断与评价,对6个科室总计提出不符合项12条,最终确定不符合项12条,涉及业务室、质保室、办公室、化学室、中药室、药理室6个科室和人员、场所环境、设备设施、文件控制、采购、数据信息管理、样品处置、分包的检验检测结果标识八大要素;对每个不符合项进行了编号统计,对不符合原因进行了认真分析,制订了建议纠正措施计划,明确了相关科室及相关责任人员的整改责任,提出完成期限要求,基本建立了自我完善的机制。

(5)审核组结论

1)内审组通过 RB/T 214—2017 与体系文件的比对审核,中心建立的文件化的管理体系,基本符合《检验检测机构资质认定能力评价　检验检测机构通用要求》《食品检验机构资质认定条件》及相关法律法规的规定。

2)中心根据《检验检测机构资质认定能力评价　检验检测机构通用要求》《食品检验机构资质认定条件》的要求,制订了"科学、公正,优质、高效"的质量方针;每年度均能达到报告准确率100%,报告差错率控制在0.3%以下,无故超周期率控制在1%以下的质量目标。

3)中心制定了检验有效性的质量控制程序和质量控制计划。进行了人员比对、样品复测、仪器比对的内部质量控制;参加了中检院能力验证项目3个,结果均为满意;参与省药检所实验室比对两项。制订了员工培训计划,采用"走出去、请进来"的办法对人员进行各类培训,提高了员工的技术能力和对《检验检测机构资质认定能力评价　检验检测机构通用要求》《食品检验机构资质认定条件》及中心管理体系要求的熟悉和理解,推动了中心管理体系的改进。

4)内审组对不符合项纠正措施实施情况进行了跟踪,各科室均能在规定时间内完成了纠正措施,并经验证纠正措施有效,达到了预期目的,取得了良好效果。

5)本次内审从组织策划、准备、实施、过程均在体系文件有关规定的指导下,审核目的明确、程序合法、审核质量活动得到了有效控制,审核结果真实、可靠。

6)审核报告的提交和分发并不意味着内审工作的结束,内审员和监督员及全体员工有义务在工作中,对发现的不符合工作及时提出整改意见和建议,不断提高检验检测技术水平,增强整体工作质量,提高市场竞争力。

10. 内部审核的记录及输入准备

(1)内审员应记录内部审核发现的不符合项,包括(但不限于)不符合的事实、不符合的依据和涉及的部门、过程或活动等。如未发现不符合项,也应保留完整的符合性的内部审核记录。

(2)质量负责人应按照程序审批内部审核报告,报告给检验检测机构相关管理层,并输入管理评审。

(3)内部审核记录应包含(但不限于)内部审核方案(计划)、内部审核记录(内部审核检查表)、不符合项报告、纠正和(或)纠正措施报告和内部审核报告,所有的内部审核记录应按规定进行保存,保存时间应不少于6年。

11. 内审技巧交流   内审员审核的基本技巧:查、问、听、看、考。收集案观证据的方法和技巧如下。

(1)面对面交谈

1)选择合适的谈话对象。面谈的对象应是审核范围内的管理、操作和核查人员,一般应选择过程或活动的责任人。

2)提问和交谈的主题要明确,问题的正确答案要做到心中有数,如果针对过程提问,则内审员自己对过程的流程和接口要清楚。要善于提问和交谈,要注意倾听,尊重别人,不要随意打断对方的发言。

3)要善于发现和抓住信息的线索,注意对方回答问题时的表情和态度。

4)要灵活应用提问方式。一般提问的方式有以下3种:①封闭式——可用简单的"是"或"不是"回答,用以获取专门的信息,有主动权,但信息量小。如:自编的仪器操作规范是否要经过评审?原认证通过的技术标准发生改版后,实验室是否要向原发证机构申请变更备案?②开放式——回答需要解释或进一步说明,被动,有时会浪费时间。如:原认证通过的技术标准发生修订改版后,实验室应如何做好备案工作?③澄清式——当审核员在检查过程中发现有可疑情况,但尚未有足够的证据证明是不符合的审核发现时,就需要做进一步的追溯澄清,用以获得更多的专门信息,最终确认可疑情况是否属于不符合。以上的提问方式应灵活地结合使用。

（2）观察。审核员要判断质量管理体系的符合性和有效性,仅凭实验室的介绍和说明是不够的,需要做进一步的观察查验,可以从以下几个方面实施。

1）检测或校准活动的观察:①程序文件、作业指导书的可获得性;②原始记录及数据处理的规范性;③设备使用的熟练性;④检测或校准活动操作的正确性;⑤检测或校准现场样品管理的规范性等。

2）现场的环境状态观察:①样品制备过程中温、湿度控制;②对有温、湿度要求的检测和校准过程中,温、湿度的监控和记录,监控设备的校准状态,监控设备的布置合理性;③照明、通风、取暖条件;仪器设备布局的合理性;④防电磁干扰、防腐蚀、防尘、防火、易燃物品存放。

3）现场的设备状态观察:①设备的校准状态和唯一性标识情况;②设备完好性状态;③设备配置情况;④设备操作规程(作业指导书)使用情况;⑤高灵敏度设备的防震和需要时的隔离措施;⑥设备维护情况等。

（3）查阅文件和记录。文件:例如,方针、目标、计划、程序、指导书、标准、规范、图样、合同和订单等是否受控。记录:例如,检验活动记录、环境监视的记录、数据和结果分析、检测报告;会议记录、内审活动记录、管理评审记录、其他质量活动记录(如:期间核查、监督活动、质量控制等记录);顾客信息、来自外部和供方等相关信息。

（4）现场试验考核,寻找客观证据。现场试验考核是针对检测人员技术能力评审的一种方法。现场试验考核的主要内容可从以下方面进行:①样品制备是否符合要求;②是否正确选用检测/校准方法;③对标准、方法、规程的熟悉程度;④按操作规程操作的熟练程度;⑤是否按上岗规定上岗;⑥对检测/校准过程的组织、控制能力;⑦相关部门对试验的支持、质量保证程度;⑧仪器和设备配置是否符合规定的要求;⑨检测/校准(包括样品处理)环境条件的保证;⑩所用仪器设备的溯源性;⑪记录、报告是否规范,信息是否完整、准确等。

12. 内审的线路　检验检测机构内部审核可采用如下线路。

（1）自上而下和自下而上。

（2）正向和逆向的审核。

（3）按体系要求审核和按部门审核。

13. 常用内审方法

（1）扫描审核。①以全面观察现场现象为主;②涉及机构管理体系的各个方面;③要求内审员具有较高的职业敏感性,注意观察,发现可疑情况做好记录;④必要时,为防止观察到的情况发生改变,可以及时向陪同人员提出询问,进行深入检查;⑤要特别注意组织内的一些隐秘之处;涉及面广、信息量大;⑥带有相当的随机性,也容易受被审核方主观引导而带有局限性;⑦作为辅助手段,仅在参观现场和评审间隙采用。

(2)逐项审核。①对照审核核查表内容,围绕一个项目(一个质量管理体系要素或实验室的一个部门)逐项对实验室的实际工作进行审核、查实、取证。适于经验不多的内审员;②"横向逐项审核"可以较清楚地了解各部门对同一要素的控制情况;③"纵向逐项审核"是围绕一个部门,检查检验检测机构质量管理体系各要素在该部门的运行效果。"逐项审核"比较方便,但相互之间的验证少,缺少灵活性。

(3)追踪审核。①由测试工作某一过程的起点、终点或过程中某一点(内审员发现的有可疑的事实)开始,追查所关心的相应要素之间的联系是否合理,运作是否符合程序规定。②"顺向跟踪":按规定的流程向后进行跟踪检查到过程的终点,对过程中涉及的相关要素也要检查。比较全面,但针对性不强。③"逆向跟踪":向前追溯检查到过程的始端,这种方法对验证记录的可追溯性方面特别有效。

(4)重点发散审核。①以某个重点项目为中心,辐射扩大审核范围,对与其有关的诸环节进行追查;②对机构管理体系文件的审核时,将体系的某些薄弱之处或疑点、有可能在关键时刻导致管理体系故障的因素纳入核查表,作为现场审核的重点;③要求内审员经验较丰富,反应敏感,随时能够确定下一步追查的方向。

(5)综合审核。①将以上几种审核方法有机地组合应用。②要求内审员有较强的调控能力,对审核中发现的新情况快速反应,及时决策,既不偏离评审范围,又不受预定的核查表局限。③便于发挥内审员的创造性,也便于内审员较全面、真实地了解机构管理体系各个方面的控制程度和整个管理体系运行的状况。在现场审核中应用最多,方法比较灵活,效果最好。④对样品管理、设备与标准物质、设施与环境、检验标准、记录控制、证书与报告等要素审核时,尤其适宜采用该方法(图5-1)。

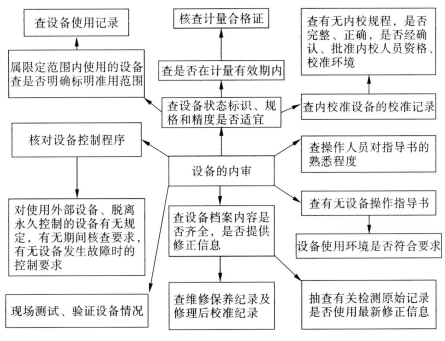

图 5-1　设备的内部审核示意

14.提高内部审核有效性的建议　内部审核是实验室自我完善管理体系和持续改进的主要工具之一。是实验室自己进行的(或以实验室名义进行的),用于内部目的的审核,也称第一方审核,是一种自我约束、自我诊断和自我完善的活动。建议从以下几方面(但不限于)提高内部审核的有效性。

(1)强化《检验检测机构资质认定能力评价　检验检测机构通用要求》(RB/T 214—2017,简称《通用要求》)是国际实验室管理经验的总结和深化的共识,深化按照《通用要求》建立、实施、保持和改进管理体系,直接获取国际实验室管理经验,是明智的选择和决策的认识。

(2)提高对实验室资质认定的作用和意义的认识,既是市场经济发展的需要,又是实验室自身发展的必由之路。贯彻实施、保持和改进管理体系应尽快从市场推动转化为最高管理者推动,提高自我完善管理体系的自觉性和主观能动性。

(3)提高对内审重要性的认识。实实在在做好内审,通过内审规范检验检测活动,完善和持续改进管理体系,不断提高检验检测机构的竞争力。

（4）质量负责人的职责是确保管理体系得到实施和遵循,质量负责人是管理体有效运行的灵魂。其对《准则》的理解和熟悉程度与体系运行的有效性关系重大。所以,必须聘用了解体系并懂实验室管理的人员担任质量负责人,授予其确保体系实施和遵循的责任和权限。

（5）选择了解管理体系和懂检测技术的管理人员和技术人员充实内审员队伍,并为其积累评审经验创造条件,如聘请有现场评审经验的评审员指导或参与内审活动,外聘师资对内审员进行再培训并进行现场指导。

（6）正确对待已发生的不符合项和潜在的不符合项,将其作为完善管理体系的起点和动力,并将这种理念贯彻到全体员工,鼓励员工发现不符合项和潜在的不符合项并提出纠正、纠正措施和风控措施的建议,鼓励员工对完善管理体系做出贡献。

希望上述内容能为实验室管理体系运行起到帮助作用。

【问答题】

1. 内审常见问题有哪些?

答:（1）无计划或有计划但内审时间不够。

（2）发现的不符合项少或每次内审发现的不符合项相同或相似。

（3）内审不符合事实描述不当,无法追溯。

（4）对不符合项进行原因分析时,只找客观原因,不找主观原因。

（5）不符合项不涉及体系运行和技术运作的主要问题。很少有实验室在内审不符合报告中涉及下列问题:①是否识别和验收影响检测结果的试剂和易耗品;②是否识别和监控影响检测结果的环境条件;③对新采用的检测方法是否进行确认;④对《校准证书》所列测量结果是否符合相应标准的审核确认;⑤是否识别检测设备期间核查需求并实施期间核查;⑥是否进行结果质量保证监控并进行统计分析。

（6）内审员不具备识别技术能力方面的不符合的能力。

（7）内审员不清楚纠正、纠正措施和预防措施的差别。如有些不符合项的纠正措施不是措施,只是纠正。

（8）未覆盖整个体系,如管理层。

（9）内审走过场,两次内审报告内容和文字完全相同,只是日期不同。

（10）未编写内审检查表或内审检查表只是把准则要求改成疑问句式。

（11）内审不包括分支机构和多地点场所。

（12）内审不覆盖检测活动。

（13）内审报告不评价上次审核情况整改效果，不评价本次是否有进步。

2. 内部审核对资源有什么要求？

答：检验检测机构应建立、实施和保持与其活动范围和自身实际相适应的管理体系，管理体系内部审核的资源应满足以下要求。

（1）质量负责人应是内部审核的组织者和内部审核方案的管理者。质量负责人如将审核工作委派给其他人员和（或）外部人员时，应确保内部审核的独立性和有效性。所委派的人员应满足内审员的资格和能力要求。

（2）检验检测机构应根据内部审核要求和范围，选择具备资格的内审员，内部审核组成员一般不少于 2 人，其技术能力应覆盖检验检测活动。适用时，可以聘请无内审员资格的特殊专业技术人员或外部人员参加内部审核。

（3）内审员应具备资格和能力，熟悉相关法律法规、检验检测业务、《通用要求》及相应领域的补充要求和自身管理体系要求，接受过审核过程、审核方法和审核技巧等方面的培训。

（4）只要资源允许，内审员应独立于被审核活动，不审核自己所从事的活动或自己承担责任的工作。质量负责人的工作应由其他的人员审核，以保持审核的独立性和内部审核的有效性。

3. 内部审核准的依据是什么？

答：内部审核依据应包括（但不限于）以下内容。①检验检测机构相关的法律法规要求；②《通用要求》及相应领域的补充要求；③检验检测机构的管理体系文件（管理手册、程序文件和作业指导书等）；④检验检测标准、方法、规范和技术文件等。

4. 怎样编制检查表？

答：检查表是内审员进行审核的重要工具，也是审核前需要准备的一个重要工作文件和记录。为提高审核的效率，内审员应根据分工预先编制现场审核用的检查表。其内容应包括审核对象、审核内容、审核方法和时间安排等。检查表内容的多少，取决于被审核部门的工作范围、职能、抽样方案及审核要求和方法。

（1）以《检验检测机构资质认定能力评价　检验检测机构通用要求》（RB/T 214—2017）以及检验检测机构的管理体系文件等为依据。在设计审核检查表时可对照《检验检测机构资质认定能力评价　检验检测机构通用要求》(RB/T 214—2017),结合检验检测机构的管理体系文件的要求,将各个要素要求,改成问题调查表,这就成了"标准化"的检查表,但更好的方法是检验检测机构设计一种空白的表格,由内审员根据分工编写切合实际的检查内容和方式。

(2)检查表应有可操作性。检查表不仅应有要调查的问题,而且还应有具体检查内容,如样本性质、数量,通过问什么问题,观察什么事物而取得客观证据等关注的细节。

(3)选择典型的质量问题。每个要素或每个过程或每个部门通常都有其典型的问题,如4.3.1这个要素,容易出现的问题是检验检测机构的管理体系没有完全覆盖临时的、可移动的场所;4.5.3文控控制易出现的问题是外来文件的控制(如检测或校准方法标准),没有及时跟踪外来文件,过期作废还在使用,缺少一套有效跟踪标准方法的机制;4.5.10纠正措施容易犯的毛病是纠正措施变成了纠正,且对纠正措施的有效性未能得到很好的跟踪验证;4.5.14容易出现的问题是对标准方法验证做得不充分、不到位等。所以在编制检查表时要抓住要点、重点,抓住主要因素进行抽样检查,这样可以起到事半功倍的作用。

(4)抽样要有代表性。内部审核除了提问外,还有查看文件、记录和安排现场试验,由于文件和记录数量很多,不可能全部检查,所以必须抽样。但样本应有代表性,才能体现检查的客观性和公正性。

(5)检查表要注意审核的全面性。在管理体系内部审核中,检查表可以按部门编制,也可以按要素编制,无论是哪种编制方法,对涉及的部门、要素都要注意审核全面性。按部门编制检查表,要考虑涉及的要素不仅应包括该部门的中心职责和要求,还应包括该部门配合实施的要素;按要素编制检查表,表中涉及的部门应包括要素的主要责任部门和配合部门。对涉及所有部门的要素,如人员、文件控制、不符合工作控制、合同评审、记录控制等,则应对所有部门进行检查。

5. 不符合的判断原则是什么?

答:(1)慎用原则。对于针对整个检验检测机构、管理层等条款,没有固定的模式,内审员要谨慎从事,不要贸然下结论出具不符合报告。

(2)就近原则。就近原则指内审中发现的不符合事实,应找到离得最近且最合适的条款做出判断,如"人员培训未满足规定要求"不应只判定在"4.2人员",而应判在4.2.6。

（3）就小不就大员原则。就小不就大员原则是指应根据不符合事实判定到《检验检测机构资质认定能力评价 检验检测机构通用要求》(RB/T 214—2017)最小条款。

（4）便于纠正原则。便于纠正原则指内审发现的不符合事实应准确描述、事实清楚，便于整改。如"环境温度控制效果不理想""个别操作步骤与标准不完全相符"等，没有准确表明具体的事实，不具可追溯性，也无从下手采取纠正或纠正措施。

（5）抓根本原则。抓根本原则指应从内审发现的不符合事实入手，面对现象判定不符合项。内审员应只描述不符合事实，而不应根据主观判断分析的原因判定条款和开具不符合项。

6.内部审核的流程有哪些？

答：(1)质量管理部门进行内审策划。

（2）质量负责人组织成立内审组。

（3）内审组长制订内审实施计划、发出内审通知。

（4）内审组长召集内审组预备会议(明确分工、内审事项)。

（5）内审组长主持召开首次会。

（6）内审组进行现场观察。

（7）进行现场审核。

（8）内审组内部碰头会(内部交流情况,统一认识)。

（9）继续进行现场审核。

（10）内审组内部讨论会(得出审核结论、不符合项)。

（11）与被审核方交换意见(含受审方对不符合项确认)。

（12）内审组长主持召开末次会。

（13）会后内审组编写、分发内审核报告。

（14）责任部门实施纠正措施。

（15）内审组跟踪、验证、整改效果。

（16）内审组做出跟踪、验证记录。

（17）建立内审档案。

（18）为管理评审做内审情况输入准备(小结、改进、建议)。

7.内部审核结论包括哪些内容？

答：内部审核结论通常包括(但不限于)以下内容。①管理体系及检验检测活动符合检验检测机构相关的法律法规、《通用要求》及相应领域的补充要求以及自身管理体系的程度,是否得到有效的实施和保持;②内部审核的目标是否实现,内部审核是否覆盖审核范围;③内部审核发现的不符合项和改进的建议及趋势分析,以及下次内部审核的建议;④管理体系和过程的改进建议。

8.内审报告应包括哪些内容?

答:内审报告是对内审活动中发现的客观证据和观察结果的统计分析、归纳和评价。内部审核末次会议结束后,内部审核组应根据审核发现,形成的审核结论编写内部审核报告,内部审核报告应清晰简明,确保各相关方了解内部审核结果,内部审核报告应包括(但不限于)以下信息:①内部审核目的;②内部审核范围;③内部审核准则;④内部审核成员及分工;⑤内部审核日期;⑥综述内部审核过程和内部审核发现;⑦确定的不符合项及其分布;⑧改进的建议;⑨纠正和(或)纠正措施的实施及验证情况;⑩内部审核结论;⑪质量负责人对内部审核结果的确认意见。内部审核结束的节点为,完成了内部审核发现的不符合项整改及跟踪验证纠正和(或)纠正措施有效,并发出内部审核报告。

第六章

管理评审

管理评审是管理层应按计划的时间间隔评审组织的质量管理体系,以确保其持续的适宜性、充分性和有效性。评审应包括评价质量管理体系改进的机会和变更的需要,包括质量方针和质量目标,就是看看现在运行的整个质量管理体系是不是符合机构的实际情况,是不是有地方需要改进等。《检验检测机构资质认定能力评价　检验检测机构通用要求》(RB/T 214—2017)把最高管理者改为管理层,更具有广泛性和适应性,更强调集体领导。

第一节　管理评审的目的和方法

1. 管理评审的定义　管理层为评价质量管理体系的适宜性、充分性和有效性所进行的活动。

注1:管理评审应包括质量方针和质量目标的评审。

注2:内部审核的结果是管理评审的一种输入。

2. 管理评审的目的　有效的管理评审可确保质量方针和目标得以实现;持续保持管理体系的适宜性、充分性和有效性;满足客户需求,提高市场竞争能力。

(1)适宜性是指管理体系适应内、外部环境变化的能力。

(2)充分性是指管理体系满足市场、客户需求和期望的能力。

(3)有效性是指管理体系运行的结果与所设定的质量目标的实现程度。

3. 管理评审对象

(1)质量方针和目标。

(2)管理体系及要求。

(3)质量方针、目标和管理体系与机构发展战略、资源和环境的适应性。

4. 管理评审的时机

(1)管理评审至少12个月进行一次,通常在内部审核和纠正措施完成后定期进行。

（2）新建立的管理体系应在试运行 3 个月内评审一次。

（3）在扩项评审前、外部技术评审前、遭遇重大投诉、发生严重安全或质量事故等情况下,应及时组织内审、管理评审。

（4）机构发生重大变化时应及时组织内审、管理评审。

（5）法律法规及其他要求发生变化。

（6）内审中发生严重不符合项。

5. 管理评审要达到的目标

（1）明确管理体系的现状,并加以描述概括。

（2）对质量方针、目标和管理体系的总体效果做出评价。

（3）管理体系对质量方针、目标的适应性做出评价。

（4）对资源适应性做出评价。

（5）对环境及变化趋势的适应性做出评价。

（6）对发展战略的适应性做出评价。

（7）保留管理评审所形成的正式报告、评审记录及由评审而引起的管理体系调整、改进记录。

6. 常用管理评审方法

（1）通过评审会的形式,集思广益,广泛讨论,并将讨论结果形成评审报告。

（2）采用会议讨论的形式,事前应将议题和要求通知有关人员,使与会人员做好充分准备。

（3）大型检测集团、检测院,可按专业或独立法人分开进行管理评审。

第二节　管理评审的实施

（一）管理评审的实施

1. 评审策划　进行评审策划以确定评审的目的、内容、方法、组织和准备工作等。评审策划一般以评审计划的形式形成书面记录。

2. 评审组织　由机构的执行管理层组成评审组,由最高管理者或其指定人员任组长(通常由质量负责人任组长),明确组员的分工,并做好评审的各项安排,如:时间安排、会议议程、输入准备、会议记录、编制报告等。

3. 评审参加人员　管理评审由最高管理者负责和主持会议,管理评审的参加人员在管理评审计划中做出具体规定,一般为中心领导层成员和管理体系相关部门的中层干部。

4.评审准备

(1)质量管理部门制订管理评审计划,经质量负责人审核后由最高管理者批准。

(2)向参加评审人员发放管理评审通知、评审议题和评审实施计划,参加评审人员根据通知要求做好管理评审议题的准备。

(3)管理评审计划应明确评审时间、评审内容、参加人员和评审具体输入要求。

(4)管理评审计划的主要内容包括:①评审目的;②评审范围;③参加评审人员;④评审时间;⑤评审依据;⑥评审内容。

5.评审会议

(1)管理评审采取会议的形式进行,即由管理层在计划时间内,集中召开一次评审会议,对管理评审输入内容进行全面评审。

(2)各部门负责人分别汇报输入内容。

(3)参加评审人员就输入内容对管理体系的适宜性、充分性、有效性进行充分讨论,集思广益,对存在或潜在的问题提出改进建议,由管理层确定责任人和完成期限。

【管理评审实施计划举例】

××市食品药品检验检测中心 2022 年管理评审实施计划

1.目的　通过管理评审确保本实验室管理体系的适宜性、充分性和有效性,必要时进行一定的改进;并对质量方针、质量目标、服务承诺和质量管理体系的适宜性、充分性和有效性进行正式评价;保证质量体系持续有效和不断完善,使其各项质量活动都处于有效的控制状态;依靠质量体系组织机构,进行组织协调、质量监控、采取验证、审核等方法引进自我完善、自我发展;具备减少、预防和纠正质量缺陷的能力;使管理体系处于一个良性的循环状态,提高我中心市场竞争能力和适应能力。

2.管理评审的依据　《中华人民共和国药品管理法》《中华人民共和国食品安全法》《检验检测机构资质认定能力评价　检验检测机构通用要求》《食品检验机构资质认定条件》及相关法律、法规、规范、标准;管理体系文件:管理手册,程序文件,作业指导书。

3.管理评审的重点

(1)质量方针、质量目标现状及适应性。

(2)管理体系管理要求的现状及适应性。

(3)管理体系技术要求的现状及适应性。

4.评审内容

(1)检验检测机构相关的内外部因素的变化。

(2)目标的可行性。

(3)政策和程序的适用性。

(4)以往管理评审所采取措施的情况。

(5)近期内部审核的结果。

(6)纠正措施。

(7)由外部机构进行的评审。

(8)工作量和工作类型的变化或检验检测机构活动范围的变化。

(9)客户和员工的反馈。

(10)投诉。

(11)实施改进的有效性。

(12)资源配备的合理性。

(13)风险识别的可控性。

(14)结果质量的保障性。

(15)其他相关因素,如监督活动和培训。

5.评审组成员

(1)组长。最高管理者×××主任。

(2)副组长。技术负责人×××、质量负责人×××。

(3)成员。×××、×××、×××、×××、×××。

6.管理评审的方法:集体会议讨论法。

7.评审日期及日程安排

(1)评审日期2022年12月28日。

(2)由业务室于评审日期7个工作日前将评审实施计划提前发布至评审人员及相关部门;评审人员及相关部门于评审日期3个工作日前,将相关材料提交业务室。

(3)与会人员要提前做好充分准备,主要针对管理评审输入的15项内容、围绕体系"现状"和"适应性"两个重点开展调研,收集意见和建议,并形成文字材料。

（4）相关科室负责人，负责管理评审输入相关内容的分析、评价资料的准备工作。

8.输入内容材料的要求与安排

（1）技术负责人负责。资源的充分性；应对风险和机遇所采取措施的有效性；政策和程序的适应性；工作量和工作类型的变化。

（2）质量负责人负责。以往管理评审所采取措施的情况；与管理体系相关的内外部因素的变化；质量目标实现程度；管理和监督人员的报告；内外部审核的结果。

（3）业务室主任负责。纠正措施和预防措施；检验检测机构间比对或能力验证的结果；客户满意度、投诉和相关方的反馈。

（4）各科室主任负责。改进建议；其他相关因素，如质量控制活动、员工培训。

（5）业务室负责收集管理评审输入信息，收集信息后，进行综合分析整理，并形成文件。

9.管理评审输出　应包括：①管理体系及其过程的有效性；②符合本标准要求的改进；③提供所需的资源；④变更的需求。

10.召开管理评审会议

（1）会议主持人。×××（中心主任）。

（2）参加会议人员。技术负责人、质量负责人、各部门负责人、内审员、质量监督员及与评审相关的人员。

（3）参加管理评审人员要在评审管理会议签到表上签字。

（4）会议议程

1）主持人×××主任宣布管理评审会议开始，对质量管理评审的重要性、意义及有关要求做重要讲话。

2）质量负责人宣布评审计划及评审计划实施计划；汇报上次管理评审以来（质量）管理体系运行状况；质量方针、质量目标的贯彻落实情况及适宜性；内部质量审核的汇总分析结果及2021年度管理评审输出内容综述分析结果。

3）由技术负责人、质量负责人和各科室负责人及相关质量管理人员分别对2022年管理评审输入内容，向与会人员进行汇报。

4）由与会人员根据以上汇报情况进行逐项研讨、评价，最后，由会议主持人进行总结并形成决议,做好管理评审会议记录并进行整理。

11. 编制管理评审报告

(1)管理评审报告编制人员。中心副主任×××负责管理评审报告编制,由业务室主任×××协助。

(2)编制方法。根据管理评审实施计划,管理评审会议记录,输入分析报告、议题内容等进行编制。

(3)报告批准与发布。由中心主任批准发布。

(4)管理评审报告编制内容。①管理评审的目的、依据、内容、方法、日期、人员;②每一管理评审项(或议题)的简述和结论;③质量方针和目标适应性的评价;④需要改进的提出改进措施及其实施要求,包括负责部门和完成期限等内容。

12. 管理评审后的改进和验证　管理评审的结果可能导致质量体系文件的更改和补充,组织机构和职能的调整和完善,过程的改进和优化,资源的重新配置和完善等;这些调整和改进大多数是较重要的事项,对其实施过程和效果应进行跟踪验证,以防措施落实不到位或产生负面作用,验证结果应进行记录并向技术负责人和质量负责人报告,验证结果记录可作为当年度管理评审附件随管理评审报告存档。

13. 管理评审记录归档与保存

(1)由业务室负责归档,期限6年。

(2)保存记录。保存的记录应包括管理评审计划及实施计划、管理评审会议记录;各种管理评审输入信息,管理评审报告,管理报告的分发清单;改进措施的验证记录。

编制人:×××　　　　　　　　　　　　　批准人:×××

日　期:2022 年 10 月 12 日　　　　　　日　期:2022 年 10 月 12 日

(二)管理评审的输入

1. 检验检测机构相关的内外部因素的变化

(1)内部变化情况。①人员:检验检测人员数量、专业、技术能力的变化,如老员工退休、新员工入职等;②设备设施的更新;③技术能力,如新增领域、产品的升级换代,开展的新方法、新项目,方法变更情况等。

(2)外部变化情况。①相关法律法规变化情况,国家或行政管理部门的新政策及变化,检验检测机构资质认定的相关标准或依据等。如《检验检测机构资质认定管理办法》的修订和《检验检测机构监督管理办法》的发布；《检验检测机构资质认定评审准则》替代《实验室资质认定评审准则》，现在又颁布了《检验检测机构资质认定能力评价 检验检测机构通用要求》（RB/T 214—2017）；新的标准代替旧标准以及新标准的实施等；②与本机构相关的专业技术领域的发展动态；③检验检测市场的需求变化等。

（3）针对以上的变化，结合本机构实际情况进行分析，寻求并有效地把握机遇，拓展资质认定领域和专业技术能力，使机构更好地发展。

2. 目标的可行性

（1）质量方针是否适合本机构的实际情况。

（2）质量目标的实现情况：质量目标应是可测量的（有量化的结果），对质量目标的完成情况应予以分析，如果连续几年完成情况高于制定的目标，可考虑提高目标；如连续几年未达到制定的目标，应分析原因，改进工作或调整目标。

举例：通过体系文件的贯彻实施，整个质量过程的控制得到了落实，较好地完成了2021年工作任务，较好地贯彻了我中心质量方针；通过检测报告的抽查评审，对检验报告正确率、服务及时率、检验差错率、无故超周期率、留样收库率进行统计分析，均能达到质量手册规定的质量目标，充分体现了方针、目标的可行性。

3. 政策和程序的适用性　检验检测机构的政策和程序应该与该机构的人员素质、工作量、范围和类型相适应。结合管理体系运行情况，分析管理体系的适宜性，判断其是否适合本机构的实际情况；评价管理体系是否能够适应本机构的检测检验工作，是否能够满足相关法律、法规及相关工作的要求，管理体系是否完整、全面，运行是否有效。

4. 以往管理评审所采取措施的情况

（1）对上一次管理评审提出改进措施的落实情况，包括需改进的内容采取的措施、措施落实情况及落实措施的有效性进行评价。

（2）上次或者前几次管理评审提出来的改进问题，未完成的应作为这次管理评审的输入。如有的改进措施在一个年度不能完成时，包括一二年内不能完成的采购、计划、发展规划等，需要每年关注等，作为下一个年度管理评审的输入。

5. 近期内部审核的结果

（1）最近一次内部审核的基本情况，如目的、时间、范围等。

（2）针对内部审核发现不符合工作的整改情况，内容包括分析的原因、采取的纠正措施、纠正措施落实情况及采取措施的有效性等。

(3)注意不应将内部审核报告的整改报告直接作为提交管理评审的工作报告(输入),而应进行归纳性的总结、分析,然后提出改进的建议。

6. 纠正措施 输入内容包括存在的问题(如不符合项、潜在的风险、改进的事项等)及原因分析、采取的措施、措施落实情况及措施的有效性等。监督员的监督、客户意见、内部审核、管理评审、外部评审、设备的期间核查、检验检测结果质量监控、采购的验收、报告的审查、数据的校核等工作中发现的不合格工作是否有纠正措施,是否得到了纠正。内审员和监督员对措施的实施后完成情况是否进行了跟踪验证,确认纠正和纠正措施的效果是否符合要求等。

7. 由外部机构进行的评审

(1)最近一次外部评审的基本情况:目的、时间、范围等。

(2)针对外部机构评审发现不符合工作的整改情况,内容包括分析的原因、采取的纠正措施、纠正措施落实情况及采取措施的有效性等。

(3)注意不应将外部评审的整改报告直接作为提交管理评审的工作报告(输入),而应进行归纳性的总结、分析,然后提出改进的建议,总结外部评审的情况。

8. 工作量和工作类型的变化或检验检测机构活动范围的变化

(1)总结、分析检验检测的工作量及工作类型和范围(检验检测的领域及专业类别等)变化情况。

(2)根据变化情况,分析机构对人员(如数量、专业等)、设备设施、培训等方面的需求。

(3)根据需求,制定相应的改进措施。

9. 客户和员工的反馈

(1)客户和员工的反馈包括正面的建议、负面的意见、经验总结、错误纠正等。收集客户和员工的反馈将有助于多渠道识别管理体系存在的问题、发现所需的改进以及引领正面的导向。

(2)客户满意度调查情况。发出的问卷数、收回数、调查结果统计及汇总分析,反馈意见的处理等。

(3)识别客户的需求及改进的环节,有针对性地制定措施,提高客户满意度,不断完善管理体系及运行的有效性。

10. 投诉 对客户投诉的受理、调查、处理、整改及整改结果等。

11. 实施改进的有效性　对改进的有效性进行评价。

12. 资源配备的合理性

(1)分析现有资源(包括人员、仪器设备、设施设备等)是否与技术能力的符合性;是否能满足工作需要。

(2)结合技术能力的增加,提出资源配备的建议。

13. 风险识别的可控性

(1)根据管理体系运行的实际情况,分析对识别出的风险的管理和控制情况,如本机构存在哪些风险,是否制定并有效实施了切实可行的控制措施。

(2)评价是否消除了风险或已将风险降低到可控制的范围。

14. 结果质量的保障性

(1)质量控制计划:覆盖的检验检测领域和项目类别、采取方法和方式等。

(2)质量控制实施情况:质量控制的结果、数据分析;如有数据可疑质控结果不合格等问题时,应有原因分析、采取的有效的纠正措施,并评价采取措施的有效性。

(3)根据实施质量控制的结果,注意发现趋势变化情况。

(4)质量控制应包括内部质控和外部质控。

【举例】中心在设备、环境条件、人员能力确认、方法验证等方面严格依据 RB/T 214—2017 标准要求和中心体系文件实施管理,定期采取加标回收、样品复测、人员比对、仪器比对、空白试验、对照试验等方式,加强结果控制,确保检验结果准确可靠。检验检测工作重点监督项目由各科室根据本科室不同项目的技术特性,对影响检验结果的重点项目控制情况进行监督。参加实验室比对和能力验证,也是有效的外部质量控制方式。我中心参加了 2022 年中国食品药品检定研究院组织的乳粉中大肠埃希菌群计数能力验证、药品干燥失重测定、对乙酰氨基酚片含量测定三项能力验证,结果均为满意。

15. 其他相关因素,如监督活动和培训

(1)监督情况。①监督计划完成情况:监督的次数、监督的内容和范围。②监督的结果:发现的问题、问题的原因、采取的纠正措施、措施实施情况及结果;③改进的建议,如培训的需求等。

【举例】中心开展对内部人员的监督,重点对在培的、新上岗的、转岗的、检验检测机构间比对或能力验证结果可疑或不满意的、发生客户投诉的、操作新标准或新方法和允许方法偏离的、检验检测对环境条件有严苛要求项目的检验检测人员的监督,填写《质量监督检查记录》,2022 年监督员共提交了 72 份监督报告。

（2）培训情况。①培训计划和实施情况：培训次数、方式、参加人次数；培训涉及的技术领域或专业类别；培训考核形式、考核结果及评价。②对培训的建议等。

【举例】"围绕全面提高队伍素质，出台了 2022 年业务学习计划。通过请进来、走出去、与兄弟单位交流和集中学习及自修等不同的学习方式全面提升队伍素质。共组织全体人员集中学习 8 次；22 人次参加了上级业务部门举办的检验检测机构资质认定内审员培训班、《中华人民共和国中国药典》2020 年版溶出度与释放度检查法培训班、《检验检测机构资质认定管理办法》及《检验检测机构资质认定能力评价　检验检测机构通用要求》培训班；并组织宣传贯彻了管理手册、程序文件；通过学习培训，形成了一个浓郁的学习氛围，人员素质得到明显提高，基本上能够适应完成现质量方针、质量目标的要求。"

（三）部门工作报告

工作报告应注重有实质内容，尽可能数据化和总结性，对问题的说明应包括问题描述、原因分析、纠正措施、落实情况及跟踪验证。管理评审会议应对工作报告进行评审，讨论分析，提出不符合项并对改进建议进行证、评价。

各部门报告本部门完成的工作情况。①检验检测工作完成情况：各领域或专业类别的工作量、检验检测报告或证书的数量等。②仪器设备管理情况：检定/校准、完好状态、增减情况等。③设施和环境条件监测、控制、变化情况等。④技术能力：检测方法/标准变化、扩项等。⑤质量控制实施情况。⑥人员培训情况。⑦提出改进的建议。最高管理者根据提交的工作报告和评审结果进行会议总结，提出改进要求，并对管理体系和方针目标的实现做出评价。

（四）管理评审报告（评审输出）

会议结束后，由质量管理部门根据会议决议编制管理评审报告，经质量负责人审核、管理层批准后分发给各部门，且管理评审报告内容（输出内容）应具有以下内容。

（1）实施管理评审的过程包括评审目的、内容和会议日程、参加评审人员、评审日期等。

（2）管理体系所需要资源（如人员、设施、设备、方法、安全、环境保障等）改善情况。

（3）检验检测工作质量和服务质量。

（4）改进的要求（注意可实施性）。

（5）管理评审的结论（管理体系符合性评价）

1）管理体系及其过程的有效性（如管理体系有变化，应提出修改的建议）：通过对输入性信息分析，对管理体系及其过程有效性进行评价。

【举例】现行的《质量手册》《程序文件》于 2019 年 1 月 1 日颁布实施，覆盖标准要求各个要素，符合单位的实际情况，基本能按体系文件的要求开展各项管理活动。2021 年 11 月 16—18 进行了内审，共发现 12 条不符合项，纠正 12 条。检验人员对检验检测标准和技术规范的能正确理解和熟练操作，出具的记录、报告基本准确、规范，按标准要求建立的管理体系能有效运行。

2）符合本标准要求的改进（改进的内容和目标）：如果管理评审发现相关的实验室活动存在不符合项，则应确定纠正措施，改进相关工作。

【举例】加强管理，按照法律法规和我中心体系文件有关规定和要求，强化对影响检验活动的各个环节的监督和控制，确保检测结果的准确性和可靠性。加强新仪器设备使用培训，以及食品、化妆品检验检测相关知识的学习，营造浓郁的学习氛围，提高中心全体职工的综合素质，树立良好的工作形象。

3）提供所需的资源：管理评审通过对输入内容的分析确定所需的资源，为降低风险、抓住机遇，为改进现有工作等增加资源，包括引进人才、更新或增加设备、改造环境、提供培训机会等。

【举例】在人力资源上，一线检验人员数量不能满足食品药品检验工作需要，需要招录一线检验专业技术人员；仪器设备上，基本上能基本满足食品药品检验方面的要求；设施状况，我中心目前的基础设施不能满足食品药品检验的需要，需要增加 2 000 平方米以上的实验室面积。

4）变更的需求：管理评审做出的变更决定可能包含修改体系文件、修改方针和目标、重新分配部门职责、调整关键岗位人员，也可包括调整目标客户群从而涉及扩项的决定等。

（五）调整、改进

管理评审报告由最高管理者批准后公布，相关的体系调整、改进工作由指定专人负责跟进。管理评审将根据发展的需要或存在的问题把评审输出反馈到组织的策划单元，对管理体系进行调整和改进，机构必须对调整和改进工作的实施过程和结果进行跟踪和验证，以防止实施不到位或负面作用的出现。内容可以是：①管理体系文件的更改；②资源的调整、补充；③机构和人员职能的调整和完善；④过程的调整、改进；⑤工作计划的调整、改进。

机构必须对调整和改进工作的实施过程和结果进行跟踪和验证,以防止实施不到位或负面作用的出现。

【管理评审报告举例】

××市食品药品检验检测中心2022年管理体系管理评审报告

1.管理评审的目的　通过对质量方针、质量目标、服务承诺和质量管理体系的适宜性、充分性和有效性进行评价,并对其进行适当的调整,使管理体系得到持续改进和完善。确保管理体系的持续适应和有效,提高我中心市场竞争能力和适应能力。

2.管理评审的依据　《药品管理法》《中华人民共和国食品安全法》《检验检测机构资质认定能力评价　检验检测机构通用要求》《食品检验机构资质认定条件》及相关法律、法规、规范、标准;管理体系文件,管理手册,程序文件,作业指导书。

3.管理评审的方法　集体会议讨论法。

4.评审会议日期　2022年12月27日。

5.评审内容分析综述

(1)检验检测机构相关的内外部因素的变化。根据内、外部征求意见及反馈意见,我中心检验能力、技术服务支撑方面基本上能满足日常监督检验的需求,随着对食品药品监督检验要求的加强与提高,以及新仪器设备的增加,需对食品药品检验参数进行扩项。2021年4月2日新版《检验检测机构资质认定管理办法》由国家市场监督管理局做出了修改,并将关于检验检测机构从业规范、监督管理、法律责任的相关内容调整至《检验检测机构监督管理办法》。

(2)目标的可行性。通过体系文件的贯彻实施,整个质量过程的控制得到了落实,较好地完成了省、市局下达的各项工作任务,较好地贯彻了我中心质量方针;通过检测报告的抽查评审,对检验报告正确率、服务及时率、检验差错率、无故超周期率、留样收库率进行统计分析,均能达到及管理手册规定的质量目标,充分体现了方针、目标的适应性。

(3)政策和程序的适用性。中心目前的管理体系能够适应对食品、药品、化妆品等方面的检测检验工作,能够满足相关法律、法规及相关工作的要求。

（4）以往管理评审所采取的措施

1）改进措施：加强管理，按照法律法规和我中心体系文件有关规定和要求，强化对影响检验活动的各个环节的监督和控制，确保检测结果的准确性和可靠性。加强能力培训，落实了培训计划，加大外出培训资金投入，特别是食品、化妆品检验检测相关知识的学习，营造浓郁的学习氛围，提高中心全体职工的综合素质，树立良好的工作形象，改进措施的执行情况良好。

2）资源需求：在人力资源上，2021年管理评审提出的检验人员数量不能满足食品药品检验工作的需要，需招录食品检验专业技术人员的需求，在2022年得到了落实，2022年通过招才引智招录3名食品药品检验专业的硕士研究生，缓解了食品药品检验专业技术人员不足的矛盾。2021年管理评审对检验设备的更新与增加的建议意见，2022年得到了落实，购置了高效液相质谱联用仪、ICP-MS、聚合酶链反应检测仪、气相色谱质谱联用仪等设备，现均已投入使用。设施方面，我中心目前基础设施不能满足食品检验的需要，需要增加2 000平方米以上的实验室面积的需求没有落实。

（5）近期内部审核的结果。2022年度内部管理体系审核检查表编制检查要素31个，提出检查具体事项150余项，对我中心内设科室如业务室、化学室、中药室、药理室、质保室、办公室和管理体系以现场查看、调阅记录、现场提问等方式进行审核。审核组依据检查结果与"规定的要求"相比较做出判断与评价，对6个科室总计提出不符合项12项（均为一般不符合），确定不符合项12项。不符合项主要有：留样未及时处理、分包项目未在报告中清晰标明、无菌室缺少洁净度检测报告、新进大型仪器旁未放操作规程、电阻炉未见确认标识、液相色谱仪近期数据没有备份、试剂室管理不到位等。对不符合项均进行了原因分析，并对不符合项制订了纠正措施计划，明确了对纠正措施的要求。均在规定的时间内得到纠正落实。通过内审，充分验证了实验室管理体系能够有效、持续地运行；质量目标和质量方针符合实验室的实际，能够坚持贯彻质量方针，很好地完成质量目标，达到稳步提高的效果。实验室体系文件如管理手册、程序文件的可操作性较强，符合实验室的要求，适合于实验室的体系运行。

（6）纠正措施。内审和质量监督工作中发现的不符合工作均进行了原因分析，并制定了纠正措施，全部予以纠正，内审员和监督员对措施的实施后完成情况进行了跟踪验证，确认了纠正和风控措施的效果符合要求。

（7）由外部机构进行的评审。××省市场监督管理局按照《申请2022年度××省食品抽检任务检验检测机构检查细则》，派检查组于 2022 年 4 月 8 日对我中心申请 2022 年度××省食品抽检工作进行了检查。现场通过听汇报、考察现场、核查资料、现场提问、座谈等方式进行了检查，核查组开出《申请任务检验机构现场核查问题汇总表》共 13 项问题。针对存在的问题，中心管理层及时召开科室主任进行专题研究，认真分析原因，分解落实责任，结合实际制定整改措施，对每项存在的问题进行了切实有效地整改，整改工作已于 2022 年 4 月 30 日前完成。

(8) 工作量和工作类型的变化或检验检测机构活动范围的变化。2022 年共完成药品检验 347 批；2021 年完成食品检验 285 批、药品检验 317 批、化妆品检验 30 批；2020 年完成食品检验 1 161 批、药品检验429 批、化妆品品检验 95 批。根据近年来的检验工作情况分析，我中心的业务范围以药品检验为主。

(9) 客户和员工的反馈。与客户建立良好的协作和沟通，全面了解客户的需求，开展实验室开放日活动，定期征求客户的意见和建议，对收集到的客户信息进行汇总、整理统计，表明客户对我中心较满意，员工相互团结、合作，对各方面制度较满意。

(10) 投诉。认真对待来人、来电、来函、传真、电子邮件、媒体报道、上级转发或通报涉及我中心的投诉，并由质量负责人负责接受、调查、受理、处理，相关科室将处理实施情况报业务室形成投诉处理结论，经质量负责人批准后反馈投诉方。2022 年实验室共接收 347 批检品，在此期间，接到客户申请复验一批药品，经××省食品药品检验所复验，复验结果与我中心结果一致。

(11) 实施改进的有效性。加强能力培训，特别是食品、药品、化妆品检验检测相关知识和管理体系文件的学习，营造浓郁的学习氛围，全体职工的综合素质有显著的提高。另外，通过内审、外审、日常监督检查和投诉对管理体系文件进行了修订和完善，厘清了各科室职能，明确了工作任务，增强了体系文件的适应性和可操作性；收集不符合工作的信息，分析不符合工作产生的原因，制定并实施纠正措施，验收其效果，发现不符合项均得到有效的改进。

(12) 资源配备的合理性。在人力资源主面，一线检验人员数量还不能满足食品药品检验工作需要。在仪器设备方面，基本能满足食品药品检验方面的要求。在环境条件和设施状况方面，我中心目前的实验用房不能完全满足食品药品检验检测的需要。

（13）风险识别的可控性。2022年我中心新购置了液相色谱质谱联用仪、气相色谱质谱联用仪、ICP-MS、聚合酶链反应检测仪等仪器设备，新购置的仪器设备在操作使用方面存在一定的风险，加强对仪器设备的操作规范培训是降低这种风险的有效措施。目前，我中心主要承担指令性检验检测任务，公正性、遵守法律法规、检验检测质量控制、检验检测任务完成的时效性、检验检测过程中可能出现的事故等产生的风险均在中心可控范围内。

（14）结果质量的保障性。中心在设备、环境条件、人员能力确认、方法验证等方面严格依据RB/T 214—2017标准要求实施管理，定期采取加标回收、样品复测、人员比对、仪器比对、空白试验、对照试验等方式，加强结果控制，确保检验结果准确可靠。参加实验室间比对和能力验证，也是有效的外部质量控制方式；2022年，我中心参加了中国食品药品检验研究院的乳粉中大肠埃希菌群计数能力验证、药品干燥失重测定、对乙酰氨基酚片含量测定三项能力验证，结果均为满意。检验检测工作重点监督项目由各科室根据本科室不同项目的技术特性，对影响检验结果的重点项目控制情况进行监督，可保障中心检验检测结果的有效性。

（15）其他相关因素，如监督活动和培训。

1）监督活动：我中心开展对内部人员的监督，重点对检测过程进行监督检查，定期填写《质量监督检查记录》，2021年监督员共提交了72份监督报告。

2）培训：2022年我中心通过自学、科室内部组织学习、单位组织领导班子成员和各科室主任轮流授课、邀请仪器设备厂家工程师讲课、外出培训的方式，认真学习管理体系文件、资质认定有关知识和《中华人民共和国中国药典》2020年版新的检验检测技术，学习结束后进行考试，并将考试成绩公示，考试成绩和职务（职称）晋升、平时考核奖分配等挂钩。营造了认真学习、善于学习、学以立德、学以修身、学以致用、勇于实践的浓郁氛围，使学习制度化、常态化，有力促进了食品、药品检验工作的规范开展，人员素质得到明显提高，为提高食品药品检验质量打下了良好的基础。本年度单位共组织全体人员集中学习8次，22人次参加了上级业务部门举办的检验检测机构资质认定内审员培训班、《中华人民共和国中国药典》2020年版溶出度与释放度检查法培训班、《检验检测机构资质认定管理办法》及《检验检测机构资质认定能力评价 检验检测机构通用要求》培训班；并组织宣传贯彻了管理手册、程序文件;通过学习培训,形成了一个浓郁的学习氛围,人员素质得到明显提高,基本上能够适应完成质量方针、质量目标的要求。

6. 管理体系评价 与会人员认真听取了管理评审输入的各项内容,并对其内容进行了综合分析,一致认为自上次管理评审以来,我中心 2022 年管理体系的运行符合《检验检测机构资质认定能力评价 检验检测机构通用要求》的要求,质量方针在检验检测工作中得到执行,质量目标数据均达到目标要求。通过内部审核,促进了管理体系的有效运行,使管理体系各要素基本得到控制,质量活动的开展基本达到预期目标。通过对管理体系的管理评审,进行必要的改进,确保了我中心管理体系能持续适应检验检测工作,并能在工作中得到有效运行,满足资质认定管理部门和客户的要求。

(1)中心管理层和监督人员应严格按照评审准则和实验室管理体系文件的要求,从人、机、料、法、环、抽样等各方面维护和监督实验室体系的运行。在日常运行过程中,制订和严格实施人员培训计划,对新员工和老员工进行岗位技能培训,不断提高检测人员的整体水平;监督和检查期间核查的落实情况,以考察设备的运行情况;对主要试剂的购进必须进行空白实验,验证试剂的合格性;不定期的监督和询问检测人员的岗位操作情况,检查检测人员对检测方法的理解和应用能力;采用加标回收、每月抽样考核、方法间比对和实验室间比对的方式,对实验室的质量进行控制;坚持每周安全巡检制度,保证设备的良好运行和检测工作的安全、顺利进行;划分专门的工作区域,切实保证检测工作顺利进行,保证客观公正的报出检测结果,更好地服务于客户。

(2)加强质量记录和技术记录规范填写的培训工作。2022 年底前,各科室负责人按照《检验检测机构资质认定能力评价 检验检测机构通用要求》和相关标准记录填写的技术要求,对科室检验检测人员进行质量记录和技术记录的规范填写培训。

(3)资源需求。在人力资源上,检验人员数量还不能满足食品药品检验工作需要,争取在 2023 年招聘部分食品药品检验专业技术人员。对一些食品药品检验检测方法和判定依据方面理解不够透彻,业务室应将食品检验检测技能培训作为 2023 年度培训重点项目,并组织相关人员进行学习和领会。仪器设备基本能满足食品药品检验方面的要求。根据我中心人员和新仪器设备配置情况继续开展食品、药品、化妆品检验扩项工作。设施状况,我中心目前的基础设施也不能满足食品药品检验的需要,需要增加实验室面积。

（4）在管理体系的运行过程中发现有可能影响检验检测质量的问题，应分析原因，提出整改措施，并完善预防措施，各科室制定完毕后报质保室。

（5）加强对仪器设备的管理工作，包括做好仪器设备的期间核查工作，定期检查仪器设备档案，对有问题的仪器设备及时更换状态标识，对无法继续使用的设备及时隔离，防止误用。目前我中心的仪器期间核查规程覆盖面较窄，还需要增加部分仪器的期间核查规程。

7. 管理评审决议

（1）管理体系及其过程的有效性。管理体系建立和总体适用性方面基本完善，还需要不断改进管理体系。

（2）符合本标准要求的改进。加强管理，按照法律法规和我中心体系文件有关规定和要求，强化对影响检验活动的各个环节的监督和控制，确保检测结果的准确性和可靠性。加强新仪器设备使用培训，以及食品、化妆品检验检测相关知识的学习，营造浓郁的学习氛围，提高中心全体职工的综合素质，树立良好的工作形象。

（3）提供所需的资源。在人力资源上，检验人员数量还不能满足食品药品检验工作需要，需要招录检验专业技术人员。设施状况，我中心目前的基础设施不能满足食品检验的需要，需要增加 2 000 平方米以上的实验室面积。

（4）变更的需求。暂无变更的需求。

8. 对决议改进措施的实施要求　每个职能科室要按管理体系规定的职责，在下年度的年度工作计划中，把此次管理评审决议作为重点，列入相关计划；按体系文件做好具体实施；由业务室、质保室负责做好管理评审档案及跟踪检查验证工作，对验证的结果应进行记录，并向技术负责人或质量负责人报告；其验证记录可作为管理评审档案的组成部分一并归档；并把本次管理评审报告由业务室以中心局域网为媒介进行发布，发至主管领导及相关科室负责人，以便监督、促进管理评审决议的有效执行（表6-1）。

9. 评审结论　此次评审，使我中心业务建设和检验质量管理的各个方面都有较明显的进步，本机构建立的质量管理体系文件第 7 版，符合《检验检测机构资质认定能力评价　检验检测机构通用要求》《中华人民共和国药品管理法》《中华人民共和国食品安全法》《中华人民共和国计量法》及相关法律法规的要求，管理体系文件对质量活动能有效地控制，充分体现了适应性、有效性和充分性。

评审组长(技术负责人)签字:

表 6-1   监督、内审和管理评审的区别

	监督	内审	管理评审
目的	对检测人员进行监督,发现问题,采取纠正措施	确定质量活动及其结果的符合性和有效性	确定质量方针、目标和管理体系的适宜性、充分性和有效性
依据	标准、规范、体系文件	评审准则、体系文件、法律法规、标准、规范	质量方针、目标等15个方面的实现状况
层次/执行者	监督员实施	战术性的,它控制的是质量活动及结果的符合性;/质量负责人、内审员实施	战略性的,它控制的是质量方针和目标的正确性和可行性;管理层主持实施
方式	在检测过程中随时监督,监督是连续的,是在本部门进行	深入各部门进行审核,内审员应独立于被审核部门	采取会议形式进行
时机	日常进行	定期,每年至少1次,可进行附加审核	定期,12个月1次,内外环境有重大变化或管理者认为有必要时
结果	填写监督记录,采取纠正措施	针对体系运行存在的问题开列"不符合项报告"。对不符合项实施纠正措施和跟踪整改效果	针对体系存在的缺陷做出体系调整和进一步完善的决定。通过落实评审输出提高管理水平和质量保证能力

【问答题】

1. 什么是管理评审?

答:管理评审是组织的管理层为评价质量管理体系的适宜性、充分性和有效性所进行的活动。管理评审应包括质量方针和质量目标的评审。内部审核的结果是管理评审的一种输入。

2. 管理评审目的是什么?

答:管理评审目的是确保质量方针、目标得以实现;确保管理体系持续的适宜性、充分性和有效性;满足客户要求,提高市场竞争能力。

(1)适宜性是指管理体系适应内、外部环境变化的能力。

(2)充分性是指管理体系满足市场、客户需求和期望的能力。

(3)有效性是指管理体系运行的结果与所设定的质量目标的实现程度。

3. 管理评审对象是什么?

答:管理评审对象是质量方针和目标;管理体系及要求;质量方针、目标和管理体系与机构发展战略、资源和环境的适应性。

4. 管理评审要达到什么目标?

答:评审要达到的目标是明确管理体系的现状,并加以描述概括;对质量方针、目标和管理体系的总体效果做出评价;管理体系对质量方针、目标的适应性做出评价;对资源适应性做出评价;对环境及变化趋势的适应性做出评价;对发展战略的适应性做出评价;保留管理评审所形成的正式报告、评审记录及由评审而引起的管理体系调整、改进记录。

5. 什么时候进行管理评审?

答:(1)管理评审至少 12 个月进行 1 次,通常在内部质量审核和纠正措施完成后定期进行。

(2)新建立的管理体系应在试运行 3 个月进行管理评审。

(3)在扩项评审前、外部技术评审前、遭遇重大投诉、发生严重安全或质量事故等情况下,应及时组织内审、管理评审。

(4)机构发生重大变化时应及时组织内审、管理评审。

6. 管理评审的方式是什么?

答:管理评审方法通常采用会议讨论的形式进行。事前应将议题和要求通知有关人员,使与会人员做好充分准备,集思广益,广泛讨论,并将讨论结果形成评审报告。

7. 管理评审输入包括什么内容?

答:管理评审输入应包括以下信息。①检验检测机构相关的内外部因素的变化;②目标的可行性;③政策和程序的适用性;④以往管理评审所采取措施的情况;⑤近期内部审核的结果;⑥纠正措施;⑦由外部机构进行的评审;⑧工作量和工作类型的变化或检验检测机构活动范围的变化;⑨客户和员工的反馈;⑩投诉;⑪实施改进的有效性;⑫资源配备的合理性;⑬风险识别的可控性;⑭结果质量的保障性;⑮其他相关因素,如监督活动和培训。

8. 管理评审输出包括内容什么?

答:管理评审输出应包括以下内容。①管理体系及其过程的有效性;②符合本标准要求的改进;③提供所需的资源;④变更的需求。

9. 管理评审报告包括什么内容?

答:管理评审报告一般包括如下内容。①实施管理评审的过程:评审目的、内容和会议日程、参加评审人员、评审日期、地点等;②管理体系所需要资源(如人员、设施、设备、方法、安全、环境保障等)改善情况;③检验检测工作质量和服务质量;④改进的要求(注意可实施性);⑤对每一个评审项目的讨论决议和提议。⑥管理评审的结论,对质量体系的适宜性、充分性和有效性给予总结。⑦若有改进事项,应确定责任,并规定实施和验证的日期。

有关的数据和资料可附在报告后面,便于以后的管理评审。管理评审会议报告对管理评审执行的好坏起到监督和见证作用。同时,此报告也是外审中重点检查的记录。

10. 管理评审的特点是什么?

答:管理评审有以下特点。

(1)高层次性。管理评审是由检验检测机构管理层组织实施的。参加评审的人员也是检验检测机构的决策层和对管理体系负主要责任的各级管理。

(2)全局性。管理评审是对检验检测机构管理体系的评审,是对检验检测机构全局性、整体性的重大问题的评审,对检验检测机构的发展有重要影响。

(3)长远性。管理评审是谋求管理体系对检验检测机构发展在较长时间内的适应性,不是为取得短期满足(通过体系认证),而是从检验检测机构长远利益出发进行的。

(4)适应性。管理评审的重点是评价体系的适应性,包括两个方面:一是评价体系与检验检测机构外部环境、变化客观条件等因素的适应性;二是评审体系与检验检测机构内部环境、资源、实力等因素的适应性。通过适应性评审,发现需改进之处,实现体系的持续改进。

(5)战略性。一个机构对管理体系的控制有两种控制方法:一种是通过内部体系审核来控制各种活动,称作战术控制,就是对偏离预定目标和活动及时进行纠正、调整或对可能偏离预定目标的活动采取预防措施,确保达到预期目标;另一种是通过管理评审来控制整个体系,称作战略控制,就是对目标本身的正确与否进行评价、监控,也就是说以战略的眼光来审视包括方针、目标在内的整个活动是否有效。战略控制是战术控制的前提,战略控制失效,战术控制则失去意义;战术控制是战略控制的保证,在有效的战略控制下,战术控制是必需的保证活动。

(6)风险性。管理评审的结果可能要引起对检验检测机构方针、目标,甚至体系的更改。这样更改的影响往往是长期的、全局的,而组织的外部环境具有多变性、不可控制性和复杂性,潜存着许多不安定因素,因此这种更改要冒一定的风险。

11.管理评审常见问题有哪些?

答:管理评审常见以下问题。①无计划。②管理评审无文字材料。③输入不全,如未考虑质量监督。④没有各类管理方面信息描述(或报告)。⑤未考虑上次管理评审提出的改进建议。⑥结论均为有效,无须改进。⑦若有改进要求,无人跟踪。⑧与上次管理评审一致。

第七章
检验检测机构资质认定法规

我国检验检测机构资质认定相关的法律法规,为检验检测机构资质认定工作规范有序发展提供了法律保障。对检验检测机构来说,熟悉法律法规要求,做到合规合法至关重要。

第一节 检验检测机构资质认定管理办法

《检验检测机构资质认定管理办法》于 2015 年 4 月 9 日由国家质量监督检验检疫总局以第 163 号令发布。2021 年 4 月 2 日,《国家市场监督管理总局关于废止和修改部分规章的决定》(国家市场监督管理总局令第 38 号)对《检验检测机构资质认定管理办法》进行了修订,发布了修订后的《检验检测机构资质认定管理办法》(简称《办法》),自 2021 年 6 月 1 日起施行,整部规章包含总则、资质认定条件和程序、技术评审管理、监督检查、附则五大组成部分。《检验检测机构资质认定管理办法》规范了检验检测机构资质认定工作,优化了准入程序。

一、立法背景和目的

在国家政策支持高技术、科技的背景下,检验检测行业得到快速发展,检验检测机构在市场经济条件下为市场监督管理、提供产品质量、推动产业升级转型提供了强有力的技术支撑,同时为生活息息相关的吃、穿、用、住、行等方方面面保驾护航。认证认可检验检测服务领域不断拓展,在国民经济和社会发展各领域广泛应用,"传递信任,服务发展"作用日益彰显。认证认可检验检测服务业迅速发展壮大,综合实力显著增强,质量效益不断提升。截至 2021 年底,我国共有获得中国计量资质认定的检验检测机构近 5.2 万家,实现年营业收入 4 090.22 亿元,分别较上年增长 6.19%、14.06%。"十三五"期间年均增长 15%,成为全球增长最快、最具潜力的检验检测认证服务市场。从业机构的创新能力、服务能力和市场竞争力整体提升,获得高新技术企业认定的从业机构数量比"十二五"末增长1.5倍,规模以上的从业机构业务占比达到85%,涌现出一批具有较强技术、管理和服务优势的机构品牌。

为深入贯彻"放管服"改革要求,落实"证照分离"工作部署,依照《优化营商环境条例》《国务院办公厅关于深化商事制度改革进一步为企业松绑减负激发企业活力的通知》等文件要求,国家市场监督管理总局积极推动检验检测机构资质认定改革,优化检验检测机构准入服务。

2019年,国家市场监督管理总局发布《市场监管总局关于进一步推进检验检测机构资质认定改革工作的意见》(国市监检测〔2019〕206号),推动实施依法界定检验检测机构资质认定范围,试点告知承诺制度,优化准入服务,便利机构取证,整合检验检测机构资质认定证书等改革措施。2020年,持续推进许可事项改革,并根据疫情防控形势,推行远程评审等应急措施。2021年将在全国范围内推行检验检测机构资质认定告知承诺制,全面推行检验检测机构资质认定网上审批。

随着一系列检验检测机构资质认定改革措施的推出和实施,检验检测机构资质认定的审批效率显著提升,机构准入更加便捷,市场主体大幅增加,市场环境持续优化。为了落实国务院"放管服"改革的最新部署要求,进一步深化和推进检验检测机构资质认定改革,充分激发检验检测市场活力,使已有的检验检测机构资质认定改革措施和成果制度化、法制化,并为在更大范围内复制和推广相关改革举措提供法规层面的依据,对《检验检测机构资质认定管理办法》的部分条款进行了修改。

二、主要内容介绍

按照实施更加规范、要求更加明确、准入更加便捷和运行更加高效的原则,对《检验检测机构资质认定管理办法》(简称《办法》)的部分条款进行了修改,使资质认定工作更加规范、要求明确、准入便捷、运行高效。

(一)明确资质认定事项实行清单管理的要求

为避免重复申报、审批,为检验检测机构减负,解决资质认定事项范围不统一问题,在《办法》第五条中明确规定"法律、行政法规规定应当取得资质认定的事项清单,由市场监管总局制定并公布,并根据法律、行政法规的调整实行动态管理",从制度层面明确依法界定并细化资质认定实施范围,逐步实现动态化管理;解决资质认定事项不统一问题,统一了许可尺度。

(二)明确检验检测机构资质认定工作的原则

检验检测机构资质认定工作应当遵循统一规范、客观公正、科学准确、公平公开、便利高效的原则。

(三)明确申请资质认定的检验检测机构的条件

明确申请资质认定的检验检测机构的组织、人员、场所、设备设施和管理体系的要求。①依法成立并能够承担相应法律责任的法人或者其他组织。②具有与其从事检验检测活动相适应的检验检测技术人员和管理人员。③具有固定的工作场所,工作环境满足检验检测要求。④具备从事检验检测活动所必需的检验检测设备设施。⑤具有并有效运行保证其检验检测活动独立、公正、科学、诚信的管理体系。⑥符合有关法律法规或者标准、技术规范规定的特殊要求。

(四)增加告知承诺程序

检验检测机构资质认定程序分为一般程序和告知承诺程序。除法律、行政法规或者国务院规定必须采用一般程序或者告知承诺程序的外,检验检测机构可以自主选择资质认定程序。

检验检测机构资质认定一般程序的技术评审包括书面审查和现场评审(或者远程评审)。资质认定部门根据检验检测机构的申请事项、信用信息、分类监管等情况,采取书面审查、现场评审(或者远程评审)的方式进行技术评审。对上一许可周期内无违反市场监管法律、法规、规章行为的检验检测机构,资质认定部门可以采取书面审查方式。

明确告知承诺程序。依照《优化营商环境条例》和国务院改革文件的要求,总结检验检测机构资质认定告知承诺试点情况,明确实施告知承诺的程序和要求。采用告知承诺程序实施资质认定的,按照市场监管总局有关规定执行。在《办法》第十条和第十二条,规定检验检测机构申请资质认定时,具有一般程序、告知承诺程序的自主选择权,同时,在第十二条规定了资质认定部门做出许可决定前,申请人有合理理由的,可以撤回告知承诺申请。为行政相对人提供了更多选择。申请人再次提出申请的,应当按照一般程序办理。

(五)固化优化准入服务便利机构的措施

《办法》第一条中将"优化准入程序"作为本次修改的立法目的,并明确规定了检验检测机构资质认定工作中应当遵循"便利高效"的原则。同时，对优化准入服务，便利机构的具体措施予以固化：一是明确提出了检验检测机构资质认定推行网上审批，减少纸质申请材料，试行发放资质认定电子证书，便利申请人日常使用；二是进一步压缩了许可时限，审批时限压缩至10个工作日内，技术评审时限压缩至30个工作日内，许可时效在原来的基础上提升35%，对检验检测机构依法设立的分支机构，视情况可简化技术评审；三是对上一许可周期内无违反市场监管法律、法规、规章行为的检验检测机构，可以采取书面审查方式，予以延续资质认定证书有效期。

（六）固化疫情防控长效化措施

为应对新型冠状病毒感染疫情，服务复工复产，检验检测机构资质认定对现场技术评审环节进行了优化，推出了远程评审等有效措施。此次修改在涉及现场技术评审的条款中对"远程评审"的方式予以了明确，使疫情防控的有效措施长效化。同时，为应对突发事件等工作需要，增加了"因应对突发事件等需要，资质认定部门可以公布符合应急工作要求的检验检测机构名录及相关信息，允许相关检验检测机构临时承担应急工作"的条款，为突发事件提供可靠的检验检测技术支撑。

（七）需要延续资质认定证书有效期的评审

资质认定证书有效期为6年。需要延续资质认定证书有效期的，应当在其有效期届满3个月前提出申请。

资质认定部门根据检验检测机构的申请事项、信用信息、分类监管等情况，采取书面审查、现场评审（或者远程评审）的方式进行技术评审，并做出是否准予延续的决定。

对上一许可周期内无违反市场监管法律、法规、规章行为的检验检测机构，资质认定部门可以采取书面审查方式，对于符合要求的，予以延续资质认定证书有效期。

（八）需要办理变更的事项应及时进行变更

有下列情形之一的，检验检测机构应当向资质认定部门申请办理变更手续：①机构名称、地址、法人性质发生变更的；②法定代表人、最高管理者、技术负责人、检验检测报告授权签字人发生变更的；③资质认定检验检测项目取消的；④检验检测标准或者检验检测方法发生变更的；⑤依法需要办理变更的其他事项。

　　检验检测机构申请增加资质认定检验检测项目或者发生变更的事项影响其符合资质认定条件和要求的,依照本办法第十条规定的程序实施。

　　(九)资质能力的维护、使用

　　(1)检验检测机构应当定期审查和完善管理体系,保证其基本条件和技术能力能够持续符合资质认定条件和要求,并确保质量管理措施有效实施。

　　(2)检验检测机构应当在资质认定证书规定的检验检测能力范围内,依据相关标准或者技术规范规定的程序和要求,出具检验检测数据、结果。

　　(3)检验检测机构应有效管理资质认定证书及标志,并在检验检测报告中正确使用资质认定标识。

　　(十)明确信息公开制度

　　资质认定部门公开取得资质认定的检验检测机构信息及证书状态。

　　(十一)明确应急工作的要求

　　因应对突发事件等需要,资质认定部门可以公布符合应急工作要求的检验检测机构名录及相关信息,允许相关检验检测机构临时承担应急工作。

　　(十二)明确工作职责和权利

　　明确资质认定部门和评审组职责和权利,建立技术评审活动监督追责机制。

　　(十三)监督管理重点

　　重点关注以下几方面内容:未取得资质认定、超范围或基本条件和技术能力不能持续符合资质认定条件和要求,擅自向社会出具具有证明作用的检验检测数据、结果的;违规使用资质认定证书及标识;未按照规定办理变更手续的。如在监督检查过程中发现上述问题,轻则处1万元罚款,重则处3万元罚款,撤销检验检测资质或者证书。

　　(十四)罚则

　　1.第三十三条罚则　检验检测机构申请资质认定时提供虚假材料或者隐瞒有关情况的,资质认定部门应当不予受理或者不予许可。检验检测机构在一年内不得再次申请资质认定。

　　2.第三十四条罚则　检验检测机构未依法取得资质认定,擅自向社会出具具有证明作用的数据、结果的,依照法律、法规的规定执行;法律、法规未做规定的,由县级以上市场监督管理部门责令限期改正,处3万元罚款。

3.第三十五条的处罚 检验检测机构有下列情形之一的,由县级以上市场监督管理部门责令限期改正;逾期未改正或者改正后仍不符合要求的,处1万元以下罚款。①未按照本办法第十四条规定办理变更手续的;②未按照本办法第二十一条规定标注资质认定标志的。

4.第三十六条的处罚 检验检测机构有下列情形之一的,法律、法规对撤销、吊销、取消检验检测资质或者证书等有行政处罚规定的,依照法律、法规的规定执行;法律、法规未作规定的,由县级以上市场监督管理部门责令限期改正,处3万元罚款:①基本条件和技术能力不能持续符合资质认定条件和要求,擅自向社会出具具有证明作用的检验检测数据、结果的;②超出资质认定证书规定的检验检测能力范围,擅自向社会出具具有证明作用的数据、结果的。

5.第三十七条罚则 检验检测机构违反本办法规定,转让、出租、出借资质认定证书或者标志,伪造、变造、冒用资质认定证书或者标志,使用已经过期或者被撤销、注销的资质认定证书或者标志的,由县级以上市场监督管理部门责令改正,处3万元以下罚款。

为强化检验检测机构事中事后监管,进一步规范检验检测市场,将《检验检测机构资质认定管理办法》中关于检验检测机构从业规范、监督管理、法律责任的相关内容调整至《检验检测机构监督管理办法》。

第二节 检验检测机构监督管理办法

《检验检测机构监督管理办法》由国家市场监督管理总局以第39号令公布,自2021年6月1日起施行。39号令解决了行业市场突出问题,为检验检测行业健康有序发展提供管理保障,对加强检验检测机构制度建设、强化检验检测机构主体责任、规范检验检测行为、营造公平有序的检验检测市场环境、完善信用监管的方面具有重要现实意义。

一、立法背景和目的

检验检测是国家质量基础设施的重要组成部分,是国家重点支持发展的高技术服务业、科技服务业和生产性服务业,在服务市场监管、提升产品质量、推动产业升级、保护生态环境、促进经济社会高质量发展等方面发挥着重要作用。近年来,我国检验检测服务业高速发展,在监管制度、行为规范、主体责任、信用监管等方面的制度还不完善,社会各界呼唤完善相应的监管规则。《检验检测机构监督管理办法》立足于解决现阶段检验检测市场存在的主要问题,着眼于促进检验检测行业健康、有序发展,对压实从业机构主体责任、强化事中和事后监管、严厉打击不实和虚假检验检测行为具有重要现实意义。

(一)监管方面

鉴于对检验检测行业的监管制度还不够完善,在事中事后的监管方向上缺少可操作性的具体规定,《国务院关于在市场监管领域全面推行部门联合"双随机、一公开"监管的意见》(国发〔2019〕5 号)、《国务院关于加强和规范事中事后监管的指导意见》(国发〔2019〕18 号)提出,要转变政府职能,进一步加强和规范事中事后监管,以公正监管促进公平竞争。现有《检验检测机构资质认定管理办法》等规章偏重于技术准入,监管重点在于资质能力的维持,对"双随机"监管、重点监管、信用监管等新型市场监管机制要求缺乏具体规定。

(二)检验检测机构主体责任方面

党的十九届五中全会提出,坚定不移建设制造强国、质量强国,完善国家质量基础设施。《国务院关于加强质量认证体系建设　促进全面质量管理的意见》(国发〔2018〕3 号)提出,要严格落实从业机构对检验检测结果的主体责任、对产品质量的连带责任,健全对参与检验检测活动从业人员的全过程责任追究机制。现有法律、行政法规对于检验检测机构主体责任和行为规范的规定行为原则,需要在部门规章中进一步明确细化。

(三)行为规范方面

目前,我国检验检测行业在持续高速发展的同时,存在"散而不强""管理不规范"等问题,部分领域、部分机构的不实和虚假检验检测行为,严重损害了市场竞争秩序和行业公信力。上述问题的产生,一方面有从业主体法律责任意识淡薄、恶意开展竞争、管理不规范等原因,另一方面也有法律规范滞后于"放管服"改革进程的因素。现有法律法规对于"不实报告""虚假报告"的规定不够明确,需要在部门规章中明确监管执法的操作性指引。

(四)信用监管方面

国家提出以信用为基础的新型监管机制,深化"放管服"改革,强调以信用监督为着力点的监管理念、制度、方式,进一步提升监管能力和水平,但检验检测领域落实不足。

二、内容介绍

39 号令主要在主体责任、从业规范、从业行为、监督管理、法律责任 5 个方面提出了明确的要求。

（一）立法目的与依据

为了加强检验检测机构监督管理工作,规范检验检测机构从业行为,营造公平有序的检验检测市场环境,依照《中华人民共和国计量法》及其实施细则、《中华人民共和国认证认可条例》等法律、行政法规,制定本办法。

（二）适用范围

中华人民共和国境内检验检测机构从事向社会出具具有证明作用的检验检测数据、结果、报告（以下统称检验检测报告）的活动及其监督管理,适用本办法。法律、行政法规对检验检测机构的监督管理另有规定的,依照其规定。

（三）检验检测机构的定义

本办法所称检验检测机构,是指依法成立,依据相关标准等规定利用仪器设备、环境设施等技术条件和专业技能,对产品或者其他特定对象进行检验检测的专业技术组织。

（四）检验检测机构实行分级监督管理

国家市场监督管理总局统一负责、综合协调检验检测机构监督管理工作。

省级市场监督管理部门负责本行政区域内检验检测机构监督管理工作。

地（市）、县级市场监督管理部门负责本行政区域内检验检测机构监督检查工作。

（五）关于检验检测机构及其人员的主体责任

《检验检测机构监督管理办法》强调检验检测机构及其人员应当对所出具的检验检测报告负责,并明确除依法承担行政法律责任外,还须依法承担民事、刑事法律责任。作为部门规章,《检验检测机构监督管理办法》主要对检验检测机构及其人员违反从业规范的行政法律责任进行具体规定。而依据《中华人民共和国民法典》《中华人民共和国产品质量法》《中华人民共和国食品安全法》等规定,检验检测机构及人员对其违法出具检验检测报告造成的损害应当依法承担连带的民事责任。

根据《中华人民共和国刑法》第二百二十九条"提供虚假证明文件罪""出具证明文件重大失实罪"的规定,对虚假检验检测行为要追究刑事责任。2020 年 12 月 26 日,十三届全国人大常委会通过的中华人民共和国刑法修正案(十一),更是将环境监测虚假失实行为明确作为《中华人民共和国刑法》第二百二十九条的适用对象。

(六)关于检验检测从业规范

《检验检测机构监督管理办法》对检验检测机构在取得资质许可准入后的行为规范进行了系统梳理,明确了与检验检测活动的规范性、中立性等有重大关联的义务性规定。检验检测机构及其人员从事检验检测活动应当遵守的基本规定为"检验检测机构及其人员从事检验检测活动应当遵守法律、行政法规、部门规章的规定,遵循客观独立、公平公正、诚实信用原则,恪守职业道德,承担社会责任。从事检验检测活动的人员,不得同时在两个以上检验检测机构从业。检验检测授权签字人应当符合相关技术能力要求"。

检验检测活动过程的规定是"检验检测机构应当按照国家有关强制性规定的样品管理、仪器设备管理与使用、检验检测规程或者方法、数据传输与保存等要求进行检验检测。需要分包检验检测项目的,检验检测机构应当分包给具备相应条件和能力的检验检测机构,并事先取得委托人对分包的检验检测项目以及拟承担分包项目的检验检测机构的同意。检验检测机构应当在其检验检测报告上加盖检验检测机构公章或者检验检测专用章,由授权签字人在其技术能力范围内签发"。

(七)关于打击不实和虚假检验检测行为

《检验检测机构监督管理办法》将严厉打击不实和虚假检验检测作为最重要的立法任务。目前,《中华人民共和国产品质量法》《中华人民共和国食品安全法》等法律、行政法规对不实和虚假检验检测做出了禁止性规定。但监管实践中难以界定和区分不实、虚假与一般性违法违规行为。因此,《检验检测机构监督管理办法》第十三条列举了 4 种不实检验检测情形、第十四条列举了 5 种虚假检验检测情形,充分吸收采纳了监管执法中的经验做法,有利于检验检测机构明确必须严守的行业底线,也有利于各级市场监管部门突出打击重点。

1. 不实报告 检验检测机构出具的检验检测报告存在下列情形之一,并且数据、结果存在错误或者无法复核的,属于不实检验检测报告:①样品的采集、标识、分发、流转、制备、保存、处置不符合标准等规定,存在样品污染、混淆、损毁、性状异常改变等情形的;②使用未经检定或者校准的仪器、设备、设施的;③违反国家有关强制性规定的检验检测规程或者方法的;④未按照标准等规定传输、保存原始数据和报告的。

2. 虚假报告 检验检测机构出具的检验检测报告存在下列情形之一的,属于虚假检验检测报告:①未经检验检测的;②伪造、变造原始数据、记录,或者未按照标准等规定采用原始数据、记录的;③减少、遗漏或者变更标准等规定的应当检验检测的项目,或者改变关键检验检测条件的;④调换检验检测样品或者改变其原有状态进行检验检测的;⑤伪造检验检测机构公章或者检验检测专用章,或者伪造授权签字人签名或者签发时间的。

(八)保密和自我声明

检验检测机构及其人员应当对其在检验检测工作中所知悉的国家秘密、商业秘密予以保密。检验检测机构应当在其官方网站或者以其他公开方式对其遵守法定要求、独立公正从业、履行社会责任、严守诚实信用等情况进行自我声明,并对声明内容的真实性、全面性、准确性负责。

(九)报告事项

检验检测机构应当向所在地省级市场监督管理部门报告持续符合相应条件和要求、遵守从业规范、开展检验检测活动以及统计数据等信息。检验检测机构在检验检测活动中发现普遍存在的产品质量问题的,应当及时向市场监督管理部门报告。

(十)关于落实新型市场监管机制要求

为加快推动新型市场监管机制建设,提升系统性监管效能,《检验检测机构监督管理办法》对检验检测监管体制和监管职权进行了重新梳理,确定定期逐级上报的工作机制。将"双随机、一公开"监管要求与重点监管、分类监管、信用监管有机融合。重点突出信用监管手段的运用和衔接,规定市场监管部门应当依法将检验检测机构行政处罚信息等信用信息纳入国家企业信用信息公示系统等平台,推动检验检测监管信用信息归集、公示,也为下一步将检验检测违法违规行为纳入经营异常名录和严重违法失信名单进行失信惩戒提供了依据。

1.监督检查　县级以上市场监督管理部门应当依据检验检测机构年度监督检查计划,随机抽取检查对象、随机选派执法检查人员开展监督检查工作。

因应对突发事件等需要,县级以上市场监督管理部门可以应急开展相关监督检查工作。

国家市场监督管理总局可以根据工作需要,委托省级市场监督管理部门开展监督检查。

2.分类监管　省级市场监督管理部门可以结合风险程度、能力验证及监督检查结果、投诉举报情况等,对本行政区域内检验检测机构进行分类监管。

3.信用监管　县级以上市场监督管理部门应当依法公开监督检查结果,并将检验检测机构受到的行政处罚等信息纳入国家企业信用信息公示系统等平台。

（十一）能力验证

省级以上市场监督管理部门可以根据工作需要,定期组织检验检测机构能力验证工作,并公布能力验证结果。检验检测机构应当按照要求参加前款规定的能力验证工作。

（十二）市场监督管理部门可以依法行使下列职权

（1）进入检验检测机构进行现场检查。

（2）向检验检测机构、委托人等有关单位及人员询问、调查有关情况或者验证相关检验检测活动。

（3）查阅、复制有关检验检测原始记录、报告、发票、账簿及其他相关资料。

（4）法律、行政法规规定的其他职权。

检验检测机构应当采取自查自改措施,依法从事检验检测活动,并积极配合市场监督管理部门开展的监督检查工作。

（十三）情况通报

县级以上地方市场监督管理部门应当定期逐级上报年度检验检测机构监督检查结果等信息,并将检验检测机构违法行为查处情况通报实施资质认定的市场监督管理部门和同级有关行业主管部门。

（十四）举报

任何单位和个人有权向县级以上市场监督管理部门举报检验检测机构违反本办法规定的行为。

（十五）关于违法违规法律责任。

《检验检测机构监督管理办法》根据检验检测机构违规的风险大小、危害程度高低，采取不同的行政处罚方式。

1. 依法严厉打击不实和虚假检验检测行为 强调对《检验检测机构监督管理办法》列举的不实和虚假检验检测，市场监管部门要严格按照《中华人民共和国产品质量法》《中华人民共和国食品安全法》《中华人民共和国道路交通安全法》《中华人民共和国大气污染防治法》《中华人民共和国农产品质量安全法》《医疗器械监督管理条例》《化妆品监督管理条例》等实施吊销资质或证书等行政处罚。

2. 督促改正较严重的违法违规行为 《检验检测机构监督管理办法》对可能损害检验检测活动委托方或不特定第三方权益、较易引发争议的一般违法行为设置处理处罚规定，包括违反国家强制性规定实施检验检测尚未对结果造成影响的、违规分包、出具检验检测报告不规范等。由县级以上市场监督管理部门责令限期改正；逾期未改正或者改正后仍不符合要求的，处3万元以下罚款。

3. 提醒纠正一般性违规事项 对于违反一般性管理要求的事项，无须追究行政和刑事责任的不合规行为，指导监管执法人员采用《检验检测机构监督管理办法》第二十四条规定的"说服教育、提醒纠正等非强制性手段"予以处理。

【问答题】

1. 在什么情形下，可以认定为不实检验检测报告？

答：检验检测机构有《检验检测机构监督管理办法》第十三条规定的情形时，可以认定为不实检验检测报告。《检验检测机构监督管理办法》（国家市场监督管理总局令39号）第十三条 检验检测机构不得出具不实检验检测报告。

检验检测机构出具的检验检测报告存在下列情形之一，并且数据、结果存在错误或者无法复核的，属于不实检验检测报告：①样品的采集、标识、分发、流转、制备、保存、处置不符合标准等规定,存在样品污染、混淆、损毁、性状异常改变等情形的;②使用未经检定或者校准的仪器、设备、设施的;③违反国家有关强制性规定的检验检测规程或者方法的;④未按照标准等规定传输、保存原始数据和报告的。

2.在什么情形下,可以认定为虚假检验检测报告?

《检验检测机构监督管理办法》(国家市场监督管理总局令39号)第十四条规定:"检验检测机构不得出具虚假检验检测报告。检验检测机构出具的检验检测报告存在下列情形之一的,属于虚假检验检测报告:①未经检验检测的;②伪造、变造原始数据、记录,或者未按照标准等规定采用原始数据、记录的;③减少、遗漏或者变更标准等规定的应当检验检测的项目,或者改变关键检验检测条件的;④调换检验检测样品或者改变其原有状态进行检验检测的;⑤伪造检验检测机构公章或者检验检测专用章,或者伪造授权签字人签名或者签发时间的。

第三节 检验检测机构资质认定告知承诺实施办法(试行)

为进一步简政放权、优化检验检测市场营商环境,完善检验检测机构资质认定管理制度,提高检验检测机构资质认定审批效率,依照《国务院关于在全国推开"证照分离"改革的通知》《检验检测机构资质认定管理办法》等相关规定,国家市场监管总局2019年10月25日以《市场监管总局关于进一步推进检验检测机构资质认定改革工作的意见》(国市监检测〔2019〕206)附件方式发布《检验检测机构资质认定告知承诺实施办法(试行)》,自2019年12月1日起施行。

在检验检测机构资质认定工作中,对于检验检测机构能够自我承诺符合告知的法定资质认定条件,国家市场监管总局和省级市场监管部门通过事中事后予以核查纠正的许可事项,采取告知承诺方式实施资质认定。具体工作按照国务院有关要求和国家市场监管总局制定的《检验检测机构资质认定告知承诺实施办法(试行)》。

1.告知承诺 告知承诺是指检验检测机构提出资质认定申请,国家市场监督管理总局或者省级市场监督管理部门(以下统称资质认定部门)一次性告知其所需资质认定条件和要求以及相关材料,检验检测机构以书面形式承诺其符合法定条件和技术能力要求,由资质认定部门作出资质认定决定的方式。

2. 告知承诺方式的适用范围 检验检测机构首次申请资质认定、申请延续资质认定证书有效期、增加检验检测项目、检验检测场所变更时,可以选择以告知承诺方式取得相应资质认定。特殊食品、医疗器械检验检测除外。

3. 资质认定部门向申请机构告知的内容 对实行检验检测机构资质认定告知承诺的事项,资质认定部门应当向申请机构告知下列内容。

(1)资质认定事项所依据的主要法律、法规、规章的名称和相关条款。

(2)检验检测机构应当具备的条件和技术能力要求。

(3)需要提交的相关材料。

(4)申请机构做出虚假承诺或者承诺内容严重不实的法律后果。

(5)资质认定部门认为应当告知的其他内容。

4. 申请机构承诺 申请机构愿意做出承诺的,应当对下列内容做出承诺。

(1)所填写的相关信息真实、准确。

(2)已经知悉资质认定部门告知的全部内容。

(3)本机构能够符合资质认定部门告知的条件和技术能力要求,并按照规定接受后续核查。

(4)本机构能够提交资质认定部门告知的相关材料。

(5)愿意承担虚假承诺或者承诺内容严重不实所引发的相应法律责任。

(6)所做承诺是本机构的真实意思表示。

5. 告知承诺书 对实行检验检测机构资质认定告知承诺的事项,应当由资质认定部门提供告知承诺书。告知承诺书文本式样由国家市场监督管理总局统一制定。资质认定部门应当在其政务大厅或者网站上公示告知承诺书,便于检验检测机构索取或者下载。

6. 提交告知承诺书及相关申请材料 检验检测机构可以通过登录资质认定部门网上审批系统或者现场提交加盖机构公章的告知承诺书以及符合要求的相关申请材料,资质认定部门应当自收到机构申请之日起5个工作日内做出是否受理的决定,告知承诺书和相关申请材料不齐全或者不符合法定形式的,资质认定部门应当一次性告知申请机构需要补正的全部内容。

告知承诺书一式两份,由资质认定部门和申请机构各自留档保存,鼓励申请机构主动公开告知承诺书。

7. 当场资质认定   申请机构在规定时间内提交的申请材料齐全、符合法定形式的,资质认定部门应当当场做出资质认定决定。

资质认定部门应当自做出资质认定决定之日起7个工作日内,向申请机构颁发资质认定证书。与一般程序相比大大缩短了取证时间。

8. 现场核查   告知承诺采取置后技术评审的形式,资质认定部门做出资质认定决定后,应当在3个月内组织相关人员按照《检验检测机构资质认定管理办法》有关技术评审管理的规定及《检验检测资质认定评审准则》的相关要求,对机构承诺内容是否属实进行现场核查,并做出相应核查判定;对于机构首次申请或者检验检测项目涉及强制性标准、技术规范的,应当及时进行现场核查。

现场核查人员应当在规定时限内出具现场核查结论,并对其承担的核查工作和核查结论的真实性、符合性负责,依法承担相应法律责任。

9. 虚假或严重不实承诺撤销资质认定证书   对于机构做出虚假承诺或者承诺内容严重不实的,由资质认定部门依照《中华人民共和国行政许可法》的相关规定撤销资质认定证书或者相应资质认定事项,并予以公布。

被资质认定部门依法撤销资质认定证书或相应资质认定事项的检验检测机构,其基于本次行政许可取得的利益不受保护,对外出具的相关检验检测报告不具有证明作用,并承担因此引发的相应法律责任。

10. 信用档案   对于检验检测机构做出虚假承诺或承诺内容严重不实的,由资质认定部门记入其信用档案,该检验检测机构不再适用告知承诺的资质认定方式。

11. 违法违规行为的处理   以告知承诺方式取得资质认定的检验检测机构发生违法违规行为的,依照法律法规的相关规定,予以处理。

12. 监管部门滥用职权的处理   资质认定部门工作人员在实施告知承诺工作中存在滥用职权、玩忽职守、徇私舞弊行为的,依照相关法律法规的规定,予以处理。

13. 不选择告知承诺方式   对实行告知承诺的相关资质认定事项,检验检测机构不选择告知承诺方式的,资质认定部门应当依照《检验检测机构资质认定管理办法》的有关规定实施资质认定。

【问答题】

1. 什么是告知承诺?

答:告知承诺是指检验检测机构提出资质认定申请,国家市场监督管理总局或者省级市场监督管理部门(以下统称资质认定部门)一次性告知其所需资质认定条件和要求以及相关材料,检验检测机构以书面形式承诺其符合法定条件和技术能力要求,由资质认定部门做出资质认定决定的方式。

2. 告知承诺方式的适用范围有哪些?

答:检验检测机构首次申请资质认定、申请延续资质认定证书有效期、增加检验检测项目、检验检测场所变更时,可以选择以告知承诺方式取得相应资质认定。特殊食品、医疗器械检验检测除外。

第四节　检验检测机构资质认定评审准则

为落实《质量强国建设纲要》关于深化检验检测机构资质审批制度改革、全面实施告知承诺和优化审批服务的要求,2023年6月1日,国家市场监管总局正式发布了《检验检测机构资质认定评审准则》,自2023年12月1日起施行。《检验检测机构资质认定评审准则》(国认实〔2016〕33号)同时废止。

一、修订背景和目的

为深入贯彻落实《国务院关于深化"证照分离"改革进一步激发市场主体活力的通知》(国发〔2021〕7号),进一步深化检验检测机构资质认定改革工作,规范、统一资质认定评审条件,评审程序,依据新修订的《检验检测机构资质认定管理办法》进行修订。

《检验检测机构资质认定评审准则》作为技术评审活动的直接依据,需按照新修订的《检验检测机构资质认定管理办法》进行调整完善,细化工作要求,增强改革政策的可操作性,提高许可的规范性和统一性,进一步减少不必要的评审,减轻机构负担。

《检验检测机构资质认定评审准则》在《检验检测机构资质认定能力评价　检验检测机构通用要求》(RB/T 214—2017)和《检验检测机构资质认定评审准则》(2016版)及其释义的基础上,吸纳了《检测和校准实验室能力的通用要求(ISO/IEC 17025:2017)的精髓并兼顾了我国对检验检测市场强制管理的要求,从评审要求、评审程序、评审考核细则等环节入手。突出强调法律地位、检测能力、结果追溯等刚性要求。降低了原则性条款的比例,减少自由裁量空间,强调以客观事实及符合性证据为依据。资质认定技术评审活动更加关注质量管理体系运行的结果,审查符合性证据。主要用于评审人员对检验检测机构的技术评审活动。

二、修订原则

1. 统一评审要求,减少自由裁量　严格依据《检验检测机构资质认定管理办法》基本条件展开,强调刚性要求,降低原则性条款比例,强调以客观事实及符合性证据为依据。

2. 聚焦关键控制点,厘清责任边界　对原准则中检验检测机构内部管理的有关规定进行了删减,突出强调技术能力考核,对技术评审现场考核进行了明确规定。

3. 关注管理结果,选择最优路径　技术评审关注管理体系运行的结果,审查符合性证据,不再强制求性规定开展质量管理活动的路径,机构可视实际情况结合自身需要选择。

4. 细化核查要点,统一评审尺度　扩展了技术评审方式,细化了告知承诺核查要求,量化了虚假承诺和不实承诺情形,确保技术评审活动公正性、严肃性、统一性。

三、主要内容

(一)第一章总则。

主要规定了制定评审准则的目的、适用范围、相关定义、评审原则等。

1. 依据和目的　依照《中华人民共和国计量法》及其实施细则、《中华人民共和国认证认可条例》等法律、行政法规的规定,为依法实施《检验检测机构资质认定管理办法》相关资质认定技术评审要求,制定本准则。

2. 适用范围　在中华人民共和国境内开展检验检测机构资质认定技术评审(含告知承诺核查)工作,应当遵守本准则。

3. 相关定义

(1)检验检测机构是指依照《检验检测机构资质认定管理办法》的相关

规定、依法成立、据据相关标准或者技术规范,利用仪器设备、环境设施等技术条件和专业技能,对产品或者法律法规规定的特定对象进行检验检测的专业技术组织。

(2)资质认定是指依照《检验检测机构资质认定管理办法》的相关规定,由市场监督管理部门依照法律、行政法规规定,对向社会出具具有证明作用的数据、结果的检验检测机构的基本条件和技术能力是否符合法定要求实施的评价许可。

(3)资质认定技术评审是指依照《检验检测机构资质认定管理办法》的相关规定,由市场监管总局或者省级市场监督管理部门(以下统称资质认定部门)自行或者委托专业技术评价机构组织相关专业评审人员,对检验检测机构申请的资质认定事项是否符合资质认定条件以及相关要求所进行的技术性审查。

4. 告知承诺现场核查　对于采用告知承诺程序实施资质认定的,对检验检测机构承诺内容是否属实进行现场核查的内容与程序,应当符合本准则的相关规定。

5. 实施技术评审的工作原则　资质认定技术评审工作应当坚持统一规范、客观公正、科学准确、公平公开、便利高效的原则。

(二)第二章评审内容与要求

主要规定了技术评审对机构主体、人员、场所环境、设备设施、管理体系等方面的评审要求。

1. 机构主体

(1)法律地位。检验检测机构应当是依法成立的法人或者其他组织,对其出具的检验检测数据、结果负责,并承担法律责任。非独立法人单位经所在法人单位授权。

(2)公开自我承诺。检验检测机构应在官方网站或窗口公示等公开方式,真实、全面、准确地自我承诺其遵守法定要求、独立公正从业、履行社会责任、严守诚实信用等情况。

(3)独立公正。检验检测机构应当独立于其出具的检验检测数据、结果所涉及的利益相关方,不受任何可能干扰其技术判断的因素影响,保证检验检测数据、结果公正准确、可追溯。

(4)保密义务。检验检测机构及其人员应当对其在检验检测活动中所知悉的国家秘密、商业秘密负有保密义务,并制定实施相应的保密措施。

2. 人员

(1)检验检测机构应当具有与其从事检验检测活动相适应的检验检测技术人员和管理人员。

(2)检验检测机构与其人员建立劳动关系,法律、行政法规对检验检测人员执业资格或者禁止从业另有规定的,依照其规定。

(3)检验检测机构人员的受教育程度、专业技术背景和工作经历、资质资格、技术能力应当符合工作需要。

(4)检验检测报告授权签字人应当具有中级及以上相关专业技术职称或者同等能力,并符合相关技术能力要求。

3. 场所环境

(1)检验检测机构具有符合标准或者技术规范要求的检验检测场所,包括固定的、临时的、可移动的或者多个地点的场所。

(2)检验检测工作环境及安全条件符合检验检测活动要求。

4. 设备和设施

(1)检验检测机构应当配备具有独立支配使用权、性能符合工作要求的设备和设施。

(2)检验检测机构应当对检验检测数据、结果的准确性或者有效性有影响的设备(包括用于测量环境条件等辅助测量设备)实施检定、校准或核查,保证数据、结果满足计量溯源性要求。

(3)检验检测机构如使用标准物质,应当满足计量溯源性要求。

5. 管理体系

(1)检验检测机构应当建立符合自身实际情况的管理体系。

(2)检验检测机构应当依据法律法规、标准(包括但不限于国家标准、行业标准、国际标准)的规定制定完善的管理体系文件,检验检测机构依据GB/T 27025、GB/T 27020、ISO/IEC 17025、ISO/IEC 17020 还是 RB/T 214 标准建立管理体系,评审准则不再做强制性规定。

6. 合同评审   检验检测机构应当依法开展有效的合同审查。对相关要求、标书、合同的偏离、变更应当征得客户同意并通知相关人员。

7. 服务、供应品采购   检验检测机构选择和购买的服务、供应品应当符合检验检测工作需求。

8. 方法控制   检验检测机构能正确使用有效的方法开展检验检测活

动。检验检测方法包括标准方法和非标准方法,应当优先使用标准方法。使用标准方法前应当进行验证;使用非标准方法前,应当先对方法进行确认,再验证。

9.结果报告　检验检测机构出具的检验检测报告,应当客观真实、方法有效、数据完整、信息齐全、结论明确、表述清晰并使用法定计量单位。

10.报告测量不确定度　当检验检测标准、技术规范或者声明与规定要求的符合性有测量不确定度要求时,检验检测机构应当报告测量不确定度。

11.记录管理　检验检测机构应当对质量记录和技术记录的管理做出规定,包括记录的标识、贮存、保护、归档留存和处置等内容。记录信息应当充分、清晰、完整。检验检测原始记录和报告保存期限不少于6年。

12.数据信息管理　检验检测机构在运用计算机信息系统实施检验检测、数据传输或者对检验检测数据和相关信息进行管理时,应当具有保障安全性、完整性、正确性措施。

13.结果质量控制　检验检测机构应当实施有效的数据、结果质量控制活动,质量控制活动与检验检测工作相适应。内部质量控制活动包括但不限于人员比对、设备比对、留样再测、盲样考核等。外部质量控制活动包括但不限于能力验证、实验室间比对等。

（三）第三章评审方式与程序

主要规定了技术评审方式,以及各方式(现场评审、书面评审、远程评审)的适用情形与要求和告知承诺的程序和要求。

1.技术评审方式　检验检测机构资质认定程序分为一般程序和告知承诺程序。检验检测机构资质认定一般程序的技术评审方式包括现场评审、书面审查和远程评审。根据机构申请的具体情况,采取不同技术评审方式对机构申请的资质认定事项进行审查。

2.现场评审　现场评审适用于首次评审、扩项评审、复查换证(有实际能力变化时)评审、发生变更事项影响其符合资质认定条件和要求的变更评审。现场评审应当对检验检测机构申请相关资质认定事项的技术能力进行逐项确认,根据申请范围安排现场试验。安排现场试验时应当覆盖所有申请类别的主要或关键项目/参数、仪器设备、检测方法、试验人员、试验材料等,并覆盖所有检验检测场所。现场评审结论分为"符合""基本符合""不符合"3种。

3. 书面审查　书面审查方式适用于已获资质认定技术能力内的少量参数扩项或变更(不影响其符合资质认定条件和要求)和上一许可周期内无违法违规行为、未列入失信名单且申请事项无实质性变化的检验检测机构的复查换证评审。书面审查结论分为"符合""不符合"两种。

4. 远程评审　远程评审是指使用信息和通信技术对检验检测机构实施的技术评审。采用方式可以为(但不限于):利用远程电信会议设施等对远程场所(包括潜在危险场所)实施评审,包括音频、视频和数据共享以及其他技术手段;通过远程接入方式对文件和记录审核,同步的(即实时的)或者是异步的(在适用时)通过静止影像、视频或者音频录制的手段记录信息和证据。远程评审结论分为"符合""基本符合""不符合"3 种。下列情形可选择远程评审如下。

(1)由于不可抗力(疫情、安全、旅途限制等)无法前往现场评审。

(2)检验检测机构从事完全相同的检测活动有多个地点,各地点均运行相同的管理体系,且可以在任何一个地点查阅所有其他地点的电子记录及数据的。

(3)已获资质认定技术能力内的少量参数变更及扩项。

(4)现场评审后仍需要进行复核,但复核无法在规定时间内完成。

5. 承诺的现场核查程序　检验检测机构资质认定告知承诺依据《检验检测机构资质认定告知承诺实施办法(试行)》和有关规定实施。应当对检验检测机构承诺的真实性进行现场核查。告知承诺的现场核查程序参照一般程序的现场评审方式进行。

告知承诺现场核查应当由资质认定部门组织实施,现场核查人员应当在规定的时限内进行核查并出具现场核查结论。核查结论分为"承诺属实""承诺基本属实""承诺严重不实/虚假承诺"3 种。并根据相应结论,由核查组通知申请人整改,或者向资质认定部门提出撤销相应许可事项的建议。

第八章

重点行业对检验检测机构管理的特殊要求

除国家市场监督管理总局颁布的《检验检测机构资质认定管理办法》、《检验检测机构监督管理办法》和《检验检测机构资质认定能力评价 检验检测机构通用要求》(RB/T 214—2017)等一系列通用要求外,对检验检测机构的管理,在不同行业领域,相关政府主管部门也出台了一些重点行业特殊管理要求。

本章介绍了《食品检验机构资质认定条件》《检验检测机构资质认定 生态环境监测机构评审补充要求》《医疗器械检验机构资质认定条件》的立法背景、目的、主要内容,为检验检测机构的合规性评价和接受评审提供帮助。

第一节 《食品检验机构资质认定条件》

为加强食品检验机构管理,规范食品检验机构资质认定工作,根据《中华人民共和国食品安全法》第八十四条的有关规定,国家食品药品监督管理总局和国家认证认可监督管理委员会(简称国家认监委)组织制定了《食品检验机构资质认定条件》,自 2016 年 8 月 8 日起施行。

资质认定部门在实施食品检验机构资质认定评审时,应当将《食品检验机构资质认定条件》作为食品检验机构资质认定评审的补充要求,与国家认监委制定印发的《检验检测机构资质认定能力评价 检验检测机构通用要求》(RB/T 214—2017)结合使用。

一、立法背景和目的

1.落实《中华人民共和国食品安全法》第八十四条 国家食品药品监督管理总局成立后,总局科技标准司组织开展了"食品检验机构资质认定条件制定"专题研究,启动了《食品检验机构资质认定条件》的修订工作,以有效落实新版《中华人民共和国食品安全法》。

2.适用食品检验工作新形势的必然要求　一方面,我国一些不安全因素和深层次问题依然存在,食品安全问题多发易发,加之食品产业链更加复杂,新风险不断涌现,食品安全形势依然严峻,对食品检验工作的技术先进性、科学严谨性提出了更高的要求。另一方面,目前我国食品检验机构发展迅速,但硬件条件、人员素质、检验能力、管理水平参差不齐,急需从准入加强对检验机构的规范管理,使不符合要求的机构退出,确保检验数据结果客观、公正、准确、可追溯。

二、主要内容

《食品检验机构资质认定条件》(以下简称《条件》)从组织、管理体系、检验能力、人员、环境和设施、设备和标准物质等几个方面,提出食品检验机构应符合的技术要求,为严格食品检验机构准入提供了技术依据,对规范食品检验机构资质认定评审活动,确保食品检验机构独立、科学、诚信和公正开展检验工作具有重要意义。

（一）总则

在总则中明确《条件》依据《中华人民共和国食品安全法》(以下简称《食品安全法》)及其实施条例等有关规定,按照食品检验工作规范开展食品检验活动,并保证检验活动的独立、科学、诚信和公正。

（二）组织

检验机构的组织形式应当是依法成立并能够承担相应法律责任的法人或者其他组织,开展国家法律法规规定需要取得特定资质的检验活动,应当取得相应的资质。

（三）管理体系

管理体系建立的依据是《食品安全法》及其实施条例、国家有关检验检测机构管理的规定及本认定条件的要求。

管理体系文件包括政策、计划、程序文件、作业指导书、应急检验预案、档案管理制度、安全规章制度、检验责任追究制度以及相关法律法规要求的其他文件等。

在首次资质认定前,管理体系应当已经连续运行至少 6 个月,并实施了完整的内部审核和管理评审。

食品检验实行检验机构与检验人负责制。检验机构和检验人对出具的食品检验报告负责。检验机构和检验人出具虚假检验报告的,按照相关法律法规的规定承担相应责任。

（四）检验能力

对检验能力进行了具体规定,应当至少具备一项或多项检验能力。掌握开展食品检验活动所需的有效的相关标准和检验方法,应当在使用前对其进行验证或确认。应当能够对所检验食品的检验质量事故进行分析和评估,并采取相应纠正措施。

（五）人员

食品检验由检验机构指定的检验人独立进行。检验机构应具备所开展的检验活动相适应的管理人员和技术人员,其数量、专业技术背景、工作经历、检验能力等应当与所开展的检验活动相匹配。技术负责人、授权签字人应当熟悉业务,具有食品、生物、化学等相关专业的中级及以上技术职称或者同等能力。检验人员应当具有食品、生物、化学等相关专业专科及以上学历并具有 1 年及以上食品检测工作经历,或者具有 5 年及以上食品检测工作经历。具有中级及以上技术职称或同等能力的人员数量应当不少于从事食品检验活动的人员总数的 30％ 。

（六）环境和设施

检验机构应当具备开展食品检验活动所必需的且能够独立调配使用的固定工作场所,工作环境应当满足食品检验的功能要求。实验室有安全和保障人身安全的制度。检验机构应当具有与检验活动相适应的、便于使用的安全防护装备及设施。并对开展动物实验活动、毒理实验室、微生物实验室、感官检验、人体功能性评价的检验机构的要求做了具体规定。

（七）设备的标准物质

检验机构应当配备开展检验活动所必需的且能够独立调配使用的仪器设备、样品前处理装置以及标准物质或标准菌(毒)种等。

仪器设备、标准物质或标准菌(毒)种等应当由专人管理,仪器设备应当经量值溯源或核查以满足使用要求。

应当建立和保存对检验结果有影响的仪器设备的档案,包括操作规程、量值溯源的计划和证明、使用和维护维修记录等。

【问答题】

食品检验机构对人员有什么特殊要求？

答：食品检验由检验机构指定的检验人独立进行。检验机构应具备所开展的检验活动相适应的管理人员和技术人员，其数量、专业技术背景、工作经历、检验能力等应当与所开展的检验活动相匹配；技术负责人、授权签字人应当熟悉业务，具有食品、生物、化学等相关专业的中级及以上技术职称或者同等能力；检验人员应当具有食品、生物、化学等相关专业专科及以上学历并具有 1 年及以上食品检测工作经历，或者具有 5 年及以上食品检测工作经历；具有中级及以上技术职称或同等能力的人员数量应当不少于从事食品检验活动的人员总数的 30%。

第二节　《检验检测机构资质认定　生态环境监测机构评审补充要求》

为进一步规范生态环境监测机构资质管理，提高生态环境监测机构监测（检测）水平，市场监管总局、生态环境部组织制定了《检验检测机构资质认定生态环境监测机构评审补充要求》，自 2019 年 5 月 1 日起实施。

一、立法背景和目的

为贯彻《关于深化环境监测改革提高环境监测数据质量的意见》中关于开展环境监测的机构必须取得资质认定证书及建立覆盖监测全过程的质量管理体系的要求，同时为弥补《检验检测机构资质认定能力评价　检验检测机构通用要求》（RB/T 214—2017）中环境监测领域的布点、采样、现场监测等重要环节评审要求，结合国家认证认可监督管理委员会于 2018 年发布的《检验检测机构资质认定工作采用相关认证认可行业标准的通知》（国认实〔2018〕28 号）中的规定："认证认可行业标准作为相关领域检验检测机构的资质认定评审依据，检验检测机构资质认定评审遵循'通用要求+特殊要求'的模式。"根据环境监测行业的特殊性，市场监管总局和生态环境部联合制定了《检验检测机构资质认定　生态环境监测机构评审补充要求》（国市监检测〔2018〕245 号）（以下简称《补充要求》）。国家市场监督管理总局和各省级市场监督管理部门依照"通用要求+特殊要求"模式，实施生态环境监测机构资质认定工作，规范资质认定评审行为。

二、主要内容介绍

《补充要求》主要内容可归纳总结为三部分:资源要求、管理体系要求和过程活动要求。

(一)资源要求

1. 明确生态环境监测概念　生态环境监测是指运用化学、物理生物等技术手段,针对水和废水、环境空气和废气、海水、土壤、沉积物、固体废物、生物、噪声、振动、辐射等要素开展环境质量和污染排放的监测(检测)活动。

2. 制度要求　制定防范和惩治弄虚作假行为的制度,确保其出具的监测数据准确、客观、真实、可追溯;建立采样与分析人员、审核与授权签字人职责制度,生态环境监测机构及其负责人对其监测数据的真实性和准确性负责,采样与分析人员、审核与授权签字人分别对原始监测数据、监测报告的真实性终身负责。

3. 人员要求　《补充要求》比通用要求更为具体和严格,对关键人员,如技术负责人、授权签字人的能力要求外,对其从业经历也有明确要求。对机构人员比例也有要求,即中级及以上专业技术职称或同等能力的人员数量应不少于生态环境监测人员总数的 15% 。场所环境方面要求:对实验区域进行合理分区,并明示其具体功能,设置独立的样品制备、贮存与检测分析场所,现场测试或采样场所应有安全警示标识等。仪器设备方面要求:配齐各环节所需的仪器设备,并对关键性能指标进行核查并记录。

(二)管理体系要求

建立与所开展的监测业务相适应的管理体系,管理体系应覆盖生态环境监测机构全部场所进行的监测活动,包括但不限于点位布设、样品采集、现场测试、样品运输和保存、样品制备、分析测试、数据传输、记录、报告编制和档案管理等过程。对文件进行有效控制,电子文件管理应纳入管理体系,需明确授权、发布、标识、加密、修改、变更、废止、备份和归档等要求。外来文件包括环境质量标准、污染排放或控制标准、监测技术规范、监测标准(包括修改单)等均应受控。档案的保存期限应满足生态环境监测领域相关法律法规和技术文件的规定,监测任务合同(委托书/任务单)、原始记录及报告审核记录等应与监测报告一起归档。

（三）过程活动要求

1. 记录　及时记录样品采集、现场测试、样品运输和保存、样品制备、分析测试等监测全过程的技术活动,保证记录信息的充分性、原始性和规范性,能够再现监测全过程。所有对记录的更改(包括电子记录)实现全程留痕。

2. 分包要求　应事先征得客户同意,对分包方资质和能力进行确认,并规定不得进行二次分包。生态环境监测机构应就分包结果向客户负责(客户或法律法规指定的分包除外),应对分包方监测质量进行监督或验证。

3. 采样　开展现场测试或时,应根据任务要求制定监测方案或采样计划,明确监测点位、监测项目、监测方法、监测频次等内容。可使用地理信息定位、照相或录音录像等辅助手段,保证现场测试或采样过程客观、真实和可追溯。现场测试和采样应至少有 2 名监测人员在场。

4. 样品　采取加保存剂、冷藏、避光、防震等保护措施,保证样品在保存、运输和制备等过程中性状稳定,避免玷污、损坏或丢失。环境样品应分区存放,并有明显标识,以免混淆和交叉污染。实验室接受样品时,应对样品的时效性、完整性和保存条件进行检查和记录,对不符合要求的样品可以拒收,或明确告知客户有关样品偏离情况,并在报告中注明。环境样品在制备、前处理和分析过程中注意保持样品标识的可追溯性。

5. 方法验证或方法确认要求

（1）初次使用标准方法前,应进行方法验证。包括对方法涉及的人员培训和技术能力、设施和环境条件、采样及分析仪器设备、试剂材料、标准物质、原始记录和监测报告格式、方法性能指标(如校准曲线、检出限、测定下限、准确度、精密度)等内容进行验证,并根据标准的适用范围,选取不少于一种实际样品进行测定。

（2）使用非标准方法前,应进行方法确认。包括对方法的适用范围、干扰和消除、试剂和材料、仪器设备、方法性能指标(如:校准曲线、检出限、测定下限、准确度、精密度)等要素进行确认,并根据方法的适用范围,选取不少于一种实际样品进行测定。非标准方法应由不少于 3 名本领域高级职称及以上专家进行审定。生态环境监测机构应确保其人员培训和技术能力、设施和环境条件、采样及分析仪器设备、试剂材料、标准物质、原始记录和监测报告格式等符合非标准方法的要求。

（3）方法验证或方法确认的过程及结果应形成报告,并附验证或确认全过程的原始记录,保证方法验证或确认过程可追溯。

6.质量控制要求　质量控制活动应覆盖生态环境监测活动全过程,所采取的质量控制措施应满足相关监测标准和技术规范的要求,保证监测结果的准确性。

7.信息管理　使用实验室信息管理系统(LIMS)时,对于系统无法直接采集的数据,应以纸质或电子介质的形式予以完整保存,并能实现系统对这类记录的追溯。对系统的任何变更在实施前应得到批准。有条件时,系统需采取异地备份的保护措施。

8.结果报告　当在生态环境监测报告中给出符合(或不符合)要求或规范的声明时,报告审核人员和授权签字人应充分了解相环境质量标准和污染排放/控制标准的适用范围,并具备对监测果进行符合性判定的能力。

【问答题】

生态环境监测的概念是什么?

答:生态环境监测是指运用化学、物理生物等技术手段,针对水和废水、环境空气和废气、海水、土壤、沉积物、固体废物、生物、噪声、振动、辐射等要素开展环境质量和污染排放的监测(检测)活动。

第三节　《医疗器械检验机构资质认定条件》

根据《医疗器械监督管理条例》(国务院令第 650 号)第五十七条"医疗器械检验机构资质认定工作按照国家有关规定实行统一管理。经国务院认证认可监督管理部门会同国务院食品药品监督管理部门认定的检验机构,方可对医疗器械实施检验"的规定,自 2014 年 6 月 1 日起,医疗器械检验机构资质认定工作由国家认证认可监督管理委员会(以下简称国家认监委)会同国家食品药品监督管理总局组织实施。

国家食品药品监督管理总局印发的《医疗器械检验机构资质认定条件》作为国家认监委《检验检测机构资质认定　医疗器械检验机构评审补充要求》,在国家认监委组织医疗器械检验机构资质认定评审时,与其制定印发的通用的《检验检测机构资质认定评审准则》合并使用。

一、立法背景

我国医疗器械自 1998 年开设至今,经历 20 多年的发展,其主要职能是为我国医疗器械产业监管提供技术支撑,主要承担法规授权的医疗器械产品的检验工作,比如医疗器械产品申报前的检验和国家和省级计划抽验任务等工作,是具有第三方公正性的实验室。

《医疗器械检验机构资质认定条件》根据医疗器械检验行业的特殊性制定,该条件的发布有利于推动医疗器械检验机构的资质认定工作,弥补了《检验检测机构资质认定能力评价 检验检测机构通用要求》(RB/T 214—2017)中管理体系、检验能力、人员、环境和设施、设备等重要环节评审要求,为顺利实施医疗器械检验机构资质认定工作,规范医疗器械检验机构资质认定评审行为起到重要作用。

二、主要内容介绍

《医疗器械检验机构资质认定条件》依据《医疗器械监督管理条例》制定,在组织、管理体系、检验能力、人员、环境和设施、设备、检测样品的处置等方面对医疗器械检验机构申请资质认定做出了具体规定,保证检验活动的科学、独立、诚信和公正。

1.组织 检验机构必须依法成立,能够承担相应法律责任,开展国家法律法规规定需要取得特定资质的检验活动,应当取得相应的资质。

2.管理体系 检验机构应当建立和实施与其所开展的检验活动相适应的管理体系;应当制定完善的质量管理体系文件,并确保其有效实施和受控;管理体系应连续运行12个月以上,检验机构应当对管理体系实施了完整的内部审核和管理评审,能够证实管理体系运行持续有效。

3.检验能力

(1)检验机构应当掌握并依据现行有效的国家标准、行业标准、产品技术要求、补充检验项目和检验方法等,开展检验活动,具备相应的检验能力,并具有对其进行确认或预评价的能力。

(2)检验机构所开展的检验活动涉及生物学性能、电磁兼容性等多个技术门类的,应当分别符合相应标准、产品技术要求、补充检验项目和检验方法及其他规定的要求。

(3)检验机构应当能够对所检验的医疗器械产品的检验质量事故进行分析和评估。

4.人员

(1)检验机构应当具备与所开展的检验活动相适应的管理人员和关键

技术人员。管理人员应当具备检验机构管理知识,熟悉医疗器械相关的法律法规及检验风险管理的方法。关键技术人员包括技术负责人、授权签字人及检验报告解释人员等。关键技术人员应当具备相关领域副高级以上专业技术职称,或硕士以上学历并具有5年以上相关专业的技术工作经历。

(2)检验人员应当为正式聘用人员,并且只能在本检验机构中从业。具有中级以上专业技术职称的人员数量应当不少于从事检验活动的人员总数的50%。

(3)检验人员应当熟悉医疗器械相关法律法规、标准和产品技术要求,掌握检验方法原理、检测操作技能、作业指导书、质量控制要求、实验室安全与防护知识、计量和数据处理知识等,并且应当经过医疗器械相关法律法规、质量管理和有关专业技术的培训和考核。

(4)检验人员应当具有对所采用的产品技术要求进行确认和预评价的能力,应当能够按照规定程序开展检验活动。

(5)从事国家规定的特定检验活动的人员应当取得相关法律法规所规定的资格。

5.环境和设施

(1)检验机构应当具备开展检验活动所必需的且能够独立调配使用的固定工作场所,具备开展检验活动所必需的实验场地以及数据分析、信息传输等相关的环境和设施,确保检测数据和结果的真实、准确。工作环境和基本设施应当满足检验方法、仪器设备正常运转、技术档案贮存、样品制备和贮存、防止交叉污染、保证人身健康和环境保护等的要求。

(2)实验区应当与非实验区分离。明确需要控制的区域范围和有关危害的明显警示,并有效隔离可能产生影响的相邻区域。

(3)检验机构应当具有妥善贮存、处理废弃样品和废弃物(包括废弃培养物)的设施。

(4)从事动物实验、生物学性能、电磁兼容性、放射源等特定项目检测的检验机构应当符合国家相关法规和标准规定的环境和设施要求。

(5)涉及生物安全实验室的,其环境和设施应当符合相应的国家相关标准和规定。

6.设备

(1)检验机构应当根据开展检验活动的需要参照国家有关医疗器械检验机构基本仪器装备的要求,并且按照相关标准、产品技术要求、补充检验项目和检验方法的要求,配备相应的仪器设备和工艺装备。

(2)检验机构应当配备开展检验活动所必需的且能够独立调配使用的固定或可移动的检验仪器设备和工艺装备、样品贮存和处理设备以及标准物质、参考物质等。

(3)检验机构的仪器设备应当由专人管理,测量仪器应当经量值溯源以满足使用要求。

(4)检验机构应当建立和保存对检测质量有重要影响的仪器设备和工艺装备的档案、操作规程、计量/校准计划和证明、使用和维修记录等。

7.检测样品的处置

(1)检验机构应当建立并实施样品管理和弃置程序,确保样品受控并保持相应状态,确保检测弃置的样品不再进入流通环节或被使用。样品的贮存、弃置、处理应当符合环境保护的要求。有特殊要求的还应当符合相应的规定。

(2)检验机构应当具有样品的标识系统,并保证样品在检验机构期间保留该标识。

【问答题】

1.医疗器械检验机构对人员有什么特殊要求?

答:(1)医疗器械检验机构应当具备与所开展的检验活动相适应的管理人员和关键技术人员。管理人员应当具备检验机构管理知识,熟悉医疗器械相关的法律法规及检验风险管理的方法。关键技术人员包括技术负责人、授权签字人及检验报告解释人员等。关键技术人员应当具备相关领域副高级以上专业技术职称,或硕士以上学历并具有5年以上相关专业的技术工作经历。

(2)检验人员应当为正式聘用人员,并且只能在本检验机构中从业。具有中级以上专业技术职称的人员数量应当不少于从事检验活动的人员总数的50%。

(3)检验人员应当熟悉医疗器械相关法律法规、标准和产品技术要求,掌握检验方法原理、检测操作技能、作业指导书、质量控制要求、实验室安全与防护知识、计量和数据处理知识等,并且应当经过医疗器械相关法律法规、质量管理和有关专业技术的培训和考核。

(4)检验人员应当具有对所采用的产品技术要求进行确认和预评价的能力,应当能够按照规定程序开展检验活动。

(5)从事国家规定的特定检验活动的人员应当取得相关法律法规所规

定的资格。

2.医疗器械检验机构对管理体系有什么特殊要求?

答:检验机构应当建立和实施与其所开展的检验活动相适应的管理体系;应当制定完善的质量管理体系文件,并确保其有效实施和受控;管理体系应连续运行12个月以上,检验机构应当对管理体系实施了完整的内部审核和管理评审,能够证实管理体系运行持续有效。

3.医疗器械检验机构对检验能力有什么特殊要求?

答:(1)检验机构应当掌握并依据现行有效的国家标准、行业标准、产品技术要求、补充检验项目和检验方法等,开展检验活动,具备相应的检验能力,并具有对其进行确认或预评价的能力。

(2)检验机构所开展的检验活动涉及生物学性能、电磁兼容性等多个技术门类的,应当分别符合相应标准、产品技术要求、补充检验项目和检验方法及其他规定的要求。

(3)检验机构应当能够对所检验的医疗器械产品的检验质量事故进行分析和评估。

4.医疗器械检验机构对环境和设施有什么特殊要求?

答:(1)检验机构应当具备开展检验活动所必需的且能够独立调配使用的固定工作场所,具备开展检验活动所必需的实验场地以及数据分析、信息传输等相关的环境和设施,确保检测数据和结果的真实、准确。工作环境和基本设施应当满足检验方法、仪器设备正常运转、技术档案贮存、样品制备和贮存、防止交叉污染、保证人身健康和环境保护等的要求。

(2)实验区应当与非实验区分离。明确需要控制的区域范围和有关危害的明显警示,并有效隔离可能产生影响的相邻区域。

(3)检验机构应当具有妥善贮存、处理废弃样品和废弃物(包括废弃培养物)的设施。

(4)从事动物实验、生物学性能、电磁兼容性、放射源等特定项目检测的检验机构应当符合国家相关法规和标准规定的环境和设施要求。

(5)涉及生物安全实验室的,其环境和设施应当符合相应的国家相关标准和规定。

第九章

检验检测机构监管

在市场监管领域全面推行"双随机、一公开"监管,是党中央、国务院作出的重大决策部署,是市场监管理念和方式的重大创新,是深化"放管服"改革、加快政府职能转变的内在要求,是减轻企业负担、优化营商环境的有力举措,是加快信用体系建设、创新事中事后监管的重要内容。

在市场监管领域健全以"双随机、一公开"监管为基本手段、以重点监管为补充、以信用监管为基础的新型监管机制,提升监管精准性和有效性,以整治不实和虚假检验检测违法行为为首要任务,充分发挥部门监管合力,切实做到监管到位、执法必严,使守法守信者畅行天下、违法失信者寸步难行,进一步营造公平竞争的市场环境和法治化、便利化的营商环境。

第一节　监管方式

1. "双随机一公开"监督检查　按照《国务院关于在市场监管领域全面推行部门联合"双随机、一公开"监管的意见》(国发〔2019〕5号)要求,各级市场监管部门均应按照"双随机、一公开"方式开展监管,取代原有的日常巡查和随意检查,随机抽取检查对象、随机选派执法检查人员,科学规范、公开透明地开展检查工作。监督检查结果要及时向社会公开,对违法违规机构形成有力威慑。

要建立随机抽取检查对象、随机选派执法检查人员的"双随机"抽查机制,严格限制监管部门自由裁量权。建立健全市场主体名录库和执法检查人员名录库,通过摇号等方式,从市场主体名录库中随机抽取检查对象,从执法检查人员名录库中随机选派执法检查人员。推广运用电子化手段,对"双随机"抽查做到全程留痕,实现责任可追溯。

加快政府部门之间、上下之间监管信息的互联互通,依托全国企业信用信息公示系统,整合形成统一的市场监管信息平台,及时公开监管信息,形成监管合力。

集中公布检验检测违规违法典型案例,形成宣传声势,提高监督抽查的影响力和威慑力。

2.加强重点领域的监管　省级市场监管部门要结合检验检测市场专项整治行动,与行业主管部门协商,将直接关系人民生命健康安全的领域纳入重点监管范围,加大对生态环境监测、特种设备、机动车检验、自然资源检验检测、水利水质监测、进出口商品检验、医疗器械防护用品检验,以及食品、药品和化妆品检验等领域的监督检查力度,不断强化对出现检验检测质量问题机构的监督检查,可根据实际适当提高抽取比例、扩大监管范围。对不按国家强制性标准等规定检验、出具虚假或不实检验检测报告的违法违规行为,从严查处、从重处罚。对涉嫌违反《中华人民共和国反垄断法》的行为,要依法调查处理,切实保护市场公平竞争,维护消费者利益;情节严重的,应依法依规列入市场监督管理严重违法失信名单。

3.完善部门联合监管机制　落实地方各级人民政府责任,建立健全工作机制,全面推行部门联合"双随机、一公开"监管。建立双随机抽查结果部门间共享交换和互认互用机制。

各地市场监管部门要加强与行业主管部门沟通,不断完善联合监管机制建设,联合制订计划、联合实施检查、联合通报结果。要充分发挥综合监管和专业监管的各自优势,依法依规厘清责任边界,协商抽查比例和检查内容,共同确定违法违规事实的判定依据,建立联合监管长效机制,切实做到"进一次门、查多项事",减轻检验检测机构负担。对存在违法违规行为的检验检测机构,要进一步明确市场监管部门和行业主管部门之间的工作衔接和处理程序,依法依规处理处罚。对涉嫌犯罪的案件,要加强行刑衔接,移送司法机关追究刑事责任。

4.加强信用风险分类管理　实施信用风险分类监管,针对突出问题和风险开展双随机抽查,提高监管精准性。在按照抽查计划做好"双随机、一公开"监管的同时,对通过投诉举报、转办交办、数据监测等发现的具体问题要进行有针对性的检查,对发现的问题线索依法依规处理。

推进企业信用风险分类管理是构建以信用为基础的新型监管机制的重要内容。各地市场监管部门要根据《市场监管总局关于推进企业信用风险分类管理进一步提升监管效能的意见》(国市监信发〔2022〕6号)加强企业信用风险分类管理,参考通用型企业信用风险分类结果,探索检验测验机构分级分类监管机制。各级市场监管部门要将监督检查、能力验证结果等与信用监管衔接,按照《企业信息公示暂行条例》要求,将监督检查结果和行政处罚信息归集于市场主体名下,在国家企业信用信息公示系统进行公示,提升监管的威慑力和权威性,形成对违法失信行为的有效制约。

按照信用风险状况对企业实施自动分类。按照信用风险状况由低到高将企业分为信用风险低(A 类)、信用风险一般(B 类)、信用风险较高(C 类)、信用风险高(D 类)4 类。

各级市场监管部门在制订"双随机、一公开"监管抽查工作计划时,要根据企业信用风险分类结果,合理确定、动态调整抽查比例和频次,实施差异化监管。对 A 类企业,可合理降低抽查比例和频次,除投诉举报、大数据监测发现问题、转办交办案件线索及法律法规另有规定外,根据实际情况可不主动实施现场检查,实现"无事不扰";对 B 类企业,按常规比例和频次开展抽查;对 C 类企业,实行重点关注,适当提高抽查比例和频次;对 D 类企业,实行严格监管,有针对性地大幅提高抽查比例和频次,必要时主动实施现场检查。抽查检查结果要及时通过"双随机、一公开"监管工作平台共享至企业信用风险分类管理系统,为企业信用风险分类结果动态更新提供实时数据支持。

5.强化智慧监管效能提升　各地市场监管部门要进一步推动智慧监管,充分运用互联网、大数据、云计算、人工智能、能力验证、盲样考核等新技术手段,加强监管方式创新,进一步推动部门之间信息共享,赋能事中事后监管工作,提升监管精准化、智能化水平,努力做到监管效能最大化、监管成本最优化、对检验检测机构干扰最小化。

6.推动检验检测机构开展风险自查自纠工作　检验检测机构要认真落实主体责任,扎实开展自查自纠,深入排查风险隐患,系统做好风险分析,并采取针对性措施有效预防、规避和降低风险。自查的重点为:检验检测活动是否符合国家相关法律法规的规定,是否遵循客观独立、公平公正、诚实信用原则;检验检测数据、结果是否真实、客观、准确;管理体系是否有效运行,是否能够持续符合资质认定条件和要求;从事检验检测活动所必需的检验检测设备设施是否完备;是否遵守《中华人民共和国反垄断法》等相关法律规定,依法合规开展生产经营等。

第二节　检验检测领域存在的问题

市场监管部门按照"双随机、一公开"的原则,结合监管风险点,对检验检测机构进行现场检查。检查组一般采取座谈询问、调阅资料、现场查看等方式,对检测机构的资质认定合法性、检测数据真实性、执行标准规范性、管理及质量体系运行、设施环境配置、技术能力保持等方面进行检查。重点检查以下违法违规行为。

1. 重点检查的内容

(1)未检验。未经检验检测,直接出具检验检测数据、结果。

(2)改结果。篡改、编造检验检测数据、结果。

(3)超范围。超出资质认定证书规定的检验检测能力范围,擅自向社会出具具有证明作用数据、结果。

(4)不一致。检验检测结果与原始数据不一致,且无法溯源。

(5)漏项目。漏检关键项目、干扰检测过程或者改动关键项目的检测方法,造成检验检测数据或者结果错误。

(6)换对象。替换、调换应当被检验检测的对象。

(7)不公正。接受影响检验检测公正性的资助或者存在影响检验检测公正性行为。

(8)未变更。未按照规定办理标准、授权签字人变更。

2. 监督检查发现的常见问题

(1)遵守法律法规和诚信检测方面的问题。①对相关的法律法规、规章制度、评审准则等了解不准确、不深入。②对机构变更、超范围出具检测报告、标准变更、仪器设备校准与使用等方面的认识模糊。③检测标准或实验室负责人变更后,未能及时向资质认定管理部门备案。④未对其授权签字人下发任命文件;非独立法人的实验室缺少有效的法人授权文件;仪器设备使用缺少授权文件。⑤实验室未制订防止商业贿赂的相关措施;实验室未主动向客户公开其公正性声明。

(2)检验检测机构运行中存在的问题。①未正确使用资质认定标识。②检验检测报告不规范,信息不完整。③未实施有效的合同评审。④未建立有效的社会监督机制。⑤未按照法定要求实施计量溯源。⑥原始记录信息不足,数据的可追溯性差。⑦样品管理条件不能保证样品质量,样品接收、保管、流转记录不完整。⑧未能识别检验检测的环境要求,未配置相应监测、控制和记录设施。⑨实验室制定的培训、内审、管理评审等各类计划有效性差。⑩内部质量控制计划和措施缺乏或效果不佳。

3.下列行为会被判为严重不符合　行为包括:①提交申请资料不真实:如未如实申报人员、检测经历、设备设施等。②提供的原始记录不真实或不能提供原始记录。③原始记录与报告不符,有篡改数据嫌疑报告。④实验室不做实验直接出报告。⑤串通能力验证结果,提交的结果与原始记录不符,或不能提供能力验证结果的原始记录。⑥人员能力不足以承担申请认证的检验检测或校准/活动。⑦实验室没有相应的关键设备或设施。⑧实验室对检验检测或校准活动未实施质量控制。⑨实验室管理体系某些环节失效。

第三节　检验检测领域典型违法案例

国家市场监管总局曾公布一批检验检测市场监管执法典型案例,案例涉及交通运输、环保、特种设备等多个领域。检验检测市场秩序不尽规范的问题也依然存在。国家市场监管总局针对检验检测市场存在的问题加强了监管,对检验检测报告造假行为保持"零容忍"态度。

1.安徽省砀山县香格格环保科技有限公司未取得检验检测机构资质认定从事检验检测活动案　2021年9月,安徽省砀山县市场监管局在开展检验检测规范年专项整治行动中,发现砀山县香格格环保科技有限公司在未取得检验检测机构资质认定证书(CMA)的情况下,向客户出具甲醛含量检测数据。安徽砀山县市场监管局根据《检验检测机构资质认定管理办法》第三十四条,责令其立即改正,并处罚款3万元。

2.广东省肇庆市交通汽车综合性能检测有限公司出具不实和虚假检验检测报告案　2021年7—8月,该公司对4辆重型货车进行整备质量第二次检验时,通过在驾驶座增加人员从而增加车辆整备质量的方式,达到检验结果"合格",出具4份虚假车辆检验报告。该局根据《检验检测机构监督管理办法》第二十六条,责令当事人改正并处罚款1.755万元;同时,依据《中华人民共和国道路交通安全法》第九十四条第二款撤销该公司检验检测机构资质认定证书。

3. 河北省衡水衡润环境监测有限公司出具虚假检验检测报告案　2021 年，河北省市场监管局在组织开展生态环境监测机构专项检查中，发现在衡水衡润环境监测有限公司出具的环检字（2021）第 04024 号、环检字（2019）第 12021 号检验检测报告中，无组织非甲烷总烃采样记录单中记录 2021 年 1 月 19 日上午 9∶30 五个点位（厂界上风向、厂界下风向 1#、厂界下风向 2#、厂界下风向 3#、生产车间口 1#）同时采样，但实际该机构只有两台采样设备（崂应 3036 型 HHR-116，崂应 3036 型 HHR-134），无法实现两台设备同时采样五个点。该局依据《检验检测机构监督管理办法》第二十六条第二款规定，对该机构处罚款 3 万元，并将违法行为抄送省生态环境厅。

4. 山东省威海百顺机动车检测有限公司出具虚假检验检测报告案 2021 年 6 月，贵州省黔西南州市场监督管理局和黔西南州公安交通管理局组成调查组，对黔西南州众诚机动车检测有限责任公司进行检查，发现该公司明知 4 辆货车整备质量超重，通过修改称重设备标定值的方式，使这 4 台货车顺利通过整备质量检验，对这 4 辆货车出具了检验合格的虚假检验报告。黔西南州公安交通管理局依据《中华人民共和国道路交通安全法》第九十四条第二款的规定，对该公司处罚款 2.4 万元。黔西南州市场监管局依据《中华人民共和国道路交通安全法》第九十四条第二款及《检验检测机构监督管理办法》第二十六条第二款的规定，撤销其检验检测机构资质认定证书。

5. 江苏省永安建工机械有限公司滁州分公司冒用检验检测机构资质认定证书案　2021 年 6 月，安徽省市场监督管理局在调查投诉举报案件中，对江苏永安建工机械有限公司滁州分公司进行现场检查。经查，该公司在未取得资质认定的情况下，利用其租赁在滁州市紫薇南路 1559 号的某办公室里对 25 个施工升降机对防坠器进行了检验检测，并冒用永安建工机械检测有限公司安徽分公司资质认定证书出具了检验报告。该局依据《检验检测机构资质认定管理办法》第三十七条对江苏永安建工机械有限公司滁州分公司罚款 3 万元。

6. 贵州省黔西南州众诚机动车检测有限责任公司出具虚假检验检测报告案　2021 年 6 月，贵州省黔西南州市场监督管理局和黔西南州公安交通管理局组成调查组，对黔西南州众诚机动车检测有限责任公司进行检查，发现该公司明知 4 辆货车整备质量超重，通过修改称重设备标定值的方式，使这4台货车顺利通过整备质量检验,对这4辆货车出具了检验合格的虚假检验报告。黔西南州公安交通管理局依据《中华人民共和国道路交通安全法》第九十四条第二款的规定,对该公司处罚款2.4万元。黔西南州市场监管局依据《中华人民共和国道路交通安全法》第九十四条第二款及《检验检测机构监督管理办法》第二十六条第二款的规定,撤销其检验检测机构资质认定证书。

7. 内蒙古自治区兴昌科技发展有限责任公司出具虚假检验检测报告案 2020年12月,内蒙古自治区市场监管局在检验检测监管执法中,发现内蒙古兴昌科技发展有限责任公司于2020年12月7—17日期间,向未上线检测的车辆出具了检验合格报告,构成机动车安全技术检验机构不按照机动车国家安全技术标准进行检验,出具虚假检验报告行为。该局依据《中华人民共和国道路交通安全法》第九十四条第二款撤销该公司检验检测机构资质认定证书。

8. 山东省天兵安全技术服务有限公司出具虚假气瓶和空气呼吸器检验检测报告案 2021年11月17日,山东省市场监管局接到群众举报,反映天兵(山东)安全技术服务有限公司出具虚假气瓶和空气呼吸器检验检测报告。11月18日,该局执法稽查局会同认证认可处、特监处及技术专家对该公司进行现场执法检查。11月22日立案调查,确认违法事实。2022年2月18日,山东省市场监管局对当事人送达《行政处罚决定书》,作出依法吊销天兵安全技术服务有限公司检验检测机构资质认定证书、特种设备检验检测机构核准证,吊销该机构有关责任人员特种设备检验检测人员证的处罚。同时,将其列入严重违法失信名单并通过国家企业信用信息公示系统公示,并移送公安机关进一步处理。

9. 河北省泊头市安通机动车检测服务有限公司出具虚假检验检测报告案 2021年,河北省市场监管局在组织开展机动车检验机构专项检查中,发现泊头市安通机动车检测服务有限公司提供的2021年6月30日全天检测报告档案中,检测项目"转向轮横向侧滑量"数据存在异常,共有九辆车进行了检测,检测结果均显示为"0"。现场检查组调取相关资料核实后发现,该机构利用锁止销插入设备影响了数据,改变了该项目关键检验检测条件。该局依据《检验检测机构监督管理办法》第二十六条第二款规定,对该机构处罚款3万元。

10. 新疆农业科学院涉嫌出具虚假检验检测报告案 2021年10月,在国家级资质认定检验检测机构监督抽查中,行政监管人员对新疆农业科学院[农业农村部农产品质量监督检验测试中心(乌鲁木齐)]进行了现场检查,发现该机构出具的编号为2021-N-1935的检验检测报告中氧乐果、异菌脲、甲霜灵等项目检测均未按照 GB 23200.113—2018 标准规定进行平行试验;编号为2021-N-0525的检验检测报告中氨基酸测试记录显示,平行样品测试时间分别为2021年6月28日和2021年7月2日,标准工作液进样体积为0.03 mL,样品测定液进样体积为0.02 mL,与其使用的标准方法 GB 5009.124—2016 中规定的"工作液和样品测定液分别以相同体积注入氨基酸分析仪"不一致。此外,该机构原法定代表人已于2018年12月调离该机构,该机构未依法申请变更。

该机构涉嫌违反《检验检测机构监督管理办法》第十四条和《检验检测机构资质认定管理办法》第十四条的规定,存在出具虚假检验检测报告等违法行为。该案已移交属地市场监管部门调查并依法进行处理、处罚,同时移送行业主管部门。

第十章

结果有效性控制

实验室为了保证出具的结果准确可靠,应当采取质量控制措施,使所有质量活动在可控范围内。质量控制一般包括内部质量控制和外部质量评估,最终目的是控制检测活动各个环节的误差,使检测结果准确可靠。

第一节 内部控制

内部控制是指实验室技术工作人员对测试过程进行内部监督,从自身角度监控实验过程,减少误差产生的过程。实验室可以根据需要指定一名或几名质量监督员,监督日常工作中检测人员对检测项目、样品属性、待测物浓度、样品基质等因素在检测中的控制情况,实际操作过程的熟练程度,分析问题和解决问题的能力等。内部质量控制包括空白试验、平行试验、检定(校准)和校验、加标回收、留样复测、人员比对、仪器比对等方式。

一、空白试验

空白试验一般指在不加样品的情况下,用测定待测成分相同的方法、步骤进行测试分析,把所得结果称为空白值。空白值可以反映实验过程中系统的本底,可以扣除试剂干扰、仪器误差、环境和人员操作等造成的系统误差,是理化分析实验中减小误差的一种常用方法。实验室用水和化学试剂的纯度、玻璃容器的洁净度、分析仪器的精度和仪器的运行状况、实验室的环境污染情况以及检验人员的水平等均会影响空白值。尤其在痕量分析工作中,更要重视空白值对分析结果的影响,严格控制检验过程的污染和交叉污染的产生,通过测定空白值来进行检验结果的校正,从而保证最终结果的准确性。

二、平行试验

平行试验指在相同的试验条件下进行的两次或多次测试。一般相同的试验条件指同一实验室同一操作人员相同的仪器设备,按照相同的试验方法,在短时间内对同一被测物质进行的测试。通过平行试验,可以衡量测试方法的精密度。平行试验又称重复性试验,考察精密度的方法还包括重现性,也叫做再现性。再现性是指在不同的实验室,由不同的操作人员使用不同的仪器设备,按照相同的方法,对同一被测物质进行测试的过程。如果说重复性是衡量测试结果的最小差异,那么再现性就是衡量测试结果的最大差异。二者之间的测定误差就用中间精密度来表示,中间精密度需要重复测试同一被测物质并改变一定的测量条件,考察各测定值之间彼此相符合的程度。通过精密度的考察,进一步控制试验过程的影响因素,从而减小试验的随机误差。

三、实验室内部比对试验

实验室内部比对试验主要是探究所选定比较的因素对检测结果的影响,比对试验的形式主要根据相比较的试验因素来决定,并以此来命名,考核不同检测人员之间技术能力的差异的比对,称为人员比对;验证非标方法的可靠性,可以进行非标方法和标准方法之间的比对,称为方法比对;留样再测是在不同时间对同一样品进行重复检测,验证测试项目检测质量的持续稳定性和再现性,留样再测可以理解成以"时间"为考察因素的一种内部比对试验。

（一）人员比对

人员比对是指不同检测人员对同一样品,使用同一方法相同仪器设备进行试验,比较测定结果的符合程度,判定人员操作水平的差异性。人员比对的考核对象为检测人员,主要目的为评价不同检测人员的技术素质差异、检验操作的差异和存在的问题。在选择试验项目时建议选择人员操作步骤较多的项目,这样更容易在比对试验中发现检验操作的差异。实验室通常以下情况需要开展人员比对试验。

1.考核新人员　新人员包括新进人员和转岗人员,这些人员经过培训和学习后,需要评价其是否具备上岗或转岗的能力和资格,此时可以开展人员比对试验。一般待考核人员与该岗位上有经验的检测人员进行比对试验,以有经验检测人员的检测结果为参考值,其余检测结果与之相比较。为保证这些新上岗的检测人员不会影响实验室的检测质量,在其上岗后的一段时间内,应适当安排比对试验来进行监督。

2.监督在岗人员　人员的检测技术能力是确保实验室质量持续稳定有

效重要因素,在岗人员的检测技术能力的稳定可靠性需要进行监督。可以制订质量控制计划表,定期安排在岗检测人员进行人员比对试验,对实验室检测质量加以监控。可以安排几位检测人员对同一项目进行比对。

(二)仪器比对

仪器比对是指同一检测人员运用不同仪器设备对相同的样品,使用相同的检测方法进行检测,比较测定结果的符合程度,判定仪器性能的差异。仪器比对的考核对象为检测仪器,主要目的为评价不同检测仪器间的性能差异。所选择的检测项目和检测方法应该能够适合和充分体现参加比对的仪器的性能。仪器比对要求使用相同的检测方法,即使用相同的样品前处理方法处理样品,或是将经过同一前处理后的一个试样溶液在不同的仪器中进行检测,这样的检测结果更具有可比性,更能反映不同仪器的性能。实验室应根据需要定期开展仪器比对试验,通常仪器比对试验主要用于如下目的。

1.考核新增添或维修后仪器设备的性能情况　对于实验室新增添的或维修后的仪器设备,在投入使用之前,均应当正确评价其性能是否满足检测要求,可以采用仪器比对试验来考核。以原有的、检测结果可信的仪器设备为参考进行比对,并应适当增加比对试验的频次来监控此类被考核仪器设备的性能的稳定性情况。

2.评估仪器设备之间的检测结果的差异程度　在实验室内,同一个检测项目有可能是由不同的仪器设备来共同完成的,也有可能需要使用不同规格型号的仪器设备,因此需要考查这些仪器设备的检测结果之间的差异程度,通过仪器比对来考察这种差异是否会对实验室结果造成影响,并采取措施对结果加以控制。随着科技的迅速发展,实验室检测仪器设备的种类、规格型号越来越多,可以进行仪器比对的情况也比较复杂。一般情况下,凡是能够检测同一项目的仪器,均可以进行比对,但前提是比对样品应经过相同的前处理方法处理。

(三)留样再测

留样再测是指在合理的时间间隔内,再次对同一样品进行检测,通过比较前后两次测定结果的一致性,来判断检验过程是否存在问题,从而来验证检验数据的可靠性和稳定性。若2次检测结果符合评价要求,则说明实验室该项目的检测能力持续有效;若不符合,应分析原因,采取纠正措施,必要时追溯前期的检测结果。留样再测不同于平行试验,留样再测的试验条件不确定因素比平行试验的更多,检测结果之间的允许偏差范围应该比平行试验的大,一般是根据两次测试的扩展不确定度或标准方法规定的再现性限来对试验结果进行统计分析和评价,但是,在没有正确评价或获得测试不确定度或再现性限时,也可以参考平行试验的允许差进行评价,即要求两次检测结果的绝对差值不大于平行试验的允许差。

第二节　外部控制

实验室切实并有效实施内部质量控制是全部质量控制工作的根本基础,在做好实验室内部质量控制的前提下,还应该做好实验室外部质量控制工作。从权威性的角度而言,实验室外部质量控制更优于实验室内部质量控制,它是实验室内部质量控制有效开展的良好证明。从理论到实践的全面演练,是提高实验室质量管理水平和确保检测结果质量的根本保证。实验室外部质量控制也称实验室间质量控制,主要技术方法有参加能力验证、测量审核以及与其他外部实验室间的比对等方式。它是发现和消除一些实验室内部不易核对的误差,特别是存在的系统误差的重要措施。

一、能力验证

能力验证是利用实验室间比对,按照预先确定的准则来评价参加者能力的活动。对于实验室而言,参加能力验证活动,是衡量与其他实验室检测结果的一致性,识别自身存在的问题最重要的技术手段之一,也是实验室最有效的外部质量控制方法。能力验证是证明实验室具备某项检测能力的重要证据,通过参加能力验证计划,不仅可及时发现、识别检测差异和问题,从而有效地改善检测质量,促进实验室能力的提高。

(一)能力验证计划的类型

参加能力验证计划为实验室提供了一个评估和证明其出具数据可靠性的客观手段。能力验证计划根据检测物品的性质、使用的方法和参加实验室的数目而变化。能力验证计划有多种类型,但大部分都具有对两个或多个实验室的检测和测量结果进行比对的共同特点。按能力验证结果的类型不同,实验室常见的两种基本类型:定量能力验证计划、定性能力验证计划。

1.定量能力验证计划　该类计划是确定能力验证待测物质的一个或多

个被测量的量。评价参加实验室能力所依据的结果是定量测量的结果,即其测量结果是数值型的。在定量能力验证计划中,对数值结果通常进行统计分析。例如理化检测中对于特定元素或物质的含量分析均属于此类型。

2.定性能力验证计划　该类计划是对能力验证物品待测物质的一个或多个特性进行鉴别或描述。评价参加实验室能力所依据的结果是描述性的,如微生物的鉴定,中药材的显微鉴别。

(二)能力验证计划的选择原则

除了少数能力验证计划是管理机构要求必须参加的,大多情况下,是实验室自己根据需要自愿选择参加。由于目前能力验证计划涵盖的范围还非常有限,实验室应选择适合于自身检测范围的能力验证计划。所选能力验证计划优先选择权威机构组织的能力验证计划,因为通常这些机构组织的能力验证计划组织更有保证,结果更可靠,更容易被承认。

(三)参加能力验证计划的程序

1.制订年度计划　目前,能力验证计划组织机构通常在年初将拟组织的能力验证计划目录对外公布,参加者应及时关注有关网站,了解有关信息,必要时,可直接咨询相关机构。根据收集到的信息,选择本实验室需要参加的能力验证计划,制订参加能力验证计划的年度计划。

2.申请参加　根据每个能力验证计划的安排,组织机构通常会有相应的邀请参加的公告或通知,实验室如需要参加,务必根据通知要求,做好相关准备,如根据其对实验室的要求,确认实验室满足参加的条件,填写参加申请表,并交纳相应的费用。申请表请务必在要求的截止日期前反馈至组织机构,并确认报名成功。

3.能力验证样品的检测　邀请通知一般有计划的日程表,由于报名参加能力验证计划后,离组织机构分发能验证物品的时间可能较长,参加实验室应特别留意组织机构分发能力验证物品的时间,包括征询具体的时间和日期,以免因样品邮寄等问题错过提交结果的时间。在收到样品时,应特别留意给参加者的《作业指导书》,检查样品的状态,确认样品无异常后向组织机构反馈《被测物品接受状态确认表》,样品如无法立即分析,请务必按《作业指导书》的要求保存。在开始进行检测时,严格按《作业指导书》相关检测要求对样品进行检测,在《作业指导书》要求与检测标准方法要求出现偏差时,可与组织机构联系。实验室参加能力验证应正确认识其目的和作用,正确对待检验结果,独立完成检验数据,杜绝与其他参与者串通。

4.能力验证结果的提交　能力验证结果的提交通常在《作业指导书》上有明确的要求,检测结果通常需要填写统一的结果表格,《作业指导书》中对检测结果记录和报告方式的明确和详细的说明,通常包括测量单位、有效数字或小数位数、报告的依据等参数。此外,应特别留意用于分析的能力验证结果的截止日期和其他要求,如实验室负责人签名和实验室盖章等。

5.能力验证报告分析　在提交能力验证结果后,由于组织机构需要统计处理数据,编制能力验证计划报告可能需要较长的时间,参加实验室需要耐心等待。在收到能力验证计划报告后,应认真阅读,组织相关人员学习研究,在重点了解自身结果的基础上,对相关项目检测的整体情况、检测标准和检测方法、目前检测的精密度和准确度、其他实验室与本实验室的差异、检测容易出现的偏差和产生偏差的原因等。

6.存在问题及采取的相应措施　对于能力验证结果不满意的实验室,应高度重视,启动实验室纠正措施程序,认真查找分析不满意的原因,进行整改。

二、实验室间比对

《合格评定　能力验证的通用要求》(GB/T 27043—2012)中对实验室间比对的定义是,按照预先规定的条件,由两个或多个实验室对相同或类似的物品进行测量或检测的组织、实施和评价。在实验室活动中,实验室间比对应用十分广泛,它可以评价实验室的检测能力,监控实验室可能出现的技术问题,识别实验室存在的风险,并及时采取相应的措施进行改进。作为实验室质量保证的外部控制措施,实验室间比对的形式有国际组织、国家机构、行业协会、省市级有关部门组织不同水平的比对试验,还有上级机构对下级机构进行的抽查考核,实验室自发组织的互查比对试验等。

实验室间比对试验作为评价和提高实验室检测水平的重要手段之一,在实验室质量管理中发挥了重要作用,实验室间比对的目的有:①评定实验室对特定检测或测量的能力及监测其持续能力;②识别实验室可能存在的问题并采取相应的纠正措施;③确定新的检测或测量方法的有效性和可比性;④识别参与比对的实验室间之间的差异,根据比对结果,帮助参加比对的实验室提高能力;⑤给标准物质赋值,并评价其在特定检测或测量程序中使用的适用性。

实验室间比对可以鉴别实验室间的差异和水平,检测机构可将实验室间比对看作一次外部审核,用于促进、完善和提高自身的内部质量控制程序。检测机构可以根据实际工作情况制订实验室间比对计划,按照计划进行组织和运作,具体程序如下。

1. 实验室间比对项目的确定　根据检测工作所开展的项目选择检测频次高的项目,在实际检测中出现问题可能性较大、结果准确性较差的项目重点考察。实验室也可以根据前一年度的内审、外审、管理评审、质量监督结果、客户的调查结果以及实验室的能力发展变化情况等,综合考虑各方面信息,确定合适的实验室比对项目。选择的项目在活动周期内应足够稳定,可选择测定同一项目的多个浓度水平,从而观察不同参加者之间的真实水平。

2. 比对样品的制备　比对样品制备是实验室间比对的基础,样品的质量决定实验室间比对成功与否。组织者应制定易于操作、合适的样品制备操作规程,详细规定所制备样品的技术参数、样品选择原则、样品制备步骤、样品均匀性和稳定性检验要求等。样品在组分构成、含量和性质上应与实验室日常检测和测量的样品相同或类似,被检测的特性量值应覆盖某一个组成范围。为了确保结果的真实和可靠,必须使参加实验室均获得相同的样品,每个样品的检测量不存在显著性差异,同时要保证样品的稳定性和均匀性,从而保证各实验室检测或测量结果的可比性。样品制备完成后,按照既定程序对所制备的样品进行分装、编号和保存。选择国内外在该项目上具有较高检测水平的实验室进行数值确认,应确保所选的实验室的测量不确定度优于参加比对的实验室。

3. 实验室间比对的实施和结果评价　实验室间比对的实施和结果评价可按照《合格评定　能力验证的通用要求》(GB/T 27043—2012)的相关规定进行,此标准中"数据分析和记录"项下规定,应运用适当的方法记录和分析参加者提交的结果;应建立和执行程序以检查数据输入、转换、统计分析和报告的有效性;数据分析应给出与能力验证计划统计设计相符的总计统计量、能力统计量以及有关信息;应使用稳健统计方法或检出统计离群值的适当方法,使离群值对总计统计量的影响降至最低。

组织者应使用有效的评定方法对参与实验室比对的结果进行合理的评定,并将结果以报告的形式清晰、准确地反馈给参与者。参加实验室间比对的实验室数量较少时,采用 Z 比分数评价,可能造成较大的偏差,可根据比对样品的指定值或标准值进行评价,也可对照检验方法的准确度和精密度要求评价实验室的检测能力。

第十一章

理化实验室管理

　　实验室是开展检验检测活动和创新研究的重要场所,在现代化社会发展与科技产品创新的推动下,实验室得以不断丰富与更新设备,添置了许多先进、精密的科研仪器,逐渐发展成为技术先进、专业夯实和装备齐全的综合型检验检测场所。经过多年的管理实践,笔者发现有些实验室普遍存在实验室分散管理人员少、实验研究人员多、流动性强、安全意识差、操作登记不规范等问题,导致研究人员出现操作仪器失误,实验室管理存在安全隐患,实验室管理水平相对较低。近年来实验室特别是化学类、制药类实验室各种事故的出现,实验室管理成为管理的一大重点和难点。

　　实验室管理就是指导人们管理实验室及其活动的一门科学,它运用自然科学、社会科学、人文科学、实验科学以及其他相关学科的原理和方法,研究实验室运行过程中各项活动的基本规律及方法。实验室管理包含了实验人员、仪器设备、实验材料等硬件条件和法律法规、管理制度、检验标准、质量保障等软件要素。本章探索了实验室人员在相关法律法规和标准的指导下,运用科学、规范、高效的制度化管理方法,合理利用实验室资源、提高管理人员的工作效率和质量,利于保证实验室安全、有序、高效地运转,提高实验室管理工作的质量和水平,增强检验检测机构检验结果的准确性和可参考性。

第一节　相关法律、法规与标准

　　《检验检测机构资质认定能力评价　检验检测机构通用要求》(RB/T 214—2017)中对检测机构的定义是,依法成立,依据相关标准或技术规范,利用仪器设备、环境设施等技术条件和专业技能,对产品或法律法规规定的特定对象进行检验检测的专业技术组织。检验检测机构的主要作用是向社会提供准确可靠的检验检测结果,在经济发展的过程中有着举足轻重的位置。同时检测机构应当对向社会出具的数据承担相应的法律责任,为了更好地监督和控制检测机构的检测能力,规范实验室管理,在实验室工作的过程中就必然要遵守相关的法律法规,下面介绍实验室管理有关的法律法规和技术标准。

一、质量管理相关的法律法规

(一)《中华人民共和国计量法》

《中华人民共和国计量法》简称《计量法》,其立法目的是加强计量监督管理,保障国家计量单位制的统一和量值的准确可靠,维护国家和人民的利益。《计量法》内容涵盖了总则、计量基准器具、计量标准器具和计量检定、计量器具管理、计量监督、法律责任和附则。《计量法》第二十二明确规定:"为社会提供公正数据的产品质量检验机构,必须经省级以上人民政府计量行政部门对其计量检定、测试的能力和可靠性考核合格。"它是实验室检测数据的一致性、准确性、溯源性和法制性的依据。检验检测机构通过资质认定后,向社会出具具有证明作用的数据、结果应承担相应的法律责任,为了确保数据、结果的真实、客观、准确,要遵守《计量法》的规定,使用国家统一的计量单位,并对仪器设备进行检定和校准,实行规范化的管理。

(二)《中华人民共和国食品安全法》

《中华人民共和国食品安全法》简称《食品安全法》,于 2021 年 4 月 29 日第十三届全国人民代表大会常务委员会第二十八次会议修正并实施。《食品安全法》的立法目的是保证食品安全,保障人民群众的身体健康和生命安全,它从食品的生产、经营、监督、检验、事故处理、法律责任的各个方面做了详细的规定。

《食品安全法》对食品检验机构的资质认定有明确规定。《食品安全法》其中第八十四条明确规定:"食品检验机构按照国家有关认证认可的规定取得资质认定后,方可从事食品检验活动。"第八十五条规定:"食品检验由食品检验机构指定的检验人独立进行。检验人应当依照有关法律、法规的规定,并按照食品安全标准和检验规范对食品进行检验,尊重科学,恪守职业道德,保证出具的检验数据和结论客观、公正,不得出具虚假检验报告。"第八十六条规定:"食品检验实行食品检验机构与检验人负责制。食品检验报告应当加盖食品检验机构公章,并有检验人的签名或者盖章。食品检验机构和检验人对出具的食品检验报告负责。"关于食品生产企业出厂检验的条款第四十六条第三款规定,食品生产企业应当对原料检验、半成品检验、成品出厂检验等制定控制要求,保证所生产的食品符合食品安全标准。第五十二条规定:"食品、食品添加剂、食品相关产品的生产者,应当按照食品安全标准对所生产的食品、食品添加剂、食品相关产品进行检验,检验合格后方可出厂或者销售。"

为了加强食品检验机构管理,规范食品检验机构资质认定工作,根据《中华人民共和国食品安全法》第八十四条的有关规定,国家食品药品监督管理总局和国家认证认可监督管理委员会组织制定了《食品检验机构资质认定条件》。食品检验机构应实施《食品检验机构资质认定条件》中在组织、管理体系、检验能力、人员、环境和设施、设备和标准物质等方面的具体要求。

食品检验应依照食品安全标准、检验规范的规定进行检验;不得擅自增加检验项目或者超出资质认定批准的范围从事食品检验活动并对外出具食品检验报告;不得出具虚假食品检验报告;不得接受影响检验公正性的资助或者存在影响检验公正性的行为;应独立于食品检验活动所涉及的利益相关方,不受任何可能干扰其技术判断因素的影响,确保检验数据和结果不受其他组织或者人员的影响。

(三)《中华人民共和国药品管理法》

《中华人民共和国药品管理法》简称《药品管理法》,新修订的《药品管理法》经十三届全国人大常委会第十二次会议表决通过,于 2019 年 12 月 1 日起施行。立法目的是加强药品管理,保证药品质量,保障公众用药安全和合法权益,保护和促进公众健康。《药品管理法》第十一条规定:"药品监督管理部门设置或者指定的药品专业技术机构,承担依法实施药品监督管理所需的审评、检验、核查、监测与评价等工作。"关于药品质量标准的条款第二十八条明确规定:"药品应当符合国家药品标准。经国务院药品监督管理部门核准的药品质量标准高于国家药品标准的,按照经核准的药品质量标准执行;没有国家药品标准的,应当符合经核准的药品质量标准。国务院药品监督管理部门颁布的《中华人民共和国药典》和药品标准为国家药品标准。国务院药品监督管理部门会同国务院卫生健康主管部门组织药典委员会,负责国家药品标准的制定和修订。国务院药品监督管理部门设置或者指定的药品检验机构负责标定国家药品标准品、对照品。"

《药品管理法》坚持风险管理、全程管控和社会共治的原则,推行药品上市许可持有人制度、药品追溯制度和药物警戒制度,从药品的整个生命周期进行控制,全面提升药品质量,切实保障人民安全、有效的使用药品。利用法律的途径,守住药品安全的底线,维护人民基本用药安全。药品监督管理设置或指定专门的检验机构承担其审评、检验、核查、监测与评价等工作,这是对药品检验机构的特别规定,突出了药品监管的特色。

(四)化妆品相关法律

2020 年 6 月,国务院总理李克强签署国务院令,公布《化妆品监督管理条例》,自 2021 年 1 月 1 日起施行。《化妆品监督管理条例》是为了规范化妆品生产经营活动,加强化妆品监督管理,保证化妆品质量安全,保障消费者健康,促进化妆品产业健康发展而制定。该条例共 6 章 80 条,从原料与产品、生产经营、监督管理和法律责任 4 个方面对化妆品生产经营活动及其监督管理工作予以规范。《化妆品监督管理条例》第四十九条规定化妆品检验机构按照国家有关认证认可的规定取得资质认定后,方可从事化妆品检验活动。化妆品检验机构的资质认定条件由国务院药品监督管理部门制定。化妆品检验规范以及化妆品检验相关标准品管理规定,由国务院药品监督管理部门制定。

(五)医疗器械相关法律

2021 年 6 月 1 日起施行的《医疗器械监督管理条例》对保障医疗器械质量安全,推动行业健康发展起到了重要作用。条例落实了药品医疗器械审评审批制度改革要求,巩固了"放管服"改革成果,优化了审批备案程序,加强了对医疗器械全生命周期的监管,提高了监管效能,进一步加大了对违法行为的处罚力度,提高了违法成本。从而净化了市场环境,鼓励守法企业良性发展,保障了人民群众的健康消费权益。《医疗器械监督管理条例》第七十五条规定,医疗器械检验机构资质认定工作按照国家有关规定实行统一管理。经国务院认证认可监督管理部门会同国务院药品监督管理部门认定的检验机构,方可对医疗器械实施检验。负责药品监督管理的部门在执法工作中需要对医疗器械进行检验的,应当委托有资质的医疗器械检验机构进行,并支付相关费用。

国家市场监督管理总局 2021 年第 11 次局务会议审议通过《体外诊断试剂注册与备案管理办法》和《医疗器械注册与备案管理办法》简称《办法》,自 2021 年 10 月 1 日起施行。《办法》是以国家市场监督管理总局令颁布实施的,立法目的是加强医疗器械生产经营监督管理,规范医疗器械生产经营行为,保证医疗器械安全、有效。《办法》充分落实细化监管制度,鼓励创新发展、强化主体责任,完善监管要求、提高监管科学性,充实监管手段、提高监管效率。《办法》简化了境外上市证明文件、检验报告等注册备案资料要求,对于未在境外上市的创新医疗器械,不再需要提交境外上市证明文件,鼓励创新产品尽快在我国上市;同时调整了第二类、第三类医疗器械检验报告要求,明确注册申请人可以提交自检报告。《办法》还调整了医疗器械临床评价的相关要求,明确免于提交临床评价资料的情形以及临床试验审批默示许可的要求。落实医疗器械注册备案管理各环节责任,强化医疗器械注册受理、审评、体系核查等各环节的衔接,着力提高医疗器械注册备案工作效率。

（六）相关法规

实验室向社会出具具有证明作用的数据、结果等检验检验活动应取得资质认定,资质认定是一项确保检测数据、结果真实、客观、准确的行政许可制度。《检验检测机构资质认定能力评价　检验检测机构通用要求》(RB/T 214—2017)是实验室资质认定对实验室能力评价的通用要求,其中规定了实验室进行资质认定能力评价时,在机构、人员、场所环境、设备设施、管理体系等方面的通用要求。相关的法规还有《检验检测机构资质认定管理办法》(国家质检总局令第 163 号)、《检验检测机构监督管理办法》(国家市场监督管理总局令第 39 号)等。

二、质量标准

质量标准是指对产品的结构、规格、质量、检验方法等做出的技术规定。按照《中华人民共和国标准化法》和《中华人民共和国产品质量法》等法律、法规的规定,我国的标准体系由国家标准、行业标准、地方标准和企业标准等构成,同时采用和转化使用国际标准。《中华人民共和国标准化法》对标准的制定、实施和监督管理做了全面的规定,建立了政府标准化工作协调机制,强化了强制性标准的统一管理,赋予了团体标准法律地位,设立了企业标准自我声明公开和监督制度,加强了标准国际化工作等内容。强制性标准着重关注对保障人身健康和生命财产安全、国家安全、生态环境安全以及满足经济社会管理基本技术要求的需求。

标准以科学、技术和实践经验的综合成果为基础,将各行业中的共性问题经各方协商一致,由权威机构批准,以特定形式发布,作为共同遵守的准则和依据,以获得最佳秩序和行为规范的活动。标准可分为强制性标准和推荐性标准,强制性标准是国家通过法律的形式明确要求对于一些标准所规定的技术内容和要求必须执行,包括强制性的国家标准、行业标准和地方标准,不允许以任何理由或方式违反或变更。对违反强制性标准的,国家将依法追究法律责任。推荐性标准是指国家鼓励自愿采用的具有指导作用而又不适合强制执行的标准,使用者可结合自身情况灵活选用。还有一种标准是国际标准,是指国际标准化组织(ISO)、国际电工委员会(IEC)和国际电信联盟(ITU)制定的标准,以及国际标准化组织确认并公布的其他国际组织制定的标准,国际标准在世界范围内统一使用。

(一)标准的级别

《中华人民共和国标准化法》将标准划分为 4 个层次,即国家标准、行业标准、地方标准、企业标准。

1.国家标准　对需要在全国范围内统一的技术要求,应当制定国家标准。国家标准由国家标准化管理委员会编制计划、审批、编号、发布。国家标准代号为 GB 和 GB/T,其含义分别为强制性国家标准和推荐性国家标准。

2.行业标准　对没有国家标准又需要在全国某个行业范围内统一的技术要求,可以制定行业标准,行业标准是国家标准的补充,当相应的国家标准实施后,该行业标准应自行废止。

3.地方标准　对没有国家标准和行业标准而又需要在省、自治区、直辖市范围内统一的要求,可以制定地方标准。地方标准由省、自治区、直辖市标准化行政主管部门统一编制计划、组织制定、审批、编号、发布,并报国务院标准化行政主管部门和国务院有关行政主管部门备案,在公布国家标准或者行业标准之后,该地方标准即应废止。地方标准也分强制性标准与推荐性标准。

4.企业标准　在企业范围内需要协调、统一的技术要求、管理要求和工作要求所制定的标准。企业标准不得低于相应的国家标准或行业标准的要求。企业标准由企业制定,由企业法人代表或法人代表授权的责任人批准、发布。企业标准应向政府部门备案。

(二)标准分类

标准的类别较多,按标准的专业性质分类将标准划分为技术标准、管理标准和工作标准三大类。在标准化领域中,对需要统一的技术事项所制定的标准称为技术标准;对需要协调统一的管理事项所制定的标准叫管理标准;为实现工作或活动过程的协调,提高工作质量和工作效率,对每个职能和岗位的工作制定的标准为工作标准。

(三)选择标准检验方法的原则

检验方法是实施开展检验工作的技术依据,是实验室开展检验服务的重要资源。选择检验方法的总体原则是合法性和合理性,在符合法律法规要求的前提下,选择科学合理、适合实验室自身情况的检验方法,是实验室检测结果准确,数据有效地重要保障。

检验方法按来源可分为标准方法和非标准方法。标准方法是国际、国家或行业认可并被广泛接受的方法,其原理可靠,经过反复实验验证,其准确度及精密度高,广泛应用于质量检验工作中,作为监督抽验、委托检验、仲裁鉴定的依据。实验室应采用满足客户需要,并有能力开展检验检测活动的检验方法,当客户未指定方法时,实验室可按下列顺序优先选择检测方法。

(1)法律、法规规定的方法。

(2)国际标准、国家标准规定的方法。

(3)行业标准、地方标准、标准化主管部门备案的企业标准规定的方法。

(4)非标准方法、允许偏离的标准方法。①非标准方法包括技术组织发布的方法、科学书籍或期刊公布的方法、仪器生产厂家提供的指导方法、实验室自行制定的内部方法。②允许偏离的标准方法包括超出标准规定范围使用的标准方法和经过扩充或更改的标准方法。

实验室应主动、及时收集本部门的检验标准,收集到的检验标准应由技术管理层批准后,再由质量管理部门登记编号存档控制使用。同时,对在用的检验标准进行有效性的跟踪,做好检验标准的查新,安排有关人员定期查新确认,保证检验方法的有效性。实验室首次采用标准方法进行检验工作之前,应证实能够正确地运用这些标准方法。如果标准方法发生了变化,应重新进行验证。当需要采用非标准方法时,方法在使用前应经过适当的确认。如果指定方法已不适合或已过期时,应及时通知客户另行选择其他有效的检验方法。如果客户坚持采用原提出方法时,应在签订合同时注明,并由客户签字确认,同时报告实验室技术管理层做偏离授权。

第二节　实验材料

理化实验室中的实验材料也称实验耗材,它是进行理化实验时,为了更加有效地使仪器设备及过程分析发挥优势,或操作方便,需要的一些辅助材料。实验材料是顺利完成实验极其重要的组成部分,也是影响实验结果的重要因素之一,一般包括化学试剂、设备耗材、标准物质、实验用水和玻璃仪器等。

一、化学试剂

实验室在检验检测过程中经常会用到化学试剂,化学试剂又称试药,主要是实现化学反应、分析化验、研究试验等使用的纯净化学品,应用广泛,化学实验离不开化学试剂的作用。大部分化学试剂性质稳定,试剂包装规格大,一次试验的用量较少,剩余的试剂需要存放。因为化学试剂有一定的毒性,有些还具有易燃易爆,易腐蚀等危险性,存放不当可能会使试剂变质、实效,甚至造成安全事故,因此实验室需要建立规范有效的试剂管理制度。

(一)化学试剂的管理流程

化学试剂的管理流程主要包括采购、验收、入库、保存、出库、使用、返回、销毁处理等,应建立健全和严格执行规章制度。

1.化学试剂的采购　根据实验室需求选择符合条件的供应商,进行供应商审计,确定合格供应商目录。采购前根据相应的规章制度填写采购申请,经审批通过后,进行采购。

2.化学试剂的验收　应该有合适的人员进行验收,验收内容一般应包括化学试剂的规格、数量、包装、标签、外观状态、运输条件等。

3.化学试剂的入库和出库管理　试剂仓库应该有专人管理,试剂验收合格后方能入库,入库和出库要有合理的规章制度,并严格执行,定期对出库的试剂进行盘点、核对整理。

4.化学试剂的保存　试剂应采用合适的方法进行分类保存,以便于拿取。保存过程中需要掌握的两个重要因素为质量和安全。首先要保证试剂库的安全,化学试剂大多数含有一定的毒性,有的试剂有易燃、易爆、易挥发、易潮解等特性,保管人员要有一定的专业知识,经过相关的培训,根据化学试剂的特性进行分类保存,以免发生危险。第二个要保证化学试剂在贮存期间的质量,严格按照试剂的要求控制试剂库的环境条件,温、湿度、光照、通风等要达到要求,还要采用适当的方法防止污染和交叉污染。

5. 化学试剂的使用　在使用前要充分了解化学试剂性质,严格按照标准要求操作,毒性试剂做好防护,以免发生危险。

6. 化学试剂的返回和销毁　使用后未用完的试剂在保证质量的前提下要尽快返回试剂库保存,超过有效期、失效的试剂要根据制定好的流程,经过审批后,进行销毁。

实验室的化学试剂如果使用或保管不当,可能对实验人员或环境造成一定的危害,加强化学试剂的安全管理是做好实验室检测工作的重要保障。将化学试剂进行合理规范管理的前提是要掌握化学试剂相关的理论知识,对化学试剂的性质和特点有了清晰的认识才能在管理和使用过程中正确应用,避免危险和事故的发生。

(二)化学试剂的主要特点

1. 品种繁多,不易分类　化学试剂的分类方法很多,目前国内化学试剂尚缺乏清晰的分类管理体系。《全球化学品统一分类和标签制度》(GHS)是以联合国分类标签制度为基础创建的一套科学的化学品分类标签制度,提出了适用于分类管理的危险化学品类别及化学品分类管理的整体思路,它主要根据试剂的危险性进行细化分类。各实验室可以根据试剂的品种数量、试剂性质和危险性等综合因素进行适当的分类管理。

2. 质量参差不齐,选用时应慎重　化学试剂在实验室工作中起着重要作用,随着市场需求的增大,试剂生产厂家也迅猛地增多,产品质量监督工作的任务非常艰巨。在选购化学试剂的过程中,要严格选择供应商,根据不同的试验需求,选择适当纯度、品质的试剂,以满足预期的要求。

3. 应用范围广,涉及各个科学领域　化学试剂应用于检验检测、科学研究、新技术发展等各行各业,应用范围非常广泛,常被称为"科学的眼睛"质量的标尺",根据不同的行业需求,选用合适的化学试剂。

4. 使用量少,贮存条件要求严苛　化学试剂在使用过程中尤其是用于鉴别试验时,使用量很小,剩余试剂需要做好保存,要采用适当的贮存条件,使其在贮存期间质量不变,不影响实验结果。

(三)化学试剂的分类

化学试剂的分类方法很多。按照状态可以分为固体试剂和液体试剂,按照分子组成可以分为无机试剂和有机试剂,按照危险程度可分为危险试剂和非危险试剂,按照纯度又可分为基准试剂、光谱纯、优级纯、分析纯、化学纯等。从试剂的安全管理角度出发,可以采用试剂的危险程度进行分类。化学试剂按危险特性分为爆炸品、压缩气体和液化气体、易燃液体和易燃固体、自燃物品和遇湿易燃物品、氧化剂和有机过氧化物、有毒品、放射性物品、腐蚀品八类。从贮存管理的安全角度出发,化学试剂可以分为以下几类。

1. 有毒试剂　有毒试剂一般指少量试剂被人体吸入即能产生巨大的身体伤害,甚至造成人体死亡。此类试剂应专柜贮存,严格控制贮存环境,实行双人收发,双人保管制度。在使用过程中应按照实验室的有关规定办理相关手续。如氰化钾、三氧化二砷、氰化钠等。

2. 易燃试剂　此类试剂指在空气中能够自燃或遇助燃物容易引起燃烧的化学物质。如黄磷、苯、汽油、乙醚、硫、铝粉、氯酸钾等。

3. 氧化性试剂　此类试剂指对其他物质能起氧化作用而自身被还原的物质,如过氧化钠、高锰酸钾、重铬酸钾等。

4. 腐蚀性试剂　这类试剂指具有强烈腐蚀性,使人体和其他物品能因腐蚀作用发生破坏现象,甚至引起燃烧、爆炸或伤亡的化学物质,如强酸、强碱、无水氯化铝、甲醛、苯酚、过氧化氢等。

5. 遇光易变质的试剂　这类试剂指受紫外光线的影响,易引起试剂本身分解变质,或促使试剂与空气中的成分发生化学变化的物质,如硝酸银、硫化铵、硫酸亚铁等。

6. 遇热易变质的试剂　这类试剂多为生物制品及不稳定的物质,在高气温中就可发生分解、发霉、发酵作用,有的常温也如此,如硝酸铵、碳铵、琼脂等。

7. 易冻结试剂　这类试剂的熔点或凝固点都在气温变化以内,当气温高于其熔点,或下降到凝固点以下时,则试剂由于熔化或凝固而发生体积的膨胀或收缩,易造成试剂瓶的炸裂。如冰醋酸、晶体硫酸钠、晶体碘酸钠以及溴的水溶液等。

8. 易风化试剂　这类试剂本身含有一定比例的结晶水,通常为晶体。常温时在干燥的空气中(一般相对湿度在70%以下)可逐渐失去部分或全部结晶水而有的变成粉末,使用时不易掌握其含量,如结晶碳酸钠、结晶硫酸铝、结晶硫酸镁、胆矾、明矾等。

9. 易潮解试剂　这类试剂易吸收空气中的潮气(水分)产生潮解、变质,外形改变,含量降低甚至发生霉变等,如氯化铁、无水乙酸钠、甲基橙、琼脂、还原铁粉、铝银粉等。

（四）化学试剂的等级标准及用途

我国目前试剂的规格一般分为 5 个级别,级别序号越小,试剂纯度越高。①一级纯:用于精密化学分析和科研工作,又叫保证级或优级纯试剂。符号为 GR,标签为绿色。②二级纯:用于分析实验和研究工作,又叫分析纯试剂。符号为 AR,标签为红色。③三级纯:用于化学实验,又叫化学纯试剂。符号为 CP,标签为蓝色。④四级纯:用于一般化学实验,又叫实验试剂。符号为 LR,标签黄色。⑤工业纯:工业产品,也可用于一般的化学实验。符号为 TP,标签黄色。

（五）试剂的存放

实验室需要用到各种化学试剂。除供日常使用外,还需要储存一定量的化学试剂,大部分化学试剂都具有一定的毒性,有的是易燃易爆危险品。因此,化学试剂必须由专人保管。储藏室最好设在朝北的房间及易于处理意外事故的地方。室内应设有温度计、湿度计、灭火装置,避免阳光照射使室温过高及试剂见光变质。室内应干燥通风、严禁明火,使用防爆灯具。危险物品应按国家公安部门的相关规定管理执行。储藏室尽量保持室内的通风、低温、干燥状况。化学实验室还应做好定期检查工作,检查的内容包括:包装是省完好,试剂有无变质,标签有无脱落,危险品有无混放以及试剂存放室有无隐患等现象,发现问题及时处理。

化学试剂贮存室应符合有关安全规定,有防火、防爆等安全措施,应配备消防器材;室内环境条件应严格控制,一般应干燥、通风良好,各贮存柜应装有排气装置。贮存室应由专人管理,并有严格的管理制度。

化学试剂贮存室应根据化学试剂的分类,将其进行分区存放管理,首先,应根据试剂的状态将液体和固体试剂分开存放;其次根据试剂的化学性质再进行细化分类,如分有机物区域、无机物区域和危险物品专放区域,每个区域再根据试剂的种类进行分别存放,便于取用。

（六）化学试剂管理

管理人员应具有相应的专业水平和高度责任感。从事药品试剂的管理工作,管理人员必须熟悉药品试剂的性能、用途、保存期、贮存条件等。采用合适的方法监督并控制室内环境条件。将试剂应按照一定的规则编码,有序摆放在柜架上。特殊试剂应专柜存放,双人双锁管理。试剂使用时根据出厂日期和保质期,先出厂的或保质期快到的先用,以免过期失效,造成浪费。管理人员应定期核查,查看贮存室内环境条件是否符合要求,如有异常,立刻采取措施;查看试剂的瓶签,如被腐蚀,应立即重新补写,写明试剂名称、规格、分子式;如有失效,应立刻清理出柜;查库存量,根据工作需要制订采购计划。

二、设备耗材

设备耗材主要指仪器设备的易损、易耗配件等,如常用的高效液相色谱仪的色谱柱、紫外灯,气相色谱仪的毛细管柱,紫外分光光度计的比色皿等。设备耗材要有相应的管理制度,内容应涵盖购置、验收、使用和保管等方面,选择优质的耗材、专业的服务,做到标准化、规范化管理,达到合理使用、节约高效的目的。

1. 购置　按照"按需订购、避免积压,少量库存"的原则进行采购,由使用科室根据工作需要,提出书面申请,包括所需耗材的名称、型号、参数要求、数量,经审批后,进行采购。

2. 验收　到货验收按照制度的验收制度进行,验收人和采购人不为同一人。核对耗材的账物是否相符,包装情况是否完好,在必要的情况下进行现场调试、运行使用,以确保满足预期的需要。

3. 使用　仪器耗材按照要求使用,提高使用效率,避免浪费。

4. 保管　采取入库管理制度。负责人要定期对账务上实验耗材的领用量、实际使用量及库存量进行核对,上报至相关科室,避免出现实验耗材库存的大量积压和浪费,以此提高管理效率。

【示例一】高效液相色谱柱

检验科室根据工作需要提出书面采购申请,获得批准后由采购科室采购,验收合格,将色谱柱发放给检验科室,检验科室做好登记。检验人员按规定的作业指导书操作使用、清洗维护、做好使用记录。

(1)色谱柱的保管有以下几点注意事项。①色谱柱属于易损配件,注意保护,不能碰撞、弯曲或强烈震动。②使用过程应注意清洁,连接或更换色谱柱时,要先清洗管路及配件,避免管路堵塞或造成色谱柱污染。③色谱柱与进样阀、检测器连接时,应尽量减少死体积的产生,拧螺丝用力要适度,以不漏为宜。④各类连接管应使用规定的内径尽可能短,以减少系统的死体积,改善色谱峰形。

（2）使用过程的注意事项。①流动相须经 0.45 μm 的微孔滤膜过滤后使用,使用过程中应检查系统是否泄漏,尤其是新更换过色谱柱或压力异常情况下,发现问题及时采取措施。②色谱柱安装的方向:色谱柱的标签上标明了流动相的流动方向,一般不宜反向使用。如需清洗色谱柱入口污染物采用反向冲洗后,应测试色谱柱性能,根据测试条件,色谱柱性应能达到实验要求。③pH 值。色谱柱的使用应符合相关色谱柱 pH 值范围的要求。④进样。进样前,要先进一针空白溶剂或流动相,考察是否有上次样品残留。要严格控制进样量,以免超负荷影响分离工作的进行。

（3）色谱柱的保养。①换溶剂。由非极性溶剂（如正己烷）更换为极溶性溶剂时（如甲醇）时,应使用两性溶剂（如异丙醇）过渡。②样品提取。样品最好要用溶剂萃取法、吸附法、膜过滤法等提纯。③清洗进样阀。每次实验结束后,应及时清洗进样阀中残留的样品。④清洗色谱柱。如使用缓冲液或盐溶液为流动相时,实验结束后,用纯化水冲洗色谱柱足够时间,然后过渡甲醇或乙腈等保存。⑤色谱柱拆卸。色谱柱拆卸由仪器管理人员操作,拆卸前用甲醇等对色谱柱充分清洗,拆卸下的色谱柱应及时密闭封口,长期不用的色谱柱应定期进行清洗维护。⑥反相柱。如 C18,C8 等,首先用纯水冲洗,除去柱中残留的缓冲液,分别用 10 ~ 20 倍柱体积的甲醇-水（50∶50）、10 ~ 20 倍柱体积的甲醇（或乙腈）冲洗。正相柱:如硅胶和氰基柱,先用异丙醇冲洗柱内残留物,再用干燥处理过的正己烷冲洗（注意:保存时一定要将柱结头封紧,以防止贮存中柱内溶剂的挥发）。

【示例二】气相色谱用毛细管谱柱

毛细管谱柱分大口径和小口径柱两种,具有分析速度快、分离效率高、样品量少等优点,在使用、贮存保管时要注意轻拿轻放,防止拆断,密闭保存,避免空气进入氧化载体,使用后要及时登记。

仪器耗材是仪器分析工作的重要组成部分,其采购、监督、管理和服务是保障检验工作能否顺利进行的有效保障。应根据工作实际采取有效措施保证仪器耗材合理使用,避免库存积压和资源浪费。

三、标准物质

（一）标准物质的概念

标准物质是一种已经确定了具有一个或多个足够均匀的特性值的物质

或材料。作为分析测量行业中的"量具",在校准测量仪器和装置、评价测量分析方法、测量物质或材料特性值和考核分析人员的操作技术水平,以及在生产过程中产品的质量控制等领域起着不可或缺的作用。标准物质作为广泛使用的测量标准,其特性值及其不确定度是基于均匀性、稳定性评估和由定值测量得到的合并测量结果,测量结果合并的前提是每个/组测量结果都具有相同的被测量,并溯源至相同的源头。《纯度标准物质定值计量技术规范 有机物纯度标准物质》(JJF 1855—2020)对标准物质的筛选、定性和纯度定值方式选取原则等做了详细的阐述。

《中华人民共和国药典》规定:标准品与对照品系指用于鉴别、检查、含量测定的标准物质。标准品系指用于生物检定或效价测定的标准物质,其特性量值一般按效价单位(或 μg)计物质;对照品系指采用理化方法进行鉴别、检查或含量测定时所用的标准物质,其特性量值一般按纯度(%)计。标准品与对照品均应附有使用说明书,一般应标明批号、特性量值、用途、使用方法、贮藏条件和装量等。标准品与对照品均应按其标签或使用说明书所示的内容使用或贮藏。

(二)标准物质的分级

根据标准物质特性量值的定值准确度对标准物质进行分级,标准物质分为一级标准物质和二级标准物质,它们都是有证标准物质。标准物质证书类似说明书,是介绍标准物质的技术文件,是研制者或生产者向用户提供的质量保证。证书给出标准物质的标准值和准确度,简要描述标准物质的制备程序、均匀性、稳定性、特征量值及测量方法、有效期、正确使用标准物质的方法和储存条件要求等内容。

1. 一级标准物质 一级标准物质是统一全国量值的一种重要依据,由国家权威机构审定的标准物质。一级标准物质用绝对测量法定量或两种以上不同原理的准确可靠的方法定值。若只有一种方法定值,可采取多个实验室合作定值。它的准确度达到国内最高水平,均匀性良好,稳定性在 1 年以上,主要用于研究与评价标准方法、作为仲裁分析的标准、二级标准物质的定值等。一级标准物质的编码以代码"GBW"开头,它的编码是国家级标准物质的汉语拼音中"Guo""Biao""Wu"3 个字的字头"GBW"。编号的前两位是标准物质的大类号(其顺序与标准物质目录编辑顺序一致),第三位数是标准物质的小类号,每大类标准物质分为 1~9 个小类,后二位是顺序号,生产批号用英文小写字母表示,排于标准物质编号的后一位。

一级标准物质的定级条件为:用绝对测量法或两种以上不同原理的准确可靠的方法定值。在只有一种定值方法的情况下,用多个实验室以同种准确可靠的方法定值,准确度具有国内较高水平,均匀性在准确度范围之内,稳定性在 1 年以上或达到国际上同类标准物质的先进水平,包装形式符合标准物质技术规范的要求。

2. 二级标准物质　二级标准物质常称为工作标准物质,由国务院有关业务主管部门审批并授权生产,采用准确可靠的方法或直接与一级标准物质相比较的方法定值。定值的准确度应满足实际工作测量的需要,准确度和均匀性能满足一般测量需要,稳定性在半年以上,主要用于评价现场分析方法、现场实验室的质量保证及不同实验室间的质量保证等。二级标准物质的编码以代码"GBW(E)"开头,它的编码是国家级标准物质的汉语拼音中"Guo""Biao""Wu"3 个字的字头"GBW"加上二级的汉语拼音中"Er"字的字头"E",并加用小括号。编号的前两位数是标准物质的大类号,后四位数为顺序号,生产批号用英文小写字母表示,排于编号的最后一位。

二级标准物质的定级条件为:用与一级标准物质进行比较测量的方法或一级标准物质的定值方法定值,准确度和均匀性未达到一级标准物质的水平,但能满足一般测量的需要,稳定性在半年以上,或能满足实际测量的需要,包装形式符合标准物质技术规范的要求。

(三)标准物质的分类

标准物质按其被定值的特性可分为化学成分标准物质、物理或物理化学性质标准物质以及工程特性标准物质。我国标准物质管理办法中规定,按标准物质的属性和应用领域将标准物质分成 13 大类,包括钢铁、有色金属、建筑材料、核材料与放射性、高分子材料、化工产品、地质、环境、临床化学与药物、食品、能源、工程技术、物理学与物理化学。如果按照标准物质是否附有证书,可以分为无证标准物质和有证标准物质,有证标准物质对一种或多种特性定值,附有提供了特性量值、量值不确定度和计量学溯源性描述的证书。如果按照标准物质的形态来分类,可分为气体、固体和液体三类。

(四)标准物质的特性

1. 量值准确　标准物质作为标准计量的量具,量值准确是它的基本特征。标准物质作为同一量值的一种计量标准,用于校准仪器测量方法、进行量值传递、保证检测质量。

2.均匀性好　一般标准物质批量生产后,经过小剂量分装供使用者应用,而标准物质的标示值是对分装前的一批标准物质定值的数据,因此均匀性好是标准物质使用的重要特征。

3.性能稳定　标准物质的稳定性是指标准物质在运输或长时间贮存时,在外界环境条件的影响下,特性量值和物理化学性质保持不变的能力。

(五)标准物质的用途

1.用于评价测量方法和测量结果的准确度　进行实际样品分析时,在测定样品的同时测定标准物质,如果标准物质的分析结果与所给证书上的保证值一致,则表示分析测量方法和结果准确可靠。

2.用作分析工作的标准　采用工作曲线法定量时,需要配制不同浓度的标准系列(即工作标准),采用标准物质作为工作标准,可以大大提高分析结果的准确性和可比性。

3.用于分析质量保证工作　在分析测试中,质量控制的方法很多,但比较简便可靠的方法是在分析中使用标准物质进行质量控制。

(六)标准物质的管理

(1)建立标准物质台账,记录标准物质的名称、组成、批号、购买日期、有效期、证书号和存放地点等信息。

(2)标准物质应由专人保管,设专门存放区域,配有明显标识,并采取适当的环境控制和防污染措施,以保证其有效性。

(3)超出有效期限的标准物质,或在有效期内出现异常的标准物质,应由管理人员填写标准物质报废申请,经审批后处理。

(4)剧毒化品的标准物质应按剧毒化学品管理规定进行管理,对使用进行跟踪记录。

(七)标准物质的使用

(1)使用标准物质前应全面、仔细地阅读标准物质证书,详细了解该标准物质的制备、性质、量值、用途、定值测量方法、定值日期以及最小取样量。按证书要求进行保存、处理和使用。

(2)注意标准的有效期,确保使用的标准物质在有效期内。

(3)一般标准物质的包装剂量建议为一次使用量,开口后一次未用完的标准物质,如果留存继续使用,建议降级使用。应标示开口日期,按照使用要求制定规范合理的效期验证作业指导书。

(4)标准物质的使用需要有相关记录,领用人和每次消耗的数量均要明确。标准物质使用时,需要严格按照证书上描述的过程进行使用。比如,是否需要在使用前干燥处理;最小取用量是否满足准确度的要求。

(5)标准物质的期间核查是为了验证标准物质在储存、使用的过程中是否发生质量变化,避免因人为因素或环境因素造成的标准物质量值发生偏差。核查工作除了数量清点和标签核对外,必要时还应该通过仪器测试、化学反应等手段来验证标准物质的质量是否符合要求。检查的频次应根据标准物质本身的稳定性、使用频次、检测参数的稳定程度、保管的环境条件等影响因素,经过风险评估确定需要进行核查的标准物质目录和核查方法,制订核查计划并对核查结果进行评价。

(6)常用的标准物质核查方法。有证标准物质可通过核对证书、浓度标识、有效期、储存条件等信息来进行核查。也可用新的有证标准物质的浓度与老的有证标准物质进行比对来进行核查。日常标准物质核查的重点应是实验室经过稀释配制得到的标准储备液和标准工作液。浓度核查:收集标准物质的首次测定数据(图谱、吸光度等),用后续的测试结果与之比较。误差值不应超过标准物质证书误差允许范围。分解程度:用质谱、色谱、价态测定等设备分析,判定异构体产生和母体分解情况。期间核查过程中应做好记录,对核查的结果进行评价,以便发现异常情况及时采取措施进行处理。

(八)标准物质的储存

标准物质是实施量值溯源的重要量具,应对其储存条件实施有效的控制和管理,以确保标准物质的质量,进而保障检测结果的准确性和可追溯性。

购买的标准物质应经过验收,验收内容包括名称、编号、技术特性(均匀性、稳定性、标准值及不确定度)、储存方法、合格证书及有效期等。验收后录入标准物质台账,内容包括标准物质名称、编号、级别、制造单位、购入日期、验收情况、失效日期、存放位置等,并加贴标签。由保管人员放置于规定位置,便于取用,不受污染。标准物质应根据其性质妥善贮存,易受潮的应存放于干燥器中,需避光保存的要用黑纸包裹或贮于棕色容器中,需密封的用石蜡覆盖后存放于干燥阴凉处,需低温保存的应存放在冷藏室中,需冷冻保存的应存放在冷冻室中,不宜冷藏的应常温保存。对不稳定、易分解的标准物质必须格外关注其存放条件的变化,防止其性能发生变化。

四、实验用水

试验用水是实验室常用的材料之一,主要用于溶解、稀释和配制溶液,洗涤实验仪器等。不同类型的实验对水的质量要求也不同,实验用水的质量可能直接影响实验结果的准确性。实验用水,通常是指由原水经蒸馏、反渗透、电渗析、微孔过滤、去离子等方法制备而得,原水一般为饮用水或适当纯度的水。中华人民共和国国家标准《分析实验用水规格和试验方法》(GB/T 6682),规定了分析实验室用水的级别、规格、取样及贮存、试验方法等相关内容。分析实验室用水的外观应为无色透明液体,其原水应为饮用水或适当纯度的水。分析实验室用水共分 3 个级别:一级水、二级水和三级水。①一级水用于有严格要求的试验,包括对颗粒有要求的试验。如高效液相色谱分析用水。一级水可用二级水经过石英设备蒸馏或离子交换混合床处理后,再经 0.2 μm 微孔滤膜过滤来制备。②二级水用于无机痕量分析等试验,如原子吸收光谱分析用水。二级水可用多次蒸馏或离子交换等方法制取。③三级水用于一般化学分析试验,三级水可用蒸馏或离子交换等方法制取。试验用水的级别不同,相应的检验项目和判定标准也略有差异,详见表 11-1。

表 11-1　试验用水的级别、检验项目和判定标准表

名称	一级	二级	三级
pH 值范围(25 ℃)	—	—	5.0 ~ 7.5
电导率(25 ℃)/(mS/m)	≤0.01	≤0.10	≤0.50
可氧化物质含量(以 O 计)/(mg/L)	—	≤0.08	≤0.4
吸光度(254 nm,1 cm 光程)	≤0.001	≤0.01	—
蒸发残渣(105 ℃±2 ℃)含量/(mg/L)	—	≤1.0	≤2.0
可溶性硅(以 SiO_2 计)含量/(mg/L)	≤0.01	≤0.02	—

注1:由于在一级水、二级水的纯度下,难于测定其真实的 pH 值,因此,对一级水、二级水的 pH 值范围不作规定。

注2:由于在一级水的纯度下,难于测定可氧化物质和蒸发残渣,对其限量不作规定。可用其他条件和制备方法来保证一级水的质量。

实验用水从制取到用于试验可能会受到污染,实验室应采取措施保证实验用水的质量。如果试验用水量较大,制水系统制备的实验用水可通过

管道输送至各实验室,以方便取用,管道的材质应不影响水的质量。试验用水在使用过程中要注意防止空气和容器的污染,各级用水均可使用密闭、专用的聚乙烯容器盛装,一般三级水可用密闭的、专用玻璃容器盛装,新容器在使用前可用20%的盐酸溶液浸泡2~3天,再用待储存水反复冲洗,并注满待储存水浸泡6小时以上。为了防止空气和容器中可溶性成分的污染,一般一级水不可储存,应临用前制备,二级、三级水可适量制备,储存于预先经同级水清洗过的相应容器内。目前,国内外市场已有各种制水设备,制水技术发展迅速,可以达到实验室对水的纯度的质量要求,而且具有操作简便、设备简单、使用方便等特点。

　　水在制药工业中也是应用广泛的工艺原料,用作药品的组成成分、溶剂、稀释剂等,还可以用于设备、容器的清洗。制药用水作为制药原料,包括饮用水、纯化水和注射用水及灭菌注射用水,纯化水、注射用水和灭菌注射用水的质量应符合《中华人民共和国药典》的要求。纯化水分子式为 H_2O,分子量为18.02,纯化水是饮用水经蒸馏、离子交换、反渗或其他适宜的方法制备而得到的,不含任何附加剂的水。《中华人民共和国药典》中规定了纯化水的外观性状为无色的澄清液体,无臭。此外,还对酸碱度、硝酸盐、亚硝酸盐、氨、电导率、总有机碳、易氧化物、不挥发物、重金属和微生物限度等项目的检查方法和判定标准进行了详细的规定。注射用水为纯化水经蒸馏所得的水;灭菌注射用水为注射用水照注射剂生产工艺制备所得的水。相对纯化水来说,注射用水和灭菌注射用水的pH值要求更严格(5.0~7.0),注射用水增加细菌内毒素的测定,而灭菌注射用水要求是无菌的,符合注射剂项下的有关规定。药品实验室检验过程中一般用纯化水进行样品的前处理、溶液配制和仪器清洗等。

　　实验室应根据检验任务和要求的不同,结合实际情况选择合适纯度的实验用水。还应根据工作需要制定实验用水的作业指导书,对实验用水的制备、制水系统的维护与保养、水质的检验、监督检查等工作进行详细的规定。

五、玻璃仪器

(一)玻璃仪器的分类与用途

玻璃仪器是理化实验室常用的仪器,其种类繁多,形状各异,大小不一,不易清洁,易碎等特性,给使用和管理造成了很大的困惑。按照定量的准确度可将玻璃仪器分为普通玻璃容器和玻璃量器,普通玻璃容器有烧杯、锥形瓶、试管、蒸馏瓶、试剂瓶等,这类玻璃仪器用作实验过程中的容器,不需要准确定量。玻璃量器包括量筒、移液管、容量瓶、滴定管等,这类玻璃仪器用于准确定量。

1.玻璃容器　实验室中最常用的玻璃容器是试剂瓶、蒸馏瓶、烧杯、烧瓶。试剂瓶用于长期存放化学试剂,材质多为钠钙玻璃,质地较软,不能直接加热;试剂瓶分棕色和无色两种,棕色试剂瓶用于贮存需要避光的化学试剂。蒸馏瓶通常为硅硼玻璃,具有良好的热稳定性,可以直接加热。烧杯也可以直接加热,烧杯上一般印有容量分度线,但刻度仅为估计值,因此不能用烧杯作为精准量度。烧瓶包括锥形瓶、圆底烧瓶、平底烧瓶、三口烧瓶和凯氏烧瓶等。烧瓶又分普通口和磨砂口;标准磨砂口烧瓶可与其他具有磨砂塞的标准玻璃器皿连接组合成仪器系统,如回流系统、蒸馏系统和反应系统等。实验室中还有一些玻璃材质的仪器,如试管、分液漏斗、培养皿、培养瓶、盖玻片、蒸发皿、比色杯和搅拌棒等。

2.玻璃量器　玻璃量器是用于准确量取液体的玻璃器皿,一般材质为钠钙玻璃,不能直接加热。玻璃量器有一定的技术标准,在出厂前需经国家计量机关检验认可,印上计量标记。按准确度不同,量器分为A级和B级两类。玻璃量器的容量是在标准温度20 ℃的条件下确定的,故在容器上都有"20 ℃"字样。玻璃计量仪器都以毫升为计量单位,在量器上用"mL"标示。

玻璃量器根据用途可分为量出式和量入式。量出式用于测量从量器中排出的液体体积,用符号"Ex"表示,常用的有滴定管、移液管;量入式用于测量注入量器内的液体体积,用符号"In"表示,常用的有容量瓶。移液管有量入式和量出式两种,通常量出式的计量容器使用时吸管尖残留液不得吹下;量入式的吸管则必须将管尖残留试液吹出,在这类吸管上标有"吹"的字样。

(二)玻璃仪器的校准

玻璃量器的标示值不完全符合它的真实容积,往往存在一定的误差,给分析结果带来一定的影响,因此仪器的容量需要进行校正,以提高分析结果的准确度。

玻璃仪器的校准方法可参考《实验室玻璃仪器　玻璃量器的容量校准和使用方法》(GB/T 12810—2021)。容积的基本单位是升(L),升是指在真空中以水密度为最大值(温度 3.98 ℃)时 1 000 g 水所占的体积,实际上我们的测量工作不可能在真空中和在 3.98 ℃时进行,通常以 20 ℃为测定温度。因此,在校正容器时,需要将在任一温度下的水的质量换算成 20 ℃时的容积。校正量器的方法通常采用称量法,即先称取该容器中容纳蒸馏水的质量,然后将称得的水的重量换算成容积,不考虑空气密度等因素影响时,其简化的计算公式为:$V(20\ ℃) = Wt/\rho$。$V(20\ ℃)$为 20 ℃时容器的容积,Wt为 20 ℃时水的质量,ρ为 20 ℃时水的密度。

(三)玻璃仪器的洗涤

使用不清洁的玻璃仪器,会影响实验结果的准确性,因此在实验之前,必须将所用玻璃仪器洗涤干净。清洗玻璃仪器离不开清洗液,下面介绍几种常用清洗液的配制法。

1. 肥皂水、洗衣粉、去污粉　这些是实验室最常用的洗涤剂,一般玻璃容器均可用这些洗涤剂清洗,它们的特点是使用方便、去污力好、价廉易得。使用时配制成 1% ~2% 的温水溶液,直接用毛刷刷洗即可。清洗后先用自来水冲洗,再用纯化水冲洗干净。

2. 重铬酸钾洗液　按重铬酸钾:水:硫酸通常比例为 1:2:10 制成。先称取重铬酸钾,按上述比例加水加热使其溶解,将重铬酸钾水溶液放在一个大的耐酸容器内,因加入硫酸后会剧烈放热,为了给容器降温,此容器可放在另一个盛有适量冰水的更大的容器内,然后将浓硫酸缓缓用玻璃棒引流加入上述溶液中,并边加边搅拌,如发现升温过高可再放慢加硫酸的速度(注意:做好个人防护,绝不可将上述水溶液往浓硫酸里加,以免发生危险)。

3. 5% 磷酸钠溶液　称取磷酸三钠($Na_3PO_4 \cdot 12H_2O$)50 g,加 1 000 mL 蒸馏水溶解,该溶液呈碱性,有油污的玻璃仪器放在此溶液中浸泡数小时,油污即可除去。

4. 45% 尿素液　该液对蛋白质有较好的清除能力。有时玻璃器皿中残留的血液蛋白质难以洗去,用此浸泡液,效果较好。

实验室中玻璃仪器常用的洗涤方式如下。①刷洗法:用蘸有清洗剂的毛刷刷洗仪器,或用水摇动清洗玻璃仪器内壁(必要时可加入滤纸碎片)。油或油类物质可选用适当的溶剂去除,然后注入低泡沫洗涤液并用力摇晃,用自来水冲洗,直至洗涤液全部冲净,然后再用纯化水洗 3 次。洗涤过程中不能使用具有研磨效果的洗涤剂,以免损伤容器表面。②超声波清洗法:将玻璃仪器放入超声波洗涤仪内进行清洗,一般清洗剂应没过玻璃仪器,已达到充分清洗的效果,使用中应避免器皿直接接触超声传感器。③浸泡法:即在室温下将器皿泡入清洗溶液规定的时间,然后使用自来水冲洗,最后用纯化水清洗,遇有顽固污物可适当升高清洗液的温度与延长浸泡时间。

新购置的玻璃器皿仪器可先用热肥皂水刷,然后再用1% ~2%的盐酸浸泡2~6 h,再用自来水冲洗,最后用纯化水冲洗至少3次。日常使用的玻璃仪器,一般先用自来水冲洗,再根据情况选用适当的洗液浸泡数小时后进行洗刷,最后用蒸馏水冲洗干净。不能用毛刷洗刷的玻璃仪器(如容量瓶、移液管、滴定管等),可先用自来水冲洗掉残余溶液后控干水分,用重铬酸钾洗液浸润12 h后,再用自来水冲洗,最后用蒸馏水冲洗3次,自然干燥。重铬酸钾洗液腐蚀性强,使用时应直接防止接触皮肤和衣物(最好带长橡皮手套)。洗液变为绿色即失效。凡带油污的玻璃器皿应单独洗涤,可用5%磷酸三钠液浸泡2~4 h,然后再用纯化水冲洗。如仍见有油斑,可更换新鲜洗液再浸泡1次,最后在纯化水中冲净。元素测定用玻璃仪器通常用刷子洗刷后,自来水冲洗,再用稀硝酸溶液浸泡过夜,然后分别用自来水、纯水冲洗干净,稀硝酸浸泡液应及时更换。

在实际工作中应根据实验要求、污物性质和玷污程度、玻璃仪器的类型和形状等选择合适的洗涤方法。洗涤过的玻璃仪器要求清洁透明,倒置时水沿器壁自然下流且不挂水珠。

(四)管理要求

在化学分析实验室,玻璃仪器的质量好坏,对分析结果有重大影响。使用不符合要求的玻璃器皿除了影响检测结果的准确性外,还可能给实验人员留下安全隐患。因此,实验室应该建立规范化的玻璃仪器质量管理制度,从玻璃仪器的采购、质量验收、校准、使用、清洗、保存等方面进行规范化管理。玻璃仪器的采购必须购买质量可靠、量值准确的产品,要严格进行质量验收,特别是对玻璃量器,更要重点进行质量验收和校准,要检查刻度线是否清晰、牢固,是否有破损现象等。

第三节　人　员

一、人员配置要求

《检验检测机构资质认定能力评价　检验检测机构通用要求》(RB/T 214—2017)中对人员有明确规定:"检验检测机构应建立和保持人员管理程序,对人员资格确认、任用、授权和能力保持等进行规范管理。"人员是实验室的基本组成,实验室人员应行为公正,有能力并按照实验室管理体系要求工作。实验室应规定对实验室活动有影响的所有管理、操作及监督人员的职责、权力和相互关系。所有可能影响实验室活动的人员,均应设定岗位职责,按职责要求完成职责范围内的工作。实验室人员一般包括最高管理者、技术负责人、质量负责人、实验室管理体系内部审核员、监督人员、检测人员、核验人员、授权签字人、设备管理员、档案管理员、业务员等人员。检测人员是化学实验室的主体,实验室各项活动都应该充分调动和激发检测人员的主动性、积极性和规范性,并应促进人员的全面发展。

二、人员职责与能力要求

1. 最高管理者　所谓最高管理者是指"在最高层指挥和控制组织的一个人或一组人"。在小组织可以是一个人,大组织则可以为一组人。一般情况下,实验室最高管理者、技术负责人和质量负责人构成了实验室的最高管理层。实验室的管理需要管理者,特别是实验室的最高管理者,质量管理需要质量负责人,实验室的技术工作需要技术负责人。最高管理者是实验室建立资质认定管理体系的战略决策者,在建立、实施、保持和改进实验室管理体系中起着至关重要的作用。实验室最高管理者、技术管理者、质量主管及各部门主管应有任命文件,独立法人实验室最高管理者应由其上级单位任命,最高管理者和技术管理者的变更需报发证机关或其授权的部门确认。

(1)最高管理者的任职资格。①依法设立且隶属于某行政主管部门的实验室,其最高管理者由上级主管部门任命,无主管部门的独立法人实验室,其最高管理者可以是法定代表人或由法定代表人授权,非独立法人的实验室,其最高管理者需经所在法人单位法人授权。②必须是实验室的正式职工,在法定工作年龄以内。③具有组织指挥、沟通协调、团队管理能力和素质。④具备资质认定管理方面的基本知识和业务知识。

(2)最高管理者的职责。质量方针是指引实验室开展科学管理的大纲,是建立管理体系的依据。最高管理者负责制定质量方针和质量目标,批准管理评审计划,主持管理评审;确保管理体系要求融入检验检测的全过程;确保管理体系所需的资源和实现其预期结果。最高管理者负责审批实验室的发展规划、年度工作计划和年度工作总结;负责整个实验室的行政和业务工作,主持制订实验室近期、中期计划和远期规划并组织实施、定期检查和总结;对重大问题和其他有关工作进行研究和决策;组织业务培训和技术考核,根据人事制度和有关规定组织对各类人员的岗位竞争、考核和聘任工作;任命技术负责人和质量负责人,聘任专业技术人员和部门负责人,任命关键岗位人员,指定关键管理岗位的代理人,明确各部门和各有关人员的职责;对管理体系全面负责,承担领导责任和履行承诺;负责管理体系的建立和有效运行;识别检验检测活动的风险和机遇,配备适宜的资源,并实施相应的质量控制;审核签发各项文件。

2.技术负责人　技术负责人是指负责授权范围内的技术管理、评审的人员,全面负责实验室的技术运作。RB/T 214—2017中明确规定"检验检测机构的技术负责人应具有中级及以上专业技术职称或同等能力,全面负责技术运作"。技术负责人可以是一人,也可以是多人。如果检验检测机构工作范围涉及不同专业领域,则应有不同专业的技术负责人,以覆盖检验检测机构不同的技术活动领域,这种情况下检验检测机构设置的技术负责人可为一组人。

技术负责人应具有中级及以上专业技术职称或者同等能力,胜任所承担的工作。以下情况可视为同等能力。

(1)博士研究生毕业,从事相关专业检验检测活动1年及以上。

(2)硕士研究生毕业,从事相关专业检验检测活动3年及以上。

(3)大学本科毕业,从事相关专业检验检测活动5年及以上。

(4)大学专科毕业,从事相关专业检验检测活动8年及以上。

技术负责人其主要职责是负责检验检测机构的技术运作,即重大技术问题的决策;技术文件、不确定度报告等审批;负责检验检测过程和检验报告结果进行质量监控;负责质量监督、质量监控计划的审批、实施与评价;负责检验检测活动所需资源;负责标准、新技术培训、不断提高检验检测人员的检验检测能力;负责方法的选择、验证、确认;负责人员岗位能力确认、人员能力监控等。负责对检验检测机构的全过程(数据和结果形成过程)全面负责,应从合同评审识别客户需求开始,到发出检验检测报告或证书的全过程进行控制,包括策划、实施、检查到处置,技术负责人都应发挥作用,以保证出具真实、客观、准确、可追溯的检验检测数据、结果。

3. 质量负责人　检验检测机构应指定质量负责人,并赋予其明确的责任和权力,确保管理体系能够得到实施和保持。质量负责人的主要职责是配合管理层建立、实施和保持管理体系,且赋予其职责和权限确保管理体系的实施和保持,质量负责人应确保文件化的管理体系要求得到实施和遵循,并不断持续有效地运行;负责组织编制、修订管理体系文件,并审核质量手册、程序文件、管理文件,确保管理体系文件的有效性;负责管理体系内审方案审批、组织实施内审,批准内审报告;负责投诉和重大质量事故的调查、处理;审核并组织识别不符合并采取纠正与纠正措施,并对其有效性进行评价;负责管理评审计划的制订、编制管理评审报告、监督管理评审提出改进采取措施的实施;负责检验检测机构人员公正性、保密性要求措施的检查、监督等。

4. 授权签字人　授权签字人是由检验检测机构提名,经资质认定部门考核合格后,在其资质认定授权的能力范围内签发检验检测报告或证书的人员。检验检测机构的授权签字人应具有中级及以上专业技术职称或同等能力,并经资质认定部门批准,非授权签字人不得签发检验检测报告或证书。

授权签字人熟悉相关法律法规及其相关的技术文件的要求;具备从事相关专业检验检测的工作经历,掌握所承担签字领域的检验检测技术,熟悉所承担签字领域的相应标准或者技术规范;熟悉检验检测报告或证书审核签发程序,具备对检验检测结果做出正确评价的判断能力;检验检测机构对其签发报告或证书的职责和范围应有正式授权;授权签字人对检验报告进行认真细致审阅后签发,如发现待签发检验报告存在问题,应根据问题性质、问题存在环节、责任人等进行必要的了解和查问直至解决问题。授权签字人要在指定的专业领域内签发报告。

5. 检验人员　检验人员需掌握本专业基础理论知识和专业知识,熟悉相关法律法规,具有一定的实际操作技能,能正确处理和判断检验结果,经考核合格取得上岗证后方可上岗,且专职于检验工作。检验人员应遵守实验室质量文件,严格按照有关标准规范开展检验工作,按时高质量完成各项任务,认真如实填写检测记录,确保检验数据真实、可靠、可溯源;根据有关标准和规范对检验数据做出评价和判断,不受外界因素干扰;做好仪器设备的维护保养,按规程操作,特别注意实验室的安全管理;积极参加相关专业的业务培训和学术活动,承担或参加新技术、新方法的研制和应用,不断提高自身技术业务水平。

6. 采抽样人员   参加采样技术学习培训班,了解采抽样基本知识、掌握采抽样方法,参与对突发事件、违法案件的现场调查和采样。

7. 内部审核员   内审员须具有一定的工作经验丰富,熟悉相关法律法规,掌握实验室质量体系的运行过程,经考核取得内审员资格证书。接受质量负责人或质量管理部门安排,参加实验室质量体系审核工作。严格按照质量体系文件进行评审;尊重客观事实,在审核中如实记录受审方的现状,保证审核工作的公正性;对被审方的不符合要求工作项如实陈述,协助责任部门负责人制订纠正措施计划,并跟踪落实、验收。

8. 质量监督员   检验检测机构应设置覆盖其检验检测能力范围的质量监督员,质量监督员应熟悉、掌握检验检测目的、程序、方法和能够评价检验检测结果人员担任。质量监督员没有数量要求,但应满足检验检测机构质量监督的需要。质量监督员应熟悉相关法律法规,对实验室质量管理体系及本部门相关工作比较熟悉,能全面了解开展的检验方法,具备判断检验结果的准确性和可靠性的能力;负责检查所在专业实验室的质量体系运行情况,发现存在问题向该专业实验室负责人或质量技术管理部门报告,提出整改建议,并对整改进行跟踪验证;配合质量技术管理部门工作,对本专业实验室所采用检验方法、标准、规程等的合法性和现行有效性经常进行检查,对仪器设备状态、实验环境和标准品、试剂的来源和有效期限等进行必要的检查了解,并向质量管理部门报告。质量监督员应按质量监督计划对新上岗检验检测人员进行监督。质量监督员一般是由经验丰富的资深检验检测人员担任。通常每年由技术负责人组织质量监督员识别本专业领域需要监督的人员。如实习员工、转岗人员,操作新设备或采用新方法的人员及已经上岗的检验检测人员等。

9. 对检验报告提出意见和解释的人员   提出意见和解释的人员,应按照其任职要求,进行能力确认,并授权。当客户或有关人员对检验报告提出疑问或需了解具体细节时,负责所在专业领域的检验报告解释和说明,未获授权人员不应对检验报告作出解释。提交意见和解释人员应熟悉相关法律法规,掌握所授权范围的专业知识,有较强的组织管理能力,并具有与客户进行沟通协调的能力。

10.后勤保障人员 负责实验试剂耗材、标准物质、实验仪器设备等的采购、验收、供应和管理;负责实验用品的清洗消毒,负责仪器设备及固定资产维修管理。

第四节 仪器设备

一、仪器设备分类

理化检验涉及的内容广泛,方法繁多,对实验仪器的要求不尽相同,按现在实验室的实际工作,实验室常用仪器可分成定性定量测量仪器和辅助处理设备两大类。

(1)定性定量测量仪器的显示数据一般需要带入计算公式,得出检测结果。此类仪器大多有检定规程,常见的测量仪器如下。①称重仪器:电子分析天平、台秤等。②电化学分析仪:酸度计、自动电位滴定仪、永停滴定仪等。③色谱分析仪:气相色谱仪、液相色谱仪、离子色谱仪等。④光谱分析仪:紫外-可见分光光度计、荧光分光光度计、原子吸收分光光度计、原子荧光光度计、红外光谱仪等。⑤联用仪:气相色谱-质谱联用仪(GC-MS)、液相色谱-质谱联用仪(HPLC-MS)、电感耦合等离子体-质谱仪(ICP-MS)等。

(2)辅助处理设备的显示数据一般不带入计算,但误差过大会对实验条件或实验安全有影响。此类设备主要包括:①样品处理设备,如粉碎机、均质器等;②提取设备,如索氏抽提仪、超声波清洗器等;③分离设备,如离心机、蒸馏定氮仪等;④浓缩设备,如旋转蒸发仪、氮气发生器等;⑤消化设备,如马弗炉、微波消解仪等;⑥电热恒温设备,如电热干燥箱、恒温水浴锅、生化培养箱等。

二、常用仪器设备的原理和使用注意事项

1.电子分析天平 电子分析天平主要利用电磁力平衡原理实现称重。运用现代电子技术,将秤盘与通电线圈连接在一起,放在磁场中,秤盘中放

入被称量物后,在重力作用下,线圈将产生与重力大小相等、方向相反的电磁力,促使传感器进行相应电信号的输出。经过整流、放大,线圈上的电流将发生改变。在线圈回位后,电流强度与被称物体重力将呈正比。模拟系统通过对电信号进行处理,则能完成被称物体质量的计算和显示。此外,电子分析天平还有累加称量、净重称量等功能,可进行计算机、打印机的连接,所以能够实现自动化称量操作。

电子分析天平遵循电磁力平衡原理,且内部含有大量电子元器件,天平室应远离较高强度的电磁场或振动源。天平应水平放置,避免放置在存在空气对流的通道上或空调口下,以免影响称量结果。使用电子分析天平时应注意称量精度的要求,确定天平量程能否满足称量要求,避免利用精度过高或精度不足的天平进行称量,以免天平因超负荷使用导致寿命缩短,同时避免天平因低负荷使用造成资源浪费和测量结果不精确。

在天平使用前,需要检查天平的水平,确认气泡是否在水平指示器中央。如果气泡不在中央,需要确认天平所处的台面是否水平,需要将天平重新调制水平状态。

使用电子分析天平称量前,需要进行开机预热。而天平拥有较高的准确度等级,将需要较长的时间预热。通过预热,可以使天平完成机械性自检,并对环境温度进行检测,直至系统保持稳定。在预热状态下,应当避免使用或操作天平。若实验室无长期停止实验的情况,应当使天平始终处在开机状态,以便使天平内部保持稳定的操作状态,从而获得更加准确的称量结果。

2.高效液相色谱仪 高效液相色谱仪的系统由储液器、泵、进样器、色谱柱、检测器、记录仪等几部分组成。工作原理为储液器中的流动相通过高压泵进入系统,样品溶液经进样器进入流动相,被流动相载入色谱柱内,由于样品溶液中的各组分在两相中具有不同的分配系数,在两相中做相对运动时,经过反复多次的吸附—解吸的分配过程,各组分在移动速度上产生较大的差别,被依次分离成单个组分从柱内流出。高效液相色谱仪的色谱柱是以特殊的方法用小粒径的填料填充而成,从而使柱效大大高于经典液相色谱,同时柱后连有高灵敏度的检测器,可对流出物进行连续检测。最常用的检测器为紫外–可见分光检测器,包括二极管阵列检测器,其他常见的检测器有荧光检测器、蒸发光散射检测器、电雾式检测器、示差折光检测器、电化学检测器和质谱检测器等。紫外–可见分光检测器、荧光检测器、电化学检测器为选择性检测器,其响应值不仅与被测物质的量有关,还与其结构有关;蒸发光散射检测器、电雾式检测器和示差折光检测器为通用检测器,对所有物质均有响应;结构相似的物质在蒸发光散射检测器和电雾式检测器的响应值几乎仅与被测物质的量有关。紫外-可见分光检测器、荧光检测器、电化学检测器和示差折光检测器的响应值与被测物质的量在一定范围内呈线性关系;蒸发光散射检测器的响应值与被测物质的量通常呈指数关系,一般需经对数转换;电雾式检测器的响应值与被测物质的量通常也呈指数关系,一般需经对数转换或用二次函数计算,但在小质量范围内可基本呈线性。

按照固定相和流动相极性的不同,高效液相色谱法可分为正相色谱法和反相色谱法两类。正相色谱法流动相的极性小于固定液的极性,反相色谱法流动相的极性大于固定液的极性。在实际工作中应根据待测物质的性质选择合适的方法。

高效液相色谱法在检验检测工作中的应用与日俱增,其优点是方法操作简便、快速,并能提供更多有用、实用的信息,不受样品挥发性和热稳定性的限制,特别适用于高沸点、大分子、强极性、热稳定性差的化合物;应用范围广,大多数有机化合物可用高效液相色谱分析;分析速度快、载液流速快、分离效能高、灵敏度高,可选择多种新型固定相以达到最佳分离效果。

不同仪器在使用过程中常见问题分析如下。

(1)柱压过高。色谱柱作为高效液相色谱仪中的重要组成部分,保证色谱柱内部压强的稳定性,不仅能够提升高效液相色谱仪运行效果,还能够改善高效液相色谱仪运行弊端,使得物质溶液检测工作顺利开展。但是在日常工作中仪器设备在长时间运行过程中很有可能出现色谱柱内部压强过高的问题,造成基线漂移,检测准确性下降,影响检测效果。柱压过高可能是微粒堵塞、不可逆吸附、细菌生长等造成的。也有可能是系统反压问题,例如阻尼器堵塞、进样器堵塞、管路或连接口堵塞、在线过滤器不干净、压力传感器不准确等,应根据实际情况查找原因制定解决方案。如果是因为长期使用缓冲液导致的盐分沉积,可利用 40~50 ℃ 的纯水对色谱柱进行全面冲洗,尽可能保证色谱柱中压强降到规定的范围内。对于样品污染沉积来说,不仅需要利用纯水冲洗色谱柱,还需要应用适当浓度的甲醇溶液对色谱柱进行二次冲洗,控制样品污染对高效液相色谱仪中色谱柱产生的影响,使得色谱柱在相应检测中的作用效果得以提升。

（2）检测器峰型不规则。在检测过程中,高效液相色谱仪会出现不规则峰型,如基线漂移、无峰、峰变宽、双峰和前沿峰等问题。可能因为仪器运行状态不稳定和检测器效果不佳而导致,而且不同情形的诱发原因也存在很大的差异。这就应从各类检测器峰型不规则的原因制定针对性处理措施,控制外在因素对检测器峰型产生的影响。

（3）柱效低。可能是因为色谱柱被污染、过滤片部分堵塞、色谱柱内的死体积造成,例如流动相 pH 值或者组成不合适造成固定相损失,流动相急剧变化造成固定相物理损坏,机械振动造成固定相产生裂缝,柱床收缩或干枯。也有可能是仪器连接的问题,认真检查进样器、检测器、管路、保护柱和在线过滤器等是否连接好,也可能是色谱柱没有平衡好,进样量过大等问题。

（4）重复性差、不出峰、回收率低。可能是因为色谱柱被污染,流动相 pH 值或者组成不合适造成固定相损失,样品溶剂不同或样品本身不稳定,固定相极性过强或者流动相极性过弱,或者发生非特异性吸附。也可能是因为梯度实验时平衡时间不足,温度波动,流动相组成改变,样品溶剂不同,样品稳定性不好,方法的开发不好,缓冲液的酸碱度不合适或者缓冲能力不足。

3.气相色谱仪　气相色谱法指的是以气体作为流动相的一种色谱法,原理是利用待测样中不同组分的理化性质不一样以实现试样中混合物的分离。气相色谱仪以待测样中不同组分在固定相与气相中的分配系数差异作为基础。待测样由载气输送至色谱柱后,各组分将在两相间不断进行分配,由于各组分吸附能力与溶解能力的差异,它们在管柱中的移动速率亦有差异,在色谱柱中运行一段距离后,各组分将先后从色谱柱中输送入检测系统中,不同组分生成的电信号通过记录系统呈现不同的特征峰。

气相色谱仪由载气源、进样部分、色谱柱、柱温箱、检测器和数据处理系统等组成。进样部分、色谱柱和检测器的温度均应根据分析要求适当设定。气相色谱法的流动相为气体,称为载气,氦、氮和氢可用作载气,可由高压钢瓶或高纯度气体发生器提供,经过适当的减压装置,以一定的流速经过进样器和色谱柱;根据供试品的性质和检测器种类选择载气,无特殊要求的情况下常用载气为氮气。色谱柱为填充柱或毛细管柱,新填充柱和毛细管柱在使用前需老化处理,以除去残留溶剂及易流失的物质,色谱柱如长期未用,使用前应老化处理,使基线稳定。进样方式一般可采用溶液直接进样、自动进样或顶空进样。气相色谱的检测器有火焰离子化检测器、热导检测器、氮磷检测器、火焰光度检测器、电子捕获检测器、质谱检测器等。火焰离子化检测器对碳氢化合物响应良好,适合检测大多数的药物;氮磷检测器对含氮、磷元素的化合物灵敏度高;火焰光度检测器对含磷、硫元素的化合物灵敏度高;电子捕获检测器适于含卤素的化合物;质谱检测器还能给出供试品某个成分相应的结构信息,可用于结构确证。一般用火焰离子化检测器,用氢气作为燃气,空气作为助燃气。在使用火焰离子化检测器时,检测器温度一般应高于柱温,并不得低于 150 ℃,以免水汽凝结,通常为 250 ~ 350 ℃。

气相色谱法具有高选择性、高效能、高灵敏度和分析速度快、应用范围广等特点。适合于微量和痕量分析。广泛应用于化学、化工、卫生石油化工、农药残留量、生化物质、医药、卫生、环境保护等方面。

4. 紫外–可见分光光度计　紫外–可见分光光度计是由光源、单色器、吸收池、检测器和信号处理器等部件组成。光源的功能是提供足够强度的、稳定的连续光谱。紫外光区通常用氢灯或氘灯,可见光区通常用钨灯或卤钨灯。单色器的功能是将光源发出的复合光分解并从中分出所需波长的单色光。色散元件有棱镜和光栅两种。可见光区的测量可用玻璃吸收池,紫外光区的测量需用石英吸收池。检测器的功能是通过光电转换元件检测透过光的强度,将光信号转变成电信号。常用的光电转换元件有光电管、光电倍增管及光二极管阵列检测器。

紫外–可见分光光度法是在 190 ~ 800 nm 波长范围内测定物质的吸光度,有些仪器从测量波长范围会更大,用于鉴别、杂质检查和定量测定的方法。

其原理可用朗伯–比尔定律表述,即单色光辐射穿过被测物质溶液时,在一定的浓度范围内被该物质吸收的量与该物质的浓度和液层的厚度成正比,其关系如下。

$$A = \log 1/T = E_{1\ cm}^{1\%} CL$$

式中:A 为吸光度,T 为透光率,$E_{1\ cm}^{1\%}$ 为百分收系数,其物理意义为当溶液浓度为 1%(g/mL),液层厚度为 1 cm 时的吸光度数值,C 为 100 mL 溶液中所含物质的质量(按干燥品或无水物计算,g),L 为液层厚度(cm)。

当单色光穿过被测物质溶液时,物质对光的吸收程度随光的波长不同而变化。通过测定物质在不同波长处的吸光度,并绘制其吸光度与波长的关系图就能得到被测物质的吸收光谱。从吸收光谱中,可以确定最大吸收波长(λmax)和最小吸收波长(λmin),物质的吸收光谱具有与其结构相关的特征性。因此,可以通过特定波长范围内样品的光谱与对照光谱或对照品光谱的比较,或通过确定最大吸收波长,或通过测量两个特定波长处的吸光度比值而鉴别物质。用于定量时,在最大吸收波长处测量一定浓度样品溶液的吸光度,并与一定浓度的对照溶液的吸光度进行比较或采用吸收系数法求算出样品溶液的浓度。

使用注意事项:比色皿内溶液以比色皿高的 2/3 ~ 4/5 为宜,不可过满,以防液体溢出腐蚀仪器。测定时应保持比色皿清洁,比色皿壁上液滴应擦干,切勿用手捏透光面。测定紫外波长时,需选用石英比色皿。测定时,禁止将试剂或液体物质放在仪器的表面上,如有溶液溢出或其他原因将样品槽弄脏,要尽可能及时清理干净。实验结束后将比色皿中的溶液倒尽,然后用蒸馏水或有机溶剂冲洗比色皿至干净,倒立晾干。

5. 原子吸收分光光度计　原子吸收分光光度计一般由光源、原子化系统、单色器、检测系统和数据处理系统组成。根据物质基态原子蒸汽对特征辐射吸收的作用,来进行金属元素和部分非金属元素分析。它能够灵敏可靠地测定微量或痕量元素。

原子吸收光谱法是基于气态原子蒸气由基态跃迁至激发态时对特征辐射光吸收的测量,通过选择一定波长的辐射光源,使之满足某一元素的原子由基态跃迁到激发态能级的能量要求,则辐射后基态的原子数减少,由吸收前后辐射光强度的变化可确定待测元素的浓度。

原子吸收分光光度法的定量原理也是遵循朗伯-比尔定律,吸收值与原子浓度成正比。当一定强度的光照射处于基态的原子时,部分光被原子吸收,原子浓度决定吸收强度。当强度 I_0 的光照射到浓度为 C 的原子蒸气上,蒸气的长度是 l,光经过原子蒸气以后强度减弱为 I,I_0 和 I 之间的关系可用下面的公式表示如下。

$$I = 10 \times e^{-klc} (k \text{ 为比例常数}) \text{ 或} -\log \frac{I}{I_0} = k \cdot l \cdot c$$

当得到未知样品的吸收值后,其浓度可采用标准曲线法求得。标准曲线法是在仪器推荐的浓度范围内,制备含待测元素不同浓度的对照品溶液至少 5 份,浓度依次递增,并分别加入各品种项下制备供试品溶液的相应试剂,同时以相应试剂制备空白对照溶液。将仪器按规定启动后,依次测定空白对照溶液和各浓度对照品溶液的吸光度,记录读数。以吸光度为纵坐标、相应浓度为横坐标,绘制标准曲线。待测物的吸光度从标准曲线上查得相应的浓度,计算被测元素含量。

将待测物原子化需要用原子化器来实现,原子化器主要有两大类,即火焰原子化器和电热原子化器。火焰有多种火焰,目前普遍应用的是空气-乙炔火焰。电热原子化器普遍应用的是石墨炉原子化器,因而原子吸收分光光度计,就有火焰原子吸收分光光度计和带石墨炉的原子吸收分光光度计。前者原子化的温度在 2 100 ~ 2 400 ℃,后者在 2 900 ~ 3 000 ℃。

火焰原子吸收分光光度计,利用空气-乙炔测定的元素可达 30 多种,若使用氧化亚氮-乙炔火焰,测定的元素可达 70 多种。但氧化亚氮-乙炔火焰安全性较差,应用不普遍。空气-乙炔火焰原子吸收分光光度法,一般可检测到 PPm 级(10),精密度在 1% 左右。国产的火焰原子吸收分光光度计,都可配备各种型号的氢化物发生器,利用氢化物发生器,可测定砷(As)、锑(Sb)、锗(Ge)、碲(Te)等元素。一般灵敏度在 ng/mL 级(10),相对标准偏差在 2% 左右。汞(Hg)可用冷原子吸收法测定。石墨炉原子吸收分光光度计,可以测定近 50 种元素。石墨炉法进样量少,灵敏度高,有的元素也可以分析到 pg/mL 级。

6. 高效液相色谱-质谱联用仪　高效液相色谱-质谱联用仪主要由液相色谱系统、进样口、离子源、质量分析器、检测器、计算机控制系统、数据处理系统和真空系统等组成,其中质谱仪部分可以看作高效液相色谱仪的检测器。

高效液相色谱-质谱联用仪的工作原理是待测物质通过液相分离后,流出液经接口部分或全部进入离子源,离子源将待测化合物离子化,并将产生的离子在电场的作用下进入离子传输组件。离子传输组件将离子源产生的离子传输进入质量分析器,同时隔离外部的常压与质谱内部的真空系统。离子光学组件进一步除去溶剂和中性分子,并聚焦随机运动的离子进入质量过滤器,最后到达检测器,检测的信号经转换处理后通过显示系统显示。

通过液相系统分离的组分进入离子源后,可采用多种离子化技术将待测物成分转化为离子(正离子和负离子),然后利用不同离子在电场或磁场的运动行为的不同,经过质量分析器把产生的离子按照质荷比(m/z)的大小分开而得到质谱,通过待测物的质谱和相关信息,可以得到物质的定性或定量结果。

高效液相色谱-质谱联用仪的类型,通常根据质量分析器的不同分为四极杆质谱仪、飞行时间质谱仪、离子磁质谱仪、轨道离子阱等以及这些质量分析器的组合。

实验室常规检验常用四极杆质量分析器,四极杆质量分析器是由四根严格平行并与中心轴等间隔的圆柱形或者双曲面柱状电极构成的正、负两组电极,其上施加直流和射频电压,产生一个动态电场即四极场。离子在四极场的运动轨迹根据马修方程来确定,满足方程稳定解的即有稳定振荡的离子能通过四极场。精确地控制四极电压变化,使定质荷比(m/z)的离子通过正、负电极形成的动态电场到达检测器,对于电压变化的每一个瞬间,只有一种质荷比的离子能够通过,其质荷比正比于射频电压的振幅,所以质量分析器也被称为质量过滤器。四极杆成本低,价格便宜,虽然目前日常分析的质荷比的范围只能达到 3 000,但由于分析器内部可容许较高压力,很适合在大气压条件下产生离子的电喷雾电离(ESI)离子化方式,并且 ESI 最突出特点是产生多电荷,蛋白质和其他生物分子电喷雾电离所产生的电荷分布一般在 3 000 以下,所以四极杆广泛地与 ESI 联用。另外,三重四极杆由于可以做多级质谱,定量也方便,使用极为广泛,注意事项:①为了确保质谱仪真空系统良好的工作状态,真空泵泵油和涡轮分子泵油芯需定期更换。②高效液相色谱-质谱联用仪工作温度最好控制在 15 ~ 25 ℃,相对湿度小于 70%。仪器室内应保持洁净,保持通风,避免高浓度的有机溶剂或腐蚀性气体,仪器应避免振动和阳光直射。③高效液相色谱-质谱联用仪应避免各种磁场和高频电场的干扰。④应采取措施避免高效液相色谱-质谱联用仪在使用过程突然断电,以免损坏仪器。

三、仪器设备的使用管理

仪器设备的使用管理目的是确保设备的合理配置、有效使用和正确维护,确保设备的技术性能、功能和状态满足使用要求,以保障检测工作的质量。其内容包括采购管理、验收管理、建档管理、标识管理、检定与校准管理、使用和维护管理、特殊处置(外借、借用)管理等。

1. 采购管理

(1)采购要准确而详细地描述采购要求,包括仪器设备的型号、规格、精度、等级和检测标准等内容。

(2)选择优质可靠的供应商,供应商应通过资质审计,具有长期稳定地提供合格产品的能力。

2. 验收管理　验收是核查仪器设备是否符合申购要求的过程,一般包括收货验收和性能验收两方面。到货后,根据合同,核对装箱单所述的生产单位、型号、规格、批号、数量等;检查其技术资料所描述的性能与所要求的技术指标是否一致,凭证核对完成无误后,通常由供方派出的工程师安装仪器,进行性能测试。对于大型、精密、贵重的仪器设备可成立验收专家组,进行技术性能的现场验收。验收合格的仪器设备由使用部门保管、使用,并指定设备保管人。通过验收的仪器纳入设备管理;未通过的,应及时退还供应商。

3. 建档管理　每一台仪器设备应建立一套完整的技术档案,内容包括从申购、安装、验收、投入使用,直到报废处理的所有记录,由专人负责管理,有关人员认真填写相关记录,定期统计并汇总归档。

4. 标识管理　实验室的所有仪器设备都应按照要求实施标识管理,包括唯一性编号和性能状态两种标识。给实验室的每一台仪器设备赋于一个唯一性的、规范的编号标识,有利于设备的管理和检测工作的溯源,是仪器设备受控管理的措施之一。

仪器设备性能状态标识包括"合格"(绿色)、"准用"(黄色)和"停用"(红色)3 种。绿色标志表示仪器设备校准/检定合格、功能正常的设备,可正常使用。黄色标志表示仪器设备有多种功能,某些功能已丧失或量程有变化,但有些功能正常,正常的功能经校准合格,在使用时应慎重注意避免误用。红色标志表示仪器设备损坏或性能无法确定,经计量检定不合格或超过检定周期,停止使用。

5. 检定与校准管理　实验室的检测仪器设备须按要求定期进行检定或校准,以保证仪器设备的量值准确并可溯源到国家计量基准。实验室仪器设备管理部门同仪器设备使用部门按相关法规制定年度检定或校准计划,组织完成检定或校准工作。检定或校准工作完成后,将检定或校准报告送交使用部门,使用部门负责人组织对检定或校准的结果进行核实,并根据检定或校准结果确认设备的技术性能和测量不确定度能否满足检测要求,并按检定或校准结果的等级和确认的适用范围使用。使用人员应按检定或校准结果的使用等级,在确认的适用范围内使用。当设备校准产生了一组修正因子时,使用部门在设备使用过程中应根据修正因子对所得出的检测结果进行修正。按照仪器设备检定校准相关规程要求,检测设备检定或校准为周期性的检定或校准,大多数检测设备的检定校准周期为 1 年,也有个别为 2 年的。为了检查检测设备在两次检定或校准期间可能发生的超过允许误差的变化,必要时须对仪器设备进行期间核查,核查的内容包括仪器的稳定性、精密度、分辨率、灵敏度、线性范围、准确度等,以确定其性能是否满足检测工作的要求。

6. 使用和维护管理　为了保证正确使用仪器、延长仪器寿命、确保检测工作质量、人员和设备安全,实验室须对仪器设备进行规范化的使用和专业化的维护管理,实验室应制定仪器设备维护管理制度和标准操作规程,并进行人员培训、考核和授权,只有获得授权的人员才能使用相应的仪器设备。

设备故障或技术性能下降等需要维修时,使用人应报告设备管理部门安排维修,必要时报仪器售后,请专业工程师进行维修,不具备维修资格的人员,不得擅自拆卸设备的重要部件或调整机内参数。修复后的设备需经核查或检定、校准确认满足使用要求后方可投入使用。

仪器设备日常使用管理包括规范化编制操作规程、开展操作技能培训与考核授权、使用和维护保养、期间核查等内容,按照其管理要求正确使用仪器设备,才能保证检测工作质量和人员、设备安全。

第五节　检验方法

理化实验室检验检测项目种类繁多,涉及的范围广泛,其中的食品和药品检验为监管部门的监督管理提供了有利的技术依据,在保障人民群众的身体健康和生命安全方面作出了巨大的贡献。本节主要介绍食品、药品相关的检验方法和检验方法验证要求。

一、食品检验

食品的检验检测工作指的是采用物理、化学等学科技术手段对食品的质量及其变化过程进行检测、研究和评估的一项工作内容,对确保食品安全具有极为重要的作用。它依据物理、化学、生物化学的基本理论知识和检验检测技术,按照相应的技术标准,对食品的原料、辅助材料、半成品、成品及副产品的质量进行检验,用于判定产品的质量优劣。根据检验目的不同,食品检验主要包括食品添加剂检验、食品污染物检验、食品中的营养成分检验等。

1. 食品添加剂　食品添加剂是指为改善食品品质和色、香、味以及为防腐、保鲜和加工工艺的需要而加入食品中的人工合成或天然物质。食品添加剂的使用应是为了保持或提高食品本身的营养价值,提高食品的质量和稳定性,改进其感官特性,便于食品的生产、加工、包装、运输或者贮藏,不应降低食品本身的营养价值和对人体产生任何健康危害。在达到预期效果的前提下,按照质量标准的要求,食品添加剂不应超出限值要求。

食品添加剂的检验检测主要类别有防腐剂、漂白剂、合成着色剂、甜味剂和抗氧剂等。涉及的主要检验方法有高效液相色谱法、气相色谱法、紫外分光光度法、薄层色谱法、原子吸收分光光度法、酸碱滴定法等。比如"食品中铅的测定"属于污染物限量检查中的一种,检验标准方法的最新版本为GB 5009.12—2017,标准中收载了4种方法,第一法石墨炉原子吸收光谱法、第二法电感耦合等离子体质谱法、第三法火焰原子吸收光谱法、第四法二硫腙比色法。一般标准中的第一法为仲裁方法,实验室可以根据实际情况选择合适的方法,涉及仲裁检验时一般用第一法。其判定标准为《食品安全国家标准　食品中污染物限量》(GB 2762—2017),其中规定了各品种中铅的限度要求。

2. 食品污染物　《食品安全国家标准　食品中污染物限量》(GB 2762—2017)中明确规定,食品污染物是指食品在从生产(包括农作物种植、动物饲养和兽医用药)、加工、贮存、运输、销售,直至食用等过程中产生的或由环境污染带入的、非有意加入的化学有害物质。本标准中的污染物不包括农药残留、兽药残留、生物毒素和放射物质。《食品安全国家标准　食品中真菌毒素限量》(GB 2761—2017)和《食品安全国家标准　食品中农药最大残留限量》(GB 2763—2021)对真菌毒素和农药残留的限度进行了规定。其检验方法包括液相色谱-质谱法、气相色谱-质谱法、高效液相色谱法、气相色谱法、酶联免疫法、薄层色谱法等。

3. 食品中的营养成分　食物营养成分测定是了解食物或食品中营养成分含量的多少的技术,是食物资源的利用和开发、食品工业生产质量控制、食品检验检测和监督等发展的基础和技术支持。随着检验检测新技术和营养学新理论的飞速发展,营养成分的分析和测定技术也有了很大的进步,许多灵敏度高、技术先进的方法得到了广泛的推广应用,这些进步促进了技术专家对食物中未知成分的不断发现及对原有营养成分更加深入的研究,如叶酸、生物素、可溶性膳食纤维等的测定方法已经得到广泛应用。食品中营养成分的检验方法包括高效液相色谱法、滴定法、紫外分光光度法等。

二、药品检验

《中华人民共和国药品管理法》明确规定,药品应当符合国家药品标准。药品检验方法一般应当按照国家药品标准中收载的方法进行检验。《中华人民共和国药典》是国家食品药品监督管理局发布的药品标准。《中华人民共和国药典》简称《中华人民共和国中国药典》,由国家药典委员会制定,每5年修订一次,现行版本为2020年版,分为一、二、三、四部。一部主要收载药材和饮片、植物油脂和提取物、成方制剂和单味制剂;二部收载化学药品、抗生素、生化药品以及放射性药品等;三部收载生物制品;四部收载通则,包括制剂通则、通用检验方法、指导原则、标准物质和试液试药相关通则、药用辅料等。

药品检验的项目基本相似,一般包括性状、鉴别、检查、含量或效价测定。药品的性状是药品质量的重要表征之一,包括药品的外观、臭、味、色泽、稳定性、溶解度以及物理常数等。鉴别试验,是指用理化方法或生物方法来验证药品的真实性,主要目的是辨别药品的真伪,有时通过鉴别方法也能检查药物的纯度。鉴别试验要求专属性强、重现性好、灵敏度高、操作简便、快速。鉴别项下规定的试验方法,系根据反映该药品的某些物理、化学或生物学等特性所进行的药物鉴别试验,不完全代表对该药品化学结构的确证。检查项下包括反映药品的安全性与有效性的试验方法和限度、均一性、纯度等制备工艺要求的内容。规定中的各种杂质检查项目,系指该药品在按既定工艺进行生产和正常贮藏过程中可能含有或产生并需要控制的杂质,改变生产工艺时需另考虑增修订有关项目。含量测定项下规定的试验方法,用于测定原料及制剂中有效成分的含量,一般可采用化学、仪器或生物测定方法。

除了国家药品标准之外,各药品生产企业还可以制定企业标准。企业标准相对于国家标准来讲,各项指标要求会更高,主要是考虑药品在运输、存储、销售过程中可能引起的药品质量的变化,为确保药品的安全有效,制药企业在药品生产过程中要制定更高的标准。

三、方法验证

在引入新的标准检验方法之前,实验室应证实能够正确地运用这些标准方法。对于首次采用的标准方法,实验室在应用于样品检测前应对方法的技术要求进行验证。分析方法验证目的是证明所采用的方法适合相应检测要求。验证的指标参数有专属性、准确度、精密度(包括重复性、中间精密度和重现性)、检测限、定量限、线性、范围和耐用性。在分析方法验证中，须用标准物质进行试验。由于分析方法具有各自的特点，并随分析对象而变化，因此需要视具体情况拟订验证的指标。表10-2中列出的分析项目和相应的验证指标可供参考。

表10-2　分析项目和相应的验证指标

项目	鉴别	杂质测定		含量测定
		定量	限度	
准确度	–	+	–	+
精密度	–	+	–	+
专属性	+	+	+	+
检测限	–	–	+	–
定量限	–	+	–	–
线性	–	+	–	+
范围	–	+	–	+
耐用性	+	+	+	+

1. 专属性　专属性是指在其他成分(如杂质、降解产物、辅料等)可能存在的情况下，采用的分析方法能正确测定出被测物的能力。鉴别反应、杂质检查和含量测定方法均应考察专属性。在鉴别反应中应能区分可能共存的物质或结构相似的化合物。如果一种方法的专属性不强，可以用其他方法进行补充。例如，测定具有旋光特性的活性物质，除了采用高效液相色谱法外，还应增加旋光度的检查。

2. 准确度　准确度是指用所建立方法测定的结果与真实值或已知值接近的程度，是反映方法的系统误差和偶然误差大小的综合性指标，一般用回收率(%)表示。准确度应在规定的线性范围内进行加标回收试验，也可由所测定的精密度、线性和专属性推算出来。

在规定范围内，取同一浓度(相当于100%浓度水平)的供试品，用至少6份样品的测定结果进行评价；或设计至少3种不同浓度，每种浓度分别制备至少3份供试品溶液进行测定，用至少9份样品的测定结果进行评价，且浓度的设定应考虑样品的浓度范围。两种方法的选定应考虑分析的目的和样品的浓度范围。加标回收试验是向已知含量的样品或除待测组分以外的空白样品中加入一定量的待测组分的标准物质,用待验证的方法同时测定样品和加标样品,计算加标回收率。

$$加标回收率(\%) = \frac{测定值 - 样品含量}{加入量} \times 100\%$$

采用加标回收试验时应注意:①加入的标准物质形态应尽量与样品中待测物质的形态保持一致;②加标量应与样品含量接近,且总量应在检验方法的线性范围内,不得高于方法检测上限的90%;③加标后样品体积应无显著变化。

3.精密度　精密度是指在规定的测定条件下,同一份均匀供试品,经多次取样测定所得结果之间的接近程度。精密度一般用偏差、标准偏差或相对标准偏差表示,偏差越小,表明测定结果的随机误越小,精密度越高。测定结果准确可靠是在良好的准确度的前提下,具有良好的精密度。精密度又分为重复性、中间精密度和重现性。在相同条件下,同一实验室由同一个分析人员同一方法测定结果的精密度称为重复性;在同一实验室内改变试验条件,如不同时间、不同分析人员、不同设备等测定结果的精密度,称为中间精密度;不同实验室不同分析人员测定结果的精密度,称为重现性。

4.检测限　检测限是指试样中被测物能被检测出的最低量。常用的方法如下。

(1)直观法。用已知浓度的被测物,试验出能被可靠地检测出的最低浓度或量。

(2)信噪比法。用于能显示基线噪声的分析方法,即把已知低浓度试样测出的信号与空白样品测出的信号进行比较,计算出能被可靠地检测出的被测物质最低浓度或量。一般以信噪比为3∶1时相应浓度或注入仪器的量确定检测限。

(3)基于响应值标准偏差和标准曲线斜率法。按照 $LOD = 3.3\delta/S$ 公式计算。式中 LOD 为检测限;δ 为响应值的偏差;S 为标准曲线的斜率。δ 可以通过下列方法测得:①测定空白值的标准偏差;②标准曲线的剩余标准偏差或是截距的标准偏差。

5.定量限　定量限是指试样中被测物能被定量测定的最低量,其测定结果应符合准确度和精密度要求。常用的方法如下。

（1）直观法。用已知浓度的被测物,试验出能被可靠地定量测定的最低浓度或量。

（2）信噪比法。用于能显示基线噪声的分析方法,即将已知低浓度试样测出的信号与空白样品测出的信号进行比较,计算出能被可靠地定量的被测物质的最低浓度或量。一般以信噪比为 10∶1 时相应浓度或注入仪器的量确定定量限。

（3）基于响应值标准偏差和标准曲线斜率法。按照 LOQ=10δ/S 公式计算。式中 LOQ 为定量限;δ 为响应值的偏差;S 为标准曲线的斜率。δ 可以通过下列方法测得:①测定空白值的标准偏差;②采用标准曲线的剩余标准偏差或是截距的标准偏差。

6.线性 线性是指在设计的范围内,线性试验结果与试样中被测物浓度直接呈比例关系的能力。应在设计的范围内测定线性关系。可用同一对照品贮备液经精密稀释,或分别精密称取对照品,制备一系列对照品溶液的方法进行测定,至少制备 5 个不同浓度水平。以测得的响应信号作为被测物浓度的函数作图,观察是否呈线性,再用最小二乘法进行线性回归,做出标准曲线。标准曲线一般是用于描述待测物质浓度(或含量)与测量信号值之间定量关系的曲线。最小二乘法进行线性回归得出回归方程 Y=aX+b,方程中 Y 为测定信号值,X 为待测物质的浓度或含量,b 为曲线的截距,a 为曲线的斜率。常用相关系数 r 来评价标准曲线的线性关系。r 值越接近 1,标准曲线的线性关系越好,说明各测定溶液的测量误差越小。

7.范围 范围是指分析方法能达到精密度、准确度和线性要求时的高低限浓度或量的区间。范围应根据分析方法的具体应用及其线性、准确度、精密度结果和要求确定。一般而言范围越宽,表明样品测定越方便,有些样品可能不必稀释或浓缩即可直接测定。

8.耐用性 耐用性是指在测定条件有小的变动时,测定结果不受影响的承受程度,为所建立的方法用于常规检验提供依据。开始研究分析方法时,就应考虑其耐用性。如果测试条件要求苛刻,则应在方法中写明,并注明可以接受变动的范围,可以先采用均匀设计确定主要影响因素,再通过单因素分析等确定变动范围。典型的变动因素有被测溶液的稳定性、样品的提取次数、时间等。液相色谱法中典型的变动因素有流动相的组成和 pH 值、不同品牌或不同批号的同类型色谱柱、柱温、流速等。气相色谱法变动因素有不同品牌或批号的色谱柱、不同类型的担体、载气流速、柱温、进样口和检测器温度等。经试验,测定条件小的变动应能满足系统适用性试验要求,以确保方法的可靠性。

实验室应采取措施保证所使用的检验方法的正确性,积极主动收集各检验项目依据的检验标准,收集到的检验标准应由技术管理层批准后,再由质量管理部门登记编号存档控制使用。同时,对在用的检验标准进行有效性的跟踪,做好检验标准的查新,安排有关人员定期查新确认,保证检验方法的有效性。如果新标准与旧标准相比,检测资源配置和技术要求有较大变化时,技术管理层应组织相关人员对新标准开展宣传贯彻,必要时应对实验室执行新标准的能力重新进行验证。当上述情况发生时,质量管理部门应着手组织向资质认定管理机构提出扩项的申请。

第六节　检验环节

检验工作不仅仅是简单的数据测定,检验的环节应包括样品管理、检验标准的确定、样品前处理、检测、数据分析与处理和结果报告。为了确保检验工作的质量,每一个环节都应该得到高度的重视。

1. 样品的管理　样品的管理包括样品的受理、样品流转、留样管理。实验室接收到样品时,应由专门的科室(可以由业务室负责)进行样品的受理,受理人员详细核对并记录样品的状态和信息,封样封签是否清楚、封样部位及包装是否完好、数量是否能够满足检验需要,对样品的异常情况或对检验检测方法的偏离应详细记录,确认无误后,履行登记手续,确保样品接收时的状态不影响检验质量。对样品进行编号,加注唯一性标识。受理的样品按相关规定及时流转到科室,检验人员接到样品、资料后,应核对样品名称、规格、批号等信息,审核样品、资料是否符合检验要求。

检验过程中按包装标示的贮藏条件保存样品,检验人员负责检验过程中样品的贮存安全及必要的养护。实验结束,对未预留样、检验结论不合格的所有剩余样品由检验人员封样,随检验原始记录流转业务室留样。

可以由业务室负责留样及留样室的管理,监控并记录留样室环境条件。留样管理员应做到"四不"(不丢失、不损坏、不混淆、不变质)。留样室样品分类存放的各类样品,要摆放合理、整齐、清洁、安全,各类样品应有效分离,样品柜上应有明显标志,必须做到标识清楚、账物相符。留样室应配备必要的环境和设施(如冰箱、恒温等),需低温冷藏或冷冻贮存的样品,存放于冰箱中。如样品需在规定环境条件下养护时,留样管理人员及时养护并记录。

对检测结果有疑问或检验结果不合格的,检验科室负责人认为有必要进行复验时,由检验人员申请,科室负责人同意,并经业务室室负责人批准,从留样管理人员处领取样品并作记录及签字。

实验室严格按照与客户签订的协议或有关规定进行样品的检测、贮存与处置,对客户的样品、附件及有关信息负保密责任。留样期内的样品不得以任何理由挪作他用。对要求承担保密的样品应根据客户的特殊要求作出相应安排,包括样品接收、流转、贮存、处置及附件资料的管理,采取安全防护措施,保护样品的完好性和机密性。

2. 样品前处理　样品的前处理是检验过程的重要环节,检验前根据样品说明书或者提供的检验标准确定检验方法,依据检验方法的要求对样品进行实验前的处理。根据检测对象和检测目的的不同,样品的前处理方式也不同。药品检验一般检验有效成分的含量,前处理以提取后稀释制成适当浓度的待测溶液为主要方法。食品和化妆品检验一般以测定样品中的有害或杂质成分为主,前处理的目的是将微量的有害成分进行提取、富集,以达到测定的要求。

样品前处理包括样品制备、称量、提取、净化、浓缩/稀释等步骤。少数质地均匀的液体样品可以不经过预处理直接进行测定,但绝大多数样品需经过处理才能达到测定要求。由于样品测定过程比较复杂,分析过程中每一个步骤都是引入误差的来源。为了确保结果的准确可靠,在样品前处理过程中,应采取措施减少误差,如将被测组分与干扰组分分离或去除干扰组分、浓缩微量组分、提高灵敏度和选择性、改善分离效果等,具体的方法在各样品的检验标准中有详细的规定。无机元素分析的样品前处理方法通常有稀释法、熔融法、湿法消解、干法灰化、微波消解、酶分解法。有机化合物分析的样品前处理方法有顶空法、水蒸气蒸馏法、溶剂萃取法、固相萃取法、固相微萃取法、其他提取方法等。选择前处理方法时一般应满足以下基本要求:①待测组分提取充分,避免损失和污染;②提取步骤尽可能简洁、简便、易操作,减少误差的引入;③减少化学试剂的用量,尽量避免使用高污染高毒性的化学试剂;④待测组分回收率达到分析要求;⑤操作过程安全性高,避免事故的发生。

食品样品的前处理在检测环节中占有极其重要的位置,样品应在完成感官、净含量等指标评定后再进行制样处理。样品制备要在独立区域进行，使用洁净的制样工具，所制得的样品应具有代表性，以真实反映所分析样品的某些特征，同时应保证样品的均匀性。制成的样品应放在洁净的容器(塑料袋或惰性容器)中，立即封口，加贴样品标识，将样品置于规定环境中保存备用。

(1)食品样品制备原则。①制样人员应提前认真学习和掌握食品相关标准，并应结合待检测食品的性质、检测依据、判定依据采用适宜的制备方法。②样品制备前，在保证二次抽取样品能代表原始样品的前提下抽取样品，样品标识应始终保留，确保二次抽样的容器不得对样品造成污染。应选择适当的设备容器用于二次抽样、包装、提取等，确保不对样品污染，避免影响检验检测结果。③制样时应选择正确的采样部位，并经科学、合理的步骤制成有代表性的待测样。④如一个样品明显为2个或多个物理相态时，若每一个相态内分析物的分布不同，应分离各相态，并将其作为单独的样品处理。

(2)样品的缩分

1)将实验室样品混合后用四分法缩分，按以下方法预处理样品。①对于个体小的物品(如苹果、坚果、虾等)，去蒂、皮、核、头、泥、壳等，取出可食部分;②对于个体大的基本均匀物品(如西瓜、干酪等)，可在对称轴或对称面上分割或切成小块;③对于不均匀的个体样(如鱼、菜)，可在不同部位切取小片或截取小段。

2)对于苹果和果实等形状近似对称样品进行分割时，应收集对角部位进行缩分。

3)对于细长、扁平或组分含量在各部位有差异的样品，应间隔一定的距离取多份小块进行缩分。

4)对于谷类和豆类等粒状、粉状或类似的样品，应使用圆锥四分法(堆成圆锥体—压成扁平圆形—画两条交叉直线分成四等份—取对角部分)进行缩分。

(3)注意事项。①制样室应洁净、干燥、通风，并在独立的区域进行，环境应洁净，避免污样品。温、湿度应符合相应规定要求。②制备样品时手要清洗干净，带上一次性手套后方可接触样品，制备好的样品要用干净的器具转移至适宜的容器中，不能污染样品标签并防止其带来的污染。③制取的样品要确保均匀性和代表性。④制备样品用过的所有容器、工具应清洗干净,最后用超纯水冲洗三遍以上,然后在洁净的环境下晾干、擦干或烘干,最后收集在密闭容器中供下次使用。同一个制样容器制备完一个样品后,需要清洗干净干燥后才能制备下一个样品。⑤不能用铝制、不锈钢或铸铁类材料的容器、工具制备盛装元素检测用的样品;不能用塑料材质容器、工具制备盛装塑化剂检测用的样品。⑥部分检验项目需考虑样品量、光照、温度、氧气等方面的要求。

3. 检测　检测是检验工作中至关重要的环节,为了确保检测结果准确有效,必须做好质量控制,保证检测工作的准确可靠性。

(1)方法选择。检测工作的首要任务是选择合适的检测方法,正确选择检测方法是保证检验工作结果可靠的前提,实验室应采用满足客户需求并适用于所进行的检测工作的方法。检测方法包括标准方法和非标准方法,应优先使用国际标准、区域标准或国家标准中发布的方法,并应确保使用标准是最新的有效版本。当法定标准中未收载检验工作又确实有需要时,可采用权威技术组织或有关科学书籍和期刊公布的方法,或由实验室制定满足预期用途的方法,该类方法必须经过严格的方法学验证。实验室在引入新的检测方法之前,应进行方法学验证,证实有能力正确地运用引入的标准方法。如果标准方法发生了变化,应重新进行验证。当认为客户建议的方法不适合或已过期时,实验室应通知客户。

(2)方法验证。在引入新的标准检验方法之前,实验室应证实能够正确地运用这些标准方法。对于首次采用的标准方法,实验室在应用于样品检测前应对方法的技术要求进行验证。分析方法验证目的是证明所采用的方法适合于相应检测要求。验证的指标参数有专属性、准确度、精密度(包括重复性、中间精密度和重现性)、检测限、定量限、线性、范围和耐用性。

4. 检测过程关键技术控制　检测方法确定后,根据样品的特性和方法的关键技术因素综合考虑来制定各品种的操作规程,并且在工作中认真执行,不断改进和完善。操作规程的内容应包括方法所需的仪器设备、试剂试液、标准物质、环境要求、内部质量控制手段(如空白实验、平行试验、回收率试验,精密度等,必要时可进行人员比对、仪器比对、留样再测等)。

5. 数据分析与处理、结果报告　经过试验测定所得的数据需要进一步的分析处理,以保证检测结果的可控性、准确性。应当充分了解仪器设备的特性,对仪器测定所得的数据进行判断分析,及时发现异常数据,进行分析处理,避免因仪器故障造成对结果判定的干扰。实验室还应当对检验活动中的计算处理和数据转换做出相应措施规定,以确保检验获得的数据得到正确的计算和转换。避免因计算处理和数据转换出现的错误,造成结果不准确。

原始记录的内容应包括:检验样品名称,样品编号,样品接收/交接日期,检验日期和检验完成日期,检验项目和方法,检测仪器名称、型号,仪器检测条件,环境条件;详细的检测方法操作过程,检测的原始数据记录、计算及数据处理结果,检验人员和校核人员签名。

实验室应统一印制实验原始记录,检测人员在检验过程中按上述内容书写,字迹清晰,易于辨认。当记录中出现错误时,每一错误应划改,不可涂擦,以免字迹模糊或消失,并将正确结果填写在其旁边。对记录的所有改动应有改动人的签名或签名缩写或加盖签名章。对电子存储的记录也应采取同等措施,以避免原始数据的丢失或改动。应在工作中及时记录,不允许追记、转抄。原始记录必须经校核人员审查无误后,签字确认。

检验工作完成后,由报告编制人根据原始记录的结果编制报告书底稿,经实验室负责人审核后打印检测报告书,检测报告应统一格式。实验室应准确、清晰、明确和客观地报告每一项检测,或一系列检测的结果,并符合检测方法中规定的要求。检验报告由授权签字人签发。涉及仲裁、行政决策等重大影响的检验报告应由质量负责人审查并提出意见,交授权签字人签发。检验报告由机构质量管理部门汇总、登记、编号、盖章、发出,并将存档报告与原始记录、样品交接单和有关资料汇总、登记、编号、归入同一档案备查,保存至少6年,有特殊要求的按照有关规定执行。

第十二章

实验室安全管理

实验室安全是实验室工作正常进行的基本条件。加强实验室安全管理,强化各种安全措施的落实,确保危及安全的因素和环境得到有效控制,保障实验室人员人身安全和实验室安全,是实验室管理需要解决的首要问题。

第一节　实验室安全管理概述

一、实验室安全的重要性

我们可以看到近年来实验室安全事故频发,在实验过程中难免要接触一些易燃、易爆、有毒、有害、有腐蚀性物品,且经常使用水、气、火、电等,潜藏着诸如爆炸、着火、中毒、灼伤、割伤、触电等危险性事故,这些事故的发生常会给我们带来严重的人身损害和财产损失。如果我们掌握相关的实验室安全知识以及事故发生时的急救常识,就能够正确、安全地使用相应试剂及实验器械,从而可以尽可能地减少和避免实验室里安全事故的发生,即使在发生紧急事故时,也能够不慌不乱,把伤害和损失减少到最低程度。

二、实验室常见安全事故类型

1.危险化学品类事故　多发生于化学、生物类实验室,这些实验室在实验过程中使用多种易燃、易爆物质,并在做实验时产生各种易燃、易爆的物质,而且这些实验室使用电源和火源又较多,由于操作不当或违反操作规程,极易引起火灾和爆炸。

2.电气火灾类事故　多由实验设备陈旧、质量较差,操作人员用电不慎而引起电气火灾和触电灼伤或电休克等事故。引起电气火灾的主要原因包括电线老化短路、超负荷大电流、接触电阻过大、电器设备发生火花或电弧、静电放电产生火花等。

3.压力气瓶类事故

(1)压力气瓶遇高温或强烈碰撞会引起爆炸。

(2)易燃气体在空气中泄漏达到一定浓度时遇明火会发生爆炸。

(3)有毒气体泄漏能造成中毒和环境污染。

4.放射源辐射类事故

(1)短时间大剂量的射线照射会导致人体机体的病变。

(2)长时间小剂量的射线照射有可能产生遗传效应。

(3)大量吸入放射性物质可能导致人体内脏发生病变。

5.人身毒害类事故 多发生于实验人员在做化学实验时不了解化学药品的性质、危害性、正确的操作方法,造成操作失误而发生的事故。化学药品配制使用不当引起爆炸或者液体飞溅也可能使人体受到伤害。有些化学药品既有易燃、易爆或腐蚀性,同时又有毒害性,事故轻者损伤皮肤,引起皮炎,重者会烧毁皮肤、损伤眼睛和呼吸道,甚至会损伤内脏和神经,造成长期中毒。

6.剧毒药品类事故

(1)摄入微量剧毒药品即可使人致残或有生命危险。

(2)剧毒药品使用不当会造成环境的严重污染。

(3)剧毒药品丢失或被盗不但会给实验室带来麻烦,而且会给实验室和社会造成重大影响。

7.病原微生物类事故 有些病原微生物对人类是致病的,管理不当会对实验人员自身造成伤害,扩散到实验室以外繁殖,将毁灭家畜和农作物,伤害到人类,对环境造成广泛的损害。

8.仪器设备类事故 仪器设备类事故分为仪器设备伤人事故和设备损坏事故。前者多半是由操作不当,违反操作规程,缺少防护措施,缺乏保护装置所致。后者是由错误操作,设备老化,存在缺陷和故障或外来不可抗拒的突发故障(如停电等原因)造成。

9.化学污染类事故

(1)化学废液收集不当会导致环境及地下水污染。

(2)随意乱倒化学废液、乱扔化学废物,不仅污染环境,而且还会伤及无辜。

三、安全管理

全面系统掌握实验室安全管理的相关知识,是相关人员遵守操作技术规范,避免发生实验事故的基础。

1.建立健全安全管理规则制度,实行科学化、规范化管理。

2.安全管理措施

(1)建立完善的安全管理机构是确保实验室安全的基础。

(2)安全检查。安全检查的主要内容为随时了解实验室安全情况,每天检查实验室的房屋、水、电、设备状况,危险品存放状态,灭火器,门窗状态等,并做好记录,记录的内容还应包括存在的隐患和整改措施。

(3)安全教育。安全教育是防止事故发生的预防性工作。安全教育的任务就是要不断提高人员的安全素养。通过教育,提高各类人员的操作技能,懂得生产过程中不安全因素的所在及如何预防,一旦事故发生,能迅速冷静地排除事故。

第二节　实验室一般安全

1.常规安全要求

(1)工作人员均应懂得实验中的防火防爆常识。实验楼内应备有防火砂、灭火器、消防栓等消防设施。实验室内不允许存放大量易燃、易爆等危险品,应坚持少量备用的原则。

(2)易燃、易爆等危险品须密塞,按规定的贮藏条件存放,并应远离电源、电炉等火源。

(3)有毒性、挥发性、腐蚀性、刺激性、喷雾显色等的实验,须在通风柜中进行,并应采取相应的防护措施。

(4)用电、用火不准违反操作规范,不得擅自更改实验室的水路和电路;若遇停电,特别是正在使用的电炉等设备,必须随时关闭电源。

(5)实验室应配备必要的防火、灭火、防爆、冲洗等设施,以备紧急情况使用。

(6)易燃、易爆的氧气、氢气、乙炔、氮气等钢瓶和有毒化学品,必须标记清楚,存放在阴凉处,竖立存放,防止撞倒。气体钢瓶不用时必须装上帽盖;

搬运时必须用车推,不许在地面上滚动;氢、氧等不得混合使用;开启气体钢瓶时必须先小渐大,调节好速度后再使用。

(7)冰箱和冷藏柜内不准存放易燃溶媒(如乙醚、低沸点石油醚等)。

2.化学实验安全要求

(1)使用易燃、易爆等危险品时,应按其特性安全操作。易爆品的使用要轻拿轻放,对散落的粉末或颗粒要及时收集,做适当处理,严禁碰撞冲击,并远离火源。严禁把氧化剂强烈干燥或随便与有机物混合。接触过易爆、易燃的器皿,要及时做妥善处理。

(2)易燃溶剂不能直火加热(应采用水浴等);蒸馏乙醚时更应特别注意,须用预先加热或通水蒸气加热的热水浴,必须远离火源,在通风且无火源的实验室中进行。

(3)蒸馏、回流易燃液体时,防止暴沸及局部过热,瓶内液体不得超过其容量的1/2,加热中途不得加入沸石或活性炭,以免暴沸冲出着火。

(4)金属钠、钾遇水易起火,须保存在煤油或液体石蜡中,不能暴露在空气中。如起火,可用沙或石棉布扑灭;不能用四氯化碳灭火器(因其遇钠、钾易起爆炸反应),亦不能用二氧化碳泡沫灭火器(因其能加强钠或钾的火势)。

(5)某些易燃品如黄磷等在空气中能自燃,须保存在盛水的玻璃容器中,再放置在金属筒内,自水中取出后应立即使用,不得过久暴露在空气中,用过后须采取适当方法销毁残余部分,并仔细检查有否散失在实验台面或地面上。

(6)硝酸铵、浓高氯酸等易自爆;高氯酸加乙醇或其他有机物、高锰酸钾加硫酸或硫、高锰酸钾加甘油、金属纳或钾加水、氧化物与有机物接触等,都极易引起爆炸,在使用中须特别注意。在使用浓硝酸、高氯酸、过氧化氢等时也须特别注意。

(7)在使用可能发生爆炸的化学药品前,须先了解其特性,并要做好个人防护,在通风柜中进行。

(8)溴、氯、氟、氢氰酸、氯化氢、硫化氢、二氧化硫、氨等有毒气体实验,应在通风良好的通风柜中进行。

(9)硝酸、硫酸、盐酸、氢氧化钠(钾)等强酸或强碱均有腐蚀作用,可造成化学烧伤;吸入强酸烟雾,可刺激呼吸道,使用时应倍加小心。

(10)配制碱液须在烧杯中进行,不能在小口瓶或量筒中进行,以防容器受热破裂造成事故;开启氨水时,须事先冷却,在通风柜中进行,瓶口朝无人处。

（11）稀释硫酸时,须将硫酸慢慢倒入水中,并随同搅拌,不能在不耐热的厚玻璃器皿中进行。

（12）氰化物及氢氰酸毒性极强,空气中 HCN 量达 3/10 000 即可数分钟内致人死亡;内服极少量氰化物亦可很快中毒死亡,取用时须特别注意,须戴口罩、防护眼睛及手套,手上有伤口者不得进行该项实验。

（13）溴可致皮肤烧伤,其蒸气刺激黏膜,甚至可致眼失明,使用时须在通风柜中进行。

第三节　紧急情况处理及急救措施

（1）工作人员遇到紧急情况时,应立即采取响应的处理或自救措施;其他工作人员接到紧急情况报警时,应积极主动协助做处理和急救工作。

（2）水、电设备出现异常或故障,应先断水、电后、及时通知办公室,由办公室安排人员处置,不得擅自处理。

（3）容器内着火,可用湿布或木板盖灭。

（4）有机溶剂着火,用沙、麻袋或灭火器扑灭,不要用水冲。

（5）衣服着火,可在地上滚灭,切勿跑跳。也可用水冲灭。

（6）烧伤处理,轻伤涂甘油、鸡蛋清等,如受伤较重,速送医院治疗。

（7）酸碱烧伤皮肤,可先用水冲洗,酸损伤立即用 3% 碳酸氢钠溶液洗;碱损伤立即用 1% 醋酸洗;眼部损伤用饱和硼酸溶液洗。

（8）溴泼出,应立即用沙掩埋,如皮肤烧伤立即用稀乙醇洗或多量甘油按摩,然后涂以硼酸凡士林。

（9）使用有毒药品时必须小心,不要沾污皮肤、吸入蒸汽或溅入口中,应在通风柜中进行,小心开启瓶塞,使用过的仪器应立即冲洗干净。

（10）易燃、易爆气体钢瓶周围着火或发热时,应立即灭火,关闭钢瓶阀门,用水将钢瓶冷却。

（11）如遇有毒气体中毒,可立即将中毒者抬至空气流通处,静卧,保温,必要时施以人工呼吸或给氧,并送医院紧急治疗。

第四节　微生物实验安全要求

（1）在微生物实验过程中，必须严格按照操作规程操作，防止直接接触微生物。活微生物倾洒，应立即进行局部消毒或全面消毒。皮肤被污染时，应立即进行皮肤消毒，必要时到医院进一步处理。

（2）使用特殊的微生物，应按要求事先做好预防措施，一旦倾洒或皮肤被污染时，应进行消毒或必要的治疗。

（3）检验所用菌种、菌液使用后应立即封口，废弃菌种、菌液必须放在专用容器内并立即封存，同前者一并拿出洁净室（区），按规定分别保存或处理，以免污染洁净室（区）。

（4）检验结束后按规定对工作台面、房间、地面进行表扫、消毒处理。

（5）如意外打破盛有微生物培养的容器，污染工作室及操作得时，应立即采取措施以免扩大污染面，用消毒液浸没污染区足够时间，然后从外至内逐步清理污染源，将衣物翻转包裹，彻底灭菌。

（6）洁净室（区）所用仪器、电源开关等应有防火保护措施，洁净室（区）应配置灭火设备，检验人员应受防火安全培训及灭火设施的使用培养。

（7）每次操作完毕后应严格检查电源总开关是否关闭，配电箱门及实验门是否锁好。

（8）检验人员应每日检查一次洁净室（区）安全，科室负责人每周检查二次或进行不定期抽查。

（9）洁净室（区）仪器应由专人管理，并定时检测，如有损坏，及时上报科室负责人并尽快更换或维修。

第五节　三废的处理

实验室产生的废气、废液和废渣（即三废）排放后会造成公害和环境污染，必须对其进行适当处理后再排放，以保护环境和保障人民的安全和健康。

1. 废气

（1）产生废气的实验应在通风柜中进行操作，以免污染实验室空气和危害检验人员的身体健康。

（2）实验过程中产生的废气，通过抽风厨或通风管道经处理后排入大气。

2.废液

（1）有机溶剂（包括混合溶剂）、含有机溶剂的溶液、酸碱溶液、剧毒样品溶液或剧毒试剂、微生物检验的培养液等应分类贮存。

（2）有机溶剂可直接倒入贮存容器内，也可采用蒸馏、精馏等分离办法进行回收再利用。

（3）剧毒样品溶液或剧毒试剂必须采取相应的措施，如有规定需减毒处理，则必须进行减毒处理，方可倒入贮存容器内，如无规定则可直接倒入贮存容器内。

（4）微生物检验产生的废弃培养液，必须经高温蒸汽消毒灭活后，方可倒入下水道排放。

（5）洗刷后产生的废水，可直接排入下水道。

3.废渣

（1）微生物检验的废弃培养基必须经高温蒸汽消毒灭活后，倒入日常垃圾中排放。

（2）实验所产生的其他废弃物按国家有关规定处理。对使用后的一次性器具或容易致人损伤的废弃物，应当消毒处理。

参考文献

[1]国家认证认可监督管理委员会,北京国实检测技术研究院组.检验检测
机构资质认定评审员教程[M].北京:中国质检出版社,中国标准出版
社,2018.

[2]计量和检验机构资质认定评审中心.检验检测机构资质认定案例分析
(第一册)[M].北京:中国质检出版社,2020.

[3]计量和检验机构资质认定评审中心.最新检验检测机构资质认定案例分
析指导手册(第二册)[M].北京:中国质检出版社,2021.

[4]黄涛.检验检测机构资质认定和实验室认可问答[M].北京:中国质量标
准出版社传媒有限公司,中国标准出版社,2020.

[5]黄涛.新版检测和校准实验室能力认可准则培训指南[M].北京:中国质
检出版社,2020.

[6]曾士典,林梅芬,余向华.新编检验检测机构资质认定管理体系文件编写
实用手册[M].北京:中国标准出版社,2022.

[7]罗建波,陈文胜.理化检验实验室质量管理工作指南[M].北京:中国质
检出版社.中国标准出版社,2014.

[8]李波,张河战.药品检验实验室质量管理手册[M].北京:中国标准出版
社,2014.

[9]国家质量监督检验检疫总局,国家认证认可监督管理委员会.检验检测
机构资质认定管理办法释义[M].北京:中国质检出版社,中国标准出版
社,2015.

[10]国家市场监督管理总局认证认可技术研究中心.检验检测机构监督管
理政策理解与实施[M].北京:中国质量标准出版社传媒有限公司,中
国标准出版社,2022.

[11]杨克军.检验检测机构内部审核理论实务全书[M].北京:中国企业管
理出版社,2023.